SV

Band 1451 der Bibliothek Suhrkamp

Siegfried Unseld
Reiseberichte

Herausgegeben von
Raimund Fellinger

Suhrkamp Verlag

Erste Auflage 2020

Satz: Satz-Offizin Hümmer GmbH, Waldbüttelbrunn
Druck: Pustet, Regensburg
Printed in Germany
ISBN 978-3-518-22451-9

Reiseberichte

Bericht Berlin-Reise
10.-13. April 1959

Besuche bei Brecht-Archiv, Frau Hauptmann, Frau Weigel, Frau Franck, Buchhandlung Schoeller, Herrn Schnurre.

Gespräch mit Frau Hauptmann:
Es wurde festgelegt, daß als nächste Brecht-Publikation die Lyrik gebracht werden sollte. Es handelt sich um rund 1200 Gedichte, die nach Slupianeks Berechnung bei unserem Format in sechs Bänden untergebracht werden können. Die Gedichte sind chronologisch angeordnet. Das Material ist gesichtet und bis auf die beiden letzten Bände auch schon geordnet. Wir haben besprochen, daß wir im Herbst drei Bände und im nächsten Frühjahr abermals drei Bände bringen sollen. Folgendes wurde vereinbart:
Wir fertigen umgehend Satzproben an. Für diese Satzproben müssen vornehmlich Gedichte mit langen Zeilen gewählt werden. Schrift: Garamond 9 Punkt. Dies ist also eine entscheidende Abweichung gegenüber den vorherigen Bänden. Wir sind so verblieben, daß wir das Manuskript für die ersten beiden Bände, also ein Drittel des gesamten Materials, bis zum 1. Mai erhalten. Ich werde mich dann damit zu beschäftigen haben. Danach geht das Manuskript sofort in Satz. Es müssen zwanzig Fahnen angefertigt werden, davon fünfzehn für Berlin, da der Aufbau-Verlag nach unseren Fahnen setzen soll.
Die »Einakter und Fragmente« sind also auf den Herbst 1960 verschoben.
»Versuche 1-8«: Wir müssen, was das Stück »Spitzköpfe und Rundköpfe« betrifft (bitte beachten: in den »Stücken« Band VI heißt das Stück »Die Rundköpfe und die Spitzköpfe«, bei den »Versuchen« 8 »Die Spitzköpfe und die Rundköpfe«!), doch die Fassung von 1933 bringen. Meines Erachtens müssen wir den bisherigen Satz ablegen und die jetzige Vorlage völlig neu setzen lassen. Herr Dr. Hornung: dies bitte prüfen. Ferner wird diesem Heft 8 noch ein kurzer Aufsatz

beigegeben: »Denken als ein Verhalten«. Dieses Manuskript wurde mir als Montag vom Archiv abgehend angekündigt.
Originalphotos für die Hefte 1-8 will uns Frau Hauptmann besorgen.
Einzelausgaben: Manuskript für »Puntila« war abgeschickt; Manuskript für den »Guten Menschen« für Montag versprochen.
Korrigierte Fassung »Versuche« Heft 10 für Montag, »Versuche« Heft 11 für nächste Woche versprochen. Die Klischees von den Noten von Heft 10 will Slupianek auftreiben.
Ist auf Suhrkamps Brief an George Grosz Antwort eingetroffen? Eventuell will Frau Hauptmann an Grosz schreiben.
Zur Anfrage des Fernsehens betreffend »Biberpelz«: Hier müssen wir uns an die Erben Hauptmann wenden. Sie müssen damit einverstanden sein. Erst aber noch eine Antwort von Frau Hauptmann abwarten, die uns die Bedingungen für die Berliner Aufführung nennen will.
Zum Komplex »Schriften zum Theater«: Frau Hauptmann gab mir zwei weitere Aufsätze Brechts mit. In der Zwischenzeit wurde im Archiv neues Material gefunden. Es wurde angeregt, aufgrund eines Wunsches von Frau Weigel, daß in der »Bibliothek Suhrkamp« ein Band »Schriften zum Theater II« herauskäme. Ich stimmte dem zu unter dem Vorbehalt, daß das Material quantitativ wie qualitativ dazu vorhanden sein muß. Wir müssen diesen Band also in unserer Planung der »Bibliothek Suhrkamp« berücksichtigen.
Brecht-Archiv:
Teilnehmer der Kommission für die historisch-kritische Ausgabe waren außer den Professoren Beißner und Grumach vor allem Dr. Bunge, Dr. Baumgärtner, der Leiter des Akademie Verlages, und einige Dozenten der Universität und Akademie.
Es wurde stundenlang debattiert über die Anlage des Lesarten-Apparates, über den sich die Brecht-Leute auf der einen, die Philologen auf der anderen Seite nicht einigen konnten. Ich bringe einiges Material zur Anlage der historisch-kritischen Ausgabe mit. Insgesamt handelt es sich um 60 Bände, davon 31 Bände Stücke. Für die Abteilung Lyrik sind 19 Bände vorgesehen. Das gesamte Material der

Lyrik Brechts umfaßt jetzt 3500 Blätter mit Gedichten. Davon sind 370 veröffentlicht in Büchern, Zeitschriften, Zeitungen, 799 unveröffentlicht. Darunter befinden sich aber auch Gedichtfragmente und Entwürfe. Noten werden in der historisch-kritischen Ausgabe nur dann veröffentlicht, wenn sie von Brecht selbst einmal publiziert wurden. Prosa: sieben Bände (das Material umfaßt 5000 Manuskript-Seiten). Dazu kommen dann noch die Arbeiten zur Theatertheorie, Kunst, Philosophie und Politik, Briefe und Tagebücher.
Die Übersichten über die Anlage, über die Texte der einzelnen Gattungen liegen bei Fräulein Schenk und können dort eingesehen werden.
Gespräch mit Frau Weigel:
Sie begann sofort damit, daß der Vertrag zunächst bis zum Besuch von Steff im Sommer Gültigkeit habe. Ich habe jetzt den Eindruck, daß er auch weiterhin in Kraft bleiben wird. Frau Weigel bat mich, an Steff Folgendes zu schreiben:
a) Aufschub des § 16 des Vertrages.
b) Die Frage, welche Punkte Steff in dem Vertrag mit Cullen im Hinblick auf Amerika störten.
c) Bei Hill and Wang läuft ja eine Option auf die »Schriften zum Theater«. Diesem Verlag auch die »Theaterarbeit« anbieten. Ein Exemplar habe ich mitgebracht.
Frau Weigel las für eine ostdeutsche Grammophon-Gesellschaft Gedichte von Brecht. Philips ist interessiert daran. Bei Frau Weigel nochmals das Verzeichnis der Gedichte anfordern. Ich habe hier unser Interesse angemeldet.
Verlag Artia, Prag: Herr Vapenik hat bei Frau Hauptmann das Interesse des Artia-Verlages an einem Band Neher-Zeichnungen angemeldet. Eventuell Simultan-Ausgabe.
Der Henschel-Verlag veranstaltete Modell-Bücher »Courage« und »Galilei«. Darin wurden unerlaubterweise auch die Texte veröffentlicht. Ich habe dies nachträglich genehmigt. Ich werde dies noch an Frau Weigel für Henschel schreiben und darauf hinweisen, daß in Zukunft solche Vereinbarungen mit uns zu treffen sind. Ebenfalls ist bei Henschel zu reklamieren, daß sämtliche Gastspiele von Ost-Thea-

tern in Westdeutschland durch uns vorher zu genehmigen sind. Jetzt findet ein Gastspiel »Mann ist Mann« des Rostocker Ensembles in Bremen statt. Bei Morris Agency Kopie des Vertrages anfordern, den Brecht mit Laughton über »Galilei« geschlossen hat und der von Brecht unterzeichnet ist. Ebenfalls Kopie des Vertrages mit Blitzstein bei dieser Agentur anfordern.
An Eisler schreiben, er möchte die Musik zur »Johanna« dem Verlag zugänglich machen. Bildband »Galilei« an Frau Weigel schicken.
An Schifferli schreiben. (Der Photograph Nico Jesse wollte ein Stück von Brecht mit besonders künstlerischen Photos innerhalb der Arche-Bücherei herausbringen. Der Plan wurde von Frau Weigel abgelehnt.)
Gesprochen wurde über die Anfrage von Voisin / L'Arche: über die Ausgabe der »Schriften zum Theater«. Frau Weigel ist damit einverstanden, daß wir Voisin den Band zur Hand geben. Jetzt nachträglich taucht die Frage auf, wie wir es mit den Ergänzungen, die einem zweiten Band vorbehalten sein sollen, halten wollen.
Die Tantiemen für die »Dreigroschenoper« sind neu vereinbart worden. Danach beträgt der Anteil Weill 35 %. Frau Hauptmann soll, vorbehaltlich der Zustimmung von Steff, weiter 12½ % erhalten. Fräulein Ritzerfeld muß bei Bloch Erben nachforschen nach Vereinbarungen über die Zahlungen an Karl Klammer. Ist in der Vereinbarung nichts vermerkt, müssen meines Erachtens nach dem Urhebergesetz noch zehn Jahre Tantiemen gezahlt werden. Es kann aber auch, wie gesagt, auf eine Auslegung der Vereinbarungen ankommen. Für die Tantiemenabrechnung bedeutet dies zunächst also folgende Aufschlüsselung: 12½ % Frau Hauptmann, 2½ % Rückstellung für eventuelle Zahlung an Klammer und der Rest Brecht-Erben.
Bitte neue Tantiemenabrechnung aufstellen. Sie geht dann mit einem Begleitbrief von mir an Frau Weigel bzw. Frau Hauptmann.
Bitte beachten, daß in Zukunft von jeder Brecht-Publikation außer den Autorenfreiexemplaren für die Erben automatisch an folgende Empfänger Freiexemplare geschickt werden:
Elisabeth Hauptmann, Berlin N 4, Friedrichstraße 129 1 Exemplar
Herrn Dr. Bunge, Brecht-Archiv 1 Exemplar

Herrn Benno Slupianek, Brecht-Archiv 1 Exemplar
An Frau Hauptmann und Herrn Slupianek sofort die beiden Einzelausgaben schicken.
Ferner wurde von mir die Frage einer Auslieferung der historisch-kritischen Ausgabe durch uns angeschnitten. Dies wird wohl kaum zu schaffen sein. Ich konnte Frau Weigel doch für meinen Standpunkt einnehmen. Sie wird nun ihrerseits nochmals alle Hebel in Bewegung setzen. (Frau Weigel erwartet von mir Auskunft, ob die historisch-kritische Thomas-Mann-Ausgabe durch Fischer ausgeliefert wird.)
Kurzer Besuch bei Frau Rodig:
Hier wurde nur Allgemeines besprochen. Sie war sehr erschüttert durch die Nachricht vom Tode Suhrkamps.
Gespräch mit Schnurre:
Wie mir bekannt, ist Schnurre an den Verlag Otto Walter, Olten, gebunden. Ich habe ihm aber mitgeteilt, daß unser Verlag in Bereitschaft steht, seine Arbeiten zu publizieren.

Herrn Dr. Hornung
Herrn Boehlich
Frl. Ritzerfeld
Frau Roser
14. April 1959
Dr. U./Schk.
14. April 1959

Bericht Reise Zürich – Winterthur 18.-21. April 1959

Besuch bei Max Frisch in Uetikon:
Wir besprachen als erstes die Vertragssituation. Der Vertrag wurde bestätigt. Es wurde mit Frisch vereinbart, daß wir in absehbarer Zeit, etwa im Sommer, einen neuen, großen Generalvertrag fixieren sollten, der alle Rechte und Pflichten festlegt. Frisch war einverstanden, daß wir einen Vertrag über alle Arbeiten aufstellen. Wir könnten auch die Frage der Option großzügig handhaben. Als materielle Änderung wünscht er, daß im Verlag von seinem Honorar nicht mehr als DM 12 000,– stehenbleiben sollten. Die Beträge über DM 12 000,– sind nach der halbjährlichen Abrechnung automatisch an ihn zu überweisen. Wie mündlich mit Suhrkamp vereinbart, hat Frisch das Recht, Uraufführungen beim Zürcher Schauspielhaus direkt, also außerhalb des Vertrages, zu vereinbaren. Uraufführungen an anderen Theatern aber unterliegen dem Vertrag.
In den Vertrag sollte die alte Kündigungs-Klausel eingebaut werden.
Zu Max Frischs neuem Stück: Der provisorische Titel lautet »Zeit für Andorra«. Für Mitte Oktober ist die Uraufführung in Zürich festgelegt. Wir erhalten in zehn Tagen die erste Fassung des Stückes. Sie ist in 30 Exemplaren zu vervielfältigen und an eine Reihe von Theatern zu verschicken. Auf der Basis dieser ersten Fassung soll das Stück dann weiter mit Frisch diskutiert werden.
Das Stück wird im November für die deutschen Bühnen frei sein. Frisch schlug vor, folgenden Theaterleuten diese Vorfassung zu schikken:
1. Buckwitz
2. Gründgens
3. Schuh
4. Stroux
5. Schweikart
6. Haeusserman (Haeusserman kommt in den nächsten Tagen nach Zürich. Er ist für das Burgtheater sehr interessiert).

7. Deutsches Volkstheater, Wien
8. Residenz-Theater, München
9. Sellner
10. Barlog
11. Kortner, persönlich
12. Hannover
13. München
14. Stuttgart
15. Strehler.

Die Zusendung soll mit einem Begleitschreiben versehen sein, in dem wir diesen Theatern mitteilen, daß das Stück ab November frei sei. Sie möchten uns angeben, ob Interesse besteht, wann die Aufführung sein könnte und welche Vorschläge für Besetzung und Regie bestünden. Danach wird sich Frisch gemeinsam mit uns für den Ort der deutschen Erstaufführung entscheiden.

Frisch wird den Text während der Proben in Zürich, die ab Mitte September laufen, endgültig feilen.

Das Stück wird eine Bühnenmusik von Rolf Liebermann erhalten. Das ist aber endgültig noch zu klären.

Die Buch-Ausgabe betreffend: Wir erhalten Mitte September eine Vorlage für den Satz. Dieser Text ist in Fahnen abzusetzen. Frisch korrigiert den endgültigen Text im Laufe der Proben. Als Auslieferungstag ist der 1. Dezember vorgesehen.

Ich verständigte mich mit Frisch, daß wir, um einen niedrigen Ladenpreis zu erzielen, die etwas luxuriöse Ausstattung des »Biedermann« aufgeben. Wir müssen also eine Form entwickeln, die zwischen den bisherigen Einzelausgaben und den Brecht-Einzelausgaben liegt. Hierbei ist sehr die Form zu beachten, die wir für Beckett, »Godot«, gefunden haben. Die Arbeit daran ist in der Herstellung sofort aufzunehmen.

Gutachten von Dr. Bappert anfordern über Verwendung von »Andorra« im Titel und im Stück.

Einzelfragen: Gorelik: Der von Frisch bereits unterschriebene Vertrag mit dem Agenten von Gorelik wird aufgehoben. Wir stellen von uns aus einen Vertrag auf und schicken diesen Vertrag Gorelik bzw. seinem Agenten zu. Die wesentlichen Punkte dieses Vertrages: Gorelik erhält das Recht, den »Biedermann« zu übersetzen. Seine Übersetzung wird für fünf Jahre autorisiert. Innerhalb dieser Zeit kann nur seine Übersetzung für die Bühne verwandt werden. Das Stück könnte für eine Buchausgabe eventuell neu übersetzt werden.

Die Aufführungs-Option wird bis 31. Dezember 1959 verlängert. Sie erstreckt sich auf sämtliche englischsprachigen Länder, jedoch nicht auf England. Die Option ist mit 200 Dollar zu bezahlen.

Der Verlag arbeitet in England selbständig, um Aufführungen zu erreichen. Hier ist Peter Zadek bzw. Frau Czech (International Copyright) einzuschalten. (Wir müssen in diesem Punkte jetzt aber energisch werden.) In England kann innerhalb von fünf Jahren nur mit der Übersetzung von Gorelik gearbeitet werden. In den Vertrag ist der Termin für eine erste Aufführung einzusetzen, das heißt, die Aufführung muß innerhalb der Optionsfrist erfolgen. Die finanziellen Punkte müssen wir von uns aus festlegen. Frisch wäre damit einverstanden, daß erst für uns eine Option abgezogen wird und der Rest zwischen Gorelik und Frisch halbiert würde. Die Agentin Klausner geht auf das Konto Gorelik.

Fräulein Ritzerfeld muß nach Rücksprache mit mir sofort einen Vertrag aufsetzen.

Der Brief Michael Bullock wird von mir entsprechend beantwortet.

Die Anfrage Swiss Fortnight ist von Fräulein Ritzerfeld nach Rücksprache mit mir zu beantworten.

Ausgabe in Frankreich: Wir können mit L'Arche Vertrag machen auf der Basis des Briefes von Frisch an Andersen. Als Publikation sollen wir folgende Alternativen vorschlagen: entweder jetzt in diesem Herbst einen Band mit den drei Stücken »Biedermann«, »Chinesische Mauer«, »Don Juan« oder im Frühjahr diese drei Stücke plus »Zeit für Andorra« (dann eventuell auch ohne die »Chinesische Mauer«).

In meinem Brief an Voisin werde ich ihm über Frischs neues Stück berichten. »Biedermann« und »Don Juan« sind ins Französische über-

setzt. Voisin muß sich also einen Übersetzer für die »Chinesische Mauer« suchen. Frisch schlägt vor, daß diesmal die Übersetzung nicht von Philippe Pilliod gemacht wird, »Hotz« kommt für eine Ausgabe in diesem Zusammenhang nicht in Frage.
Zu »Stiller«: Die Anfrage von Grasset im Hinblick auf eine Radio-Adaptation des Romans ist mit der Gegenfrage zu beantworten, welchen Umfang die Sendung oder die Sendungen einnehmen sollen. Das Honorar von 400 ffrs. ist uninteressant.
In den nächsten Tagen wird sich Herr Viertel an den Verlag wenden und erneut um die Filmrechte bitten. Frisch schlägt vor, ihm für die Abtretung der Rechte 40 000 Dollar vorzuschlagen, also nicht 50 000 wie bei den Verhandlungen in Amerika.
Fernseh-Adaptation: Frisch genehmigt sie prinzipiell, macht aber auf die Rip-van-Winkle-Sendung im Fernsehen aufmerksam. Ich werde dies an Gottschalk/Fernsehen Stuttgart schreiben.
Gespräche über eventuelle Buchgemeinschafts-Ausgaben wurden von Frisch positiv aufgenommen. Ein Abschluß ist aber vorher noch mit ihm durchzusprechen.
»Hotz«: Wir müssen hier bei Bullock nochmals nachfassen, um herauszubekommen, welche Fernsehstation die Sendung beabsichtigt. Erst dann können wir die finanzielle Regelung festlegen. Sollte das Fernsehen die Übersetzung nicht von sich aus finanzieren können, ist Frisch mit einer Teilung von 6:4 einverstanden. Die Anregung zu dieser Sendung ging von Mrs. Trevor Howard, Rowely Green House, Arkley, Barnet Herts (England) aus. Eventuell kann man bei ihr Näheres erfahren. – Frisch hat ebenfalls die Anfrage von Radio Genf für eine Sendung des Stückes (nicht des Hörspiels) »Biedermann« erhalten. Diese ist mit den Theater-Unternehmungen in der Westschweiz, die Frisch sehr wichtig sind, abzustimmen.
Die Anfrage des Theaters de Carouge muß von uns aus beantwortet werden.
Gespräch über allgemeine Vorlesungen: Frisch will nach wie vor keine solchen Vorlesungen unternehmen. Sollte der Verlag im Herbst in Frankfurt mit einer Reihe von Verlagsabenden an die Öffentlichkeit treten, ist Frisch bereit, dafür nach Frankfurt zu kommen. Er

schlägt auch vor, den diesjährigen Empfang zur Messe, den wir unbedingt veranstalten sollten, eine halbe Stunde für ein Gedenken für Suhrkamp zu unterbrechen. Er regte an, daß drei oder vier Autoren kurz je ein paar Minuten sprechen sollten. Frisch kommt zum Empfang eigens nach Frankfurt. – Der Plan eines Heftes »In memoriam Peter Suhrkamp« mit Bildern und Nachrufen wurde von Frisch begrüßt. Er möchte einen Text dazu beisteuern.

Im übrigen geht Frisch am 25. Mai nach Mallorca. Er ist dort von dem spanischen Verlag des »Stiller« eingeladen. Anschließend unternimmt er eine längere Spanien-Reise. Es ist noch nicht sicher, wann er zurückkommt. Es kann sein, daß er bis Anfang September wegbleibt. Dann beginnen allerdings die Proben in Zürich.

Schifferli/Verlag Die Arche:

Schifferli war verreist. Er wird noch bis Freitag abwesend sein. Ich konnte ihm nur einen Gruß bestellen.

Hürlimann/Atlantis-Verlag:

Herr Hürlimann war gerade beim Weggehen. Ich konnte mich nur telephonisch melden. Ich werde ihm schreiben und meinen Besuch für die nächste Zeit in Aussicht stellen. Mit ihm ist ja die sehr leidige Lizenz-Frage »Bin« zu klären, die nach Frisch hoffnungslos verrannt ist.

Buchhandlungs-Besuche konnte ich keine machen, da die Buchhandlungen ab 12.00 Uhr geschlossen waren. Herr Fritz war nicht in Zürich anwesend.

Besuch in Winterthur bei Reinhart:

Ich wurde von Herrn Reinhart abgeholt und hatte dann ein sehr ausführliches und fruchtbares Gespräch. Die Bilanz betreffend, vereinbarten wir, daß jetzt die Lagerbestände bewertet werden sollen. Erst danach können wir uns endgültig über die Behandlung der Bilanz verständigen. Er regte, was mir sehr wichtig scheint, an, keine neue Bilanz zum 31. März aufzustellen, sondern mit Frau Suhrkamp darüber zu verhandeln, daß wir diese Bilanz zum Ausweis des Vermögens von Suhrkamp anerkennen. Ich sagte Herrn Reinhart, daß ich mich mit Frau Suhrkamp in Verbindung setzen und ihm danach schreiben werde. – Ich traf dann auch mit Herrn Balthasar Reinhart zusammen, der mir einen vorzüglichen und sehr interessierten Eindruck macht.

Herrn Boehlich
Herrn Dr. Hornung (und zur weiteren Unterrichtung für Frau Roser)
Frl. Ritzerfeld
Dr. U./Schk.
21. April 1959

Reisebericht Berlin 27.-29. Mai 1959

1. Frau Franck:
Weder Frau Franck noch ich haben eine Entscheidung getroffen im Hinblick auf die Berliner Verlagsstelle. Frau Franck war sich noch nicht sicher, ob sie nun endgültig nach Frankfurt übersiedeln wollte oder nicht. Diese Frage ist für Frau Franck noch für zehn Tage aufgeschoben. Bis dahin muß auch der Verlag definitive Überlegungen anstellen.
2. Herr Herrmann:
Herrn Herrmann habe ich mitgeteilt, daß die bisherige Arbeitsbeziehung mit Wirkung vom 1. Juli gelöst wird. Herr Herrmann wird aber noch Frau Franck bei der Änderung oder Umsiedlung der Berliner Verlagsstelle behilflich sein. Er erklärt sich auch nach wie vor bereit, Gänge für uns zu machen und vor allem eventuelle Herstellungsaufträge zu überwachen. Herr Herrmann erhält eine Pension in Höhe von DM 226,–.
3. Gespräch mit Uwe Johnson:
Mit ihm, und am 2. Tage auch mit Dr. Baumgärtner, war ich fast die ganze Zeit zusammen. Wir führten erst ein allgemeines Gespräch, in dem wir uns gegenseitig kennenzulernen suchten, und gingen dann auf Details der Publikation ein.
Die Situation hat sich insofern geändert, als Johnson doch die DDR verlassen und in Westberlin wohnen wird. Der Übertritt soll bis zum 10. Juli erfolgen. Bis dahin wird der Roman noch unter dem Pseudonym Joachim Catt in unseren Herstellungs- und Werbevorbereitungen geführt. Johnson hatte von sich aus einen Vorschlag für Hilfestellung für den Leser: er wollte über die Dialoge jeweils setzen: Im 1. Gespräch. Im 2. Gespräch. usw. Bei den kursiv gesetzten Monologen sollten jeweils die Personen, also Rohlfs, Gesine, Blach, gesetzt werden. Ich stand dem aber skeptisch gegenüber, und wir ließen dann diesen Plan fallen. Dagegen nahm Johnson meinen Vorschlag auf, in einer Art Register ein Portrait der Figuren zu zeichnen, in

dem die Beziehungen der Figuren untereinander deutlich, gewissermaßen genealogisch klargelegt werden. Johnson schlug am 2. Tag vor, dieses Register als eine Art eigene Abteilung zu bringen mit dem Titel »Aus dem Tagebuch von Herrn Rohlfs«. Johnson wird ferner eine Story entwerfen, die wir hier im Verlag für die Umschlagrückseite noch entsprechend einrichten können.
Wir gingen dann in stundenlanger Arbeit an die Textprobleme selbst heran. Jede einzelne Änderung mußte mit Johnson debattiert werden. Er hatte seinen Text wie kaum ein anderer Autor parat und hatte für jede Abweichung von der normalen Grammatik oder Syntax einen sehr genauen, beweisbaren Grund. Ich bestand aber darauf, daß gewisse Änderungen, besonders bei den Übergängen von einer Erzählweise in die andere, doch angebracht würden. Wir haben die Teile 1-2 satzfertig gemacht. Johnson wird auf dieser Linie selber die Teile 3-5 heute vormittag in Berlin durcharbeiten.
Eine genaue Herstellungsanweisung folgt gesondert.
Ich bestätigte Johnson nochmals unseren im März abgeschlossenen Vertrag. Johnson erhält demnach für zwei Jahre monatliche Zahlungen des Verlages. Er will in dieser Zeit seinen neuen Roman fertigstellen. »Ingrid Babendererde« wird vorläufig zurückgestellt. Eventuell wird er später einmal Motiv und Gegenstand wiederaufnehmen.
Johnsons und meine Interessen stimmten in einem entscheidenden Punkte überein: wir werden alles daransetzen, dieses Buch von vornherein als nicht gegen die DDR gerichtet zu kennzeichnen, das heißt, der Verlag wird in der gesamten Werbung (speziell auf dem Klappentext) hauptsächlich die literarischen Qualitäten des Buches in den Vordergrund rücken.

Das ist ein vertraulich zu behandelnder Reisebericht, nur für Herrn Boehlich und Herrn Dr. Hornung
Dr. U./Schk.
29. Mai 1959

Reisebericht Paris
7.-13. April 1960

Teilnehmer der Reise: Walter Boehlich und Uwe Johnson. Herr Boehlich war dienstlich in Paris; er begleitete mich bei meinen Besuchen bei französischen Verlegern. Danach fuhr er von Paris aus in Urlaub. Uwe Johnson wurde zu dieser Fahrt vom Verlag aus eingeladen.

Freitag, 8. April
Langes Gespräch mit Janès. Allgemeiner Bericht über die vorliegenden wichtigen Neuerscheinungen sowie auch über zu erwartende neue Bücher. Janès muß unbedingt etwas besser unterrichtet werden. Fräulein Hallasch möchte in Zukunft Kopien der Briefe, die wir mit französischen Verlagen und Agenturen wechseln, an Janès schicken, es sei denn, daß der eine oder andere Brief davon ausdrücklich ausgenommen wird.
Der Nachmittag war mit dem Besuch bei Gallimard ausgefüllt. Wir besprachen den Vertrag Frisch »Homo faber«. Handschriftlich fügte ich noch eine Änderung in den Vertrag. Er wurde von beiden Seiten unterschrieben. Die Übersetzung Pillod ist sehr genau geprüft worden. Ergebnis: Sie ist akzeptabel, muß jedoch noch in einzelnen Punkten überarbeitet werden. Haupteinwand ist das zu starke Kleben am Original und die sich daraus ergebende Glanzlosigkeit der Übertragung. Die Beispiele, die wir erörterten, sind derart, daß Frisch und Pilliod sie akzeptieren können.
Viel schwieriger war die Frage der Übertragung von Johnsons »Mutmassungen über Jakob«, die Floquet, der Übersetzer von Walsers »Ehen in Philippsburg«, bereits vollendet hatte. Hier war das genaue Gegenteil zu Pilliods Übertragung zu beobachten. Floquet übersetzte nicht nur interpretatorisch, sondern mit mächtiger Eigenphantasie. Er erfand Sätze, Aktionen, ja sogar Dialoge in direkter Anführung. Viele Punkte hat er gar nicht verstanden. An den Dialektstellen ist er vollkommen gescheitert. Wir nahmen dann unsererseits die Übersetzung mit; Boehlich und ich verglichen sie an anderen Stellen, aber

das Ergebnis war dasselbe. Floquet wird aufgrund einer genauen Aussprache mit Mascolo eine Bearbeitung von 20 Seiten seiner Übersetzung vorlegen. Auch wir erhalten eine Kopie, und danach wird entschieden, ob er die Bearbeitung vornehmen kann oder ob die Übersetzung in Gänze verworfen werden muß.
Mit Ernst Bloch wird man sich gründlich beschäftigen.
Diese Fragen wurden mit Monsieur Mascolo besprochen, die folgenden mit Monique Lange:
Besprechung des Vertrages Queneau »Zazie«. Unsere Wünsche wurden respektiert. Im übrigen ist Queneau eine Art Generalsekretär des Verlages Gallimard. Wir werden uns mit diesem Buch also anzustrengen haben. Der Film »Zazie dans le métro« wird in Kürze fertiggestellt sein. Zwei Photographien habe ich mitgebracht. Man erwartet einen großen künstlerischen Erfolg.
Was Blanchot betrifft, »Le livre à venir«, so glaubt man bei Gallimard, unseren Wunsch nach einer Auswahl nicht berücksichtigen zu können. Das Buch sei nicht eine übliche Essay-Sammlung, sondern es enthalte ein bestimmtes Thema und sei nach einer besonderen Struktur aufgebaut, die von jeder Auswahl, geschickt wie auch immer, zerstört würde. Das Gespräch wurde nicht zu Ende geführt. Vielleicht überlegen wir uns nochmals die Einwände von Gallimard. Ich persönlich neige freilich eher dazu, Blanchot dann aufzugeben.
Was unsere Anfrage Proust für Fischers »Exempla classica« betrifft, so meinte Monique Lange, daß eine Antwort in Frankfurt vorliege.
Für die Romane von Boris Vian, soweit sie bei Gallimard erschienen sind, erhielten wir Option. Die Bücher werden nach Frankfurt geschickt.
Wir sprachen auch über Gides »Paludes« für die »Bibliothek Suhrkamp«. Gallimard hat diese Frage mit den Erben Gide geklärt und die DVA ermächtigt, mit uns zu verhandeln. Ich werde eine Zeile an die DVA schreiben.
In Blanchots Buch wird auf Pierre Angélique, »Madame Edwarda«, hingewiesen. Mascolo erwiderte auf meine Anfrage lächelnd, daß es sich hier um ein Pseudonym handele, hinter dem sich kein Geringerer als Georges Bataille verberge. Bataille hat dem durch und

durch erotischen (um nicht mehr zu sagen) Buch ein Vorwort beigegeben. Mascolo machte mich nun auf ein anderes kleines Opus von Bataille, »L'alléluja«, aufmerksam und ebenfalls auf das bei Minuit erschienene sehr ernst zu nehmende »L'Érotisme«. Wir haben vom Verleger des Buches eine Option erhalten. Das Projekt ist in jeder Beziehung sehr sorgfältig zu prüfen.

Ich übergab das erste Vorausexemplar der »Pferdchen« von Marguerite Duras an Mascolo. Man war sehr erfreut über die Ausstattung.

Am Abend »Dreigroschenoper« im riesigen Palais de Chaillot, das 3000 Besucher faßt. Die Inszenierung ist fraglos großartig, im einzelnen, im Stile der Commedia dell'Arte, über den Text hinausgehend, im ganzen aber die in Brechts Werk und Denken vorliegende Entwicklung des »Dreigroschenoper«-Themas darstellend; d. h., Schauplatz ist eigentlich nicht London, sondern, obschon unausgesprochen (»Metropole«), New York oder Washington oder San Francisco; demonstriert wird das gemeinsame Paktieren von Verbrechern, Unternehmern und den Machtinhabern. Strehler hat einige Szenen und Songs umgestellt. Faszinierend waren jeweils die Aufzüge bzw. Abgänge bei den einzelnen Szenen, die sich meistens, wie etwa bei dem Bettleraufzug, so abspielten, daß die Personen nach Schließen des Zwischenvorhangs vor dem Vorhang nochmals über die ganze Breite der Bühne liefen. Die Aufführung muß für die Schauspieler ungewöhnlich schwierig gewesen sein, denn die Resonanz beim Publikum, das ja nur zum geringsten Teil der italienischen Sprache mächtig war, war gering, und nur am Schluß brach sich großer Beifall Bahn. Die Aufführung dauerte über vier Stunden mit einer einzigen kurzen Pause. Sehr lebhaft wurde aber der französische Text der »Oper« verkauft. Voisin erzählte mir nachher, daß innerhalb von drei Wochen 17 000 Exemplare verkauft worden sind.

Samstag, 9. April

Ausflug nach Versailles. Am Abend Zusammentreffen mit Janès.

Sonntag, 10. April

Zusammentreffen mit Tophoven. Mit ihm wurde vereinbart, daß er die Übersetzung von Arrabals »Baal Babylone« erst Mitte August

abzuliefern habe. (Tophoven zieht übrigens in den nächsten Tagen um.)
Wir besprachen auch Becketts »Nouvelles et textes pour rien«. Das wird jetzt beschleunigt von Tophoven in Angriff genommen. Eine Rohübersetzung liegt schon vor.
Am Spätnachmittag Zusammentreffen mit Beckett. Unser Gespräch war überaus erfreulich, der eigentliche Höhepunkt des Pariser Besuchs. Beckett erkundigte sich wieder sehr interessiert nach dem Ergehen des Verlages und einigen Autoren wie Hesse, Frisch, Nossack. Wir hatten ein langes Gespräch über deutsche Literatur, die er genauer kennt, als man gemeinhin annimmt. Sein Lieblingsbuch ist Fontanes »Effi Briest«; Gedichte von Claudius kennt er auswendig; es war sehr merkwürdig, Beckett in diesem Pariser Restaurant Claudius-Verse sprechen zu hören.
Mit ihm wurde der Publikationsplan Beckett besprochen: Herbst 1960 die beiden Einzelausgaben »Godot« und »Endspiel«, Frühjahr 1961 der Erzählungsband »Nouvelles et textes pour rien« und im Herbst 1961 einen Sammelband »Théâtre« (Stücke, Hörspiele und die fünf Pantomimen). Hier ist besonders achtzugeben, daß wir alle Pantomimen in den Band aufnehmen; Beckett sprach, wie gesagt, von fünf Texten.
Dieser Plan kann sich etwas verschieben, wenn Beckett seinen Roman fertiggestellt haben sollte, an dem er arbeitet. Er glaubt, ihn im Frühsommer abschließen zu können. Auf meine Frage hin erwiderte er, daß auch dieser Roman zu den vorangehenden gehöre und eigentlich nur noch »schrecklicher« sei als die vorangehenden.
Seine frühen Werke (»Whoroscope« und »More Pricks than Kicks«) möchte Beckett am liebsten vollkommen verleugnen. Es gäbe sie nicht mehr, und er wolle mit ihnen auch nichts mehr zu tun haben. Später könne man vielleicht den einen oder anderen Text aus den Kurzgeschichten in einer Zeitschrift veröffentlichen. Jedenfalls würden sie als Ganzes nicht mehr erscheinen.
Montag, 11. April
Ausführliches, mehrstündiges Gespräch mit Voisin. Er erklärte uns zunächst die Struktur der Société des Auteurs. Voisin gab sich als

Kämpfer gegen diese Einrichtung aus. Sein Bericht war wirklich erschöpfend. Er erzählte uns auch, wie in diesen Tagen das ganze System der SdA immer mehr unter den Klagen zusammenzubrechen drohe. Er beschwor mich, mit den deutschen Bühnenverlegern einen gemeinsamen Schritt zu vereinbaren. Noch nie sei die Situation so günstig gewesen wie momentan. Die SdA binde ihre Mitglieder, die Theater und die Autoren, mit zweiseitigen Statuten. Die Theater dürfen nur die Autoren aufführen, die der SdA angehören; die Autoren verpflichten sich, ihre Werke von keinem anderen Theater spielen zu lassen. Die Theater müßten auch die Verpflichtung eingehen, nach einem ausländischen Stück ein französisches zu spielen, also keinesfalls zwei ausländische Stücke hintereinander ins Programm aufzunehmen. Voisin meint, daß diese entehrende Bestimmung ein Ansatzpunkt sein könnte, zu allen materiellen Gesichtspunkten hinzu. Sehr kompliziert ist die Behandlung von Übersetzern und Übersetzungen. Übersetzer selbst seien für die SdA uninteressant, aber fast alle Übersetzer geben sich als Adapteure und Bearbeiter aus, und Bearbeiter seien Autoren im Sinne der SdA und damit automatisch gebunden. Es muß dringend darauf geachtet werden, daß in allen Übersetzungsverträgen festgehalten ist, daß der Übersetzer nur das Recht zur Übersetzung, nicht aber das zur Bearbeitung erhielt, daß er also Übersetzer und nicht Bearbeiter ist.
Im übrigen zeigte mir Voisin auch die Abrechnung der SdA, die sehr eingehend und exakt ist. Es wird jeweils am 15. eines Monats über den zurückliegenden Monat abgerechnet.
Voisin zeigte mir auch, daß für Lotte Lenya ein Betrag von 4000 Frs. (neuen Franken) bei der SdA liege. Lotte Lenya möchte sich mit dem Notaire à Paris, Claude Chavanne, 162 Blvd. de Magenta, in Verbindung setzen. Lotte Lenyas Notar muß bezeugen, daß sie Erbin von Weill ist. Vorher erhält sie das Geld nicht ausbezahlt.
Wir besprachen mit Voisin, im Hinblick auf Theaterrechte in Zukunft enger zu kooperieren. Ich glaube, daß wir von ihm einiges erwarten können. Er wird uns auch auf die ausländischen Stücke hinweisen, die er erwirbt. Er selbst verwaltet ja seines Streites mit der SdA wegen nur ausländische Theaterrechte. Er hat eben die Rechte für Pi-

randello erworben und macht uns darauf aufmerksam, daß Signora Marta Abba (Corso Matteotti, Milano) Theater- und Buchrechte für neun Stücke Pirandellos innehabe. Soweit von uns an Frau Abba nicht schon geschrieben wurde, dies schleunigst nachholen.
Hat, wie mir erinnerlich, Frisch für eine »Biedermann«-Aufführung in Belgien wirklich kein Honorar erhalten? Voisin hielt dies für ausgeschlossen. Wenn ja, würde er sich sofort darum kümmern.
Bekommen wir regelmäßig »Théâtre populaire«, die Zeitschrift, die Voisin zusammen mit Duvignand herausgibt? Wenn nicht, Notiz an Voisin. Sie ist ja sehr wichtig und nicht nur zu Informationszwekken.
Brecht, Gedichte nach Erscheinen an Voisin schicken. Wir verblieben so, daß wir über die Anlage der französischen Ausgabe erst nach Erscheinen der deutschen weiter verhandeln.
Herr Boehlich besuchte am Nachmittag die Editions du Seuil und sprach mit Mlle. Durand. Er erhielt von ihr eine Option für »Hydra« und Yves Velan, »Je«. Die Option für »Je« ist freilich noch nicht hundertprozentig.
Am Nachmittag waren wir wiederum bei Gallimard, um nochmals die Übersetzung von Johnson zu besprechen und den Vertrag »Zazie« zu unterschreiben, der in der Zwischenzeit geändert wurde.
Am Abend Jean Genet, »Les Nègres«, eine sehr interessante, vom Text her skandalumwitterte Aufführung einer Negertruppe in einem kleinen, aber guten Theater am Montparnasse.
Dienstag, 12. April
Am Vormittag bei Minuit Gespräch mit Monsieur Lindon. Mit ihm wurde nochmals über die Einzelausgaben Beckett gesprochen. Wir erhalten also auch die Rechte wegen Vertrieb in der deutschen Schweiz. Mit Olten muß vereinbart werden, daß er »Godot«, jedoch nicht die zweisprachige Ausgabe »Fin de Partie« in der französischen Schweiz vertreiben darf. Lindon stellte einen Vertrag in Aussicht, obschon ich sagte, daß wir dies ja brieflich abmachen könnten.
Ich fragte ihn nach der Rechtslage von Michel Butor. Ich nahm an, daß man bei Biederstein an Butors Essayband »Répertoire« vielleicht nicht so interessiert sein könnte. Es stellte sich nun heraus, daß ge-

nau drei Tage zuvor die Option Butor bei Biederstein abgelaufen war. Lindon schreibt jedoch der Fairness wegen nochmals an Biederstein. Er gab Boehlich und mir die beiden Bücher von Butor, den Roman »L'Emploi du Temps« und den Essayband »Répertoire«, mit. Boehlich wird den Roman gleich lesen und uns berichten. Ich bitte Dr. Guggenheimer, sich des Essaybandes anzunehmen. Es wäre für den Verlag natürlich wichtig, in die Rechte Butor einsteigen zu können, und dafür könnte man auch an eine Publikation denken, die man vielleicht sonst nicht gemacht hätte. Im übrigen scheint der Essayband durchaus nicht uninteressant, vor allen Dingen auch nicht für unseren Verlag (ich weise hin auf den Essay »Les Relations de Parenté dans l'Ours de William Faulkner«, in dem Butor Faulkners »Bär« als den Gipfel seines Schaffens bezeichnet). Dr. Guggenheimer möchte sich den Band »Répertoire« gleich vornehmen.
Mit Lindon ausführlich über Bataille, sowohl über die »Edwarda« als auch über »Alléluja« und auch »L'Érotisme« gesprochen. Auch Lindon schätzt Bataille überaus.
Lindon räumt uns eine Option auf den kommenden Roman eines sehr vielversprechenden jungen Autors ein: Thibaudeau »Une cérémonie royale«. Dies ist am besten Lindon gegenüber in einem Brief festzuhalten.
Im übrigen wurden auch ihm unsere Editionspläne Beckett vorgetragen. Er willigte darin ein.
Anschließend sechsstündiges Gespräch mit Stefan Brecht.
1. Im Hinblick auf die Copyrightfrage wurde besprochen, daß wir diese Frage in Zukunft wirklich mit größerer Behutsamkeit angehen sollen. Am besten wäre es, wenn die Copyright-Notiz jeweils rechtzeitig vorher mit Stefan Brecht erörtert würde; denn er hat darin Erfahrung. Dies wird also in Kürze fällig bei den Gedichten und im Herbst beim »Dreigroschenbuch«. Wichtig ist ferner, frühere Copyright-Angaben jeweils mit zu vermerken, denn sonst kann es geschehen, daß die neue Copyright-Angabe rechtlich ungültig ist.
2. Ich versprach Stefan Bapperts Stellungnahme zu Bentleys Frage der Eigentümerschaft.
3. Ein Fahnensatz der Gedichte von Brecht ist für Stefan aufzuhe-

ben. Darin vermerken, welche Gedichte nicht in die Ausgabe aufgenommen wurden.
4. Langes Gespräch über den Komplex »Flüchtlingsgespräche« – »Buch der Wendungen« – »Me-ti« – »Tagebücher«.
Stefan kommt Ende des Monats nach Frankfurt, auch um mit Lotte Lenya über eine Aufführung von »Mahagonny« in Amerika zu sprechen.
Anschließend wiederum Gespräch mit Janès.
Am Abend im Théâtre Nationale Populaire Robert Pinget »Lettre Morte« und Beckett »La dernière bande«. In der Aufführung kam der ganze Beckett heraus, das Clowneske wie das Metaphysische. Vielleicht war der Schauspieler etwas zu jung und mußte zu sehr den alten Mann spielen, aber im Gesamten beeindruckte die Aufführung doch sehr.

Lektorat
Theater-Abteilung
Herrn Dr. Hornung
Herrn Dr. Guggenheimer
Dr. U./Schk
14. April 1960

Bericht
über verschiedene Reisen

Bonn – 4. Juli 1960
Zusammentreffen mit Professor Henry Kissinger. Neben anderem ging es vorwiegend um das Problem, wie heute eine »Theorie der Demokratie« geschrieben werden könnte, die alle Aspekte fundamental, historisch, philosophisch, soziologisch, politisch, moralisch aufzeigt.

Stuttgart – 5./6. Juli 1960
Gespräch mit Herrn Behncke. Er tritt am 1. September mit einjähriger Probezeit in die Werbeabteilung des Verlages ein. Die Bedingungen seines Eintritts wurden mit ihm vereinbart, ebenso auch, daß er ab sofort über das neue Programm informiert werden soll. Herr Roeder möchte ihm bitte eine Programmübersicht, Leseexemplare und laufend Informationen schicken.

Gespräch mit Rechtsanwalt Dr. Sieger:

a) Hildesheimer: Die Optionsforderung von seiten Desch kann nicht ohne genaue Kenntnis all der Verträge gelöst werden, die Hildesheimer mit Desch geschlossen hat. Ich habe bei Hildesheimer deshalb seine Verträge schon angefordert. Im Endeffekt wird Hildesheimer freikommen, aber ganz so einfach, wie Hildesheimer dies meinte, ist es doch nicht. Für uns ergibt sich folgende Regelung, die wir uns dringend gegenwärtig halten müssen (Lektorat, Fräulein Ritzerfeld): Bei Übernahme eines Autors muß uns der Autor seine bisher abgeschlossenen Verträge vorlegen. Dies nicht zuletzt im Interesse des Autors, wie wir es ja auch schon bei Herrn Waldmann gesehen haben.

b) Die Angelegenheit Gorelik wurde nochmals durchgesprochen. Der Vertrag mit Gorelik wird jetzt von seiten Dr. Sieger fristlos gekündigt. Wir müssen jetzt schleunigst eine neue Übersetzung in Auftrag geben.

c) Ich hatte dann mit Dr. Sieger ein sehr interessantes Gespräch über mögliche Auswirkungen unseres dynamischeren Verlagsprogramms.

Theodor Heuss: Wir sprachen zunächst über Hesse (unseren Bildband fand er überaus reich und gelungen), dann über Bloch (er hatte ihn bei seiner Stuttgarter Lesung nicht sehen können; eine Freundin, die freilich nicht allzu kompetent sei, hätte ihm nicht allzu Günstiges berichtet).

Dann trug ich ihm die Idee für einen Deutschen Literaturpreis vor. Er hörte sich alles geduldig an, ließ mich, fast beängstigend lang, ausreden, und als er dann selbst in den Monolog eingriff, ging es gar nicht mehr um die Frage, ob, sondern nur noch um das Wie. Obschon er mit Entschiedenheit jetzt alle Belastungen ablehne, wolle er dieser Sache, die er für »höchst wünschenswert« hielt, seine Mitwirkung nicht versagen. Wir verblieben so, daß ich ihm jetzt einen Entwurf für die Statuten eines solchen Preises zuschicken sollte. Heuss schlug mir als nächsten Schritt ein Gespräch mit Sattler und dann mit Ministerialdirektor Frey, dem Sekretär der Kultusministerkonferenz, vor. Beim ersten würde ich auf ein geneigtes, beim letzten vielleicht auf ein ablehnendes Ohr stoßen.

Heuss war in einem weit besseren Zustand als bei der Friedenspreisverleihung in Frankfurt. Zwar machen sich Zeichen des Alterns bemerkbar; es war gar nicht einfach, ihn von seinen Abschweifungen immer wieder zum Thema zu bringen, aber insgesamt ist er durchaus noch rüstig und agil. Im Augenblick studiert er indische Geschichte und Kulturgeschichte, um sich auf seinen Besuch im November in Indien vorzubereiten.

In den Stuttgarter Buchhandlungen lagen die Bände der »Bibliothek Suhrkamp« in den Auslagen, ferner auch »Spectaculum« und überall der Hesse-Bildband. Man hatte auch schon Verkäufe zu verzeichnen. Herr Krohn hat sich für Montag in Stuttgart angemeldet, Dienstag abend war er mit Frau Konz zusammen.

Leipzig – 7.-10. Juli 1960

Auf der Fahrt nach Leipzig machte ich in Bad Hersfeld Station. Die Buchhandlung Oertel hatte fast eine reine Suhrkamp-Auslage, was mich ermunterte, den Laden zu betreten. Ich traf Herrn Oertel und hatte mit ihm ein längeres und ganz gutes Gespräch. Er hatte bereits ein Exemplar des Hesse-Bildbandes, der am Vortag eingetroffen war, verkauft, ein anderes prangte im Zentrum seines Fensters. Er hatte sich am Abend den Band angesehen und gab sich enthusiasmiert. Wir sollten eine gute Verbindung zu Herrn Oertel halten, der in dieser Kleinstadt allerhand für uns getan hat.

Ich traf abends in Leipzig ein und fand unseren Jubilar in einer zwar unfestlichen, aber doch blendenden Verfassung. Wie nicht anders zu erwarten, begann er mit seinen Geschichten, als ich die Autotür noch in der Hand hatte, und so ging es weiter bis früh in den Morgen hinein. Der Geburtstag selbst verlief äußerst ruhig; gegen 14.00 Uhr kam für 20 Minuten der Dekan der Philosophischen Fakultät, um, verlegen und peinlich, im Auftrag der Fakultät und des Rektors zwei schwindsüchtige Blumenstöcke abzugeben. Einige Telegramme und Briefe, darunter ein Brief des Chefs der Präsidialkanzlei, in dem der Staatspräsident Pieck dem Nationalpreisträger gratulierte. Am Abend hatte Bloch seinen Freundeskreis eingeladen: Hans Mayer, Werner Krauss, den Historiker Markow, seinen früheren Assistenten Dr. Teller und einen Freund von Johnson, Herrn Dr. Klemm. Es kamen gute und hochinteressante Gespräche auf, die auch immer wieder um die kreisten, die bei der Feier des 70. Geburtstages anwesend waren und gesprochen hatten und nun im Zuchthaus saßen.

Am Sonnabend vormittag hatte ich ein Arbeitsgespräch mit Bloch, dann gemeinsames Mittagessen auf Einladung von Hans Mayer im Hotel International. Daran anschließend Gang durch Leipziger Buchhandlungen.

Am Nachmittag besuchte ich Hans Mayer und daran anschließend Werner Krauss. Hans Mayer bot sich an, für uns den Literatur- und Theaterband in der Reihe »Zwischen den beiden Kriegen« zu schreiben. Ich beschied dies ablehnend im Hinblick auf die unterschiedliche Qualität der vorangehenden Bände.

Gern hätte Hans Mayer einmal eine Einleitung oder ein Nachwort zu den »suhrkamp texten« geschrieben. – Die literarische Situation in der DDR bezeichnete er als trost- und aussichtslos. Interessant seien von allen Jüngeren nur das Ehepaar Heiner und Inge Müller (mit den beiden vom Henschel-Verlag betreuten Stücken »Der Lohndrücker« und »Korrekturen«). Mit diesen Leuten sollten wir doch

in Verbindung treten, vor allem auch im Hinblick auf den Theater-Verlag.
Ich erzählte Hans Mayer von unserem guten Eindruck, den Anna Seghers' Erzählung »Der Ausflug der toten Mädchen« bei uns hinterlassen habe. Auch er hielt dieses Stück Prosa für bedeutsam, vielleicht den wichtigsten Text, den die Seghers je geschrieben habe. Im übrigen müsse er aber gestehen, daß er vor etwa 14 Tagen Christian Wegner auf die Prosa der Seghers hingewiesen habe. Er unterbreitete damals Wegner einen Vorschlag, den er auch mir wiederholte und dessen Realisierung er und sicher auch Anna Seghers lieber bei uns sähe, nämlich den Band »Karibische Geschichten«. Er enthielte folgende vier Stücke: »Der Ausflug der toten Mädchen«, »Die Hochzeit von Haiti«, »Wiederkunft der Sklaverei« und eine Geschichte aus den Antillen, die die Seghers im Moment schriebe. Wir müssen den Plan besprechen und gegebenenfalls sogleich reagieren und an Anna Seghers schreiben.
An Hans Mayer sind zu schicken: Hesse-Bildband, die »suhrkamp texte« 1 und 2; für die »Landessprache« ist er schon vorgesehen. Er ist unbedingt in unser Verzeichnis der Freunde aufzunehmen.
Hans Mayer war sehr freundlich, zuvorkommend und überaus reizend. Wir hatten ein gutes Gespräch miteinander.
Im Gespräch mit ihm wie auch mit anderen trat immer wieder der Wunsch auf, wir möchten uns doch an der Leipziger Messe mit einem Stand beteiligen. Auch diese Frage wollen wir diskutieren und eventuell die Möglichkeit einer Ausstellung in Leipzig untersuchen.
Besuch bei Werner Krauss: Ich habe noch nie eine solche Privatbibliothek gesehen. Wir waren erst im deutschen Zimmer, dann im Zimmer mit der Bibliothek für die französische Aufklärung und schließlich im spanischen Zimmer. Werner Krauss zeigte sich sehr interessiert an all unseren Plänen, besonders aber an unseren spanischen Absichten. Er hatte mich, weil wir am Abend von Blochs Geburtstag nur kurz miteinander sprechen konnten, zu sich eingeladen. Über Galdós berichtete er lange; es sei vielleicht gut, Galdós zunächst mit »Miau« zu starten, das Eigentliche von Galdós läge aber dann doch in den »Episodios Nacionales«, den »Spanischen Begebenheiten«.

Krauss wird uns ein Referat erstellen, in dem er Vorschläge macht, was nach seiner Meinung aus diesen vielbändigen »Begebenheiten« gebracht werden könnte.
Im übrigen meinte er sich daran zu erinnern, daß »Miau« bereits einmal übersetzt worden sei. Wir schlugen im »Manual del Librero Hispano-Americano« (der besten Informationsquelle für Übersetzungen der spanischen Literatur) nach, der letzte Band, den Krauss vorliegen hatte, reichte aber nicht so weit.
Krauss machte noch andere Vorschläge: Die Publikation von Galdós sollte unbedingt auf Pío Baroja führen, dessen »Memoiren eines Tatmenschen« sehr bedeutsam seien; Baroja sei uns näher und lese sich eigentlich noch spannender als Galdós.
Weitere Vorschläge von Krauss: Camilo José Cela, »La Familia de Pascual Duarte«, José Suárez Carreño, »Proceso«, Carmen Laforet, »Nada«, Francisco José Alcántara, »La Muerte le Sienta Bien a Villalobos« (die letzten beiden Werke im Verlag Ediciones Destino, Relaspo 28, Barcelona).
An Krauss Alberti schicken, wie ihn überhaupt mit den Büchern aus seinem Fachgebiet (Romanistik) bedenken.
Ich machte Krauss während des Gesprächs den Vorschlag, er möchte uns gewissermaßen ein spanisches Pendant zu Curtius' »Wegbereiter« schreiben. Krauss war offenbar überrascht, dann aber doch auch sehr beglückt über diesen Vorschlag. Er würde gern auf ihn eingehen, och würde diese Arbeit für ihn mindestens einen halbjährigen Spanien-Aufenthalt bedeuten. Diesen könne er sich materiell leisten, doch sei der Aufenthalt in Spanien für ihn nicht ungefährlich.
Wir sprachen auch über seinen Roman »PLN«. Leider bin ich von unseren Lektoren nicht informiert worden, daß bereits ein Gespräch mit Krauss darüber besteht; dies mußte ich zu meinem Bedauern von Bloch erfahren. Ich habe mir einen Vormittag bei Bloch genommen, um in »PLN« zu lesen. Das Buch kann schon aus Umfangsgründen nicht in der »Bibliothek Suhrkamp« erscheinen. Mir scheint aber heute eine separate Edition dieses Buches bei uns entweder zu spät oder zu früh; das Buch hat nach meinem Urteil seine bestimmte Zeit gehabt; es jetzt zu bringen, hieße, den Autor Mißverständnis-

sen auszusetzen und ihn außerdem auch auf etwas festzulegen, wozu er heute nicht mehr steht. Ich teilte diesen Eindruck auch Krauss mit. Über Bloch berichte ich noch mündlich. Folgendes wurde jedoch vereinbart:
Spätestens am 1. Oktober liefert uns Bloch ein satzreifes Manuskript von »Naturrecht und Sozialismus« ab, das im Frühjahr 1961 erscheinen soll. Im Herbst 1961 folgt dann ein umfangreicher Band mit »Literarischen Essays«, im Frühjahr 1962 soll »Geschichte des Begriffs Materie« folgen, im Herbst 1962 dann ein umfangreicher Band mit »Philosophischen Essays«. Die »Politischen Essays« sollen später folgen.
Im Aufbau-Verlag erscheint der »Thomas Münzer«. Ich habe ihn bei Bloch leider zu spät in die Hand bekommen; er wäre ein schöner Band für die »Bibliothek Suhrkamp« geworden, wo wir diese Art Biographie ja suchen.
Neben den genannten vier Hauptpfeilern der kommenden Bloch-Edition sollen dann noch gelegentlich einige kleinere Bloch-Texte gebracht werden, entweder in einer selbständigen Reihe oder in einer Reihe »Philosophische Texte« bei uns. Hierzu machte er folgende Vorschläge:
1. Band: Zur Ontologie des Noch-Nicht-Seins
2. Band: Differenzierung im Begriff Fortschritt
3. Band: Prozeß und Gestalten
4. Band: Probleme des Widerstands
5. Band: Avicenna und die aristotelische Linke.
Was den 1. Band betrifft, so ergibt sich jetzt doch wiederum eine Änderung. Bloch sähe jetzt doch lieber allein den Vortrag publiziert, eventuell mit einem anderen Text ergänzt. Die Abhandlung »Zur Ontologie des Noch-Nicht-Seins« scheint ihm jetzt allzu kompliziert und schwierig. Ich nahm ihm dies aber nicht ab. Die Texte liegen uns jetzt vor; wir müssen uns damit beschäftigen.
Wir sollten Verbindung mit dem Verlag Oprecht, Zürich, im Hinblick auf »Erbschaft dieser Zeit« aufnehmen. Bloch hat nie Honorare gesehen, und er möchte den Vertrag, so überhaupt geschlossen, gern aufgehoben sehen.

Mitteilung an Frau Bloch, wann die fünf Exemplare »Spuren« abgeschickt wurden. Sie hat weder diese Exemplare noch den Hesse-Bildband, noch die »suhrkamp texte« erhalten. Ferner Stand Konto Bloch an Frau Bloch mitteilen. Bloch kommt in der vorletzten August-Woche nach Tübingen.
Die Rückfahrt trat ich am Sonntag an, fuhr diesmal jedoch nicht auf der Autobahn, sondern auf der normalen Landstraße zurück, um mehr Kontakt zu haben. In Weimar wollte ich das Goethe-Haus besuchen, es war aber, wie schon auf der Hinreise, geschlossen. Ich fuhr deshalb an die »Nationale Gedenkstätte« Buchenwald. Der Übermut, den ein Bewohner der westlichen Hemisphäre bei einem Aufenthalt in der DDR befällt, wurde hier nun doch etwas gekühlt. Bei der Rückkehr hatte ich Schwierigkeiten beim Grenzübertritt, weil ich mich in Leipzig weder an- noch abgemeldet hatte.

Herrn Dr. Hornung
Lektorat
Frl. Ritzerfeld
Dr. U./Schk.
11. Juli 1960

Reisebericht New York–Boston–Detroit–Washington–New York 10.-18. April 1961

Boston: Besuch bei Eric Bentley
Detroit: Besuch und Vortrag bei der Wayne State University gemeinsam mit Uwe Johnson
Washington: Besuch bei Henry Kissinger.

Allgemeines:
Zwei Dinge stellen sich als dringend notwendig heraus:
1) Regelmäßiger Besuch in New York, der New Yorker Verlage und Agenten.
2) Eine Vertretung des Verlages durch einen Agenten. Gleichzeitig mit mir waren in New York: Bermann Fischer, Feltrinelli, Mondadori, Einaudi, Claude Gallimard, Paul Flamand. Es war offenbar die Zeit, in der die Verleger, die ihre Maschine füttern müssen, »kaufen« gehen. Feltrinelli veranstaltete eine Party, Fischer gab eine Party. Zu der Fischer-Party wurden nur amerikanische Editors eingeladen. Fischer wollte mit ihnen eine internationale Zeitschrift besprechen, die verschiedene nationale Redaktionen haben soll. (Leitung der deutschen Redaktion Ernst Schnabel). Im Gegensatz zu meinem Besuch vor sechs Jahren, war der Name unseres Verlages und seine Eigenart und Bedeutung diesmal bei den entscheidenden Leuten bekannt. Ich wurde als ein sehr geachteter Besucher aufgenommen und auch fast immer privatim eingeladen. Wichtig ist, daß die Verlage immer mehr einsehen, daß sich bei uns entscheidende deutsche Autoren konzentrieren. Man bewunderte unser Programm. Brecht beginnt eine große Rolle zu spielen. Man ist sich darüber klar, daß nun auch in Amerika ein sehr großes Interesse für Brecht entstehen wird. Immer wieder wurde über Hesse gesprochen, Frisch wurde erwähnt. Von den jüngeren Autoren hauptsächlich Uwe Johnson, dessen Legende sich bis in die Redaktionsstellen der amerikanischen Verlage verbreitet hat.
Wichtig ist dieser Besuch einfach deshalb, weil gerade bei den ame-

rikanischen Verlagen, und nicht nur hier, die persönliche Beziehung eine ganz entscheidende Rolle spielt. Ich hatte fast immer den Eindruck, daß man durch ein Gespräch alles erreichen kann. Was nun die amerikanischen Bücher betrifft, so ist hier der S. Fischer Verlag uns gegenüber in einem großen Vorteil. Er ist durch zwei Agenten vertreten, aber auch durch einen Scout. Frau Ruth Marton besucht sehr regelmäßig die amerikanischen Verleger und erhält sehr rechtzeitig entweder den Aushänger oder Lese-Exemplare. (Es ist in Amerika üblich, daß zwischen der Fertigstellung der Bücher und ihrer Auslieferung 8-10 Wochen Spielraum liegen, in dem die Bücher an die Presse verschickt werden. Die Umschläge werden möglichst erst nach Vorliegen der ersten Pressestimmen gedruckt, die dann auf den Umschlag kommen.) So war es der Fall bei einem Roman von Joan Williams »The Morning and the Evening« (Exemplar mitgebracht. Bei Fräulein Ritzerfeld). Frau Marton erhielt als erste ein Lese-Exemplar, Fischer jedoch entschied negativ. Wir haben jetzt durch die Agentur Harold Ober eine Option erhalten. Bei einem zweiten Autor, der mir von vielen Leuten ans Herz gelegt wurde, William Styron (»Lie Down in Darkness«, »Set This House on Fire«), ging das erste Lese-Exemplar an Fischer, und hier entschied Fischer positiv.

Ein Wort zu den Agenturen: unser Verlag ist natürlich nicht umsonst bisher sehr Agenturen-feindlich eingestellt gewesen. Wir müssen hier umdenken, »umfühlen« (gilt für Fräulein Ritzerfeld und Herrn Boehlich). Wir sind in Amerika ohne Agenten einfach handlungsunfähig. In 99 % aller Fälle erwerben die amerikanischen Verleger von ihren amerikanischen Autoren nur die amerikanischen, höchstens noch die kanadischen oder englischen Rechte. Grundsätzlich gilt, daß alle ausländischen Rechte durch Agenten bzw. durch Agenturen wahrgenommen werden. Das geschieht häufig vollkommen mechanisch. So erwarb die Agentur Rodell-Daves automatisch alle Auslandsrechte von Harper & Brothers. Bei den meisten Agenturen gehen die Auslandsrechte ebenso automatisch an eigene oder fremde Agenturen in den einzelnen Ländern. Hier kommen die merkwürdigsten Verknüpfungen vor. Zum Beispiel wurde mir ein Buch von Richard Bankowsky »After Pentecost«, Agent in New York Wil-

liam Morris, empfohlen. Ich rief an und erhielt den Bescheid: europäische Rechte durch Morris, London. Durch einen Zufall erfuhr ich dann aber, daß die deutschen Rechte nicht von London aus verwaltet werden, sondern durch die Agentur Hellmer, die Krüger eine Option gegeben hat. Wir sind bei Hellmer vorgemerkt, jedoch erhielt ich von verschiedenen Seiten den Wink, daß dieses Buch doch in seiner Bedeutung überschätzt würde.
Die literarischen Agenturen haben sich jetzt zusammengeschlossen und eine Art Kodex entwickelt. Ich habe dieses Blättchen mitgebracht »What is a literary Agent?« Hier sind auch alle die amerikanischen Agenturen aufgeführt, die sich freiwillig an eine gewisse Verfahrensweise halten. Zum Beispiel verlangen alle die hier angeschlossenen Agenturen nur 10 % Provision. Hellmer wurde in die Organisation nicht aufgenommen.
Ich werde meinen Besuch im Laufe der nächsten Tage und Wochen nochmals schriftlich untermauern. Wichtig ist, daß alle entscheidenden Verleger und Lektoren regelmäßig Prospekte und »Dichten und Trachten« erhalten. Hier müssen wir vermutlich noch ein besonderes Schema ausarbeiten.
Bei meinem Besuch in den ersten beiden Wochen hatte ich den Eindruck, daß außer bei der Viking Press bei keinem anderen Verlag ein Lektor in der Lage ist, Deutsch zu lesen. Alle großen Verlage, einschließlich Doubleday, Random House, Harcourt Brace, jetzt auch nach dem Weggehen von Pick der Verlag Knopf, mit Random House fusioniert, sind auf Gutachten außer Haus angewiesen. (So akzeptierte Random House auf Vorschlag von Hellmer Manfred Gregors »Brücke«, Desch; jetzt, nachdem das Buch übersetzt ist, sind die Lektoren entsetzt. Dieser Eindruck verbesserte sich etwas bei meinem Besuch in der letzten Woche; darüber ist im einzelnen zu berichten.)
Im wesentlichen ging es bei meinem Besuch um vier Hauptkomplexe:
1) Brecht
2) Frisch
3) Unsere Vertretung durch die Agentur Rodell-Daves
4) Autorenbesuche beziehungsweise Suche nach neuen Büchern.

I. – Brecht

In meiner ersten Woche hatte ich wirklich den Eindruck, mehr Rechtsanwälte als andere Leute zu sehen. Allmählich drang ich dann in den Dschungel der Brecht-Sache ein, und schließlich kam ich zu dem Resultat, daß entweder eine vollkommene juristische Klärung die Rechtsanwälte für mindestens die nächsten drei Jahre, wenn nicht länger, beschäftigen würde oder die Lösung einfach auf der Hand liegt. Der Prozeß Stefan ./. Bentley ist unentschieden ausgegangen, das heißt, der Richter hat sich nach eineinhalb Jahre langer Beschäftigung geweigert, eine Lösung auszuarbeiten. Weder Stefan noch Bentley sind befugt, Aufführungen der »Mutter Courage« zu autorisieren. Der Richter regte eine außergerichtliche Einigung an. Daran habe ich mitgewirkt. Eine Lösung ist auch, was die Anwälte und mich betrifft, zustande gekommen. Bentley hat ihr auch zugestimmt. (Es gibt zwei Übersetzungen für »Mutter Courage«. Stefan Brecht und Bentley bieten beide Übersetzungen zusammen an. Der Produzent entscheidet, welche Übersetzung genommen wird.)

Publikationsrechte:

Hier bot sich dasselbe Bild, entweder fruchtlose juristische Auseinandersetzungen oder einfaches settlement. Bei juristischen Auseinandersetzungen wäre vermutlich zu befürchten, daß viele Stücke von Brecht in die public domain fielen. Bentleys ganze Verteidigung lief darauf hinaus, daß Brecht bzw. der Suhrkamp Verlag dauernde Copyright-Verletzungen vorgenommen hätte. Im Grund spitzte sich die publizistische Frage in rein juristischer Hinsicht auf einen einzigen Punkt zu: Bentley beansprucht exklusive Rechte für »Der gute Mensch von Sezuan« und »Der kaukasische Kreidekreis« (die gesamten englischsprachigen Rechte, er wird aber gegen Methuen gerichtlich nicht vorgehen). Ich versuchte, zu einem Gespräch mit Bentley zu kommen, der sich erst weigerte, mich zu empfangen. Schließlich kam das Gespräch doch zustande, und wir diskutierten drei Stunden lang alle Fragen. Bentleys verhärtete Haltung rührt einmal vom Prozeß her, dann aber auch daher, daß er der Meinung sein mußte, die Brecht-Erben und auch wir wollten ihn vollkommen von jeder Art Publikation ausschalten; er befürchtete, daß die Methuen-Ausgabe nach USA käme. Er fühlt sich an dieser Ausgabe ungenügend beteiligt.

Meine Position schien anfangs hoffnungslos schwach, denn ich hatte ihm ja nichts anzubieten. Erst allmählich wurde mir klar, daß wir doch einige Trümpfe in der Hand hatten: autorisieren wir jetzt eine Art Gesamtausgabe und kooperiert Bentley nicht mit uns, wird er von dieser Ausgabe, die auf lange Sicht und mindestens für 20 Jahre entscheidend sein wird, ausgeschlossen und kann sicher sein, daß keine seiner Übersetzungen, außer »Mutter Courage«, aufgeführt wird. Ich habe Bentley ein zweites Mal nicht sprechen können. Er hat einen Lehrstuhl an der Harvard University. (Anzumerken ist, daß Bentley einen außerordentlichen Ruf genießt, nicht nur als Brecht-Experte, sondern auch als Gelehrter und Herausgeber dramatischer Werke; freilich gibt es da auch Schattenseiten.) Mit Bentley muß nun brieflich geklärt werden, daß er gegen Zusicherung einer Aufnahme seiner Übersetzungen seinen Exklusivitätsanspruch im Hinblick auf die beiden Stücke (»Der gute Mensch von Sezuan« und »Der kaukasische Kreidekreis«) aufgibt. Das scheint mir möglich.

Die Grove-Press-Ausgabe der »Seven Plays«.

Ich hatte ein Gespräch mit Barney Rosset, an dem auch Fred Jordan und ein anderer Editor teilnahmen. Das Gespräch verlief von meiner Seite aus sehr streng, kühl und gekränkt. Rosset wies mich darauf hin, daß sie jahrelang versucht hätten, irgendwelche Rechte zu bekommen. Nie sei etwas entschieden worden. Schließlich seien alle Publikationen nachträglich durch Stefan Brecht insofern autorisiert worden, als er bereit war, das Honorar anzunehmen. So bei einer Ausgabe von »Der gute Mensch von Sezuan / Der kaukasische Kreidekreis«, bei einer Auswahl der Gedichte, bei dem »Dreigroschenroman«. (Nachträglich hat Rosset jetzt einen Vertrag mit Gebr. Weiss über »Julius Caesar« geschlossen. Bei Gebr. Weiss anfragen, ob er das gegen unseren Wunsch getan hat.) Als Rosset meinte, daß sich letztlich die Frage nur auf das zu zahlende Honorar zuspitzte, war ich im Begriff, den Raum zu verlassen. Schließlich schien folgende Lösung möglich:

Rosset ist bereit, einen Vertrag mit uns über die Ausgabe abzuschließen. In diesem Vertrag wird festgehalten, daß es sich hier nur um eine »anthology« (Sammelband) handelt, die nur in dieser Form publiziert werden darf, also keine Weitergabe der Rechte an Dritte oder andere Publikationen. Rosset erklärte sich bereit, als Preis für die Anerkennung des Bandes durch uns, seinerseits auf den Anspruch irgendwelcher exklusiven Rechte zu verzichten. Er hat mir erklärt, er würde keinen amerikanischen Verlag von sich aus verklagen, wenn in einer größeren Brecht-Ausgabe auch die beiden Stücke »Der gute Mensch von Sezuan« und »Der kaukasische Kreidekreis« kämen. Er wollte natürlich diese Verhandlungen parallel mit Verhandlungen über eine Brecht-Gesamtausgabe sehen. Dies lehnte ich ab. Ich erklärte, daß ich erst die Frage der Autorisation seines Bandes klären wollte und daß er erst dann eine Chance hat, in die Frage einer Gesamtausgabe einbezogen zu werden. Für eine solche Gesamtausgabe interessieren sich nun folgende Verlage:
New Directions
Random House
Harper & Brothers
Viking Press
Atheneum
Hill & Wang
Harcourt Brace & Co.
Grove Press.
Diese ganze komplizierte Frage wäre mit einem Schlag gelöst, wenn wir uns entscheiden könnten, der Grove Press die Rechte zu geben. Für die Grove Press spricht ein wirklich echtes geistiges Engagement.
Man erklärte mir, die amerikanische Ausgabe ganz nach meinen Wünschen anlegen zu wollen. Ich könnte jede Zeile bestimmen, die veröffentlicht werden sollte. Ich sollte sogar als Herausgeber fungieren, was ich selbstverständlich ablehnte. Gegen die Grove Press spricht die Tatsache, daß der Verlag eben als ein Avantgarde-Verlag bekannt ist, daß sein »sale« eben doch nicht so ist wie der der großen Häuser, daß seine Produktion häufig aus Paperbacks

besteht, daß er dafür bekannt ist, das geringste Honorar zu zahlen.
Mit all den genannten Verlagen verblieb ich so, daß ich nach meiner Rückkehr ein Memorandum über die generelle Brecht-Situation ausarbeite. Dieses Memorandum geht den betreffenden Verlagen zu mit Fragen von unserer Seite. Im Memorandum muß erwähnt werden, warum wir uns zu diesem außergewöhnlichen Schritt entschließen, der Aufbau unserer Ausgabe, der Umfang der amerikanischen Ausgabe, wie wir ihn uns vorstellen.
Die Fragen:
1. Zu welchen Ausgaben, d.h. zu wieviel Bänden, verpflichten sich die Verlage, und zu welcher Zeitfolge der Veröffentlichung.
2. Vorschlag für die Form der Edition (in USA gibt es nicht die Form unserer Gesamtausgaben, nur in Ausnahmefällen. Random House und New Directions sind bereit, im Falle Brecht ein solches Exempel zu statuieren).
3. Vorschlag für einen Editor oder einen »editorial board«. (Weder Bentley – der dies natürlich dringend wünscht – noch irgendein anderer Übersetzer kommt als Editor dieser Ausgabe in Frage. Es wurde eine Zeitlang Kenneth Tynan diskutiert, aber er kann zu wenig Deutsch. Als ideale Kombination erschien mir etwa für Random House folgende Besetzung: Prof. Lange, Princeton, Prof. Sokel, Columbia, Jason Epstein, Random House.)
4. Kontrolle der Übersetzungen.
5. Vorschlag über Höhe der ersten Auflage.
6. Spezielles Werbe-Engagement des Verlages. Die Ausgabe muß, schon um gegen die vorliegenden Publikationen aufzukommen und um der Situation Brecht gerecht zu werden, mit einem besonderen Impuls gestartet werden, also special advertising appropriation.
7. Bedingungen (Vorauszahlungen, Honorare).
8. Kopien der Antworten an Miss Daves schicken.
Es besteht ein wachsendes Interesse an Brecht bei den Universitäten und im literarischen Bereich; die Literatur über Brecht nimmt gewaltige Ausmaße an. Man erwartet auch allgemein große Bühnenerfolge.

II. – Frisch

Um es kurz zu machen: nach drei Gesprächen mit Mister Schwarz von Abelard-Schumann konnte ich Mr. Schwarz dazu bringen, gegen einen Ankauf der bei ihm liegenden Bestände von »Stiller« und »Homo faber« (»Stiller« ca. 800 Exemplare, »Homo faber« ca. 3000 Exemplare) sämtliche Rechte an uns zurückzugeben. Der Handel begann bei 4000 Dollar und endete bei 2000 Dollar. Ich erklärte mich zu dieser Zahlung von 2000 Dollar bereit. Ich hatte auch schon das Wort von Mr. Schwarz. Ein Vertrag ist ausgearbeitet und von mir unterzeichnet worden. Jedoch erreichte er Mr. Schwarz nicht mehr, der auf Reisen ging.

Die Frisch-Rechte werden von Random House übernommen, die Rechte für »Stiller« und »Homo faber« gegen eine Zahlung von 2000 Dollar. »Stiller« wird im Frühjahr 1962, »Homo faber« im Herbst 1962 in den »Vintage Books« erscheinen. Uns sind alle Rechte zurückgegeben worden, auch die an der Übersetzung. Wir treten in den Vertrag mit Penguin ein, dieser Punkt soll noch von Joan Daves geklärt werden. Alle Optionen sind gegenstandslos.

Random House kauft den neuen Roman von Frisch ungesehen. Vorauszahlung 2500 Dollar.

An Jason Epstein sind folgende Bücher zu schicken:

1) Unberechnet: Brecht, »Stücke 1-12«.

Brecht, »Gedichte 1 + 2«.

Brecht, Ausgaben in der »Bibliothek Suhrkamp«

An Joan Daves: (durch Fräulein Ritzerfeld)

»Tagebuch« und »Bin«.

Ebenfalls ist der Atlantis-Verlag dazu zu veranlassen ein Exemplar des Romans »J'adore« zu schicken.

Hill and Wang

Hier handelt es sich natürlich um einen Verlag zweiten, wenn nicht dritten Grades. Aber die Leute sind nun einmal sehr an Frischs Stükken interessiert. Sie erhielten von uns das Recht für die »Chinesische Mauer« und eine weitere Option. Es schiene mir unfair, auch hier nun einen Schlußstrich zu ziehen, und so vereinbarte ich mit Hill & Wang folgendes: Die »Chinesische Mauer« erscheint im Juni dieses Jahres. »Biedermann« (in der Übersetzung von Michael Bullock, da Hill & Wang sich weigert, die Goreliksche Übersetzung zu veröffentlichen) im Frühjahr 1962, im Herbst 1962 »Andorra«. In den Vertrag ist die Klausel aufgenommen, daß die Rechte für eine Gesamtausgabe freigegeben werden müssen.

Hellmer-Gorelik

Bei den meisten Verlegern erhielt ich keine allzu gute Auskunft über Hellmer. Ich selbst hatte persönlich keinen guten Eindruck von ihm. Ohne daß wir darüber sprachen, war dann auch Hellmer sich darüber im klaren, daß unsere Verbindung nicht über »Biedermann« hinausreichen wird.

Der Anwalt von Gorelik, Mr. John R. Fernbach, ist ein wirklich sympathischer Mann. Obschon wir Gegenspieler waren, verstanden wir uns blendend. Eigentlich ist es nur dieser Tatsache zu verdanken, daß ich nochmals zu einem Kompromiß bereit war: Separierung amerikanischer und englischer Aufführungsrechte. Die Autorisation der Gorelikschen Übersetzung wird ausdrücklich nochmals bis Vertragsende in etwa drei Jahren bestätigt. Diese Autorisation verlängert sich um 5 Jahre, wenn eine Off-Broadway-Aufführung mit mindestens 100 Abenden stattgefunden hat, sie verlängert sich auf immer für den Fall einer Broadway-Aufführung. Wir besprachen auch, daß ein englisches Theater berechtigt ist, mit Bullocks Übersetzung nach New York zu kommen, jedoch nur für den Fall, daß insgesamt die englische Aufführung übernommen wird. Der Anwalt Goreliks war überzeugt, daß es sich um ein faires Übereinkommen handele, er ging sogar so weit, daß er seine Mitarbeit niederlegen würde, wenn Gorelik nicht unterschriebe. Gorelik ist aber nicht einverstanden, wie sich am Tag vor meiner Abreise bereits herausstellte. Er verlangt, daß in England seine Übersetzung gespielt wird, weil angeblich er derjenige gewesen ist, der das Royal Court Theatre interessiert hat. Also weiterhin pending. Wir gehen jedoch das Risiko ein, Bullock mit der Übersetzung zu beauftragen.

Stiller-Film

Bei mir meldete sich ein Mr. Wilson Ashley. Er ist Produzent, Regisseur und Librettist in einem. Er sucht literarische Stoffe für sich und versucht kleinere oder größere Filmgesellschaften zu interessieren. Wir diskutierten zunächst diese Frage theoretisch, ich bat ihn, mit Joan Daves Verbindung aufzunehmen. Als Bedingungen wurden genannt: halbes Jahr Option 750 Dollar, Verlängerung 500 Dollar. Damit war er einverstanden. Jedoch nicht damit, daß der Stoff nicht unter 25 000 Dollar verkauft werden sollte. Er schlug vor, 5 % der Produktionskosten anzusetzen. Fräulein Ritzerfeld dies an Joan Daves mitteilen.

III. – Agentur Marie Rodell and Joan Daves

Ich mußte in New York wirklich einsehen, daß wir ohne eine Agentur doch nicht weiterkommen und auch nicht recht ernst genommen werden. Immer wieder wurde ich gefragt, wer vertritt Ihre Rechte in New York? Ich habe mich unter den Agenten und Agenturen umgesehen. Es kommen nur wenige in Frage, da nur wenige Agenten deutsch sprechen. Von allen schnitt Miss Joan Daves am besten ab. Ich vereinbarte daher mit ihr in loser Form, ohne Vertrag, eine Bindung.

Joan Daves übernimmt den ganzen Frisch-Komplex (ausgeschlossen davon »Die chinesische Mauer«). Sie wird auch die Theaterrechte an den Stücken Frischs übernehmen.

Sie übernimmt weiter den ganzen Komplex der Brecht-Publikationen.

Ferner wird sie die Hesse-Frage angehen, d. h., in diesem Fall ist erst die Situation der Rechte zu klären. Soweit es uns möglich ist, sind die Unterlagen an Joan Daves zu schicken.

Ich konnte folgende Verlage neu an Hesse interessieren: Scribner, Knopf, Random House, evtl. Viking Press. (Orion Press und Noonday Press kommen nicht in Frage.)

Generelle Punkte der Zusammenarbeit:

1. Miss Daves setzt Verträge auf, wir jedoch unterschreiben.
2. Büchersendungen an Verlage (Ansichtsmaterial usw.) gehen nicht mehr direkt an diese Verlage, sondern nur durch Miss Daves.
3. Miss Daves erhält eine Art Suhrkamp-Archiv mit den wichtigsten Büchern. Vereinbarungen in England sind mit Miss Daves abzustimmen.

4. Korrespondenz-Verbindung zwischen Miss Daves und Frl. Ritzerfeld
5. Vorabdrucke oder Nachdrucke von kleineren Erzählungen oder Auszügen in amerikanischen Zeitungen. Miss Daves unseren Pressedienst schicken.
6. Miss Daves erhält zehn Prozent Provision.
(Neben Miss Daves und Mrs. Rodell arbeiten in der Agentur: Frl. Schröder, Miss Dolores Gentele.)

IV. – Einzelnes

Goyen

Besuch bei Goyen. Sehr angenehmer Eindruck, sehr freundlich, gütig, charmant, dem Verlag sehr zugetan. Er lehrt einen Abend an der New School (eine Art Volkshochschule) zusammen mit Lowell und Kazin Play-writing. Er wohnt in einem New Yorker Appartement, das Freunden gehört. Im Sommer will er ebenfalls in die Wohnung eines Freundes nach Long Island ziehen. Seine finanzielle Lage ist sehr mißlich. Wir hatten einen Nachmittag und einen Abend lang ein sehr gutes Gespräch über allgemeine Dinge, er erzählte mir von seinen Arbeiten, seinen Reisen. Die Erzählung aus dem Band »Zamour« ist zur besten amerikanischen Kurzgeschichte 1960 erklärt worden (»A Tale of Inheritance«). Alle seine Bücher sind in Frankreich, Spanien und Portugal erschienen.
Er wies mich ebenfalls auf Styron hin. James Agee schätzt er hoch ein. Nachdem ich bei Obolensky erfahren mußte, daß »A Death in the Family« endgültig an den Nannen-Verlag verkauft worden ist, wies er mich auf folgende Werke Agees hin: »Let us now praise famous men« (800 Seiten), »The Morning Watch« (kurzer Roman). Agee schrieb literarisch bedeutsame Film-Szenarios. Jedoch nur ein Szenario wurde verfilmt. Für Boehlich: Goyen besitzt offenbar sehr wertvolle Briefe von Curtius.
Zu seinen Arbeiten: »Half a Look of Cain«, Roman. Er hat damals von Schifferli 250,– DM erhalten. Goyen weigert sich, mit Schifferli weiterhin zusammenzuarbeiten. Er hat damals auf Rat von Curtius das Manuskript zurückgezogen. Er überarbeitet es gegenwärtig und schickt es uns dann zu. Darüber müssen wir in eine Auseinanderset-

zung mit Schifferli eintreten. Goyen hat sich von Random House gelöst. Er ist nun bei Doubleday. Cheflektor ist dort Kenneth McCormick, der für Goyen zuständige Lektor: Samuel Vaughan. Er hat Vertrag über zwei Werke, »Savata«, Comic novel, das Manuskript ist am 1. Oktober abgeliefert. »Six Women«, Portraits von sechs Frauen. Ich hatte den Eindruck nach seiner Erzählung, daß ihm als Vorbild Gertrude Steins »Three Lives« vorschwebt. Goyen hat die beiden Bücher für Doubleday skizziert. Diese beiden Skizzen gehen an das Lektorat.
Goyen gab mir ein fertiggestelltes Stück mit, »The Diamond Rattler«. Das Stück wurde in Boston drei Monate lang sehr erfolgreich aufgeführt. Es handelt sich um einen Priester mit einer Diamant-Schlange. Mit großer Redekunst begabt, behauptet er, Gott sei in ihm. Als Beweis gibt er an, daß die Schlange ihn nicht beiße. Viele Leute konvertieren, er bekommt unendlich viele Geschenke, wird reicher und reicher, und am Ende beißt ihn die Schlange. – Goyen ist mit unserer Ablehnung von »Whisper to me« sehr einverstanden. Er hält es selbst für ein schwaches Stück. Gegenwärtig arbeitet er an einem neuen Stück, dessen erste Szene bereits in einem Schauspielstudio aufgeführt worden ist. Offenbar mit Echo und Erfolg.
Der Agent von Goyen: Harold Cohen, 580. Fifth Avenue, Tel. CI 65052. Er erklärte sich bereit, für die beiden Werke des Doubleday-Kontraktes eine Option einzugehen. Cohen ist eigentlich Theater- und Television-Agent. Sein Hauptziel ist es, Goyen Geld zufließen zu lassen. Er ist ein sehr junger Mann, der sich nach 8 Jahren bei der Agentur Morris selbständig gemacht hat, nicht unsympathisch, aber sehr geschäftstüchtig. Ich befürchte, daß er und Mr. Vaughan keinen allzu guten Einfluß auf Goyen üben werden. Cohen ist bereit, unseren Vertrag zu akzeptieren. Fräulein Ritzerfeld Vertrag zuschicken. Bezahlte Option 500,– DM. Abrechnung von Honorar. 1.-5. Tausend 6:4, 6.-10. Tausend 8:2, 11.-20. Tausend 10 %, 21. Tausend 12,5 %. Sollten wir »The Diamond Rattler« in den Theatervertrieb nehmen, ist auch darüber ein Vertrag mit Cohen abzuschließen.
Cohen versammelt um sich einen Kreis junger amerikanischer Dra-

matiker. Ich vereinbarte mit ihm, daß er uns von wichtigen Texten vor Aufführungen Leseexemplare zuschickt.

Random House

Gespräch mit Jason Epstein und Mr. Erskine. Epstein ist mehr der Dynamische, Erskine mehr der Kontemplative. Beide machen einen ausgezeichneten Eindruck. Ihr Interesse an Literatur ist beachtlich. Ihnen beiden sind unsere Kataloge regelmäßig zuzuschicken.

Viking Press

Ich wurde sehr freundlich von Herrn Huebsch und auch von dem Cheflektor Denver Lindley empfangen. Lindley spricht und liest Deutsch. Er übersetzt Schnabel.

Rehmann »Illusionen« erscheint am 9. Juni. Man gab sich sehr viel Mühe mit der Übersetzung. Viking ist der Verleger von Sherwood Anderson. Die Frage »Dark Laughter« habe ich bereits brieflich geklärt. Mr. Huebsch, der ja schon 70 Jahre alt ist, zieht sich mehr und mehr zurück, so daß Mr. Lindley für uns entscheiden wird. An ihn werde ich schreiben. (»Briefe an die Autoren« schicken)

Alfred Knopf

Obschon ich meine Verabredung darauf abgestimmt hatte, Alfred Knopf selbst zu treffen, war er nicht erreichbar. So sprach ich nur mit Mr. Koshland. Er veröffentlicht Krležas »Latinovicz«, Leseexemplare an ihn schicken. Er ist interessiert am »Dreigroschenbuch« (das jedoch zum Komplex Brecht gehört), an der Moosdorf und an der Rehmann.

Doubleday

Mr. McCormick war in Urlaub, so daß ich nur Mr. Vaughan sprach. Unser Gespräch betraf hauptsächlich Goyen, dann verschiedene literarische Empfehlungen.

Abelard-Schumann

siehe Frisch.

Grove Press

siehe Brecht.

Harcourt Brace

Ich sprach mit dem Manager des Hauses Mr. William Jovanovich. Katalog des Hauses habe ich mitgebracht. Es war mehr ein allgemeines

Gespräch. Er bekundete sein Interesse an Brecht. Es ist eigentlich kein ausgesprochen literarischer Verlag, jedoch ein sehr mächtiges, kapitalstarkes und einflußreiches Haus.

Der Verlag hat die frühen Werke der Katherine Anne Porter herausgegeben. Wer die ausländischen Rechte verwaltet, war nicht festzustellen. Der neue Roman, an dem die Porter seit 15 Jahren arbeitet, ist noch nicht abgeschlossen. Vermutlich wird er auch nie abgeschlossen werden. Rechte durch Little Brown.

Harper & Brothers

Durch Henry Kissinger erhielt ich eine Empfehlung, so daß ich mit dem Präsidenten des Hauses, Mr. Cass Canfield, sprechen konnte. Interesse an Brecht. Er führte mich nachher zu seinem Sohn, der mich nach neuen deutschen Autoren befragte und insistierte, Johnson bei der Grove Press herauszukaufen. Er könne dort nicht glücklich sein. Harper hat gegenwärtig auf Blochs »Prinzip Hoffnung« Option. Er war sehr beeindruckt von der »TLS«-Besprechung. Wir erhielten Option auf Carl Sandburg. Die Bücher werden uns zugeschickt. Es gibt dort einen Lektor, der Deutsch lesen kann, Mr. Roger Klein; freilich ohne großen Einfluß.

Hill and Wang

Ich war im Verlag, der etwas außerhalb liegt und auch einen etwas popeligen Eindruck macht. Die beiden Herren Hill und Wang waren rührend um mich bemüht. Der entscheidende Mann dort ist Mr. Wang. Er ist nicht ohne Interesse für uns, weil er sein Haus sehr stark auf dramatische Werke konzentriert hat. Er ist interessiert an Eichs Hörspielen (Fräulein Ritzerfeld, Joan Daves). Wang gab mir ein neues Stück mit von Arthur L. Kopit, das er für sehr bedeutsam hält. (»O Dad, poor Dad!«) Mister Wang gab mir auch ein Exemplar seiner Ghelderode-Ausgabe mit. (Exemplar an Boehlich)

New Directions

Zweimal besucht. Einen Abend wurde ich von Mr. Laughlin eingeladen. Walser wird im Juni erscheinen. Ich sah die Aushängebogen. Laughlin hat sich wirklich Mühe mit der Übersetzung gegeben. Er ist begeistert von Walser und wird auch die »Halbzeit« bringen.

Wir erhalten alle poetischen Publikationen von William Carlos Williams zugeschickt.
Von Mr. MacGregor erfuhr ich auch, daß die Rechte an Scott Fitzgerald von der Agentur Harold Ober Associates betreut werden. Entscheidender Mann Mr. Iwan von Auw. Die Rechte an »The Last Tycoon« sind nach seiner Auskunft nicht vergeben worden, wir erhielten sofortige Option. Für Boehlich: ich brachte eine Ausgabe mit drei Romanen Fitzgeralds in der Scribener-Reihe »Modern Standard Authors« mit. Wir müssen unbedingt versuchen, die Rechte für »Tender is the Night« zurückzuerhalten. Edmund Wilson hat verschiedentlich über »The Last Tycoon« geschrieben. In meiner Ausgabe gibt es eine Einleitung von Wilson. Dann forderte ich bei New Directions Fitzgeralds »The Crack-Up« an, in dem ebenfalls wichtige Arbeiten über »Tycoon« enthalten sind.
Großes Interesse an Brecht. Hohe Einschätzung unseres Verlages. Mr. MacGregor ist einer der liebenswürdigen und hilfsbereiten Verleger.
Besuch bei Obolensky
Entscheidender Mann dort Bill Raney. – Wie gesagt, Agee, »A Death in the Family«, für Boehlich. Verzeichnis des Verlages mitgebracht. Es handelt sich hier um einen jungen Verlag. Ich glaube kaum, daß ihm größere Bedeutung zukommen wird.
Scribner's
Ich hatte keine Beziehung zu ihm. Schließlich wurde ich durch Henry Kissinger empfohlen. Mr. Scribner war aber in Urlaub, so unterließ ich einen Besuch, hörte aber von Prof. Valentini von Mr. Wayne Andrews, der Lektor des Hauses ist. Eine der merkwürdigsten Gestalten, die mir je begegnet sind. Spricht fließend Deutsch. Kenner des Althochdeutschen, Mittelhochdeutschen und seit Jahren in Korrespondenz mit Hermann Hesse, den er auf seine Einladung hin im Sommer besucht hat. Andrews ist ein Gelehrten-Typ, ungeheuer gebildet. Er vermag sich aber innerhalb des Hauses nicht durchzusetzen. Langes Gespräch über Hesse. Er will sich nun sehr um Hesse kümmern. An ihn ist ein Exemplar Eich »Träume«, »Hesse-Brevier« und »Briefe an die Autoren« zu schicken. Die entscheidenden Leute

von Scribner's sind Mr. Charles Scribner, Burroughs Mitchell und Harry Braker.

Atheneum

Das Haus ist eine Neugründung, besteht erst seit anderthalb Jahren. Ihm aber werden im Hinblick auf den literarischen Bereich große, wenn nicht größte Chancen gegeben. Der Verlag wird von drei Leuten geleitet: Michael Bessie, Knopf jun. (der sich mit seinem Vater verfeindet und sich von ihm getrennt hat) und einem in Verlagsdingen sehr erfahrenen Mr. Haydn. Als ich Michael Bessie besuchte, traf ich dort Miss Cornelia Schaeffer, Cheflektorin des Hauses. Sie ist nicht nur ein sehr reizendes, einnehmendes Wesen, sondern auch in stupendem Maß vertraut mit der zeitgenössischen Literatur. Sie übersetzt gegenwärtig Aichingers Roman »Die größere Hoffnung«. Es wird gut sein, mit ihr in Verbindung zu bleiben. Sie kann eine Art Scout für uns werden. Jedenfalls besprachen wir den Austausch von Informationen über Autoren. Sie kennt eine Reihe von amerikanischen Autoren und kann uns sicherlich in vielem helfen.

Ich besuchte Atheneum erst in den letzten Tagen, so daß ich keine Gelegenheit hatte, die Frisch-Rechte Atheneum zu übertragen, vermutlich hätte ich diesen Verlag sogar Random House vorgezogen. Der Verlag ist gegenwärtig bemüht, seine Backlist aufzubauen. Mr. Bessie kannte Herrn Suhrkamp persönlich, möchte ebenfalls noch in die Brecht-Publikation eingeschaltet werden.

Textbook Market

In Amerika spielt der Textbook-Market eine immer größere Rolle. Es gibt etwa 700 Universitäten. In fast allen wird Deutsch gelehrt und deutsche Literatur gelesen. Man ist sehr an modernen Autoren interessiert. Der Textbook-Market entwickelt sich für die beteiligten Verlage zu einem so wichtigen Geschäft, daß diese Verlage ihr gesamtes Programm änderten. Vier Verlage sind besonders bedeutsam: D. C. Heath & Co. New York, Henry Holt, Rinehart and Wineton, McGraw-Hill, American Book Company sowie die großen Verlage wie Doubleday, Harcourt, Macmillan, Harper and Brothers, Houghton & Mifflin. In den Universitäten und Colleges werden Sprachen in vier verschiedenen Klassen gelernt. Im ersten Jahr von den sogenannten »Freshmen«, im 2. Jahr von den »Sophomores«, im 3. Jahr den »Juniors« und im 4. Jahr den »Seniors«. Die Textbücher werden den Teilnehmern diktiert. Die Abnahme ist obligatorisch. Die Auflage eines Textbuches beträgt mindestens 5- bis 10 000 Exemplare, kann aber auch in die Hunderttausende gehen. Es handelt sich um kürzere Texte, mit englischen Anmerkungen, Erläuterungen und Vokabeln, meistens etwa bis zu 50 Seiten. Ich sprach mit verschiedenen Professoren über die Möglichkeit, unsere »suhrkamp texte« als eine Art »Textbook« in Amerika zu starten. Man müßte dann eine englisch gedruckte Beilage hinzufügen. Folgende vier Professoren an amerikanischen Universitäten sind dafür entscheidend:

Jack Stein (Harvard), Victor Lange (Princeton), Jolles (Chicago), Mattis, dessen Lokalisation ich nicht feststellen konnte.

Mit diesen vier Professoren und mit Prof. Valentini (Detroit) möchte ich nach Vorliegen der Frisch-Texte korrespondieren.

<u>Besuch in Boston</u>

a) Gespräch mit Eric Bentley. Siehe Brecht.

b) Besuch Schönhoff Bookstore, siehe Buchhandel.

c) Vorbereitung des Aufenthaltes von Johnson.

<u>Detroit</u>

Vortrag an der Wayne State University. Gespräch mit Prof. Basilius, Leiter der Wayne State University Press. Ich konnte ihn für eine Auswahl Adorno und Benjamin interessieren. Fräulein Ritzerfeld mit ihm korrespondieren und fragen, welche Bücher er von Adorno haben möchte. Benjamin-Auswahl schicken: (Victor Lange, Princeton University, Office), Prof. Valentini und Margaret Sterne, 19505 Renfrew Road, Detroit 21. Mich.

<u>Washington</u>

Gespräch mit Henry Kissinger. Er arbeitet an einem Buch über die Theorie der Demokratie, an dem ich interessiert bin. Agentin Joan Daves.

Gespräch mit Anwalt Erwin Karp und Paul Wittenberg in Sachen Brecht. Gespräch mit Prof. Sokel, Columbia University. Von ihm hörte ich mehrfach. Er gibt bei den Anchor Books einen Band »Expressionistisches Theater« heraus und erhielt meine Einwilligung, darin Baal aufzunehmen. Mit seinen Bedingungen war ich einverstanden. Ich überließ ihm die Entscheidung, ob er die Übersetzung Bentley oder Esslinn übernehmen wolle. Prof. Sokel ist interessiert an einer Mitarbeit im Editorial Board einer Brecht-Ausgabe. Er steht den Bentleyschen Übersetzungen sehr kritisch gegenüber. Er schlug, wie auch andere, vor, als Übersetzer Brechts Stephen Spender-Auden anzugehen. Er gab mir Namen von zwei ausgezeichneten Übersetzern:

Maurice Edwards, 212 West 104 Street.

George E. Wellwarth, Staten Island, Community College, Staten Island I.

Buchhandlungen

Schoenhof, Cambridge

Ich sprach mit Herrn Müller, der dem Verlag sehr zugetan ist. Die Frage der Prospekte wurde aufgeworfen. Dann verspricht sich Herr Müller sehr viel, wenn er Gelegenheit hätte, das eine oder andere Exemplar eines deutschen Dichters als Einführungs-Exemplar an Professoren zu vergeben. Er will sich besonders für die B. S. verwenden. Dies ist die spezielle Aufgabe seines Gehilfen Mr. Wethmar. Ich versprach ihm eine Auslieferung der wichtigsten Titel a. c. Mr. Wethmar wird uns Vorschläge machen.

Adler

Beklagte sich darüber, noch nie eine Privatbestellung bekommen zu haben. Schlägt dringend vor, Einzelprospekte Brecht und Hesse. Braucht diese Prospekte im Laufe des Sommers, und zwar 5- bis 10 000 Stück. Nicht zu vergessen ist bei den Prospekten der Eindruck »printed in Germany«. Die Sendung soll als »books« deklariert werden. Beklagte sich, nie einen Kontoauszug zu bekommen. Besitzt keinen Handkatalog des Verlages.

Herder Book Center

Bestellung: 10 Exemplare Johnson. Brecht- und Hesse-Prospekte. Er braucht 7000 Exemplare und 3500 für Deutschlehrer, 1000 für Private, 850 für Bibliotheken, 500 für Colleges, German Department, 500 für Buchhändler. Würde gerne »Dreigroschenbuch«-Prospekte vertreiben, freilich nur mit Dollar-Eindruck, 5,75, nur mit Schallplatte. – Ich hatte ein sehr ernstes Gespräch mit Herrn Linz. Wir halten unsere Bedingungen nur noch bis zum 31. 12. aufrecht.

Mary S. Rosenberg

Reklamiert dringend die »Stücke« 4 und 1, die seit November fehlen. Sie veröffentlicht mit meiner Genehmigung eine halbe Anzeigenseite Brecht. Sie regt an, regelmäßig Rezensionsexemplare zu schicken an: »Aubane Books Abroad«, »German Quarterly«.

Empfehlung von Titeln für Boehlich und Enzensberger

James Kennaway

Zwei Romane: »Tunes of Glory« und »Household Ghosts«. Agent Curtis Brown. Deutsch Hagedorn. Empfehlung Atheneum.

Reynolds Price

»A long and happy Life«. Agent Russell and Volpening, für Europa E. H. Heath. Empfehlung Atheneum.

James Agee

»Let us now praise famous men«. Empfehlung Goyen.
»The Morning Watch«. Empfehlung Goyen.

Joan Williams

»The Morning and the Evening«. Empfehlung Atheneum. Erhalten Option.

Herbert Gold

Auf diesen amerikanischen Autor hat mich Walser aufmerksam gemacht. In der Tat wird er als eine der aktivsten und begabtesten jungen Kräfte bezeichnet. Es war nicht festzustellen, ob seine Romane ins Deutsche übersetzt sind.

»Birth of a Hero«, »The Prospect before us«, »The Man who was not with it«, »The Optimist«, »Love and Like«. Agent: James Oliver Browning. Deutsche Rechte Ruth Liepman.

Immer wieder wurde ich hingewiesen auf J. F. Powers' »The Prince of Darkness«, »The Presence of Grace«. Agent MCA, London.

Wir müssen verfolgen die Zeitschrift »The noble Savage«, veröffentlicht im Meridian Verlag. Herausgeber Arthur Miller, Saul Bellow. Es ist festzustellen, wer Saul Bellow in Deutschland veröffentlicht.

Alan Neame

»Adventures of Maud Noakes«. Hier handelt es sich um einen englischen Autor. Ich konnte nicht feststellen, welchen Agenten er hat.

Edward Loomes

»Hunter deep in Summer«. Empfehlung Denver Lindley.

Jean Rickhoff

»Dear Ones All«. Roman. Agent Barthold Fles.

Für Enzensbergers Lyrikreihe wurde empfohlen: Eleanor Ross Taylor »Wilderness of Ladies«.

Wir müssen uns in der Tat stärker um Nathanael West kümmern.

Bericht vom Begräbnis Hermann Hesses

Ich traf Sonnabend früh in Lugano ein, suchte mein Hotel auf und fuhr dann in die Gärtnerei, um unseren Kranz anzuweisen. Wir machten einen Lorbeerkranz mit fünfundachtzig roten Rosen und den beiden Schleifen »Suhrkamp Verlag« und »Dem Freund und Autor«; der Kranz war sehr schön. Um neun Uhr war ich im Hause Hesse. Im Vorhof lagen viele Kränze, darunter ein schöner Kranz des Bundespräsidenten, des Schweizerischen Bundesrats, verschiedener Schriftstellerverbände und des Börsenvereins. Zu meiner großen Überraschung hatte Frau Hesse dem Schweizerischen Fernsehen die Genehmigung gegeben, Aufnahmen in der Wohnung machen zu dürfen. Im Hause waren anwesend: Herr Dr. Wassmer und Sohn, Frau Dr. Elzy Bodmer (die »Herrin des Hügels«), Heiner Hesse mit Frau und Sohn, Martin Hesse mit Frau und Tochter; der dritte Sohn Bruno, der sich auf einer Zeltwanderung befand, hat die Nachricht nicht erhalten.

Frau Hesse empfing mich erst einige Zeit später. Sie war zwar äußerlich gefaßt, aber in ihrer ganzen Person so erschüttert, wie man ihr dies vielleicht gar nicht zugetraut hätte. Sie erzählte mir vom letzten Abend. Hesse hatte ihr ein Blatt gegeben mit dem Gedicht »Knarren eines geknickten Astes« und der handschriftlichen Widmung »Mit Grüßen für Keuper« (Kosename seiner Frau); dieser kommt so auch im »Glasperlenspiel« vor. Das Gedicht geht auf einen gemeinsamen Spaziergang von Frau und Herrn Hesse zurück. Sie stießen an einen Ast, der vom Sturm abgerissen war und in dem Hesse auch ein Symbol seines Lebens sah. Der Spaziergang war am 1. August. Seitdem arbeitete Hesse, natürlich nicht ununterbrochen, an diesem Gedicht und übergab es seiner Frau am Abend des 8. August. Frau Hesse las noch vor bis abends ½ 10 Uhr und verabschiedete sich dann; er hörte noch etwas Radio und wird dann gegen 11 Uhr zu Bett gegangen sein. Die beiden Schlafzimmer liegen im ersten Stock, dazwischen die beiden Badezimmer. Hesse meldete sein Aufstehen immer so an, daß er die Verbindungstür der beiden Badezimmer öffnete. Dies ist am Morgen des 9. August nicht der Fall gewesen. Frau Hesse wartete um 8 Uhr eine Stunde und betrat dann das Schlafzimmer. Es war abgedunkelt. Hesse lag wie schlafend auf der Seite, nur hatte er Blut vor dem Mund. Sie rief sofort den Arzt Hesses, Dr. Molo, in Bellinzona an, der zwar gerade operierte, aber die operative Tätigkeit sofort an einen Oberarzt abgab und eine Stunde später im Haus war. Frau Hesse, die diese Stunde am Lager saß, hoffte noch immer, es handle sich um eine Bewußtlosigkeit. Der Arzt gab noch eine starke Herzinjektion, aber der Tod war bereits eingetreten. Dies wurde kurz nach 10 Uhr festgestellt, so daß man 10 Uhr als die Sterbestunde festlegte; der Arzt meinte aber, daß der Tod schon zwischen 7 und 9 Uhr eingetreten sein müsse, und zwar infolge einer Gehirnblutung. Da sein Auge geschlossen war und er keine Verkrampfungen zeigte, ist der Tod vollkommen still und im Schlaf eingetreten.

Dies war Donnerstag vormittag. Am Freitag wurde eine Totenmaske abgenommen. Hesse hat an diesem Tage nach allgemeiner Aussage noch sehr blühend ausgesehen, und als ich ihn am Sonnabend sah, war er doch schon sehr bleich. Seine Erscheinung jedoch war im doppelten Sinne überirdisch; er lag entspannt und friedlich da wie ein Mensch, der vollkommen ans Ziel gelangt ist.

Ich war auf Wunsch von Frau Hesse Zeuge des Augenblicks, in dem Hesse in den Sarg eingebettet wurde. Es war ein Zinksarg. Seine Söhne und Dr. Molo hoben ihn vom Bett in den Sarg. Frau Hesse nahm nun nochmals Abschied. Die Söhne waren anwesend, zwei Enkel, Frau Dr. Bodmer und ich. Frau Hesse gab ihm eine Rose in die Hand, die Söhne je eine Nelke, und für den abwesenden Bruno wurde auch noch eine Nelke in den Sarg gelegt; dann wurde er zugelötet. Vielleicht war es der erste und letzte Einbruch der Technik in dieses Zimmer. Die Söhne und die beiden Enkel trugen den Sarg die Treppe hinunter und in den Wagen. Über das Begräbnis selbst verweise ich auf den hier anliegenden Bericht von Werner Weber »Am Grabe Hermann Hesses« in der »Neuen Zürcher Zeitung« vom 13. 8. 1962.

Nach dem Begräbnis trafen sich die Freunde im Garten des Bellevue

in Montagnola. Ich lernte hier auch die größere Verwandtschaft kennen, Frau Gundert aus Korntal wie auch die erste Frau Heiner Hesses mit ihrer Tochter.
Hier waren auch Herr Dr. Hoffmann und Herr Dr. Zeller anwesend. Mit beiden sprach ich über eine mögliche Gedächtnisfeier in Stuttgart. Als Redner schwebten mir Beda Allemann und Martin Walser vor, und als Sängerin Lisa della Casa mit den drei letzten Liedern von Richard Strauss nach Texten von Hermann Hesse.
Mit Dr. Wassmer sprach ich über das weitere Schicksal des Hauses. Ich möchte unbedingt erreichen, daß das Haus als Gedenkstätte erhalten bliebe.
In den nächsten beiden Tagen war ich bei Frau Hesse und unternahm mit ihr Gänge durchs Haus. Zum erstenmal trat Frau Hesse an den Schreibtisch ihres Mannes und öffnete ihn. Ihr Eindruck, es seien keine Manuskripte und auch nichts Handschriftliches im Haus, wurde widerlegt. Wir fanden Mappen um Mappen mit Gedichtentwürfen und Varianten. Hesse hatte alle Zeitungsabdrucke seiner Arbeiten auf wirklich geniale Weise geordnet und gesammelt. Die Zeitungsabdrucke sind durchnumeriert und zu einzelnen Stößen geschichtet, die Nummern sind in ein Notizheft eingetragen. Höchst beeindruckend war seine Adressenkartei: zwei Kästen mit sicherlich je tausend Adressen, alles handschriftlich, die Adressen sind auf den neuesten Stand gebracht. Auf meiner Karte waren meine sämtlichen Adressen verzeichnet, von meiner Rückkehr aus der Gefangenschaft bis zur Klettenbergstraße 35. Die meisten dieser Karteikarten tragen eine Notiz der ersten Begegnung, eine Charakteristik der Person, eine Beurteilung der Arbeiten. Auf dem Kasten lag das Buch mit den Postleitzahlen; offensichtlich war Hesse dabei, die Adressen mit Postleitzahlen zu versehen. Überall in den Zimmern, über die Hesse verfügte, in Schränken und Schubladen waren die Sonderdrucke gestapelt. Zu jedem Sonderdruck gab es eine handschriftliche Liste der Empfänger. Vieles ist noch gar nicht überschaubar, Bildentwürfe, Manuskripte. Ich empfahl Frau Hesse zweierlei: als erstes sollen die Sonderdrucke gesichtet und herausgezogen werden. Sie stellen ja keinen Wert dar und machen das Ganze nur unübersicht-

lich. Das sollte möglichst Fräulein Kirchner neben ihrer Schreibarbeit machen. Als zweites schiene mir eine exakte Inventur notwendig. Das sollte möglichst ein Hesse-Spezialist tun; ich schreibe deshalb an die Herren Bareiss, Dr. Kirchhoff, Dr. Pfeifer.

Ein besonderes Problem stellt die Post dar. Es gibt noch Stapel von Geburtstagspost, die unbeantwortet oder noch nicht geöffnet ist. Einen kleinen Teil hatte Hesse bereits beantwortet, jedoch nicht mehr abgeschickt; und es lagen dort Stöße von Trauerpost. Um Frau Hesse zu helfen, bot ich ihr eine Hilfskraft vom Verlag an; da Fräulein Ritzerfeld ihre Kur bereits angetreten hatte und nicht nach Montagnola fahren wollte, baten wir Fräulein Kirchner.

Ich hatte ein langes Gespräch mit Frau Hesse über Kommendes. Sie berichtete mir auch von ihrer schweren Erkrankung (die mir Herr Dr. Molo bestätigte), Angina pectoris sowie eine coronare Insuffizienz. Natürlich ist auch ihr Lebenswille gebrochen, denn durch ihre Krankheit kann sie nur schwer gehen, so daß also auch alle Griechenlandpläne entfallen. Man muß ihr sehr viel Mut machen und sie darin bestärken, daß sie jetzt das geistige Erbe Hesses antreten müsse.

Wir waren uns darüber einig, daß wir keine vorschnelle neue Publikation unternehmen sollten. Wir faßten jedoch einen zweiten Briefband ins Auge, der etwa im nächsten Herbst kommen könnte, dann für 1964 einen Band mit Kritiken. Hierfür ist wichtig, festzuhalten, daß Hesse seine Rezensionen in Form von Manuskripten oder Zeitungs- und Zeitschriftenbelegen jeweils in die Bücher hineingelegt und diese dann in seine Bibliothek eingereiht hat.

Beim Heimfahren kam mir dann die Idee einer erweiterten Ausgabe des Hesse-Breviers.

Das Schicksal des Hauses ist noch offen. Es war Hermann Hesse auf Lebenszeit von der Familie Bodmer zur Verfügung gestellt, aber eben ihm und nicht seiner Frau. Frau Hesse möchte am liebsten sofort ausziehen, nachdem sie die dringendsten Dinge abgewickelt hat. Ich sprach mit Frau Dr. Bodmer. Von ihr erfuhr ich, daß sie nur noch das Nutzungsrecht am Haus hätte, das Eigentumsrecht sei bereits an ihren Sohn übertragen. Ich sprach darüber mit Dr. Wassmer, daß auch er seinen Einfluß für die Errichtung einer Gedenkstätte geltend machen sollte. Ich schreibe auch sogleich nochmals an Dr. Wassmer. Für den Verlag übernahm ich die Herstellung der Danksagungskarte sowie den Sonderdruck des letzten Gedichts von Hermann Hesse.

Dr. U./kie

15. August 1962

Reisebericht
29. August bis 3. September 1963

Kopenhagen

Gespräch mit Peter Weiss. Wir entschieden endgültig, dem Schiller-Theater die Uraufführung des »Marat« zu geben. Ich sandte Telegramme an das Schiller-Theater, Berlin, und an den Intendanten Hübner, Bremen; die Texte der Telegramme sind in der Theater-Abteilung.

Weiss will, sobald der Komponist feststeht, nochmals an eine Ausfeilung des Textes gehen. Wir werden wahrscheinlich Anfang Januar den endgültigen Text erhalten und ebenfalls Illustrations-Material für die Buchausgabe, die möglichst noch im April, also kurz nach der Uraufführung, erscheinen soll.

Weiss hängt sehr an seinem zweiten Einakter »Mockinpott«, er sieht in ihm größere theatralische Möglichkeiten als für die »Nacht mit Gästen«.

Weiss arbeitet gegenwärtig an einer größeren Prosaarbeit, die nicht an seinen mehr autobiographischen Stil, sondern an das »Gespräch der drei Gehenden« anknüpft.

Tjöme

Besuch bei Enzensberger. Ich lernte zum ersten Mal sein Haus, Garten und Grundstück sowie die herrliche Umgebung des Oslo-Fjords kennen. Die Landschaft selbst ist unerwartet schön, die Atmosphäre die eines weitauseinandergezogenen Badeorts, liefe nicht die Straße am Haus vorbei, wäre es wohl noch ruhiger, als es ohnehin schon ist. Das Haus selbst ist ein altes Kapitänshaus, etwa um 1830 erbaut, mit großen Zimmern auf den zwei Etagen.

Die Gespräche kreisten im wesentlichen um vier Punkte.

1. Enzensbergers eigene Arbeiten und seine Publikationen. Der Sammelband »Politik und Verbrechen« wird uns bis spätestens 15. Februar abgeliefert. Erscheinungstermin: 1. Juli 1964. – Im Herbstprogramm können wir einen neuen Gedichtband von Enzensberger einsetzen. – Seine Haupttätigkeit in diesem Winter gilt jenem älteren, von mir initiierten Unternehmen eines Deutschland-Buches, das

freilich jetzt immer stärkere autobiographische Akzente erhält. Ein Zeitplan für diese Arbeit steht noch nicht fest, vermutlich Frühjahr 1965. – Für November 1964 können wir, wenn wir wollen, Teil 1 und Teil 4 der »Einzelheiten«, also den »Theoretischen« und »Weltliterarischen« Teil, in der edition suhrkamp veröffentlichen; vorher möchte ich doch noch dem Buch selbst Auslauf geben. – Reihe Poesie. Sie wird fortgesetzt, obschon E. nach dem Herausbrechen von Vallejo Bedenken äußerte, auch Halas wäre ein Mann für die Bibliothek. Aber wir entschieden so, daß wir das Bekannte und Bewährte, also die Klassiker der Moderne, der Bibliothek Suhrkamp, das Neue, mehr Aktuelle, Avancierte der edition suhrkamp belassen wollen, während wir der Reihe Poesie aber gewissermaßen Pionierarbeit und Entdeckerfreuden zukommen lassen wollen.

2. Ausführlicher Bericht E. über seinen Rußland-Aufenthalt. Ich las die privaten Aufzeichnungen E. über seinen sechsstündigen Besuch bei Chruschtschow, der ihm doch weniger Angst als Respekt einflößte, im übrigen aber ein überlegener, also ein schlauer Taktiker und Reagierer sei und nicht so sehr ein Mann der Tat und schon gar nicht ein Mann der Theorie, seine Auffassung vom Marxismus sei erstaunlich.

E. war aufs tiefste von der Entwicklung in Rußland selbst beeindruckt. Er sieht hier ganz neue Perspektiven und Möglichkeiten, und dies nicht nur für die politischen und sozialen Verhältnisse, sondern auch und gerade für die Literatur. Hand in Hand mit dem Vorhandensein einer vielschichtigen gesellschaftlichen, nicht so sehr politischen Opposition, breitet sich eine neue Literatur aus. Noch gäbe es nicht den großen Romancier oder eine kleine Zahl wichtiger Prosaschreiber, aber eine Tendenz sei vorhanden, vor allem aber gäbe es ungemein starke, effektive lyrische Literatur (E. sieht eine Entwicklung wie in der Nachkriegs-Literatur Deutschlands, hier habe eine neue Literatur ebenfalls in der Lyrik begonnen).

Es scheint mir sehr wichtig, daß wir dieser Entwicklung rechtzeitig und richtig begegnen. Dazu müssen wir Leute haben, die Russisch lesen und übersetzen können, und möglichst nicht nur Russisch, sondern auch slawische und skandinavische Sprachen. Die Überwachung der russischen Literatur scheint vordringlich. Wußten wir, daß die Russen ihre Zeitschrift »Sowjetliteratur« in deutscher Sprache herausgeben? Wir haben immer Schwierigkeiten beim Besorgen neuerer russischer Orginale. Warum wenden wir uns nicht an die Firma Kubon und Sagner (München 34, Postfach 38, Tel. 591327)? Diese Firma führt alle sowjetische Literatur, besorgt auch Literatur der Ostblockländer und gibt ein Bulletin zur modernen russischen Literatur heraus. Ich bestellte jetzt die Zeitschrift, wie auch das Bulletin, für den Verlag.

Mit Enzensberger wurde folgendes Vorgehen vereinbart:

a) Der Verlag macht sich auf die Suche nach einem Lektor oder freien Mitarbeiter für das slawische Lektorat. Aufgabe dieses Mannes ist es dann, neben der Überwachung der Literatur seines Sachgebietes, Übersetzer heranzubilden. E. meint, daß wir auch auf einen jüngeren Mann zurückgreifen sollten, etwa auf einen Slawisten, der eben sein Studium abgeschlossen hat. Die Qualifikationen wären die dreifachen: slawische Sprachkenntnis, Neigung zur modernen Literatur und schließlich Sprachvermögen.

b) Enzensberger wird eine Art Dringlichkeits-Programm aufstellen. Er wird uns in Kürze ein Gutachten über wichtige russische Autoren und neuere Literatur schreiben.

c) E. wird im Frühjahr nächsten Jahres zweimal je vier Wochen nach Rußland und in Staaten des Ostblocks reisen, um dort Autoren- und Verlagsbindungen zu knüpfen.

In diesem engeren Zusammenhang besprachen wir das Buch von Kasakow (ich bestelle es bei Kubon und Sagner). Wegen Achmatowa für die BS werde ich an Bobrowski schreiben. Für die Reihe Poesie ist die Lyrikerin Zwetajewa vorgesehen. Für die edition suhrkamp schlägt E. eine andere Lyrikerin vor. Die Texte der Zwetajewa sollten möglichst von Kaempfe in eine Rohfassung übertragen und dann von E. in letzte sprachliche Fassung gebracht werden.

3. Gespräch über die zeitgenössische norwegische, dann auch skandinavische Literatur. Ich habe E. auch hier gebeten, uns ein Gutachten zu schreiben. Da wir das Gutachten erwarten dürfen, brauche ich hier nur besonders dringende Fälle anzuführen.

a) Sandemose. Wir müssen beschleunigt die Frage der Übersetzung klären. (Ich erfuhr später von Dr. Tau, daß sich viele Verlage um Sandemoses »Werwolf« bemühen und nicht nur um dieses Buch.) E. rät, die alte Übersetzung von Wachnutius endgültig abzuschreiben. Dann müßte die Witwe jenes Mannes in Berlin aufzutreiben sein, der uns einmal von sich aus eine Übersetzung und Bearbeitung zugeschickt hat; so verschlampt könne unser Lektorat nicht sein, meint E., daß sich dieser Vorgang nicht doch noch auffinden ließe. Er habe diese Übersetzung seinerzeit zurückgewiesen, weil er ja wußte, daß Wachnutius in unserem Auftrag den Roman übersetzte. Dann möchten wir bei Cappelen die Option einholen für Sandemoses »En flyktning krysser sitt spor« 1933 (»Ein Flüchtling kreuzt seine Spur«). Wilpert weist eine deutschsprachige Übersetzung von Sandemoses »Klabautermann« aus. Bitte diese Übersetzung bei der Bibliothek bestellen (Fräulein Reinhart).
b) E. bittet nochmals, daß wir sein Gutachten zu Johan Borgen zur Hand nehmen sollten; Borgen zählt mit Sandemose und Tarjei Vesaas zu den wichtigsten dichterischen Zeitgenossen.
Als ein Versagen des Verlages beurteilt E. unsere Haltung zum Finnen Veijo Meri. Dieser sei überhaupt mit Abstand der wichtigste zeitgenössische skandinavische Autor, er käme für die BS in Frage und sei überhaupt ein Suhrkamp-Autor. Leider habe sich der Verlag ein ganz wesentliches Buch »Manilatau« entgehen lassen, auf das er Herrn Boehlich dringlich hingewiesen hätte, es erscheint bei der Nymphenburger. Neu und ungeheuer sei »Sujut«, ebenso interessant sei der vorangehende Roman »Irralliset« (»Wurzeln im Wind«), alles beim Verlag Otava in Helsinki; ich schreibe sogleich wegen einer Option. Und auf zwei weitere Finnen macht uns E. aufmerksam: auf Antti Hyry (ein finnischer Johnson!) und auf den Dichter Paavo Haavikko, der bedeutende Poesie schreibe.
4. Besprechung einzelner Verlagswerke und Hinweise auf Neueres. Ich habe E. den Plan für die Bibliothek und die edition suhrkamp vorgetragen. E. ist mit den Programmen sehr einverstanden. Dies gilt insbesonders für die Neigung der edition suhrkamp zum Essayistischen, Philosophischen und Soziologischen, Marcuse, Franzen, Mer-

leau-Ponty, Lévi-Strauss, Lefèbvre, diese Richtung wird von Enzensberger als besonders wesentlich angesehen.
E. findet ebenfalls die Nicht-Reihe Opus 1 zu DM 4,– (er plädiert für DM 5,–) als sehr wesentlich.
Im einzelnen folgende Hinweise. Wolfgang Meier (Lektor im Insel Verlag) schreibt an einem Roman, den man beachten sollte. – Piwitt (sicherlich c/o Ror Wolf zu erreichen) hätte einen Roman fast fertig. – Strittmatter hätte ebenfalls einen Roman beendet. (E. sprach mit ihm in Rußland. Fischer rühre sich nicht und ließe den ersten Roman in der Versenkung.) Am besten sollten wir beim Aufbau-Verlag Option und Fahnen erbitten.
Enzensberger ist unbedingt für eine Neuausgabe der »Kriegsfibel« von Brecht in kleinerem Format, dies sollten wir doch prüfen (ob man die Bilder nicht doch in das Format der edition suhrkamp bekommt?). Außerdem gäbe es eine »Friedensfibel« von Brecht, die man in der DDR nicht wünsche.
Für die BS. Heinrich Mann, »Essays«, vielleicht sollte man mit der Auswahl Hans Mayer betrauen. E. kommt immer wieder mit Nachdruck auf seinen Vorschlag Giono, »Polnische Mühle«, zurück (bitte das Buch bei Kiepenheuer bestellen). Er ist gegen Friedrich Huch, und zwar gegen »Pitt und Fox« wie auch gegen »Mao«. Ausgezeichnet sei der Rönne-Komplex von Benn für die BS. Hinweis auf Isaac Bashevis Singer: »Gimpel the fool and other stories« wahrscheinlich bei Farrar, Straus in New York, wo auch das neueste Buch von Singer erschien. Nochmaliger Hinweis von Enzensberger auf Slavko Kolar. Zwei Übersetzungen von ihm, »Der Herr seines Leibes« und »Die Hochzeit des Imbra Futač«, seien um 1951 in einem österreichischen Verlag erschienen.
E. wird eine Auswahl Prosa von Gadda für die BS treffen, die wir dann an Piper weiterleiten. Er begrüße außerdem sehr eine Auswahl der Erzählungen von Landolfi für die BS.
Für die edition suhrkamp plädiert er für den Teil »Journal intime« aus Queneaus »Sally Mara«.
Empfehlung an den Insel Verlag auf einem gesonderten Blatt.
Schließlich diskutierten wir, von einer Musterung der Enzensber-

gerschen Bibliothek ausgehend, das Fehlen eines brauchbaren neuen deutschen etymologischen Wörterbuches. Es wäre herrlich und von nicht abzusehender Bedeutung, wenn man ein Grimmsches Wörterbuch in zwei Bände fassen könnte. Wäre die Überwachung und Anlage der Ausführung eines solchen Planes nicht eine große Aufgabe für Walter Boehlich?

Montag, dem 21. Oktober, Verlagsabend im Cantate-Saal mit Enzensberger und Christian Grote.

Mit E. Arno Schmidts Brief vom 14. August durchgesprochen. Er ist tentativ, d. h. bei nicht zu großen materiellen Bedingungen, für einen Vertrag.

Poetik-Lehrstuhl: frühestens Wintersemester 1964/65. Sonst keine weiteren Lesungen.

Der Übersetzer-Vertrag Vallejo ist neu auszuschreiben.

Zum Vorschlag von Dr. Elemer Schag: E. meint, wir sollten uns eine Übersetzungsprobe von Kassáks »Angyalföld« machen lassen, ich gebe dem Buch aber nach genauer Lektüre des Gutachtens keine Chancen.

Oslo

Ich kam nur mit dem Verlag Aschehoug in Verbindung, nicht mit Gyldendal und Cappelen (bei Cappelen ist E. Herausgeber einer Reihe Klassiker der Moderne). Mit Aschehoug kamen keine neuen Verbindungen zustande. Der Eindruck norwegischer Verlagsarbeit ist ein sehr müder. Während Norwegen auf dem technischen Gebiet völlig à jour und auf dem letzten und höchsten Stande ist, hinkt es in der literarischen und geistigen Entwicklung anderer europäischer Länder um gut 20 Jahre hinterher. So bieten die Verlage und erst recht die Buchhandlungen ein erstaunliches Bild.

Ich war längere Zeit mit Herrn Höst von Aschehoug zusammen, dann einen Abend mit Dr. Max Tau. Es war freilich ein Abend, der unter dem Zeichen des guten Menschen stand, und meine beharrlichen Fragen nach Literatur wirkten zusehends unhöflich. Dabei genießt Dr. Tau in Oslo einen fabulösen Ruhm als Kenner der Literatur, aber er ist müde geworden und resigniert. Immerhin empfahl er uns dringend Tarjei Vesaas. Sein wichtigstes Buch ist »Huset i mør-

kret« (»Haus in der Dunkelheit«), die Rechte liegen bei Aschehoug, wir müssen Option anfordern.
Mit Dr. Tau besprach ich das Problem der Übersetzungen aus dem Norwegischen, es ist ein doppeltes Problem, weil es ja zwei norwegische Sprachen gibt, die in Fehde miteinander liegen, und wahrscheinlich ist es dieser Fehde zu danken, daß es keine eigentliche norwegische Literatur gibt; ich hörte schon durch Enzensberger, daß ein bekannter norwegischer Schriftsteller in Zukunft Deutsch schreiben will.
Dr. Tau versprach mir die Adresse von einem Herrn Karl Christiansen mitzuteilen, der Deutscher ist und das Norwegische gut beherrscht. Dann sollten wir uns darum kümmern, wer die norwegischen Bücher in einem Schweizer Verlag (Benziger und Flamberg) übersetzt hat, dort sei auch schon ein Vesaas erschienen.
E. weist uns zum selben Problem auf Herrn Peter Hein hin, der ein Freund von Janker ist und ausgezeichnet sei, aber sehr langsam arbeite. Er warnt vor Friedrich Ege, der zwar schnell, aber indiskutabel schlecht übersetze.
Dr. U/co
4. September 1963

Gespräch mit Bundeskanzler Erhard am 23. Juli 1964 in Bonn

Teilnehmer
außer Erhard, Minister Westrick, Prof. Müller-Armack, Pressechef von Hase, Dr. Martin (Vors. des Kulturausschusses der CDU-Bundestagsfraktion) die Adlaten Erhards Dr. Seibt und Hohmann vom Bundeskanzleramt.
Ernst Jünger, Rolf Schroers, Rüdiger Altmann, Philipp von Bismarck, Johannes Gross (Chef des Deutschlandfunks), Wesemann, Prof. von Oppen, Prof. Zielinski, Prof. Scheuner (Staatsrechtler), Prof. Karl Dietrich Bracher (Politologe, Uni Bonn), R.W. Leonhardt (»Die Zeit«), Dr. Witsch und ich. (Wie die Einladungsliste zustande kam, konnte ich nicht eruieren.)
Das Gespräch im Palais Schaumburg fand an drei Orten statt, von 18-20 Uhr in einem Sitzungssaal mit ovalem Tisch, dann ein Abendessen und anschließend im Arbeitszimmer Erhards. Ende nach 23 Uhr.
Erhard eröffnete das Gespräch: es sollte freimütig, ohne Protokoll, ohne Verlautbarungen nach außen sein. »Abhörgeräte sind nicht vorhanden.« Er möchte nicht ausschließlich Politik betreiben. Wie er vor 9 Monaten in seiner Regierungserklärung gesagt habe, komme es ihm wesentlich auf den Kontakt Regierung – geistiges Leben an. Mit dieser Zusammenkunft, der nach Möglichkeit weitere folgen sollten, solle ein Anfang gemacht werden. Er habe Sorgen: Er beobachte eine soziologische Umschichtung, ob wir diese definieren könnten? Er sorge sich auch vor einem neuen Aufkommen eines Nationalismus, dem man doch unbedingt entgegentreten müsse. Und dann beunruhige ihn, daß das Bild der Bundesrepublik im Ausland undeutlich, einseitig, oft negativ sei.
Karl Dietrich Bracher (der Mann macht einen sehr guten Eindruck). Er sei kein Soziologe, der für die erste Frage zuständig sei. Berichtete von einer Amerikareise, von der Angst, die dort herrsche gegenüber einer militanten Politik der B[undes]R[epublik].

Ernst Jünger (schlank, drahtig, ein Kopf, der schon Marmorbüste provoziert, silbergraues Haar; das Bundesverdienstkreuz am Revers). Im Ausland ist es leichter, ein Italiener, ein Franzose, ein Amerikaner, »selbst sogar« ein Russe zu sein denn ein Deutscher mit den Belastungen unseres Jahrhunderts. Große Fragen blieben bei uns in der Schwebe.
Altmann (der Mann ist gescheit, aber reaktionär). Unsere spezifische Situation: kein Land hätte einen solchen Fortschritt zu zeitigen, keines eine solche Modernität aufzuweisen wie die BR, aber unser Bewußtsein hinke dem hinterher.
von Oppen: Einen Fortschritt sähe er in der zunehmenden Säkularisierung unseres Lebens und in den wachsenden Versachlichungstendenzen.
Bismarck: Wert der Gruppen und Verbände; auf die Frage Erhards, ob er den Flüchtlingsverbänden auch »bildenden Wert« beimesse, antwortete er ausweichend.
Witsch (der viel sprach und sich etwas zu einem Hauptsprecher aufwarf) betonte das Verdampfen der Ideologien im gegenwärtigen gesellschaftlichen Prozeß. Unsere Zeit sei durch einen neuen Realismus gekennzeichnet. Unsere zeitgenössische Literatur reflektiere diesen Zustand.
Jeder der Teilnehmer meldete sich ein- oder zweimal zu Wort, außer Leonhardt, der den ganzen Abend kein Wort sprach. Erhards vornehmliche Eigenschaft bestand in genauem Zuhören, in Rückfragen: »Können Sie ein Beispiel für das geben, was Sie eben sagten.« Er kam im Lauf der Diskussion immer wieder auf seine Fragen zurück: Was ist das Attraktive an der BR: sie ist ein Provisorium, aber wir müssen Werte, Leitbilder für die jungen Leute setzen. Dann kamen Platitüden: »bedeutet dem deutschen Volk die Tatsachen von Recht und Freiheit nichts«. Verschiedene Teilnehmer (Zielinski, von Oppen) redeten ihn immer wieder als Vater des Wirtschaftswunders an und sahen schon in der Tatsache, daß er sich mit uns so lange unterhielte, einen großen Vorzug. Der Kanzler sei ein Volkskanzler, er sei bereit, zu sprechen und zuzuhören. Wenn das bekannt sei, würden auch die Intellektuellen bereit zur »Mitarbeit« sein.

Das war für mich ein Stichwort, wie auch vordem eine Bemerkung Erhards auf Witsch, die moderne Literatur sei oft negativ.
Ich sagte, ich hielte die Fragestellung, wie verhält sich der Intellektuelle zum Staat, in unserem Zusammenhang für nicht so relevant wie die Frage, wie verhält sich der Staat zu den Intellektuellen: Pauschalurteile (negativ, Nihilisten). Erwähnung der Literatur im Bundestag: in mehreren Jahren dreimal und dann in Form von Rügen. Politik der Auslandsarbeit, die unqualifizierten Goethe-Institute, Gastspiele, Unterstützung von Lesereisen und Vorträgen. Einerseits schicke man deutsche Autoren ins Ausland, andererseits diskriminiere man sie im Inland (Dufhues' Reichsschrifttumskammer). Wies auf das Beispiel Frankreichs hin. Auf den British Council. Die Rezeption der Werke Heinrich Bölls sei ein bedeutender Faktor in der demokratischen Bewußtseinsbildung. Kurzum, es fehle eine kulturelle Repräsentanz bei uns.
Erhard meinte, daß man diesen kulturellen Vorgängen mehr Aufmerksamkeit zuwenden müsse, er wolle jetzt aber dem Angeklagten das Wort geben. Darauf erwiderte
Dr. Martin: ich sei nicht ganz informiert, fast alle Autoren der Gruppe 47 einschließlich Grass, Johnson, Enzensberger seien mit Unterstützung der Regierung im Ausland gereist. Es mache sich hier ein Wandel deutlich, der eines Tages auch seine Wirkung im Inland hätte. Aber es sei eben so, daß die Kulturetats immer als erste beschnitten würden. Er sähe im übrigen nicht, daß in unserer Literatur eine Art Selbstdarstellung unseres öffentlichen Lebens gelungen sei. Böll, ja, aber das reiche doch wohl nicht aus. Johnson, ja, aber das erreiche auch nur einen reduzierten Kreis. Grass sei ein wichtiger Faktor deutscher Kulturpolitik im Ausland.
Danach sagte noch Ernst Jünger, er hielte nicht viel davon, wenn Autoren ins Ausland reisten. Schroers war anderer Meinung. Schließlich sprach Prof. Scheuner nochmals von der notwendigen neuen Geschichtsbildung, an der Autoren und Intellektuelle mitwirken sollten.
Beim Abendessen kurze Adresse von Erhard. Gegenrede von Witsch, sehr launig, aber unpassend.

Neben mir saßen Dr. Martin und Dr. Seibt. Dr. Martin flüsterte mir zu, meine »Demarche« würde für ihn sicherlich zehn Millionen bedeuten, er würde den Kanzler sofort auf das Gesagte festlegen, es müsse jetzt anders werden. Möchte gerne mit Walser, Johnson, Enzensberger zusammentreffen. Er will einen Literatur-Nationalpreis schaffen; hier wurde ich natürlich wach und schlug ihm vor, unsere gegenseitigen Vorstellungen auszutauschen.
Dr. Seibt: war begeistert über den bisherigen Verlauf des Gesprächs. Der B[undes]K[anzler] blühe in diesem Kreis auch ganz auf. Es seien weitere Gespräche mit etwas wechselndem Teilnehmerkreis geplant: Wie ich denn die Zusammensetzung beurteilte; ich war höflich, wies aber auf andere Möglichkeiten hin, Habermas, Golo Mann, Weizsäkker, Gräfin Dönhoff. Welche Themenvorschläge ich für weitere Sitzungen hätte. Ich erwiderte: Unsere Beziehung zu Israel. Die deutschen Ostgrenzen. Die intellektuelle Situation der DDR. Wie spiegelt sich unser öffentliches Leben in unserer zeitgenössischen Literatur. Seibt hörte sich das an ohne Reaktion.
Danach bis etwa 23 Uhr im Arbeitszimmer Erhards, das ohne großen Aufwand, bürgerlich mit schweren Sesseln, den üblichen Teppichen eingerichtet war. Hinter seinem Schreibtisch Fotos Erhard und (Kennedy, Johnson, de Gaulle etc.). Eine antike Uhr bimmelte jede halbe Stunde ins Gespräch. Leonhardt saß neben Erhard, er war derjenige, der den ganzen Abend über nichts sagte. Thema war u. a. auch die Frage eines neuen Nationalismus, »dessen Ansätze wir im Keim ersticken wollen« (Erhard). Bracher sprach von der Sorge im Zusammenhang Goldwater und Strauß (kein Kommentar von Erhard). Schroers provozierte Jünger: Sein Werk sei doch von den Nazis reklamiert worden, er, Schroers, sei nicht dieser Meinung, aber was sage heute Jünger dazu. Dann kam die dritte Äußerung von Jünger: Er wolle sich dazu nicht äußern, ein Schriftsteller sei nicht für das verantwortlich, was andere aus seinem Werk machten. Dann kam ein merkwürdiger Satz: man müsse vielleicht sagen, daß die Rechte in der Geschichte versagt habe. Aber wo sei die Linke. Sie habe 1848 versagt und ebenso 1871, 1914, 1923 (es kann aber auch 1924 gewesen sein, ich verstand den Bezug nicht) und auch 1933. – Der Satz wurde nicht diskutiert.

Es kam das Generationsproblem auf, das Müller-Armack freilich bestritt: es gäbe keine neue Generation. Das wurde ihm nicht abgenommen.

Ich machte zum Schluß den Vorschlag, wir sollten den von Heuss stammenden Ausdruck, die »Vergangenheit bewältigen« aufgeben zugunsten von »Vergangenheit kennenlernen«; das schien einzuleuchten.

Dank von Erhard, Verabschiedung; er würde sich freuen, diesen oder einen leicht geänderten Kreis nochmals oder gar regelmäßig zu sehen.

Da ich in Godesberg wohnte, fuhr mich Herr von Hase dorthin. Er war begeistert von den Gesprächen: Wenn Sie wüßten, von welchem Niveau die Kabinettssitzungen sind. Heute nachmittag wurde 2 Stunden über Käse und Milchpreise gesprochen. Es sei ein großer Abend gewesen, der sicherlich von großer Wirkung auf den BK sei.

Reise Warschau 18.-25. Mai 1965

Ich werde noch einen mündlichen Bericht geben und halte hier nur die Dinge fest, die generell wichtig sind.

Die Buchmesse in Warschau ist grundsätzlich anders als in Frankfurt. Sie zeichnet sich durch eine Vielfalt von Verlagen aus den Ostblockländern aus. Man hat reichlich Gelegenheit, sich in diesen Buchproduktionen umzusehen. Doch der Ertrag, jedenfalls für uns, kann nicht allzu groß sein. Eine Literatur in diesen Ländern gibt es noch nicht, sie ist allenfalls im Entstehen, doch wird es noch Jahre dauern, bis wir hier Autoren übernehmen können. Sehr lustig war ein vietnamesischer Verleger, der Gedichte seines Landes wie Früchte feilbot. Das äußere Gewand dieser Bücher ist durchweg trist-hoffnungslos veraltet, dies gilt ebenfalls auch für die russische Produktion, die herstellerisch auf dem Stand der zwanziger, dreißiger Jahre steht.

Rein materiell gesehen ist es nicht wichtig, daß Suhrkamp/Insel mit einem Stand vertreten sind. Ein Stand hätte gewisse repräsentative Effekte, doch sind diese auch nicht allzu hoch zu veranschlagen. Wir wollen es so machen, daß wir im nächsten Jahr nochmals einen Stand nehmen, der freilich an einer anderen Stelle sein müßte. Wir wollen den Stand dann aber schon im August/September anmelden. (Mehr Prospekte)

Wichtiger aber als dieser Stand dürfte ein Empfang werden, den wir für die polnischen Schriftsteller, Philosophen und Künstler geben wollen, und zwar aus Anlaß des Erscheinens von Walsers »Ehen in Philippsburg«, möglichst zusammen mit Walser.

Es gibt keine reiche polnische, zeitgenössische Literatur, aber es gibt doch eine. Wir müssen leider feststellen, daß der Suhrkamp Verlag an dieser Literatur vorbeigegangen ist. Der wichtigste Mann in ganz Polen, Kołakowski, ist in den Händen von Piper; der wichtigste Prosaiker, Andrzejewski, in den Händen von Langen-Müller; der Satiriker, Stanisław L. Lec, in den Händen von Hanser; ebenfalls ein bedeutender polnischer Autor, Tadeusz Borowski, ist mit einem sehr guten Erzählband bei Piper vertreten. Die beiden großen Alten der polnischen Literatur, Iwaszkiewicz und Maria Dąbrowska, sind ebenfalls vergeben. Von den Jüngeren ragt Kazimierz Brandys heraus. Witsch veröffentlichte einen Roman und eine Erzählung von ihm. Ebenfalls ist ein hochinteressanter Prosaautor, Rudnicki, mit einem Erzählband »Epoche der Öfen« in der Bundesrepublik erschienen, von Różewicz und Mrożek zu schweigen. Nicht anders ist es mit den Theaterrechten. Alle wichtigeren Rechte sind in den Händen von Frau Dr. Sommer. Gegenwärtig scheint Iredyński bekannter zu werden. Seine Theaterrechte liegen bei Frau Dr. Sommer. Die »Stille Nacht«, von Kunstmann übersetzt, liegt uns zur Publikation vor. Wichtiger wäre vielleicht sein zweites Stück »Lebwohl Judas«, das jetzt auch im Ausland gespielt wird. Er hat zwei kurze Romane geschrieben, die bei Piper liegen. Piper will sie jetzt machen, doch er möchte von ihm weg. Diese Frage wird zwischen Geisenheyner und Piper noch entschieden.

Mit diesen Namen ist ungefähr die gegenwärtige polnische Literatur bezeichnet. Hinzuzuzählen ist Zbigniew Herbert, der sehr beliebt und sehr geschätzt ist, und zwar von allen Literaten und Intellektuellen, die sich im übrigen in Warschau in tausend verschiedene Lager verteilen, die sich gegenseitig, wenn nicht befehden, so doch beneiden und nur in einem einig sind, nämlich in der Ablehnung ihrer Regierung und der Regierungsform und in ihrem Zweifel und ihrer Resignation am Sozialismus.

Nun ist etwas anderes zu beachten. Die polnischen Verlage haben nur die Inlandsrechte inne. Jeder polnische Autor vergibt seine Rechte ins westliche Ausland selber, und fast jeder polnische Autor fällt um, angesichts eines Angebots von möglichst vielen harten DM. Insofern hätte man mit vielen Autoren Verträge schließen können, die eigentlich schon gebunden sind. Doch schien mir dieser Weg nicht richtig. Eine dubiose Rolle spielt Geisenheyner. Er vermittelt den Autoren Westgelder. Er hat mit der ZAiks, dem polnischen Schriftstellerverein, eine Art Stillhalteabkommen getroffen. Niemand weiß so recht, wieviel Geld Geisenheyner für die Autoren verwaltet, dort wird ein regelrechter slawischer Schwindel betrieben. Immerhin verfügt Geisenheyner über sehr gute Beziehungen zu Autoren und Verlagen; die Autoren brauchen ihn, weil sie alle ihre westlichen Reisen und Autos nur auf diese Weise erhalten.

Ich habe die beiden wichtigsten Verlage, Czytelnik und Piw (Państwowy Instytut Wydawniczy) besucht und mir deren Arbeitsweise erklären lassen. Es sind Staatsverlage, die irgendwie von Beamten geleitet werden. Jeder hat sein Ressort, über das er nicht hinaussieht und hinaussehen will. Innerhalb dieses Ressorts aber breitet sich ein erstaunlicher Individualismus aus. Der Vorgang beim Erwerb westlicher Bücher ist bei allen Verlagen derselbe: Die Verlage melden eine »innere Option« beim Kultusministerium an. Wer zuerst kommt, erhält sie. Die Erstinformation ist also für diese Verlage das wichtigste. Hat ein Verlag eine solche Option, läßt er zwei oder drei sogenannte Innenrezensionen machen. Diese werden wieder dem Kultusministerium vorgelegt, und das Kultusministerium als anonyme Behörde entscheidet, ob Ja oder Nein. Ein Einfluß auf diese Entscheidung ist nicht möglich. Man kann einen Vorgang wiederholen, doch hat er selten eine Chance. Das Kultusministerium ist auch oft schuld, daß durch diese erste innere Option die Bücher jahrelang gesperrt liegen bleiben, denn niemand hat einen Einfluß darauf, ob und wann die Bücher dann auch wirklich erscheinen.

Die Konsequenz für uns ist darum, einen relativen Kontakt mit den Leuten zu halten. Dies macht bei Czytelnik eine Frau Irena Szymaska. Ich erzählte ihr einiges von unseren Büchern, sie glaubte danach, daß sie und ich denselben literarischen Geschmack hätten (worin sie sich sicher täuscht). Sie hat für Hildesheimer eine innere Option erbeten und erhalten, lehnt das Buch aber ab. Der Verlag bringt jährlich 300 Titel heraus, davon 60 % polnische Literatur und 40 % Übersetzungen.

Von Piw habe ich den Eindruck, daß dieser Verlag für uns der wichtigere ist, jedenfalls sollten wir versuchen, mit ihm in erster Linie zusammenzuarbeiten. Ich lernte den Direktor des Verlages, Herrn Ostrowski, kennen, der zur Buchmesse kommt. Er ist schon reichlich alt und auch etwas desinteressiert. Die polnische Abteilung leitet ein Herr Dr. Rogoschoski; er ist selber ein vorzüglicher Übersetzer aus dem Französischen (bei eventuellen Anfragen ist französisch zu korrespondieren). Leiterin der Auslandsabteilung (mit Ausnahme des Französischen) ist Frau Lasson, die ausgezeichnet Deutsch spricht, Leiter der deutschen Abteilung Herr Dr. Stefan Lichański. Man ist dort interessiert an einer Auswahl der Gedichte von Enzensberger, Johnsons Romanen, an Walsers »Lügengeschichten«, an dem »Gespräch der drei Gehenden«, an einer gekürzten Ausgabe von Walsers »Halbzeit« und an der Prosa von Penzoldt (siehe meinen Brief).

Ich habe folgende Autoren persönlich kennengelernt:

Jarosław Iwaszkiewicz.

Am Tage als ich ihn traf, erschien der Erzählungsband »Heydenreich. Cienie«. Ich habe ausführliche Gutachten von anderen über diese Erzählungen erhalten. Sie sollen sehr bedeutsam sein; ich werde mich wegen einer Lizenz an Langen-Müller wenden.

Jan Kott.

Mit ihm hatte ich ein sehr interessantes Gespräch. Er gab mir Anregungen zu unserem Hamlet-Band. Wir können ferner für die edition suhrkamp Essays mit dem Titel »Mythologie und Realismus« zusammenstellen (eine Zusammenstellung aus dem Band »Mythologie und Realismus«, nur polnisch erschienen und vergriffen, und aus dem bei Henschel 1954 erschienenen Band »Die Schule der Klassiker« – Herr Busch, bitte diesen Band bei Henschel besorgen). Jan Kott hat außerdem zwei kurze Einleitungen zu Diderot-Ausgaben geschrieben, die wir uns ansehen müssen, entweder für diesen Band oder im Hinblick auf Sammlung Insel.

Kazimierz Brandys.

Sehr gebildet, klug, ca. vierzig Jahre. Wenn nicht so bedeutend, so doch ein sehr kultivierter Schriftsteller, von dem noch einiges zu erwarten ist. Als beste polnische Prosa wurde mir seine Novelle »Die Verteidigung des Granada« genannt. Sie ist als Anhang zu seinem Roman abgedruckt, der bei Witsch erschien. Brandys möchte aber in jedem Falle von Witsch weg. Das Buch ist seit fünf Jahren vergriffen, dies erklärte Geisenheyner. Ich habe in der Zeitschrift »Wort in der Zeit« einen Auszug aus seinen »Briefen an Madame Z.« gelesen, der Auszug hat mir sehr gefallen. Die Briefe sind in drei schmalen Bändchen erschienen, sie wurden mir von allen Seiten gelobt. Piper hat noch eine Option, die aber längst abgelaufen ist. In der Zwischenzeit hat Volk und Welt in Berlin die gesamtdeutschen Rechte erworben. Die Übersetzung liegt schon vor; Geisenheyner will sich darum kümmern, daß wir sie erhalten.

Iredyński.

Etwa dreißig Jahre alt, sicherlich ein kommender Mann. Er fühlt sich als persönlicher Feind von Gomulka, der ihm auch immer wieder die größten Schwierigkeiten macht. Er lebt halb am Rande des Gefängnisses. Er ist ein besessener Mann, der es sich vorgenommen hat, unbedingt im Suhrkamp Verlag zu erscheinen, und der offenbar alles, einschließlich seiner Beziehung zu der von ihm geliebten Frau Dr. Sommer, daransetzt, um zu Suhrkamp zu kommen. Ich habe hier aber keinerlei Versprechungen gemacht.

Zbigniew Herbert.

Er erschien mir in Warschau als derselbe liebenswerte Mann wie hier in Frankfurt. Er schreibt Gedichte, vielleicht auch kleinere Parabeln. Eine größere Arbeit wird er sicherlich nicht machen. Doch wird er uns gerne als Berater zur Verfügung stehen, wenn wir dies wollen.

Stanisław J. Lec.

Mitte der Fünfzigerjahre, er macht den Eindruck eines gebildeten Wiener Juden. Sein Deutsch ist das Deutsch Doderers, er spricht es besser als Polnisch. Er ist wütend auf Hanser, verärgert über Dedecius, weil in der von Dedecius gemachten Lyrik-Anthologie bei Hanser er nicht vertreten ist. Dabei hält er sich eigentlich für einen Lyriker. Er möchte unbedingt mit einer Lyrik-Auswahl in der edition suhrkamp erscheinen. Ich habe ihm gestanden, daß ich seine Lyrik nicht kenne, und ihm deswegen auch keine Zusage gemacht. Aber wir wollen uns diese Lyrik ernsthaft ansehen und uns auch nicht von Dedecius beeinflussen lassen. Gedichte von ihm sind in »Wort in der Zeit« 3/1964 erschienen.

Mit ihm sprach ich über das Problem der polnischen Übersetzer.

Neben Dedecius, Tiel-Richter und Kunstmann und Peter Lachmann, dem es jetzt wieder bessergehen soll, nannte er mir zwei, wie er meint, hochqualifizierte Übersetzer: Oskar Jan Tauschinski (die Adresse will er mir noch mitteilen) und Georg Drozdowski, c/o »Klagenfurter Volksblatt«, Klagenfurt. Übersetzer: Janusz von Pilecki, München.

Stanisław Szenic.

Er gilt als einer der besten europäischen Verfasser historischer Romane. Insbesondere scheint wichtig sein Buch über »Maria Kalergis«. Eventuell kommt auch für die Insel in Frage sein Buch über Julia Hauke. Der Autor wird uns die Bücher schicken, ich erhalte dann auch Gutachten.

Ich sollte Maria Dąbrowska sehen, doch sie starb und wurde am Montag begraben.

Wir haben jetzt in Warschau einen definitiven Verlagsberater in Herrn Dr. Juliusz Stroynowski, Warschau, Narbutta 27 (Tel. 452507) (Näheres siehe meinen Brief an ihn).

Stroynowski, fünfundvierzig Jahre alt, hält Vorlesungen über Soziologie an der Universität Warschau. Er ist literarisch sehr versiert und kennt alle wichtigen Autoren persönlich. Er ist ein Freund von Jan Kott und auch von Kołakowski. (Er wies mich auf Kołakowskis neuestes Werk »Die Christen ohne Kirche« hin, eine religionssoziologische Darstellung zur Situation der Kirche im 17. Jahrhundert. Dieses Buch wäre sehr gut für unser wissenschaftliches Programm geeignet.) Er ist ein großer Kenner der katholischen Kirchengeschichte. Er verfolgt insbesondere sehr genau das neue vatikanische Konzil. Wie produktiv die Zusammenarbeit sein wird, muß sich herausstellen.

Noch zu den Autoren.

Andrzej Bonarski.

Dreißig Jahre alt. Er hat ein Buch bei Piw herausgebracht, das nicht so gut sein soll, doch hat er jetzt ein Manuskript bei Piw abgeliefert, von dem ich nur Gutes hörte. Das Manuskript liegt bei Geisenheyner. Manuskript der Erzählung und Drama erhalten.

Konkret ergaben sich folgende Titel:
Bibliothek Suhrkamp
Zofia Nałkowska: »Die Grenze«. Sie sei die polnische Virginia Woolf. Das Buch wurde von allen Seiten sehr gelobt. Rechte bei Czytelnik anfordern.
Iwaszkiewicz: »Heydenreich«. Rechte wurden durch mich bei Langen-Müller erbeten.
Maria Dąbrowska: Auswahl von Erzählungen, durch Jan Kott.
Andrzejewski: »Noc« (»Die Nacht«). Rechte bei Langen-Müller bereits angefordert.
edition suhrkamp
Angezweifelt wurde überall unser Plan, die Aphorismen von Wiesław Brudziński herauszugeben (bitte Rücksprache mit Herrn Busch).
Brandys: »Die Verteidigung des Granada«. Von Rudnicki bitte feststellen, ob die Erzählung »Flucht aus Jasnaja Polana« als Einzelausgabe erschienen ist.
Boy-Żeleńsky: Studien zur französischen Literatur. Auswahl von Stroynowski.
K. I. Gałczyński: »Die Grüne Gans« und andere Grotesken. Die Auswahl könnte Zbigniew Herbert vornehmen, als Übersetzer käme Kunstmann in Frage. Der Autor ist vor etwa zehn Jahren gestorben. Die Rechte erhalten wir durch die Autorenagentur oder Czytelnik.
Sammlung Insel.
C. K. Norwid: »Schwarze Blumen, weiße Blumen«. Hier müßte ein Herausgeber noch gesucht werden. Bei Piw erschien eine Auswahl der Norwid-Erzählungen, herausgegeben von dem Schriftsteller Jastrun. Doch kann er die Auswahl für uns aus innerpolitischen Gründen nicht machen.
Ein hochinteressanter Autor für die Sammlung Insel wäre Julian Tuwim. Er hat phantastische Novellen in der Art von E. A. Poe geschrieben. Er ist jedoch sehr schwer zu übersetzen, doch lohnt sich eine Bemühung sicherlich. Für die Insel-Bücherei könnte man an seine »Gedichte für Kinder« denken.

Für den Insel Verlag.
Es gibt in Polen ein bedeutendes Werk: Krasiński, »Briefe an die Gräfin Potocska«. Jan Kott hat aus diesem großen Werk etwa 100 Briefe ausgewählt und mit einer Anmerkung versehen. Er wäre sehr gerne bereit, für eine deutsche Ausgabe eine spezielle Erweiterung und auch Anmerkungen zu schreiben. Es handelt sich hier in erster Linie um Liebesbriefe und auch um ganz besondere kulturhistorische Dokumente aus dem alten Polen. Nach allem, was ich darüber hörte, schiene mir ein solcher Band für unsere Biographie/Briefe-Reihe ausgezeichnet geeignet. Wir erhalten von Geisenheyner in sechs Wochen ein Exemplar.
Zur Situation des Buchhandels.
Die etwa 300 Buchhandlungen in Polen sind straff organisiert. Da einerseits ein großes Bedürfnis nach Literatur vorhanden ist, andererseits aber eine akute Papierknappheit vorherrscht, können die polnischen Verlage in der Regel ihre Bücher in einer Minimumauflage von 10 000 Exemplaren herausgeben. Die Buchhändler bestellen bei den Verlagen, die Bestellungen werden gekürzt, die Buchhandlungen erhalten Zuteilungen. Die Bestellungen ausländischer Bücher, das heißt Bücher aus dem Devisenausland, laufen alle über Ars Polona. Diese große Einfuhrstelle hat Devisen zur Verfügung, die sie jedoch fast zu 100 % nur für wissenschaftliche und technische Werke ausgeben darf. Die Bestellung eines belletristischen Buches aus dem Ausland ist in der Regel nicht möglich. Der Kunde muß Antrag stellen, und auf dem Wege des bürokratischen Verfahrens wird dieser Wunsch meist stranguliert.
Unser Messegut wurde in Kommission von Ars Polona übernommen; einen Vertrag darüber habe ich mitgebracht.
Dr. U./co
26. Mai 1965

Reise Rom
27. Oktober bis 2. November 1967

Die Reise wurde unternommen aufgrund der Ausstellung der Verlage Insel und Suhrkamp in der Deutschen Bibliothek in Rom und um wieder Ingeborg Bachmann zu besuchen. Im Zusammenhang mit diesen beiden Hauptmotiven gab es dann eine Fülle von Begegnungen und Anregungen:

1. Ausstellung

Die Bücher waren rechtzeitig vorhanden, die beiden großen Räume der Bibliothek waren sehr schön, wenn auch für die Ausstellung doch etwas zu klein. Der Witz der Ausstellung lag in unseren Plakaten und vergrößerten Fotografien. Das wird der Eindruck sein, der bleibt. Für unsere geplante Ausstellung in der Jahrhunderthalle sind einige Konsequenzen zu ziehen. Darüber dann mündlich. Prospekte Suhrkamp fehlten. Warum war die edition suhrkamp nicht vollständig vertreten?

Die Ausstellung wurde am Montag um 18.30 Uhr eröffnet. Der Leiter der Bibliothek, Herr von Marschall, sprach einige Worte, und dann hielt ich eine kurze Rede, in der ich auch ein neues Gedicht von Nelly Sachs vorlesen konnte. Anschließend Empfang und Abendessen mit italienischen Schriftstellern.

2. Ernst Bloch

Bloch sprach am Dienstag abend, 18.30 Uhr, eingeführt von Professor Lombardi; sein Thema: Atheismus und Christentum. Der Vortrag wurde mit hohem Beifall bedacht, wenn er auch natürlich von zwei Seiten Provokationen erhielt; anwesende Jesuiten äußerten sich nachher erregt über die Kritik und die Angriffe Blochs, während anwesende Marxisten und KP-Leute den Vortrag als zu mild angriffen, das Christentum habe überhaupt keine theoretischen Positionen mehr, die anzugreifen seien. Es gibt ein Tonband des Vortrages, ferner ein handschriftliches Manuskript, aus beidem wird eine Fassung erstellt, die wir dann bekommen. Ich war mehrfach mit Bloch zusammen. Der Vortrag, den er in Rom hielt, ist als Einleitung zum

Buch gedacht. Den Text des Buches erhalten wir nicht früher als Februar 68.
Er ist bereit, eine Auswahl aus seinen »Politischen Aufsätzen« mit der Friedenspreisrede zusammenzustellen. Darüber werde ich ihm in der nächsten Woche noch schreiben müssen. Für den Band »Über Bloch« empfiehlt er auch den Text von Hermann Bahr aus Bahrs »Tagebuch« etwa aus dem Jahr 1918.
Zur Ausstellung kam Signor Bollati, der Verlagsleiter von Einaudi. Er hat jetzt die Optionshand auf Bloch gelegt, nachdem Vallecchi eine Auswahl aus den »Philosophischen Schriften« brachte und Il Saggiatore »Das Prinzip Hoffnung« bringt. Einaudi möchte als nächstes eine Auswahl aus den »Literarischen Aufsätzen«, und er will die »Spuren« bringen. Danach denkt er an »Geist der Utopie« und »Erbschaft dieser Zeit«. Ich habe den Eindruck, daß Einaudi sich jetzt ernsthaft um diese Übersetzungen bemüht.
3. Römische Buchhandlungen
Mehrfach wurde von Privatleuten geklagt, daß es nicht möglich sei, Bücher der Verlage Insel und Suhrkamp in Rom zu erhalten. Der einzige Ort sei die Herder'sche Buchhandlung, und auch die führe nur wenige Titel. Ich habe bei meinem Besuch dort den entscheidenden Herrn nicht sprechen können, aber ich bitte Frau Reichert, hier doch noch einmal nachzufassen; dies bald, solange noch die Ausstellung läuft (bis Anfang Dezember). Dann wäre die Frage, ob man für die Feltrinelli-Buchhandlung ein Depot edition suhrkamp machen sollte. Frau Reichert möchte dies auch mit der Buchhandlung klären.
4. Ingeborg Bachmann
Sie hat jetzt ein Manuskript fertig geschrieben. Ich habe es nicht sehen können, weil es bei der Sekretärin lag, auch wollte sie daraus nichts vorlesen. Es handelt sich um den Teil »Malina«, ein in sich selbständiger Text mit ca. 150 Seiten. Er wird jetzt abgeschrieben, wir sollen bis zum 20. 11. ein Original mit Kopie erhalten. Es ist jener Teil, der noch für Piper vorgesehen ist, den wir aber lektoratsmäßig betreuen (einschließlich Umschlag, Klappentext und Satzanweisung). Wir werden dann innerhalb von 14 Tagen gegenüber Ingeborg Bachmann reagieren, und eventuell wird dann Boehlich in der ersten

Dezember-Woche nach Rom fahren. Ingeborg Bachmann will dann von Januar bis März 68 das Manuskript für »Todesarten I«, »Goldmann«, fertigstellen.

5. Paolo Chiarini, via Tommaso Salvini 2 A, 00197 Rom

Immer wichtiger werdender Germanist Italiens. Schätzungsweise 35 Jahre, er zählt zu den besten Brecht-Kennern. Eben erschien in der Universale Laterza sein Buch »Bertolt Brecht: Saggio sul Teatro«. Es ist seine vierte Brecht-Publikation. Ich habe ihm die Veröffentlichung einer Auswahl aus seinen Brecht-Aufsätzen für die edition suhrkamp angeboten. Er wird uns diese Auswahl zuschicken, darunter ein Brecht-Porträt, das ihm besonders gelungen scheint. Er ist bereit, die deutsche Übersetzung durchzusehen.

6. Elsa Morante, Via dell'Oca 27, Rom

Ingeborg Bachmann und Hans Werner Henze haben mich bedrängt, Verbindung mit Elsa Morante aufzunehmen. Ich habe sie dann auch kennengelernt. Eine großartige Persönlichkeit, eine Mischung zwischen einer Anna Magnani und einer italienischen Bäuerin, ebenso schwarz, wild, passioniert, doch eine Schriftstellerin mit hoher moralischer Kraft und mit einem großen Sprachvermögen. Zwei Bücher von ihr sind bei Claassen erschienen: »Arturos Insel« und »Der andalusische Schal«, das erste auch in der Fischer Bücherei. Ihr Agent ist Linder, Mailand, der Sub-Agent für Deutschland Hagedorn, Hamburg. Nach Aussage von Linder bestehen nach dem Verkauf Claassens an Econ keine Optionsverpflichtungen. Eventuell müßte man sich sogar bemühen, die bei Claassen liegenden Rechte zurückzubekommen.

Nun ist aber in Italien wie auch in den übrigen Ländern ein 1949 geschriebenes Buch in plötzliche Diskussion gekommen: »Menzogna e Sortilegio« (Lüge und Zauberei). Die bei Mondadori erschienene Taschenbuch-Ausgabe in zwei Bänden wurde jetzt in 300 000 Exemplaren verkauft! Die Übersetzungen sind überall sehr erfolgreich, und zwar ist diese Wiederbelebung aus einem einzigen Grund erfolgt: Lukács ist ganz begeistert von diesem Buch und weist immer wieder darauf hin. Ich werde mir durch Cases diese Äußerungen geben lassen. Eine deutsche Fassung dieses Buches erschien etwa

1950 bei der Büchergilde Gutenberg in der Schweiz. Es gibt keine reguläre deutsche Buchausgabe. Die Rechte liegen bei Linder. Ich werde sofort Buch und Option anfordern (erledigt).
Elsa Morante, die in einer zauberhaften Wohnung über der Piazza del Popolo mit einer Dienerin und zwei riesigen Katzen lebt, wundert sich, daß man in Deutschland von ihr nur als Frau von Moravia spricht, und das sei schon längst nicht mehr wahr. Sie hat jetzt einen neuen Roman fertig. Der Titel: »Die Rettung der Welt durch die Ragazzini«. Ragazzini sind 16jährige Jünglinge, wir haben dafür keinen Begriff, denn Halbstarke wäre zu viel und Twens zu wenig. Wenn wir das nicht übersetzen können, hat sie noch fünf oder sechs andere Titel auf Lager. Es ist freilich ein Roman in Versen, jedoch hätte das nichts mit »lyrics« zu tun (ich sprach englisch mit ihr), die Verse seien »very modern, perhaps too much« und gereimt hätte sie nur bei wirklich komischen Stellen.
Wir wollen die Frage Elsa Morante ernsthaft prüfen. Wenn die Bücher so sind wie sie selbst, so haben wir eine großartige und sicherlich auch erfolgreich zu vertretende Schriftstellerin. Sie kommt für Insel wie auch für Suhrkamp in Betracht.
7. Christine Koschel, Piazza della Maddalena 2, Rom
Sie lebt seit zwei Jahren in Rom mit einer Freundin, Fräulein Irene von Meisenburg (»mit der ich alles zusammen mache«). Fräulein von Meisenburg spricht fließend italienisch, englisch und französisch, Koschel sehr gut englisch. Das Wichtigste war für sie natürlich das Problem ihrer eigenen Gedichte. Sie hat sich von Piper getrennt. Wir erhalten das Manuskript eines Gedichtbandes Ende des Jahres. Koschel ist eine sehr intelligente Person. Sie besitzt eine praktische Intelligenz und könnte für unser Lektorat in mehrfacher Hinsicht dienlich sein. Übrigens wird sie nach Fertigstellung des Gedichtbandes an einem Roman und einem Stück arbeiten.
Sie gab mir folgende Anregungen:
Anaïs Nin: »Ladders to Fire«.
Herr Reichert, haben wir jetzt die Rechte? Koschel will eine Probeübersetzung dann machen.
Djuna Barnes: »The Antiphon«.

Auch hier will sie eine Probeübersetzung machen, doch ihr eigenes einziges Exemplar liegt, nach einer Auskunft von Herrn Kippenberg, im Insel Verlag.

M. P. Shiel: »Die Purpurwolke« (1865-1947).

Nachdem Koschel mir dieses Buch genannt hatte, habe ich es mindestens fünfmal von anderer Seite gehört. Es ist im Augenblick das Buch in Italien. Es erschien eben unter dem Titel »La nube purpurea« mit einer hervorragenden italienischen Einführung von Rodolfo Wilcock bei Adelphi. Für Italien sind die Rechte frei, da das Buch 1901 erschienen ist. Für uns jedoch nicht, da der Autor etwa um 1947 herum starb. Die Rechte sollen nach Auskunft von Koschel bei The Vanguard Press liegen. Bitte sofort Option anfordern (erledigt durch Fräulein von Maltzahn).

Paul La Cour: (1902-1960?).

Koschel meint, wir sollten uns doch mit diesem Autor beschäftigen. Bei Schauer sei früher ein Text »Fragmente eines Tagebuches« erschienen, den sie für bedeutend hält. Boehlich bitte prüfen. Sie schlägt auch vor, in der Reihe Poesie eine Auswahl aus den Gedichtbänden Paul La Cours zu bringen: »De hundrede Somre«, 1940; »Mellem Sværdene«, 1942; »Udvalgte Digte«, 1928-1951; »Mellem Bark og Ved«, 1950.

Schließlich machte mich Koschel auf das Grotowski-Theater aufmerksam, und auch das ist sehr merkwürdig, ich habe schon manchmal von diesem ungewöhnlichen Theaterdirektor Jerzy Grotowski (Rynek Ratusz 27, Wrocław, Polen) gehört, der nach einer neuen Theatertheorie gewissermaßen zwischen Stanislawski und Brecht ein neues Theater entwickeln will, das die Zuschauer (deren Zahl bei den Aufführungen immer begrenzt ist, Höchstzahl 80) noch viel deutlicher in das Spielgeschehen mit einbeziehen will. Koschel gab mir das einzige existierende Programmheft dieses Theater-Laboratoriums in Breslau. Ich muß es ihr in Kürze eingeschrieben wieder zurückschicken; wir lassen es fotokopieren. Und Bitte an Herrn Braun, sich mit den Texten zu beschäftigen

a) im Hinblick auf eine mögliche Ausgabe

b) auch im Hinblick auf eine Einladung von Grotowski für die Experimenta.

Koschel drängt sehr auf Aufführungen der dramatischen Dichtungen von Nelly Sachs. Sie hat spezifische Vorstellungen und will sie demnächst einmal zu Papier bringen. Eventuell würde sie sich auch bei einer solchen Regie beteiligen.
Seit Jahren sei von Frau Gerhardt Artauds »Le théâtre et son double« angekündigt. Das Buch sei nicht erschienen, es sei aber der wichtigste Text von Artaud. Bitte an Herrn Braun, sich darum zu kümmern.
Sie fragte mich, ob ich an einem Buch über das moderne China interessiert sei. Das hätte ein junger italienischer Soziologe geschrieben, der sich seit langem auf China, auf Sprache, Kultur und Politik konzentriert habe. Als ich dies bejahe, brachte sie mir nach zwei Tagen das Manuskript von Mino Brunetti: »La Rivoluzione culturale in Cina; Analisi delle origini e delle prospettive« – »Die Kulturrevolution in China – Analyse ihrer Ursprünge und Aussichten«. Der Autor hat auf Bitten von Koschel eine Zusammenfassung des Buches in Deutsch gegeben. Er wäre bereit, an der deutschen Überarbeitung mitzuarbeiten, da er offensichtlich ganz gut Deutsch spricht. Frage an Herrn Boehlich: liest Schickel italienisch? Mir macht das Buch einen sehr guten Eindruck. Es kommt für die Insel in Betracht. Ich bitte Frau Botond, dieses Projekt dringlich zu verfolgen.
8. Ginevra Bompiani, Via dei Pianellari 16, Rom
Bei Mondadori erschien ihr Buch »Bartelemi all'ombra«.
Ginevra Bompiani ist die Tochter des Verlegers Bompiani und dazu eine sehr hübsche Person. Sie hat ein sehr intelligentes Manuskript geschrieben, das Iris Kaschnitz uns sehr zur Veröffentlichung empfohlen hat. Ich las auch Seiten einer Probeübersetzung. Doch stellte sich heraus, daß Rowohlt rascher war. Ich werde deswegen nochmals an Ledig-Rowohlt schreiben.
Ginevra Bompiani leitet eine literarische Reihe im Bompiani Verlag; nach dem Modell Suhrkamp will sie diese Reihe ausbauen.
9. Fleur Mombelli, 98, Viale Parioli, Rom
Ingeborg Bachmann hält sie für die ungewöhnlichste Begabung der italienischen Literatur, obschon das aufgrund eines Erstlings eine gewagte These ist. Sie hat ein Manuskript geschrieben: »Il dito in Bocca« (Daumenlutschen). Ich traf mit ihr zusammen, sie schien mir

etwa 24 Jahre alt, Malerin, und ihr erstes Buch spiegelt wohl etwas das Leben eines verwöhnten jungen Mädchens. Ich habe das Manuskript von Maria Luisa Spaziani lesen lassen, ohne daß die Autorin und auch Ingeborg Bachmann das erfahren haben. Spaziani bestätigt mir Talent und Begabung, aber insgesamt war sie doch kritisch. Das Buch kommt bei Adelphi heraus, bei dem Verlag, der im Moment das höchste Ansehen bei der Publikation literarischer Bücher hat. Ich bekomme Ende November das vollständige Manuskript; eine Option habe ich von Adelphi erbeten.
Ich sehe in dem Vordrängen weiblicher Autoren sowohl bei uns als auch in Italien und anderswo durchaus ein Symptom.

10. <u>Luise Rinser</u>

Sie lebt seit Jahren in Rom und hat sich jetzt außerhalb Roms ein kleines Landhaus gebaut mit Swimmingpool und einem sehr bissigen Wachhund. Ich hätte sie nicht wiedererkannt, als Person ist sie durchaus noch sympathisch, aber beginnt mehr und mehr unter dem Komplex zu leiden, daß sie nicht mehr zählt, daß sie nicht mehr dazugehört, da der Rang ihrer Arbeiten ja auch sehr nachgelassen hat.

11. <u>Peter Handke</u>

Peter Handke war nur 1½ Tage in Rom und mußte dann wegen eines Termins nach Wien fliegen. Am 11. 11. gastiert die Oberhausener Bühne mit der »Publikumsbeschimpfung«. Im Februar erfolgt dann die italienische Aufführung. Der Regisseur war anwesend. Alle Zeichen sprechen dafür, daß Handke in Italien ein sehr großer Erfolg werden wird. Die »Hornissen« werden gegenwärtig übersetzt. Das Buch soll dann auch im Februar vorliegen. In jedem Fall will man die »Publikumsbeschimpfung und andere Sprechstücke« bis dahin vorliegen haben. Es soll dann eine große Geschichte in Rom und Mailand von seiten Feltrinelli steigen; siehe im übrigen meinen Brief an Filippini.

12. <u>Adelphi, Mailand</u>

Dieser Verlag ist »etwas Besonderes«. Die jüngeren italienischen Autoren, vom Zustand der großen Verlage unbefriedigt bis angewidert, drängen in dieses Haus. Bei Adelphi selber herrscht große Begeisterung über Suhrkamp, und man möchte die Verlagsarbeit dort nach dem Modell Suhrkamp einrichten. Inhaber sind drei Geldgeber, die mit dem Verlag nichts zu tun haben, der Verlag selber wird von drei Leuten geleitet, einer davon, Herr Foà, sitzt in Mailand, der andere ist Roberto Calasso (Viale Ippocrate 93), sitzt in Rom. Calasso, ein etwa 25 Jahre alter Mann, ist ungemein begabt, intelligent und natürlich durch seine überhohe Intelligenz auch gefährdet. Bachmann sagte zu mir, er würde entweder ein großes Genie oder aber irgendwo landen. Calasso kannte die Publikationen des Suhrkamp Verlages sehr gut. Er bat mich dringend um die Bücher von Zbigniew Herbert und Věra Linhartová (erledigt).

Ihm liegt sehr viel an einem Austausch der Planungen der Programme. Ich habe ihm versprochen, daß ich ihm in etwa 14 Tagen das Programm Suhrkamp 1. Halbjahr 1968 schicke. Es geht ihm hierbei auch um die Reihen edition und Theorie.

Er gab mir zwei Bücher mit, die eben bei Adelphi erschienen sind. Einen hochbedeutsamen Essay »Artemis Efesia« von Albino Galvano; ferner eine Anthologie unbekannter Texte von R. Gilbert-Lecomte, R. Daumal und J. Sima unter dem Titel »Il ›grand jeu‹«. Frau Botond möchte diese beiden Bücher prüfen.

13. Maria Luisa Spaziani

Sie meinte, daß wir für die Reihe Poesie den italienischen Lyriker Sereni übertragen sollten. Und dann natürlich auch ihre eigenen Gedichte. Spaziani hat sich einen wachsenden Ruf als Lyrikerin geschaffen und drängt allmählich in die Spitzengruppe ein. Von ihr erhielt ich einen Überblick über die zeitgenössische italienische Literatur von einer ganz anderen Warte aus.

14. Herr Marschall von Bieberstein

Er hat für die Luxusausgabe bei Beauclair Ungarettis »Il Taccuino del Vecchio« übersetzt. Frage an Herrn Reichert: weiß Celan das?

15. Über italienische Literatur allgemein und über empfohlene Bücher:

In einem sind sich alle Beurteiler der zeitgenössischen italienischen Literatur einig: es gibt im Moment keine bedeutende zeitgenössische Literatur. Moravia wird immer schlechter, Silone immer dünner, von den alten Autoren zählt Elsa Morante immer mehr, sonst sind es eben die bekannten Namen Lampedusa, Vittorini, Gadda. Einig ist man

sich auch, daß die lautstarke Gruppe der italienischen Avantgarde um Feltrinelli wenig hervorgebracht hat. Im Grunde genommen nur Sanguineti, dessen Buch »Il gioco dell'oca« auch nicht rundum geschätzt wird, und dann Balestrinis »Tristano«, aber auch das schon mit großen Fragezeichen. Die anderen Autoren dieser italienischen Avantgarde: Germano Lombardi, Elio Pagliarani, Alfredo Giuliani brauchen wir nicht weiterzuverfolgen; sie sind uninteressant. Wichtig ist noch Giorgio Manganelli; sein Roman »Niederauffahrt« ist eben bei Wagenbach erschienen. Wichtiger als dieser Roman sei jedoch der Kritiker Manganelli mit Essays und Kritiken.
Einhellig wurde mir als wichtigstes Buch empfohlen: Malerba, »Il serpente«, das wir ja für die edition suhrkamp schon akzeptiert haben. Die Tätigkeit deutscher Verlage in Italien ist relativ stark. Piper, Hanser und Rowohlt haben sehr gute Verbindungen. Aber wir können aufgrund der wachsenden Reputation Suhrkamp für die Zukunft ganz neue Bereitschaft erwarten.
Weitere mir empfohlene Titel:
William Burroughs/Allen Ginsberg: »Le lettere dello Jage«, Sugar Editore, Galleria del Corso 4, Milano. (Insel)
Bei Rizzoli erschienen: »Autobiografia di Giuliano di Sansevero«.
Ich bringe weiterhin aus Italien den Plan für ein sehr großes Unternehmen mit, das ich aber erst noch selber weiterbedenken muß. Darüber dann in der nächsten Woche. (Insel).
16. Übersetzer
Aus dem Italienischen: Iris Kaschnitz, Toni Kienlechner, Alice Vollenweider.
Aus dem Französischen: hier empfiehlt Christine Koschel Frau Antje Ellermann (Tochter von Ellermann). Sie habe den Flaubert hervorragend übersetzt.
17. Agentur Linder, Mailand
Generell: ob wir wollen oder nicht, wir müssen die Agenturen etwas mehr pflegen als bisher. Für Italien wird Linder Mailand (nicht Linder Zürich) immer wichtiger. Er vertritt Einaudi total. Und vertritt auch einige italienische Autoren, die bei Einaudi erscheinen, noch gesondert (Elsa Morante).

18. Hans Werner Henze

H.W. Henze ist begeistert von Peter Weiss, »Versicherung«. Er meint, es sei eines der wichtigsten Stücke, die er überhaupt gelesen habe. Er hat bereits mit Peter Weiss gesprochen, daß er dieses Stück vertonen möchte, und zwar für die Uraufführung bei der Olympiade 1972. Weiss hätte sich offenbar damit einverstanden erklärt. Nun wünscht sich Henze, daß nach Möglichkeit keine Theateraufführung des Stückes kommen soll. Ich habe ihm sofort gesagt, daß das gar nicht möglich sei, und schlug ihm vor, daß wir einige Aufführungen für die Saison 1968 zuließen, daß wir danach aber das Stück stoppten. Hier könnte Henze vielleicht einverstanden sein; er ist es praktisch auch, nur meint er, wenn das Stück sehr, sehr erfolgreich sei, könne er es nicht mehr vertonen und dann auch bei der Gelegenheit der Olympiade nicht aufführen. Dieser Punkt ist mit Dr. Braun und Peter Weiss zu besprechen.

Dr. U./ge.

3. November 1967

Reisebericht München
11.-13. Juli 1969

Urs Jenny war der Meinung, die Besprechung würde 24 Stunden später stattfinden, so war er sehr überrascht, als er um 18.00 Uhr nach Hause kam und die Runde vorfand: Peter Handke, Jürgen Becker, Klaus Schöning, Helmut Färber, Siegfried Schober, Herbert Linder. Die letzten drei etwas in der Attitüde ›junge Kommunarden erwarten das Establishment‹. Die Diskussion war sehr mühsam, nach Stunden kam sie mit dem Transportmittel Alkohol in Bewegung.
Keine Frage war die Notwendigkeit einer neuen Zeitschrift, aber eben wie sie machen. Die junge Münchner Gruppe war schon etwas gegen Becker und wollte die Zeitschrift auf total unbekannte, nicht arrivierte Leute stellen, und jeder der unbekannten Herausgeber sollte von sich aus das Recht haben, jeden Beitrag, den er für richtig hält, in der Zeitschrift zu placieren. Doch so konnte es wohl nicht gehen.
So wurden ungefähr folgende Vorschläge gemacht:

Färber:	Über Verleihpolitik
Linder:	Zerstörung des Films durch die eigene Industrie
Schober:	Den Prozeß der Subversion in der Literatur zeigen. Kafka auf den Kopf stellen
Handke:	pars pro toto-Arbeiten
Schöning:	Hörspieltendenzen. Der Autor und die Multimedien.
Becker:	schlug weiter vor Fotogeschichten. Fotos von Hannes Jähn, Kommentar von Jürgen Becker: Polly (eine Zigarettenfrau) erzählt. Partitur von Kagel. Romane nacherzählen.

Wir verblieben so, daß alle Beteiligten bis 31. Juli 1969 einen Vorschlag fürs Konzept des Magazins einreichen sollen, dann soll von uns aus das einzelne Konzept vervielfältigt an jeden der Beteiligten verschickt werden; danach tritt die Gruppe Handke-Schöning-Becker einerseits, Jenny-Färber-Schober-Linder andererseits in Tätigkeit und macht aus den 7 Vorschlägen je einen, dieses Konzept wird dann wieder diskutiert. Man will die Vielheit der Künste einbeziehen.

Was jedoch nicht besprochen wurde, war, wie man ausländische Vorgänge einbezieht. Man muß Stützpunkte haben; vielleicht kann die Zeitschrift von Barthelme helfen.
Anschließend war ich mit Jürgen Becker und Klaus Schöning zusammen. Becker beginnt im August sein neues Prosabuch. Er hofft, bis Mitte März damit fertig zu werden. Es wäre dann ein Buch fürs Juli-Programm.
Klaus Schöning
Schöning möchte natürlich gern einen zweiten Hörspielband vorschlagen. Gleichzeitig fragt er an, ob wir nicht das Hörspielbuch des WDR, das bisher bei Kiepenheuer erscheint, übernehmen wollen. Wir sehen ja, daß es eine neue Hörspiel-»Welle« gibt. Und Schöning und Becker drängen etwas, dieses Feld »zu besetzen«. Wir diskutierten einen anderen Vorschlag: Becker hatte schon anläßlich der Zeitschriften-Diskussion den Vorschlag gemacht, die Zeitschrift in der Form eines Multimedia-Köfferchens herauszugeben. Ich wandelte diese Idee ab für ein nächstes Hörspielbuch, für das ich mich fest verpflichten würde, wenn der WDR etwa 700-1000 Exemplare (Herstellungspreis je DM 20,–/25,–) für seine public-relations-Zwecke abnähme. Es wäre dann eine ungewöhnliche Sache, das Hörspielbuch mit einer großen Schallplatte oder zwei Schallplatten, ferner Partituren, Fotos, Zeichnungen, Plakate usw. herauszugeben. Wenn man das machte, wäre es angesichts des Preises wichtig, daß jeweils ein Jahr später der Inhalt des Hörspielbuches in zwei Doppelbänden der e[dition]s[uhrkamp] zu je DM 5,– erscheint. Dann könnte man das Projekt sozusagen jedes Jahr machen. Schöning will erforschen, ob das beim WDR möglich ist.
Gespräch mit Heinar Kipphardt
a) Gesammelte Stücke
Inhalt:
»Shakespeare dringend gesucht«
»Die Stühle des Herrn Szmil«
»Der Hund des Generals«
»In der Sache J. Robert Oppenheimer«
»Joel Brand – Die Geschichte eines Geschäfts«

»Die Soldaten«, nach J. M. R. Lenz
»Die Nacht in der der Chef geschlachtet wurde«
Kipphardt schlägt auch den Text »Bartleby« vor (nach Melville). Ich würde den Text nicht aufnehmen.
Kipphardt selbst liefert die Materialien für den Anhang. Er freut sich über die Zusammenarbeit mit Herrn Hildebrandt in dieser Angelegenheit. Wir müssen sicherlich diese Materialien im Anhang kürzen, denn seine Materialien, die auf Dokumenten beruhen, könnten uferlos sein.
Ich bitte Herrn Staudt, eine Umfangsberechnung für den Band zu machen; pro Stück je 10 Seiten Anhang. Ergibt das einen oder zwei Bände? Ich würde lieber einen Band machen.
Heinar Kipphardt wird jetzt an diesen Materialien arbeiten und sie sukzessive an Herrn Hildebrandt schicken.
b) Kipphardt wird von 1970 an an seinem Roman arbeiten; mutmaßlich wird er hierfür einen Vorschuß erbitten.
c) Im übrigen interessieren ihn Sozialberichte und Reporte über bundesdeutsche Wirklichkeit. Er wird einen solchen Report über die Polizei machen. Wir möchten unbedingt für Herbst 1970 einen Band in der es reservieren. Ich habe Kipphardt bereits auf den es-Band 380 hingewiesen. Kipphardt möchte sobald als möglich Fahnen oder Umbruch haben (Herr Busch bitte dies beachten). Kipphardt macht auch einen Fernsehreport aus dieser Sache. Ein nächster Sozialbericht wird über die Bewußtseinslage von Industriearbeitern (von Siemens) gehen.
Wichtig für die Theaterabteilung: Kipphardt arbeitet an einem Fernsehspiel über den großen amerikanischen Börsenkrach von 1928. Er will erst ein Fernsehstück schreiben, danach eine Variante für die Bühne. Die Uraufführung soll auf Drängen von Irving in Amerika stattfinden. Ich habe Kipphardt gesagt, daß man sich das noch überlegen sollte.
Kipphardt weist darauf hin, daß seine »Soldaten« (nach Lenz) zwar großen Erfolg bei Provinz-Theatern gehabt hätten, daß das Stück jedoch noch auf keiner großen Bühne gelaufen sei. Das sollten wir doch unbedingt zu arrangieren versuchen.

Und dann vertraute er mir an, daß ihn eine Bearbeitung des »Prinzen von Homburg« reizen würde. Wenn wir also hören, daß eine Bühne sich dafür interessiert, könnte man Kipphardt für eine Bearbeitung gewinnen. Ich verspräche mir davon einiges.
Es war ein sehr angenehmes Gespräch, und wir vereinbarten, daß wir es in nicht allzu ferner Zukunft weiterführen sollten.
Wolfgang Koeppen
Hätte ich ein Tonbandgerät gehabt, so wäre jetzt ein neues Manuskript von Koeppen da: Beichte im Hotelzimmer. Er hielt in meinem Hotelzimmer einen zweistündigen Monolog über seine Situation, den man ohne belletristische Übertreibung mit »Hölle« betiteln könnte.
Er will noch unter allen Umständen bis Ende August sein Manuskript beenden, damit es unter allen Umständen noch in diesem Jahr erscheinen könnte.
Im übrigen war er vollkommen abgebrannt. Ich übergab ihm DM 500,–. Wie es weitergehen wird, weiß niemand.
Peter Handke
Im persönlichen Gespräch war er freundlich, ja freundschaftlich, in der Diskussion sehr intransigent mit ziemlich schlimmen Urteilen über Adorno, Marcuse, Habermas, dann über die Literaturkritiker. Das letzte »Kursbuch« fand er läppisch (übrigens kritisierte auch Kipphardt die Unzulänglichkeit des Kommune-Berichts, auch die jungen Leute Schober ... kritisierten die Unzulänglichkeit der Darstellung). Ich bitte Herrn Busch, auf eines zu achten: man müßte Erika Runge (es 359 Dezember) darauf hinweisen, daß ihre Interviews, die im »Kursbuch« abgedruckt sind und die wahrscheinlich auch für den es-Band übernommen werden, einen oberflächlich-denunziatorischen Charakter haben, z. B., wie Handke ausführt, daß die Fragen der Interviewerin in reinem Hochdeutsch, die Antworten aber in bewußt verstümmelter Sprache wiedergegeben wären. Das sei, so sagt Handke, nicht nur ungerecht, sondern zum Kotzen. Wir sollten diesen Punkt doch unbedingt beachten.
Im übrigen wird er jetzt noch mal über seine Erzählung gehen. Wir erhalten den Text bis Ende August/Anfang September. Für den Schutzumschlag wünscht sich Handke keine Bilddarstellung, sondern mög-

lichst schwarze Farbe und dann klein Autor, Titel und Verlag. Ich habe ihm aber gesagt, daß ich unbedingt den ersten oder die beiden ersten Sätze des Textes auf den Umschlag haben wollte, gewissermaßen um die Leser gleich von Anfang an in die Erzählung einzubeziehen.
Handke möchte gerne Auslandslesereisen machen. Wir haben vereinbart, daß er dann im März, wenn seine Erzählung erscheint, etwa 8-10 Tage eine konzentrierte Lesereise in der BRD macht. Das muß vorbereitet werden im Hinblick auf Reinhardt, Basel.
Eva Hesse
Eine hochintelligente Frau, die mit einem Engländer zusammenlebt, der als Physiker bei Siemens oder der AEG arbeitet, als Hobby aber angelsächsische Literatur betreibt. Ein ziemlich einzigartiges Expertenteam also.
1. Eliot-Gedichte:
Sie ist an sich mit unseren Vorstellungen einverstanden, jedoch nicht mit dem Honorar. Sie möchte dieselbe Honorierung haben, wie sie sie bei Pound hat, also in jedem Falle nicht eine Aufteilung, wie wir sie vorgeschlagen haben: 5 % für Eliot, 5 % für die Übersetzer, 2 % Editionsarbeit für Eva Hesse, sondern reine Aufteilung 50 : 50, also 6 % für Eliot, 6 % für Übersetzer (anteilmäßig aufgesplittert). Und dies für alle Auflagen. Sie möchte insbesondere auch bei den Nebenrechten so beteiligt sein, also 50 % an Eliot, 25 % Übersetzer, 25 % Verlag.
Frl. Ritzerfeld möchte das bitte mit du Sautoy klären.
Das Manuskript für den Eliot-Band läge dann im Herbst 1970 vor und könnte im 1. Halbjahr 1971 erscheinen.
2. Pound:
Idee einer Pound-Werkausgabe. 12 Bände mit insgesamt 5000 Seiten, ein Teil davon zweisprachig. Auflage etwa 25 000 Exemplare. Preis ca. DM 75,–. Honorar ca. DM 5,–, also ca. DM 125 000,–.
Die Rechtssituation Pound: es gibt ein Pound-Committee, in dem zunächst Mrs. Pound noch die größte Rolle spielt (sie ist jedoch 82 Jahre alt). Geschäftsführer ist ein Rechtsanwalt. Das Pound-Committee hat einen Generalvertrag für deutschsprachige Ausgaben mit

Schifferli derart, daß Schifferli alles bringen muß, was ihm von seiten Eva Hesses angeboten wird, und er behält die Rechte, solange er die Bücher lieferbar hält. Er kann Lizenzen vergeben, jedoch nicht ohne Zustimmung von Eva Hesse. Eva Hesse ist sozusagen deutschsprachige Generalbevollmächtigte. Wir vereinbarten, daß ich einen Brief an Schifferli schreibe, cc an Eva Hesse, und dann die Reaktion von Schifferli abwarte. Eva Hesse befürwortet eine Werkausgabe Pound bei Suhrkamp dringlich. Aber, wie gesagt, Schifferli muß dem zustimmen. Die Ausgabe könnte etwa 1972 oder 1973 erscheinen. Der späte Termin deshalb, weil noch eine Reihe von sehr schwierigen Cantos zu übertragen sind.

3. Für die BS empfiehlt sie als dringlich und wichtig: »Motz el son« – eine Didaktik der Dichtung. Das sei der zentrale dichtungstheoretische Band von Pound, der verlangt würde und den es auch in keiner Einzelausgabe mehr gäbe.

Herbert Achternbusch

Ich konnte ihn nicht besuchen, da ich im Hotel keine Nachricht von ihm vorfand, ob er zu Hause ist. Eine Telefonnummer hatte ich nicht.

Curt Meyer-Clason

1. Miguel Romero, »Pontifical«.

Die englische »Notübersetzung« differenziert vom spanischen Original erheblich. Englische Fassung etwa 143 Seiten, spanische Fassung über 300 Seiten. Wir müssen eine Klärung vom Autor erreichen, denn in der jetzigen Form könnte das Stück ja nur an zwei Abenden aufgeführt werden. Die Sache ist nur so zu klären, daß entweder Romero auf Einladung des Verlages hierherkommt oder Meyer-Clason zum Autor nach Madrid fährt. Ich muß das brieflich klären.

2. Wir ventilierten die Idee einer lateinamerikanischen Bibliothek. Das müßte eine Abteilung für sich werden, und sie sollte Belletristik, aber auch Faktographie enthalten. Es müßte hier einmal mit einem Gremium ein Plan diskutiert werden. Meyer-Clason schlägt vor, in jedem Fall Prof. Dr. Gustav Siebenmann, Seminar für romanische Philologie, Universität Erlangen, Bismarckstraße 1, Appartement 697 [einzubeziehen]. Professor Siebenmann reist im Oktober

für mehrere Monate nach Südamerika, und vielleicht könnte er dann schon in unserer Richtung aktiv werden. Von uns aus käme dann Enzensberger (und auf Vorschlag von Frau Dr. Botond Rafael Gutiérrez Girardot) in Frage. Meyer-Clason will sich noch weitere Persönlichkeiten überlegen. Das sollten wir auch tun und dann vielleicht Anfang September nach Frankfurt oder München zu einem Gespräch einladen.

Im übrigen dasselbe Leid: verschiedene wichtige Autoren sind an uns vorbeigegangen. Meyer-Clason hat mir wieder bestätigt, daß auch er schon vor Jahren Boehlich auf Gabriel García Márquez hingewiesen habe, und er vertraute mir auch an, daß die Übersetzer Vogelgsang und Frielinghaus sich geweigert hätten, mit Boehlich zusammenzuarbeiten.

Wir sollten uns außer Lima, den er uns nach wie vor dringlich empfiehlt, überlegen, ob wir nicht doch noch einmal den Versuch Julio Cortázar machen wollen. Luchterhand würde ihn nicht weitermachen, da die beiden Bücher bei ihm keinen Erfolg hatten. Meyer-Clason verweist auf den Roman »Rayuela«. Cortázar wohnt in Paris XV, Place du Général Beuret 9. Im übrigen gäbe es von Cortázar einen interessanten Text: »Reise um den Tag in 80 Welten«.

Weiterhin verweist Meyer-Clason auf Juan Carlos Onetti: »La vida breve«. (Leseexemplar bei Frau Dr. Botond) und auf Carlos Fuentes: »La muerte de Artemio Cruz«. Die Sache sei dringlich.

dr. u./ge. –

14. Juli 1969

Reisebericht Paris–München 15.-17. Februar 1970

Paris

Peter Handke

Peter Handke hat einen Fernsehfilm geschrieben: »Chronik der laufenden Ereignisse«. Die Fernsehrechte liegen beim Verlag der Autoren. Das Manuskript habe ich mitgebracht; Herr Canaris möchte es bitte lesen und ein kurzes Gutachten dazu schreiben.
Handke ist bereit, Voltaires »Candide« zu übersetzen. Ich habe ihm eine Ausgabe gegeben. Falls wir definitiv darauf zurückkommen, müssen wir dann noch eine Vereinbarung mit ihm schließen. Die Übertragung ist für die Insel gedacht, möglicherweise für ein neues Projekt.
Der »Tormann« soll verfilmt werden, und zwar von Herrn Wim Wenders (3 München 80. Einsteinstraße 151, Telefon 44 12 59). Bitte dringlich fünf Lese-Exemplare hinschicken (Frl. Ritzerfeld bitte).
Ich brachte Handke und Voisin zusammen. Diskussion des Standes der Verhandlungen mit Peter Brook, die französische Aufführung von »Gaspard« betreffend. Voisin ist, wie immer, glänzend an der Arbeit.
Mit Handke habe ich über die Frage »Quodlibet« gesprochen. Es ist ihm klar, daß alle Publikationsrechte bei uns liegen. Er hat ein Versprechen an »Theater heute« gegeben, jedoch mit dem Hinweis, daß die Rechte bei uns einzuholen sind. Frau Bothe das bitte aufnehmen.
Die Abrechnungen Handke sollen ihm nach Paris geschickt werden.
Den Termin mit der Buchhändlerschule hat er im Auge, aber es ist wohl wichtig, ihn noch einmal zu erinnern. Er möchte in Frankfurt untergebracht werden.
Was das Problem »Mündel« in Berlin betrifft, so möchte er »Mündel« gern in der Schaubühne sehen, aber sollte das Forum-Theater auf der Aufführung des »Mündel« bestehen, so wird die Aufführung eben dort erfolgen. Handke ist in den nächsten Tagen in Berlin und will selber mit den Leuten sprechen.

Paul Celan

Er bittet dringlich, daß der Vertrieb die Stuttgarter Buchhandlungen auf du Bouchet aufmerksam macht. Du Bouchet und Celan lesen während der Hölderlin-Feier am 21. 3. in Stuttgart Gedichte (Herr Abmeier bitte beachten).

Celan schickt mir in Kürze sein Gedichtmanuskript »Lichtzwang«, das wir dann im 2. Halbjahr 1970 herausbringen.

Das Manuskript der Celan-Übertragung von Jean Daive, »Décimale Blanche«, werden wir ebenfalls erhalten. Ich bin sehr skeptisch, aber Celan sagte mir, daß es sich bei Jean Daive um den wichtigsten französischen Autor der jüngeren Generation handele.

Der Band »Übertragungen« von Celan wird etwas aufgeschoben. Darüber ist Celan natürlich nicht erfreut. Etwa in einem Jahr erhalten wir einen weiteren Gedichtband, und sobald dieser erschienen ist, kann in der BS eine Auswahl der Gedichte erfolgen.

Celan möchte dringlich den Kontenstand haben, keinen Auszug, sondern nur noch, ob er Guthaben hat und wie hoch dieses Guthaben ist.

Samuel Beckett

Ich war zweimal mit Beckett zusammen. Einmal am Spätnachmittag und Abend zusammen mit Spies und Tophoven und dann am nächsten Morgen allein und zum Mittagessen mit Handke zusammen.

Zur Rechtsfrage:

Beckett möchte einen Revers unterschreiben, wonach alle seine Werke im Deutschen ausschließlich und für alle Zeiten beim Suhrkamp Verlag erscheinen sollen. Wir sollen ihm eine entsprechende Formulierung zuschicken. Er wird dann die Vertragspartner verständigen.

An den Verträgen selbst kann oder will er nichts ändern. An Honorarabsprachen ist er nicht interessiert. Aber sollten Differenzen auftreten, wird er sicherlich auf unserer Seite sein.

Die Rechtssituation:

Englisch geschriebene Prosa und englisch geschriebene Lyrik: Calder

(Ausnahme: »From an abandoned Work«: Faber)

Englisch geschriebene Stücke: Faber
(Ausnahme: »Come and go«, das Calder gewidmet ist und bei Calder erscheint)
Französisch geschriebene Prosa, Stücke, Lyrik: Minuit
Für das sogenannte neue Stück »Breath« liegen die Rechte bei Beckett. Wir wollen uns diese gleich besorgen.
Aufführungsrechte seiner Stücke: Curtis Brown
Zu seinem neuen Stück »Breath«:
Eines Tages besuchte ihn Kenneth Tynan. Er erzählte ihm von einem großen Plan, bei dem alle bedeutenden Schriftsteller und Musiker mitmachen sollen. Beckett wußte aber nicht, daß es sich um eine Revue handelt, bei der alle Texte anonym vorgetragen wurden. Nach der Aufführung in den USA protestierte Beckett und verlangte, daß sein Text gezeichnet würde. Daraufhin soll Tynan das Szenario »Breath« aus der Revue herausgenommen und es ihr als Prolog zu »Oh! Calcutta!« vorangestellt haben – gegen den Protest von Beckett. Dann erschien »Oh! Calcutta!« bei Grove, und da ergab sich für Beckett das »Ungeheuerliche«: Bei einer Bühnenanweisung zu »Breath« von Beckett, in der allerlei Gerümpel gezeigt werden sollte, wurde als Text von Beckett eingeschoben: »... and with naked bodies«. Hiergegen protestierte Beckett energisch.
Es handelt sich nach seiner Darstellung gar nicht um ein Stück, allenfalls um ein Kleinst-Szenario. Er sieht es als eine Art Punktuation. Wenn wir es machen wollen, schlägt er vor, wir möchten einen Abend mit Vorlesungen aus seinem Prosawerk machen und jeweils am Beginn, in der Mitte und am Schluß das Einatmen und Ausatmen bringen. Das Ganze ist lediglich ein Spiel mit Licht und einem Tonband, das Geräusche des Ein- und Ausatmens, einen Geburtsschrei und noch einiges wenige andere enthält.
In England soll »Breath« jetzt in dieser Weise »aufgeführt werden«, und zwar von Professor Francis Warner, Oxford. In Oxford soll eine Theaterschule entstehen. Diese Schule mit einem kleinen Theater soll Samuel-Beckett-Theater heißen.
Werk-Gesamt-Ausgabe
Es war gut, daß ich mich für das Gespräch vorbereitet hatte, indem

ich auf jeweils verschiedenen Bogen die einzelnen Texte Becketts in der Gliederung Stücke, Prosa, Kritik, Lyrik aufgeführt hatte. An sich sollten Tophoven und Spies eine Anlage entworfen haben, aber das geschah nicht. Beckett hat nun auf meinen Blättern eingezeichnet, was aufgenommen werden kann und was nicht. Wichtig ist die Freigabe der Erzählungssammlungen »More Pricks than Kicks« – »Mercier et Camier« – »Premier amour«.

Beckett hat nicht gestattet: die Aufnahme der drei unveröffentlichten Dramen, einiger Gedichte und einiger Rezensionen. Er hatte hier ganz dezidierte Auffassungen.

Ich werde jetzt den definitiven Plan aufstellen. Es muß dann folgendes geschehen:

1. Beckett wünscht keine kommentierte philologische Ausgabe, sondern eine Text-Ausgabe mit Einleitung zu den einzelnen Abteilungen.

2. Tophoven muß einen längerfristigen Übersetzerauftrag bekommen, damit er die noch nicht übersetzten Texte rasch übertragen kann. Das geschieht in Zusammenarbeit mit Beckett, der seinerseits die alten Texte noch einmal revidieren und überarbeiten möchte.

3. Mayoux soll dann eine Einleitung zum Gesamten schreiben. Für die Einleitungen der einzelnen Abteilungen diskutierten wir folgende Namen:

Dramen: Melchinger oder Michaelis

Prosa: Joachim Kaiser oder Marianne Kesting

Lyrik: Helmut Heißenbüttel

Kritik: (dafür hat sich dann Spies von sich aus gemeldet, aber das muß noch überlegt sein).

Im April kommt Frau Dr. Ursula Dreysse nach Frankfurt. Sie wird sich im Verlag melden. Mit ihr können wir einen Vertrag als freie Mitarbeiterin für die redaktionellen Aufgaben dieser Beckett-Ausgabe schließen.

Die Werk-Ausgabe wird etwa sieben Bände umfassen, wenn wir die Bände mit je 4- bis 500 Seiten ansetzen: 2 Bände Stücke, 4 Bände Prosa, 1 Band Lyrik und Kritik. Die Lyrik soll zweisprachig gebracht werden.

Seit Beckett zurück ist, haben ihn Calder und Einaudi besucht. Beckett hat beiden Verlegern erzählt von unserem Vorhaben der Gesamtausgabe, und jetzt wollen auch Calder und Grove sowie Einaudi Gesamtausgaben von Beckett bringen, d.h., alle Beckett-Verleger schließen sich unserer Vorstellung an, lediglich Minuit, Becketts Original-Verleger, denkt nicht an irgendeine Gesamtausgabe.
Es kann erwartet werden, daß Tophoven Ende April 1971 die Übersetzungen fertig hat, so daß die Ausgabe dann im Herbst 1971 erscheinen kann.
Wir wollen uns überlegen, ob wir auch eine Doppelausgabe, also eine Dünndruckausgabe und eine Werkausgabe, oder lediglich eine Werkausgabe machen.
Schlechte Nachricht: Beckett hat in Tunesien den Text »Sans« nicht ins Englische übersetzen können; das sei zu schwer gewesen. Er kann das erst im Laufe Juni/Juli tun. Das bedeutet, daß wir den Band »Residua« nicht, wie vorgesehen, im Juli in der BS herausbringen können. Wir diskutierten Ersatzlösungen, die uns aber nicht befriedigten. Beckett wäre mit einer Ausgabe »Watt« in der BS einverstanden, aber ich selbst habe doch Zweifel, ob man das machen soll.
Die Übertragung »Watt« wird bis Ende März fertiggestellt sein; ebenfalls auch die Übertragung von »Sans« ins Deutsche.
Beckett beginnt Mitte März die Inszenierung »Fin de partie« mit dem Schauspieler Martin im Théâtre Récamier. Die Inszenierung wird Ende April abgeschlossen sein. Bis dahin will Beckett mit Tophoven die Übertragungen »Watt« und »Sans« durchgesehen haben. Ebenfalls will er bis dahin seine Revision der Erzählbände abgeschlossen haben, denn dann unterzieht er sich einer Augenoperation, die ihn sicherlich mehrere Wochen, wenn nicht Monate zu keiner Arbeit kommen läßt.
Er gab mir die Grove-Ausgabe »Film«. Er würde sich sehr freuen, wenn wir das machen könnten. Wir sollten uns von Grove das »Film«-Material kommen lassen. Ich meine, man könnte die Ausgabe in der es noch wesentlich besser machen. (Buch an Herrn Busch).
Die Zusammenarbeit Hildebrandt–Tophoven sollte im März erfolgen.

Herr Hildebrandt muß sich nun seine Zeit sehr einteilen – Leipzig, Horváth, »Deutsches Mosaik«, »Watt«.
Insgesamt verlief die Unterhaltung mit Beckett sehr, sehr freundlich. Er hat ein großes Wohlwollen dem Verlag gegenüber.
München
Joseph Breitbach
Breitbach hatte sich wirklich etwas einfallen lassen: Erst redeten wir zwei Stunden über seine Probleme, Aufführung von »Veygond« usw., dann mußte ich mich eine Stunde zurückziehen und sein neues Stück »Requiem für die Kirche« lesen und anschließend dann sofort mit ihm diskutieren. Er ruhte nicht eher, bis er von mir hörte, daß ich das Stück wirklich interessant fand. Ich habe ihm zwei Vorschläge für mögliche Änderungen noch gemacht, er will sich das überlegen. Jetzt aber sollte das Stück erst noch fotokopiert werden. Er hat es bereits an Noelte gegeben. Ich bitte Herrn Canaris, den Text zu lesen und dann mit mir darüber zu sprechen. Frau Bothe möchte das Stück fotokopieren und mit Breitbach wegen des weiteren Procedere in Verbindung bleiben. Das wird Breitbach ohnehin von sich aus besorgen.
Anschließend Mittagessen mit Joachim Kaiser. Gespräch über »Trotzki« und die Reaktionen in den Rezensionen.
Kaiser wird seine Brecht-Sendungen, die ein großes Echo haben, im Manuskript fixieren und uns schicken.
Bei meinem nächsten Besuch in Ost-Berlin werde ich dann mit Frau Weigel über eine Aufführungsmöglichkeit der »Maßnahme« sprechen. Ich glaube, daß der Druck auf uns für die Freigabe immer größer werden wird.
Fleckhaus
Wichtig für Herrn Staudt: sofort Unterlagen für Fleckhaus zusammenstellen; ein Teil liegt schon bei mir und ist auch schon mit Fleckhaus besprochen. Fleckhaus will die Umschläge, die er machen soll, im Laufe des Monats März machen. Wir hätten dann alles Ende März hier. Das ist natürlich günstig. Im April geht Fleckhaus für vier oder fünf Wochen nach Amerika.
Ich habe mit Fleckhaus über die zwei Insel-Projekte gesprochen. Die

Idee von Frau Shaked machte ihn sehr nachdenklich. Er bestärkt uns in beidem.
Wolfgang Koeppen
Er versicherte noch einmal, daß wir Ende März das Manuskript oder seine Leiche haben.
dr. u./ge. –
18. Februar 1970

Zum Gespräch mit Beckett:
Wir, Tophoven, Spies und ich, berieten lange über die Anlage der Gesamtausgabe. Beckett verhielt sich sehr dezidiert bei den Dingen, die er nicht wollte. Er hatte sich sehr lange überlegt, was er dafür freigibt und was nicht. Der entscheidende Punkt ist »Eleutheria«, ein Stück, das 1947 entstanden ist, das er aber partout verleugnen möchte.
An viele seiner Gedichte erinnere er sich gar nicht mehr. Entweder müsse ein Dichter diese Übertragungen machen, oder aber eine exakte wörtliche Übersetzung müsse erfolgen, dazu aber den Originaltext.
Die Rezensionen will er alle als Jugendarbeiten bzw. als Jugendsünden verstanden wissen und möchte sie nicht in der Ausgabe seiner Werke sehen. Auch nicht Rilke, bei dem ihm damals der Zugang sehr schwergefallen sei.
Wir gingen dann zum Abendessen und fuhren dazu mit der Métro. Ich glaube, Beckett ist der einzige Nobelpreisträger, der als Transportmittel die Métro benützt.
Von seiner Nobelpreissumme hat er einen Scheck mit einer namhaften Summe an Tophoven gegeben mit dem Hinweis, er soll das Geld anlegen für seinen Sohn.
Beim Abendessen war Beckett ungemein aufgeräumt. Er sah zu, daß wir das beste und auch teuerste Gericht aßen. Er selber hielt auch sehr mit.
Am nächsten Tag hatte ich die Idee, Handke zu dem Mittagessen mit Beckett dazuzuladen. Ich werde so etwas nicht mehr tun, denn Handke [...] gab sich in der Unterhaltung nicht die geringste Mühe, sondern saß da und schwieg. Das geht eben nicht. Beckett versuchte

mehrmals, mit ihm über seine Stücke »Publikumsbeschimpfung« und »Kaspar« zu sprechen, aber Handke war wenig gerührt und erkundigte sich seinerseits weder nach Beckett noch nach dessen Arbeit. In der ganzen Unterhaltung hatte Handke nur zwei Fragen an Beckett gerichtet: Haben Sie ein Fernsehgerät?, und als Beckett dies bejahte: Was sehen Sie da? – und darauf antwortete Beckett, er sähe prinzipiell nur Sportdarbietungen: Rugby, Cricket, Tennis und Fußball.

Beckett erzählte mir ausführlich die Entstehung von »Breath« und wie er sich die szenische Realisierung denkt. Im übrigen bemerkte er, daß er in der »Falle« seiner Verpflichtungen säße: die Inszenierung, die Revision der älteren Werke sowie die Operation ließen ihn nicht »zu neuen Dingen« kommen.

Reisebericht
11.-13. Mai 1971

Hamburg
Gespräche mit dem Bertelsmann Lesering betreffend mögliche Übernahme Horváth und Hesse.
Berlin
West-Berlin
Mehrere Gespräche mit Uwe Johnson und Jürgen Becker. Jürgen Becker hat sein Stück beendet »Die Zeit nach Harrimann«. Ich mußte ihm sagen, daß meine Lektüre nicht bedenkenlos war. Das Stück bringt irgendwie ein Zuviel oder ein Zuwenig. Ein Zuviel an Aufgelöstem und Gemeintem, ein Zuwenig an transportierter, realer Substanz. Er war sehr überrascht; es sei das erste Mal gewesen, daß er höre, daß ein Verlag seine Arbeiten nicht so übernähme, wie er sie geschrieben habe.
Uwe Johnson. Er ist in Schwierigkeiten. Er kommt mit dem Teil II der »Jahrestage« nicht so voran, wie er es sich vorgestellt hat, aber immerhin: Mitte Juni können wir mit dem gesamten Manuskript rechnen. Ein Teilmanuskript von früher und auch den Text für den Umschlag werden wir erhalten.
Gemeinsam diskutierten wir dann die Frage einer möglichen Literaturzeitschrift, ein »Suhrkamp-Periodicum« im Rahmen der suhrkamp taschenbücher, also eine Art Suhrkamp-Almanach, der sich zur Zeitschrift ausweiten könnte, und als zweites die Vorstellung Richter/Raddatz, eine Literaturzeitschrift etwa auf der Basis der Gruppe 47, die jedoch ebenfalls im Taschenbuch herausgebracht werden sollte. Jürgen Becker ist ein kritikloser Parteigänger für Raddatz, Johnson war dies früher, er hat doch jetzt Bedenken bekommen. Wir haben das Projekt nach allen Seiten hin überlegt, wir wollen Anfang Juni noch einmal mit Raddatz zusammenkommen und mit ihm ein Gespräch in dieser Sache führen. Jedenfalls, das Projekt ist wichtig und denkenswert.

Ost-Berlin

Ich erwähne zuerst die Randdinge:

Bitte an Paul Dessau, c/o Bote & Bock, West-Berlin, fünf Exemplare unserer Helene-Weigel-Festschrift »Helene Weigel zu ehren« schicken.

Gespräche mit Paolo Grassi und Giorgio Strehler. Die beiden Herren zogen eine Riesenshow auf. Strehler, der etwa 1955 die »Dreigroschenoper« in Mailand inszenierte (eine glänzende Inszenierung, von der Brecht ja behauptet hatte, sie dichte sein Werk weiter), hatte plötzlich als Einfall aus dem heiteren Himmel die Idee, die »Dreigroschenoper« noch einmal zu inszenieren. Ich mußte ihm aber sagen, daß wir bereits einen Vertrag mit einem Genueser Theater abgeschlossen haben. Ich bestätigte dies noch einmal nach einer Rückfrage bei Fräulein Ritzerfeld. Es war in der Tat so, daß Frau Weigel bestimmt hatte, daß jetzt auch ein anderes Theater die Möglichkeit erhalten sollte, die »Dreigroschenoper« aufzuführen. Wir hatten das Grassi und Strehler zum wiederholten Mal mitgeteilt, es sollte auch darüber gesprochen werden, jedoch zu einem Gespräch kam es sicherlich deshalb nicht, weil Strehler nie entschlossen war und auch (im Grunde bis heute) kein Theater hatte. Jetzt ist die Aufregung groß. Er will die »Dreigroschenoper« machen, und Genua hat die Rechte. Daran wird wenig zu ändern sein, obschon ich noch einmal den Versuch machen werde, mit Dr. Chiesa zu telefonieren. (Nachtrag: das Gespräch ist erfolgt, Genua ist entschlossen, die »Dreigroschenoper« aufzuführen.)

Ebenfalls noch am Rande waren die Gespräche mit den Brecht-Erben über Robert Voisin, d. h. über die französische Situation der Brecht-Rechte. Eine rasche Einigung während der Anwesenheit von Voisin in Berlin scheiterte am Nein von Stefan Brecht (wie sich hinterher zeigte, war das vielleicht gut). Wir führten verschiedene Gespräche, Stefan wünschte, ich möchte noch einmal an Barbara alle Gründe schreiben, die für Voisin sprechen, inzwischen überlegten wir aber alle Gallimard als Alternative.

Sonst gab es noch Gespräche mit den Brecht-Erben über Zahlungsvorgänge.

Am Mittwoch nachmittag wurde das Testament eröffnet, es entsprach dem, was erwartet wurde. Alle drei Erben – Stefan Brecht, Barbara Schall-Brecht, Hanne Hiob – sind zu gleichen Teilen mit je ⅓ an allen Erlösen beteiligt. Da das Testament notariell ausgefertigt wurde, stellen die Behörden der DDR keinen spezifischen Erbschein aus, das ist nicht nötig. Das Testament gilt als Erbschein. Ich habe zwei Exemplare der Sterbeurkunde mitgebracht. Stefan Brecht wird mit einer beglaubigten Abschrift des Testaments auftreten. Wir können danach sowohl an Barbara Brecht-Schall wie an Stefan Brecht jeweils ⅓ der aufgelaufenen Beträge ausbezahlen.

Noch außerhalb Brecht: Begegnung mit Manfred Bierwisch. Wir gingen eine Stunde spazieren. Es war ein überaus aufschlußreiches Gespräch mit dem Thema »Der moderne Wissenschaftler und der Sozialismus der DDR«. Bierwisch hat keine andere Hoffnung als die, daß wir es möglich machen, seine Arbeiten zu veröffentlichen. Er war überaus reizend und liebenswürdig, und im Grunde genommen sollte jeder, der von uns Ost-Berlin besucht, mit ihm zusammenkommen. Seit über zehn Jahren hat Bierwisch keine Möglichkeit, die DDR zu verlassen, auch nicht in Richtung sozialistische Länder.

Wolfgang Harich. Er hat sein Jean-Paul-Buch fertig! Die »Revolutionsdichtung Jean Pauls«. Das Manuskript umfaßt 750 Seiten! Ich erklärte ihm sofort, daß das für jeden Verlag in der BRD zuviel sein müsse. Das Interesse habe sich in den letzten Jahren gewandelt, und es sei für keinen Verlag in der BRD möglich, dieses Buch in einer größeren Auflage herauszubringen, wenn der Ladenpreis durch diesen Umfang über DM 40,– oder DM 50,– oder gar DM 60,– liegen würde. Ich habe das bei Herrn Harich sehr deutlich gemacht und gesagt, das Maximum sei ein Umfang von 450-480 Seiten. Nur unter dieser Bedingung sei ich bereit, eine Übernahme in den Suhrkamp Verlag zu erwägen. Harich wollte sich eine Kürzung überlegen, und er wollte auch mit dem Akademie Verlag über eine solche gekürzte Ausgabe verhandeln. Ich sagte ihm, daß wir dann gemeinsam mit dem Akademie Verlag den Druck ja vornehmen könnten, d. h., der Akademie Verlag druckt für uns und wir nehmen von ihm die gedruckten Rohbogen. – Sonst nur Freundliches von Herrn Harich, er vermißt den Besuch von Herrn Michel.

Heiner Müller. Ich traf ihn zufällig, und zwar in der vollklimatisierten Vorhalle des Hotels ›Stadt Berlin‹. Voisin hatte Schwierigkeiten bei der Unterbringung und bei der Stellung von Dolmetschern, nachdem ihm regierungseigene Räume im Hotel zugewiesen wurden.

Heiner Müller war sehr nett. Er erklärte von vornherein, daß die Situation wieder unverändert sei, er hätte jetzt ein Hörspiel seiner Frau umgeschrieben zu einem Sketch. Das würde vielleicht jetzt in der DDR aufgeführt. Freilich hätte Pabel sich dafür schon interessiert, und Henschel hätte wohl die Rechte an den Pabel Verlag geben müssen. Ich sagte Heiner Müller, daß ich das natürlich nicht so angenehm fände, aber er sagte mir, daß das unmöglich für Suhrkamp gewesen sei. Die Stücke, die er schriebe und die für Suhrkamp geeignet seien, könnten in der gegenwärtigen Zeit einfach nicht gebracht werden.

Aber er möchte gerne Shakespeares »King Lear« übersetzen, und vielleicht sollten wir hier eine vertragliche Vereinbarung mit ihm in Kürze treffen.

Für Herrn Dr. Rach: Es ist wichtig, Heiner Müller in kürzeren Abständen zu besuchen.

Mittwoch, 12. Mai: Trauerfeier und Beerdigung Helene Weigels.

Ich hatte große Mühe, durch die Sperre am Bahnhof Friedrichstraße zu kommen, aber ich schaffte es sieben Minuten vor elf. Danach blieb die Uhr stehen.

Das Berliner Ensemble war bis zum letzten Platz besetzt. Als Abusch, der Stellvertreter des Vorsitzenden des Ministerrates der DDR, und Kulturminister Gysi eintraten, erhob sich das Auditorium. Die Trauerfeier – hier liegt ein Programm an – begann mit einem Lied der Courage, das Helene Weigel gesungen hat; dann wurden zwei Gedichte für Helene Weigel, die Brecht geschrieben hat, von Ekkehard Schall vorgetragen, danach die Gedenkansprache von Dr. Alexander Abusch, schließlich sang Ernst Busch »Bericht über den Tod eines Genossen«, der Schauspieler Wolfgang Heinz sprach Gedenkworte für Helene Weigel, und schließlich führte Paul Dessau eine neue Komposition für Helene Weigel vor. Ruth Berghaus, die Leiterin des neuen

Führungskollektivs des Berliner Ensembles, also designierte Nachfolgerin von Helene Weigel, sprach Schlußworte »Das Berliner Ensemble an Helene Weigel«. Danach kam – wiederum von der Weigel auf Schallplatte gesungen – das Lied »Lob des Kommunismus«. Wiederum erhob sich das Auditorium. Die Feier war würdig und ohne falschen Zungenschlag und ohne jede Peinlichkeit. Als die Ehrengäste auszogen, sah mich Kulturminister Gysi. Ich begrüßte ihn, er zog mich in das Foyer und regte an, ich möchte doch bald einmal zu einem Besuch zu ihm kommen, er sei für mich immer erreichbar, ja, er wünsche eine Begegnung.

Anschließend eher unwirklicher Empfang in der Kantine des Berliner Ensembles. Ich verließ die Kantine und ging in die Chausseestraße, um dort Stefan Brecht zu sprechen. Er war dort zusammen mit den Sekretariatsdamen Knauf und Pintzka sowie Frau Rechtsanwalt Gentz. Meine Bitte um rasche Voisin-Lösung wurde von Stefan abgelehnt. Frau Gentz machte einen sehr zögernden Eindruck. Um 13.50 Uhr verließen wir die Wohnung und gingen an den direkt anschließenden Friedhof. Dort waren sicherlich an die 500 Leute versammelt, der Sarg war mit einem roten Nelkentuch bedeckt, Angehörige des Berliner Ensembles hielten Ehrenwache. Abusch kam, Gysi kam, Stefan Brecht, der der Trauerfeier im BE nicht beigewohnt hatte und auch ursprünglich an der Beerdigung gar nicht teilnehmen wollte, kam dann doch mit in seinem olivgrünen Anzug, sein Memorandum für die Mit-Erben in der Tasche. Er weigerte sich, Gysi zu begrüßen. Schließlich stellte er sich dann doch hinter den Sarg, als dieser von Schauspielern getragen wurde. Vor dem Sarg standen FDJ-Leute mit Kränzen der Offiziellen. Ich kann hier noch anmerken, daß der Suhrkamp-Kranz von vielen, jedenfalls von allen, mit denen ich sprach, als der schönste und ungewöhnlichste Kranz bezeichnet wurde. Er war völlig in Lila gehalten und Dunkelrot, und seine himmelblaue Schleife mit der dunkelblauen Schrift stach sehr vorteilhaft von dem Rot und Schwarz-Rot-Gold der anderen Schleifen ab. Danach wurde der Sarg ziemlich unkonventionell in die Grube gesenkt, und in einer wirklichen Unform spielte sich die Beerdigung ab. Die Leute traten ans Grab, warfen eine Blume hinun-

ter und verschwanden nach rechts. Barbara, Hanne Hiob und Stefan Brecht waren sofort verschwunden, wie auch die Offiziellen. Ich selber trat mit Elisabeth Hauptmann ans Grab und blieb noch eine halbe Stunde zugegen. Als ich nach einer Stunde wiederkam, waren immer noch Leute da, die der Weigel ihre Reverenz erwiesen.
Danach Zusammensein mit Stefan Brecht und Barbara Brecht-Schall. Wir vereinbarten, uns am nächsten Tag zu treffen.
Ich hatte dann noch einmal ein ausführliches Gespräch mit Werner Hecht. Er erklärte mir seine Arbeit an den »Journalen«. Es gibt zwei Arten von Tagebüchern, die »Arbeitsjournale«, die eher objektiven Charakter haben, und dann die eigentlichen Tagebücher aus der Frühzeit, die nur in Handschriften existieren.
Elisabeth Hauptmann. In zwei Stunden entwickelten wir das Konzept für den Band »Gedichte 10« der alten Ausgabe und für einen Supplement-Band zu der Doppelausgabe. Band 10 der »Gedichte« wird eine Abteilung enthalten »Nachgelassene Gedichte und Fragmente«: a) neue, d.h. unveröffentlichte, nachgelassene Gedichte und Fragmente und b) in der Werkausgabe veröffentlichte, nachgelassene Gedichte und Fragmente. Teil a) wird als Separat-Druck gebracht, eben als Supplement zur Doppelausgabe. Er enthält ca. 100 Gedichte. Ich habe mit Frau Hauptmann vereinbart, daß die Supplement-Ausgabe dann auch noch einmal ein Gesamtregister enthält, so daß die Gesamtregister der Bände 10 und des Supplementbandes zur Doppelausgabe identisch sind mit Ausnahme der Seitenziffern.
Gegen 20 Uhr verließ ich Ost-Berlin. Ich hatte den Eindruck, zum zweiten Mal geht eine Epoche zu Ende. Das erste Mal war es der Tod Brechts, das zweite Mal der Tod der Weigel.
Donnerstag, 14. Mai
Am Übergang hätte ich fast zwei Stunden warten müssen, aber dann kämpfte ich mich durch, und dank eines Offiziers der Volksarmee schaffte ich es in einer halben Stunde. Ich war bei Barbara Brecht angemeldet, wir besprachen finanzielle Dinge, ein Brief für Frau Roser liegt hier an.
Dann kam plötzlich ein Anruf aus dem Ministerratsbüro. Es meldete sich ein Herr Dr. Müntzer an, er möchte Frau Barbara Brecht

eine Ehrung für Bertolt Brecht und für Helene Weigel mündlich erläutern. Wir waren etwas ratlos, dann aber kam mir ein furchtbarer Verdacht: Ich erinnerte mich an einen einschlägigen Paragraphen in dem DDR-»Gesetz über das Urheberrecht vom 13. 9. 1965«. Dort heißt es in § 35:

»(1) Der Schutz des Nachlasses bedeutender Schriftsteller, Künstler oder Wissenschaftler kann durch Beschluß des Ministerrates zur Aufgabe der Nation erklärt werden.

(2) In dem Beschluß kann die Wahrnehmung der Urheberrechte an dem Nachlaß einem staatlichen Organ oder einer anderen Institution übertragen werden.

(3) Die vermögensrechtlichen Ansprüche der Erben der Urheber auf die Erträgnisse aus der Nutzung des Werkes während der Dauer der Schutzfrist bleiben gewahrt.«

Daran dachte ich, und ich sagte auch sofort Barbara, wenn die Leute kämen und ihr diese »Enteignung« eröffneten, müsse sie sofort folgendes erwidern:

1. Es bestehe ein Generalvertrag zwischen den Brecht-Erben und dem Suhrkamp Verlag, der alle künftigen Werke, also auch Tagebücher, Journale und Briefe, einschlösse. Dieser Vertrag sei

2. von allen Brecht-Erben unterschrieben, sie verfüge nur über ein Drittel, die anderen beiden Drittel gehörten dem Amerikaner Stefan Brecht und der Österreicherin Hanne Hiob. Und

3. müsse sie erklären, daß von allen Vorlagen im Brecht-Archiv Mikrofilme bestünden, die in Moskau, Zürich, Cambridge und beim Suhrkamp Verlag lägen. Auch der Suhrkamp Verlag hätte Fotokopien aller Unterlagen, so daß eine Publikation jedenfalls immer gesichert sei.

Mittagessen mit Werner Hecht. Ich erzählte Hecht von meiner »Phantasmagorie«. Er hielt es zunächst für unglaubwürdig, aber nach dem Mittagessen wurde auch ihm bange. Ich eilte zu Stefan Brecht und erzählte ihm von meiner »Phantasmagorie«. Um 16 Uhr gingen wir – Stefan und ich – zu Barbara. Um 15 Uhr waren die Herren Müntzer und Hoffmann bei ihr gewesen, und sie hatten ihr eröffnet, daß in der Tat das eintreten wird, was ich befürchtet hatte. Der

§ 35 kam zur Wirkung. Die große Ehrung war die Erklärung, die Angelegenheit Brecht und das Andenken an Helene Weigel zur »Aufgabe der Nation« zu machen. Und das bedeutet, daß den Brecht-Erben sämtliche Verfügungsrechte über die Werke und Aufführungen Brecht in der DDR entzogen werden, daß das Archiv der Akademie der Künste unterstellt wird; die materiellen Einnahmen der Brecht-Erben sollten nicht geschmälert werden, im Gegenteil, sie verbessern sich, denn Helene Weigel, die auf Fortführung des Archivs in privater Hand gekämpft hatte (am Vortage hatte Abusch noch verkündet, »wir wollen es so machen, wie die Genossin Volksschauspielerin es gewünscht hatte«), hatte verfügt, daß die Erben einen Teil, und zwar 70 % aller DDR-Einnahmen, zugunsten des Archivs verwenden, d. h., sie sollten darauf verzichten. Und während die Erben also noch stritten, wer Leiter des Archivs werden sollte, wie man das wohl am besten organisatorisch löste, machte die DDR-Regierung dies zur »Aufgabe der Nation«. Das Brecht-Archiv hat einen Wert von ca. 15-20 Millionen Mark. Dr. Zeller hatte mir einmal erklärt, er würde unumwunden dafür 15 Millionen aufbringen, aber der Gedanke, es in den Westen zu bringen, war immer utopisch. Jetzt ist das nun einwandfrei geklärt. Barbara Brecht erzählte mir, daß die Abgesandten der DDR-Regierung ihr ausdrücklich erklärt hätten, daß sie die bestehenden Verträge zwischen dem S[uhrkamp] V[erlag] und den Brecht-Erben respektieren und respektieren werden und daß sie ebenso respektieren und respektieren werden die Lizenzverträge, die der SV mit den Verlagen der DDR geschlossen hat, es sei denn, der SV verbiete Ausgaben in der DDR, dann würde die »Enteignung« auch für diesen Punkt eintreten.

Es ist klar, daß das eine doppelte Seite besitzt. Einerseits liegt in dieser »Bestätigung« der DDR-Regierung unseres Generalvertrages eine nahezu Unkündbarkeit und Unlösbarkeit unseres Vertrages von seiten der Brecht-Erben vor. Diese können es sich nicht leisten, den Vertrag mit SV zu kündigen, denn dadurch würden die Vertragsbeziehungen frei und die DDR käme in die Möglichkeit, die Brecht-Rechte disponieren zu können. Das eben hatte Brecht mit seiner Entscheidung aus dem Jahre 1950 (Brief an Peter Suhrkamp vom 21. 5. 1950:

»Natürlich möchte ich unter allen Umständen in dem Verlag sein, den Sie leiten.« Aus: »Briefwechsel Hermann Hesse/Peter Suhrkamp«, S. 463) verhindern wollen. Diese Weisheit Brechts zahlt sich nun aus, nachdem das Werk Brechts zur »Aufgabe der Nation« geworden ist. Dadurch ist es heute doch frei.

Die Situation war ungeheuer aufregend. Barbara Brecht im Bett liegend, mit leichtem, durchsichtigem Nachtgewand, gegen eine Gelbsucht ankämpfend und dies bei dem Bestand von einer Niere. Stefan Brecht hatte den Abend vorher getrunken und wirkte reduziert. Er faßte die Enteignung einfach nicht. Ich machte ihm Vorschläge und sagte ihm, daß er am besten zusammen mit Hanne Hiob protestieren müsse, und regte an, daß er von München aus ein Telegramm an den Ministerrat richten sollte, mit etwa folgendem Inhalt: »Legen förmlichen Widerspruch ein gegen Beschlüsse des Ministerrates in Sachen Brecht. Stefan Brecht – Hanne Hiob«.

Ich sagte den Brecht-Erben, daß ich eine eher neutrale Meldung formulieren wollte. Wir geben damit Peitsche und Zuckerbrot, und das würde bedeuten, daß sich die Verhandlungsaussichten für Barbara Brecht (Entschädigung für die Enteignung; die Brecht-Erben haben immerhin 2 Millionen Ost-Mark und eine halbe Million West-Mark in das Archiv gesteckt; Barbara Brecht sollte Leiterin des Archivs werden; Sicherung der Übersendung aller neuen Manuskripte an den SV etc.) verbesserten. Ungeheuer merkwürdige Situation: plötzlich wurden alle Mitarbeiter, die bisher als loyal und integer galten, verdächtigt. Frau Pintzka, die langjährige Sekretärin von Helene Weigel, die im Auftrag von Helene Weigel die »Arbeitsjournale« abschrieb: plötzlich war sie Ehefrau von Herrn Pintzka, jenes Genossen, der im Berliner Ensemble der Parteiführung angehörte und der wahrscheinlich von der Enteignung wußte, weil er die ganze Versiegelung der Weigelschen Direktoratsräume verfügte. Ich sprach mit Barbara und Stefan über meine bevorstehende Abreise nach New York. Innerhalb von zehn Tagen würde jetzt nichts mehr entschieden, die Ausführungsbestimmungen würden auf sich warten lassen, ich sei jedoch, wenn Stefan Brecht mich über Fräulein Geisler riefe, jederzeit bereit, zurückzukommen.

Ich ging dann über die Grenze, mit sehr gemischten Gefühlen und wahrscheinlich schon beobachtet. Drüben traf ich noch kurz Uwe Johnson, mit ihm formulierte ich die Pressemeldung des Suhrkamp Verlages, die dann nach dem Gespräch mit meinen Mitarbeitern am Abend desselben Tages wie folgt formuliert wurde:
Der Suhrkamp Verlag gibt aus Anlaß der Meldungen aus der DDR bekannt:
1.
Die Publikationen, Aufführungen und Sendungen der Werke Bertolt Brechts in der Bundesrepublik, in West-Berlin und im westlichen Ausland werden unverändert in verlegerischer Verantwortung des Suhrkamp Verlages Frankfurt am Main fortgeführt werden.
2.
Anläßlich der Beschlüsse des Ministerrats der DDR über das Werk Bertolt Brechts in der DDR bestätigte die Regierung der DDR ausdrücklich, daß sie den zwischen dem Suhrkamp Verlag und den Brecht-Erben bestehenden Generalvertrag und die zwischen dem Suhrkamp Verlag und den Verlagen der DDR bestehenden Lizenzverträge respektiert und respektieren wird.
3.
Als nächstes bisher unveröffentlichtes Werk Bertolt Brechts aus dem Nachlaß werden zum Datum des 75. Geburtstages die »Arbeitsjournale« Brechts im Suhrkamp Verlag erscheinen.
Abends Mitarbeiter-Konferenz: Helene Ritzerfeld, Renate Roske, Burgel Geisler. Wir besprachen die Presse-Strategie der nächsten Tage.
Es war wirklich so: Eine Epoche geht zu Ende.
dr. u./ge. –
17. Mai 1971

Reisebericht New York
14.-22. Mai 1971

Motiv und Datierung der Reise waren bestimmt durch den 60. Geburtstag von Max Frisch am 15. Mai. Aus diesem Anlaß und natürlich auch zur Erledigung verlegerischer Dinge begleitete mich Fräulein Helene Ritzerfeld. Ich gebe diesen Reisebericht in Stichworten. Er wird durch einen Bericht von Helene Ritzerfeld ergänzt werden,

Kurzfassung

I. Max Frisch
II. Hermann Hesse
III. Bertolt Brecht
IV. Djuna Barnes
V. Siegfried Kracauer
VI. Deutsche Autoren
VII. Amerikanische Autoren/Ausländische Autoren
VIII. Unsere Vertretung
IX. Deutsche Buchhandlungen
X. Amerikanische Verlage
XI. Einzelne Bücher
XII. Sonstiges

I. Max Frisch

Seit langem war es mit Max Frisch vereinbart, daß ich ihn am Tage seines 60. Geburtstages in New York besuchen sollte. Ich hielt mich an diese Vereinbarung, obschon ich durch die Brecht-Angelegenheit sehr ungern Frankfurt verließ und ich auch in einen zeitlichen und physischen Streß in den letzten Tagen vor der Abreise geraten bin. Wir hatten zwei Stunden Verspätung beim Abflug und kamen zwei Stunden verspätet an. Anruf bei Max Frisch, wir verabredeten uns für den nächsten Tag. Am Abend des 14. Rundgang durch New York. Am nächsten Tag, am Tage des 60. Geburtstages, trafen wir uns früh um 9.30 Uhr bei Max Frisch. Frisch wohnt seit Januar in einer ihm zur Verfügung stehenden Wohnung: 45 West 10 Street. Eine sehr angenehme Wohnung, die ihm die Familie Munk zur Verfügung stellte. Es war vereinbart, daß wir am Morgen eine Schiffsfahrt unternehmen sollten, und zwar eine town circuit, also eine Fahrt rund um Manhattan. Anschließend luden wir Max Frisch und seine Frau zum Mittagessen bei Sardi ein. Danach gingen wir zu Max Frisch und besprachen die laufenden Verlagsdinge, vor allem die Ausstattung der Doppelausgabe »Wilhelm Tell für die Schule«. Ich war sehr erleichtert, als Frisch große Freude über das Aussehen des suhrkamp taschenbuches äußerte. Seine Vorstellungen für die Illustration der Leinen-Ausgabe diktiere ich für Herrn Staudt gesondert. Frisch hatte an der Columbia University ein Seminar für Stilfragen abgehalten. Dieses Seminar ist von allen Seiten als sehr gelungen bezeichnet worden. Das war auch ein persönlicher Erfolg für Max Frisch. Er hat auch an verschiedenen anderen Orten Lesungen und Vorträge gehalten. Er selbst fand seinen Aufenthalt sehr produktiv. New York sei für ihn ein sehr guter Arbeitsplatz und in jeder Weise anregend. Als ich einmal am Morgen bei ihm anrief, sagte mir seine Frau, er sei »mit dem Notizbuch« zum Washington Square gegangen. Das Manuskript für das 2. »Tagebuch« ist nun doch sehr verändert worden, und zwar auf der Linie jener Einwände, die Johnson und ich Frisch damals vorgetragen haben. Er hat auch verständlicherweise neues Material einfügen können, auch neue erzählerische Teile wollen ihm gelingen. Er wird das Manuskript bis Mitte Oktober dem Verlag übergeben, Erscheinungstermin im frühen Frühjahr 1972. In diesem Gespräch am Samstag nachmittag klärten wir auch unsere Position bei den Verhandlungen für die Verfilmung »I'm Not Stiller«, die Mrs. Ruth Kalkstein als Produzentin vornehmen möchte. Frisch zögerte selbst gegenüber diesem Projekt, obschon er Frau Kalkstein eine Zusage gegeben hat. Die Verhandlungen gestalteten sich dann in New York äußerst schwierig, da die Anwälte der Produzentin »alle« Rechte haben wollten, also auch Remake-Rechte und dann die Kassetten-Rechte. Für die Film-Rechte diskutierte man einen Betrag von insgesamt $ 50 000,–. Detailliert wird Fräulein Ritzerfeld darüber berichten, die diese Verhandlung mit großer Verve geführt hat

und die für die amerikanischen Anwälte ein sehr ernstgenommener Partner war. Sie erhielt immer wieder Komplimente, wie hervorragend sie die Interessen der Autoren des Verlages verträte.
Am Abend lud ein schweizerisches Architekten-Ehepaar, Mr. und Mrs. Zwicker, zu einem Dinner ein. Es nahmen etwa 20 Personen daran teil: Prof. Bouk von der Columbia University, Donald Barthelme und seine Frau, Patricia Blake, mit der mich Frisch im Hinblick auf ihre Solschenizyn-Arbeit ausdrücklich zusammenführte, Andrzej Wirth, Sabina Lietzmann u. a.
Hier die Situation der Bücher Frischs in den Vereinigten Staaten:
»Homo faber«
erschien bei Pantheon, vergriffen. Die Rechte gingen zu Harcourt Brace Jovanovich über. Frau Helen Wolff revidierte die Übersetzung von Michael Bullock. Die neue Ausgabe soll im Herbst 1971 als Paperback erscheinen (Helen Wolff hat uns die sehr geringe Summe von $ 750 dafür angeboten, und Frisch bestand darauf, daß wir dies annehmen). Bei Houghton Mifflin erscheint eine Schulausgabe des »Homo faber«, ediert von Prof. Ackermann. Sie ist gekürzt, die Kürzungen sind von Frisch autorisiert ($ 1000,–).
»Stiller«
»I'm Not Stiller«, bei Random House erschienen, ist in der Hardcover-Ausgabe vergriffen, liegt jetzt jedoch in einer Vintage Paperback-Ausgabe vor. Die Übertragung von Michael Bullock (den Frisch ausdrücklich als Übersetzer bestimmt hatte) ist ganz offensichtlich revisionsbedürftig. Unser Plan ist, diese Übersetzung revidieren zu lassen und eventuell die Rechte von Pantheon wegzunehmen. Anhaltspunkt dafür ist die unerlaubte Weglassung von ca. 48 Seiten (siehe Brief von Dr. Ilse H. Reis 27. 3. 1971). Sollte der »Stiller«-Film zustande kommen, so können wir sicherlich mit einer großen Taschenbuchausgabe rechnen.
»Gantenbein«
»A Wilderness of Mirrors«, bei Random House ausgelaufen, gegenwärtig wird wegen eines Pocketbooks mit Avon Books, also Peter Mayer, verhandelt.
»Bin«

Die Erzählung liegt seit langem bei Helen Wolff, die sich an die Sache nicht herantraut.
»Tagebuch«
Das ist unser größtes Problem. Dieses ja wirklich herrliche Buch ist in Amerika einfach nicht zu plazieren. Nachdem es die renommierten Verlage abgelehnt haben, versuchte Roloff es bei mindestens sieben anderen Verlagen – immer ohne Erfolg. Auch eine gekürzte Ausgabe glaubt Helen Wolff nicht verantworten zu können. Wir müssen hier abwarten wahrscheinlich so lange, bis Frisch entweder durch den Film, durch eine Aufführung oder durch ein neues Buch ins amerikanische Gespräch kommt.
Stücke
Diese sind alle publiziert von Hill & Wang mit zwei Ausnahmen »Nun singen sie wieder« (befindet sich in einer Anthologie von Avon) und »Graf Öderland« (existiert nur in der englischen Ausgabe bei Methuen). Beide Stücke wurden von Hill & Wang abgelehnt. Jedoch wollte Frisch und werden auch wir im nachhinein noch versuchen, Mr. Wang zu überzeugen, daß es gut wäre, alle Stücke zu veröffentlichen.
Aufführungen
Die Stücke von Max Frisch sind mit Ausnahme der »Biografie« samt und sonders in den Vereinigten Staaten aufgeführt worden, zweimal mit Versuchen On und Off Broadway. Ein gewisser Erfolg war eigentlich nur »Biedermann und die Brandstifter«. Die anderen Stücke, insbesondere »Andorra« (On Broadway), kamen beim amerikanischen Publikum, auch bei der Kritik, nicht an.
Unsere Agentur Lantz-Donadio, insbesondere Robert Lantz selbst, haben Versuche unternommen, die »Biografie« bei einem größeren amerikanischen Theater unterzubringen – ergebnislos. Es gibt viele Regisseure, die die »Biografie« inszenieren wollten, aber es gibt immer weniger oder eigentlich kaum mehr einen Produzenten, der sich an dieses Stück heranwagt. Auch hier wird man warten müssen, bis die Reputation von Frisch in Amerika gewachsen ist.
An diesem letzten Punkt müssen wir weiterarbeiten. Dies geht nicht anders als eben in gezielten Interviews, Fernsehberichten, Lunches mit

Kritikern usw. Frisch will im Winter wieder nach New York gehen. Wir müssen rechtzeitig daran denken, diese Reise vorzubereiten.
Sonderbericht »Tell« nur für Herrn Staudt.
Ich habe Max Frisch darauf hingewiesen, daß bei der »amerikanischen« Ausgabe der edition suhrkamp in jeder der bisherigen zwei Serien ein Titel von ihm erschienen ist und daß in der jetzt für dieses Jahr geplanten dritten Serie abermals ein Titel kommt. Serie 1 war der »Öderland«, Serie 2 die »Ausgewählte Prosa«, für Serie 3 ist die »Biografie« vorgesehen. Ich teilte Max Frisch mit, daß wir dafür die BS-Ausgabe fotokopieren und verkleinern müßten, daß dies also ein ziemlich großer herstellerischer Aufwand sei.
Empfang des Suhrkamp Verlages in New York für Max Frisch am Donnerstag, dem 20. Mai, von 16.30 Uhr bis 20 Uhr im Restaurant »Elaine's«, 1703 Second Avenue. Das Restaurant gilt als ein Highbrow Place. Angeblich soll auch Jacqueline Kennedy dort einmal eine Party gegeben haben. Uns kam es zunächst eher düster und unwirtlich vor. Als die Leute dann kamen, war es wohl besser, für die anwesenden amerikanischen Schriftsteller war es jedenfalls genau der richtige Platz, weniger vielleicht für Verlage und Ehrengäste. Zeitweise waren bis zu hundert Leute da, u. a. Helen Wolff (Harcourt Brace Jovanovich), Arthur Wang (Hill & Wang), Frank Schwoerer (Herder & Herder), Mr. Rosenthal (Basic Books), Tom Wallace (Holt, Rinehart & Winston), Paula McGuire, André Schiffrin (Random House und Pantheon). Dann kamen extra aus Boston zu unserer Party der Verleger Brochs, dann Mr. Tovell, Beacon Press Boston (der Verleger von Habermas), Miss Kate Medina (Doubleday) und der Cheflektor Mr. McCormick; mit den beiden sprach ich über eine gemeinsame Lancierung von Gomas, »Ostinato«. Es waren Agenturen vertreten. Dann kamen Miss Bella Linden, unsere New Yorker Anwältin, die Frau von Prof. Lange, Prof. Tilkowsky (der mit Frau Lange eigens aus Princeton herübergekommen war), die Hesse-Filmleute, die »Stiller«-Filmleute, Frau Broch de Rothermann, Frau Sabina Lietzmann, amerikanische Autoren (Grace Paley, Frank Conroy, Bruce J. Friedman, Mr. Robinson), einige Kritiker, Mrs. Erika Munk (c/o New York, Public Theatre, 425 Lafayette Street; Mrs. Munk will eine

oder sogar zwei neue Zeitschriften herausgeben. Sie wird sich in dieser Sache an uns wenden. Sie ist besonders an Theaterstücken interessiert).

An sich war diese Party also gut besucht (obschon einige der Besucher im New Yorker Verkehr zur rush hour bis zu anderthalb Stunden steckenblieben). Ich glaube, Frisch war diese Party nicht unangenehm. Für uns war sie eine Gelegenheit, eine Reihe von Verlegern und Agenten sprechen zu können. Aber ich habe kein großes Verlangen nach einer Wiederholung.

II. Hermann Hesse

Die Wirkung von Hermann Hesse in Amerika ist immer noch unbeschreiblich groß. Im Brentano Bookstore war in der Taschenbuch-Abteilung Hesse mit sechs Regalreihen vertreten; das habe ich noch bei keinem, auch keinem amerikanischen Autor gesehen. Eben war erschienen »If the War goes on«, also die politischen Essays. Farrar, Straus hat 35 000 Exemplare gedruckt und hat gute Vorverkaufsziffern, Prof. Ziolkowski, ein Hesse-Spezialist der Universität Princeton, hat mir das anhaltende Interesse junger Studenten an Hesse bestätigt. Aber es gibt andererseits keinen Zweifel, daß die Hesse-Rezeption sicherlich ihren Höhepunkt jetzt erreicht hat. Das bestätigen vor allem die drei Hesse-Verleger, deren Verkaufsziffern nun doch allmählich zurückgehen. Diese bewegen sich immer noch in fast astronomischen Höhen, aber die Ziffern sind rückläufig. Doch ist Definitives noch nicht zu sagen, da jetzt die Bantam Books ihre Pocketbook-Titel angekündigt haben. Es mag sein, daß der Markt von hierher reagiert.

Farrar, Straus etabliert sich als der Hesse-Verlag in Amerika. Er bringt gegenwärtig vier Titel im Jahr heraus. Die Übersetzer leisten, wie er meint, gute Arbeit.

Gespräch mit den Hesse-Filmleuten, die samt und sonders anwesend waren und also nicht, wie angekündigt, nach Cannes gefahren sind. Aber auch hier gibt es nichts Neues zu berichten, es sei denn die definitive Absicht von Fishman/Herland, den Film zu realisieren, und die Meinung der New Yorker Experten, daß das Gespann Fishman/Herland den Film nie zustande bringen wird. Es war wie immer: Ungeheurer Optimismus, als hätte man den Film schon fertig, jedoch gab es keine konkreten Belege irgendeines Fortschrittes. Wir diskutierten das Memorandum, das die Stewart Capital Corporation herausgegeben hatte. In einer Art Investment will man das Geld zusammenbekommen. Wir wurden einem Vertreter der Stewart Capital Corporation vorgestellt, einem Mr. Stephen Heard. Er hat mir gesagt, daß einige Leute sich interessiert zeigten, andere wieder ihre Zusage zurückgenommen hätten. Hier wirkt sich natürlich die sehr starke Rezession in der Wirtschaft der USA aus. Ich konnte nicht umhin, Mr. Heard nach den Erfolgen zu fragen und auch zu erwähnen, daß Herland mir für meine Ankunft einen »Triumph« in diesen Finanzdingen angekündigt habe. Bis jetzt ist noch nichts zu sehen, aber Anfang Juni soll alles soweit sein. Nun, wir werden wohl bis zum 11. August warten müssen. In diesem Zusammenhang ist es wichtig, daß unser Agent Robert Lantz (der zu denen gehört, die darauf schwören, daß es nie gelingen wird, mit Fishman/Herland diesen Film zustande zu bringen) darauf aufmerksam macht, wir möchten doch acht Wochen vor dem 11. August den beiden Herren einen eingeschriebenen Brief schicken, wonach wir ihnen – für den Fall, daß am 11. August nicht gezahlt wird – schon ankündigen, daß die Rechte totaliter zurückfallen. Er meint, daß wir ganz sicher gerichtliche Schritte der Herren zu erwarten haben für den Fall, daß am 11. August bei Nichtzahlung der Gebühr von 65 000,– Dollar wir die Rechte an uns zurücknehmen.

Zum ersten Mal haben uns auch die amerikanischen Verleger darauf hingewiesen, daß es jetzt doch sehr wünschenswert sei, wenn für die Jahre 1972 und 1973 solche Filmmöglichkeiten sich abzeichneten. Das würde natürlich den Verkauf der Bücher weiterhin stützen. Ingmar Bergman ist ernsthaft interessiert an einem »Steppenwolf«-Film. Dann liegen auch Angebote vor für Verfilmungen von »Narziß und Goldmund« und »Morgenlandfahrt«. Man muß sich freilich jetzt entscheiden, ob man das machen möchte oder nicht. Jetzt ist es noch möglich, artistische Bedingungen zu stellen; wenn die Rezeptionswoge sich wieder nach unten neigt, wird es schwierig bis ausgeschlossen sein.

Noch einmal zu Fishman/Herland: Wir waren zweimal zusammen. Bei keiner Unterredung drängten uns Fishman/Herland, die Zugeständnisse, die wir ihnen außerhalb des Vertrages gemacht haben, schriftlich zu fixieren bzw. sie vertraglich zu fixieren. Das ist offenbar eine Taktik der Herren, denn bis heute haben sie ja noch keinen Vertrag mit irgendeinem Hauptdarsteller. Es ist sicherlich auch so, wie uns Experten bestätigen, daß unter dem Regisseur Fred Haines kein Schauspieler von Rang arbeiten wird. Haines machte auf mich übrigens einen sehr guten Eindruck. Er teilte uns auch mit, daß er noch einmal das Screenplay überarbeitet und verbessert habe. Er ist sicherlich der Verläßlichste von den dreien, aber insgesamt scheint mir die Angelegenheit einfach fraglich zu sein.

III. Bertolt Brecht

Gespräch bei Pantheon mit der verantwortlichen Brecht-Editorin Paula McGuire. Es ging hier um eine alte Sache, um die Frage, ob die Beteiligung der Übersetzer an den Nebenrechtserlösen ausschließlich zu Lasten des Suhrkamp Verlages bzw. der Brecht-Erben gehen sollte. Wir haben jetzt doch wahrscheinlich einen Kompromiß erzielt.

Paula McGuire teilte uns mit, daß noch in diesem Jahr ein zweiter Band erscheinen würde. Im Grunde sei alles satzreif, es fehle noch die Einleitung von John Willett. Für einen dritten Band lägen Manuskripte bereits vor. Ich schreibe noch an John Willett.

Anschließend mit Paula McGuire und André Schiffrin über die Brecht-Situation gesprochen.

Ich trug diese Brecht-Situation auch unserer Anwältin Bella Linden vor. Sie beurteilt die Lage doch ernst und sieht eventuelle Schwierigkeiten voraus. Sie gab mir den dringenden Rat, sofort in Verhandlungen mit der DDR-Regierung einzutreten. Anders verhielt sich der Anwalt von Stefan Brecht, Lester Levin. Auch er sieht Schwierigkeiten, aber er wollte sich nicht dezidiert äußern.

Ich wurde immer wieder von Henry Raymont auf die Brecht-Sache angesprochen. Schließlich zeigte er mir auch, was er schreiben wollte. Ich erschrak darüber. Er wollte unbedingt die westlichen Verleger Brechts imstande sehen, gerichtliche Schritte gegenüber der DDR-

Regierung unternehmen zu müssen. Ich habe ihm das deutlich ausgeredet. Aber immerhin ist seine Überschrift über dem Artikel »West Fights East on Brecht Works« in der Tendenz falsch. Raymont ist leider ein sehr ungenauer Journalist. Man muß sich bei ihm vorsehen. Der kleine Artikel erschien in der »New York Times« vom Freitag, 21. Mai. Er verursachte einiges Aufsehen, Presseagenturen, Journalisten und auch eine Fotoagentur riefen mich an. Alle wollten mich dringend sprechen. Ich gab aber keine weiteren Interviews. Am Flughafen erreichte mich noch der dpa-Vertreter am Telefon. Ich gab nur kurz Auskünfte. – Ich selbst werde mich jetzt sehr bald mit der DDR-Regierung in Verbindung setzen.

Besuch bei Mrs. Bella Linden. Sie hat ein Memorandum vorbereitet über den Stand unserer Angelegenheit Suhrkamp/Grove. Wir haben das besprochen. Es lag ein Vorschlag von Grove vor, uns 20 000 Dollar zu bezahlen, eine ziemlich lächerliche Summe. Wir arbeiteten einen sehr begründeten Gegenvorschlag aus. Er wurde im Laufe der Woche an die Grove-Anwälte überstellt. Wir haben jedoch nichts mehr davon gehört. Die Angelegenheit geht also leider auf gerichtlichem Wege weiter.

Bei unserer Suhrkamp-Party sprach mich Andrzej Wirth an, jener polnische Kritiker, der seit einiger Zeit nicht mehr nach Polen zurückkann und an der Columbia University über polnische Literatur lehrt. Er ist eines der Mitglieder der Leitung des jährlichen »Brecht-Jahrbuches«, das ein internationaler Kreis herausgibt. Universitäten haben jedoch die Förderungen eingestellt. Deshalb wird Atheneum das Buch nicht mehr bringen. Er fragte mich, ob der Suhrkamp Verlag interessiert sei. Ich bat ihn, die Herausgeber möchten sich schriftlich an mich wenden und mir die Kosten und auch die Abonnentenzahl mitteilen. Ich habe deutlich gemacht, daß wir keine editorialen Kosten aufbringen könnten.

IV. Djuna Barnes

Bei meinem diesmaligen New Yorker Besuch bin ich nicht weniger als viermal mit Djuna Barnes zusammengetroffen. Beim ersten Mal empfing sie mich gleich in der ersten Minute mit einer Frage, die auf ein Zitat von ihr in meinem »FAZ«-Artikel zielte. Sie glaubte, den Satz »I live here like a rat in a hell« nicht gesagt zu haben. Und schließlich sagte sie: »Selbst wenn ich ihn gesagt habe, so hätte das nicht in der Öffentlichkeit geschrieben werden dürfen.« Nachdem sie das sehr ernst vorgebracht hatte, wurde sie aber wieder freundlich. Sie bat dann um Auskunft über die Verträge Neske und Faber and Faber. Ich sagte ihr, daß wir in Übereinstimmung mit du Sautoy von Faber and Faber gehandelt haben. Sie konnte sich nicht beruhigen, daß Neske die Rechte verkauft und dafür Geld angenommen habe, ohne daß sie von ihm bzw. von du Sautoy informiert worden sei. Mein Schreiben in dieser Angelegenheit wollte sie nur zum Teil gelten lassen.

Sie fragte immer wieder, was wir nun vorhätten, und ich sagte ihr, daß daran gedacht sei, »Nightwood« jetzt, d. h. im Oktober, in der Bibliothek Suhrkamp zu bringen. Mit der Veröffentlichung von »Antiphon« wollen wir noch warten. Es muß erst geklärt werden, ob Aufführungen möglich sind. Ist eine Aufführung möglich, wird »Antiphon« zum Tage der Aufführung in der BS erscheinen. Sollten sich keine Aufführungsmöglichkeiten ergeben, so wird dann »Antiphon« zu einem Zeitpunkt innerhalb des Jahres 1972 in der BS gebracht. Sie nahm zur Kenntnis, daß wir Überlegungen im Hinblick auf die Übertragung von »Ryder« und »Ladies Almanack« anstellen. Sie bedauert, daß H. C. Artmann »Ladies Almanack« nicht übertragen möchte. Wir müssen uns um adäquate Übersetzer kümmern.

Sehr beglückt nahm sie die Manuskriptfassung der deutschen Übertragung »Antiphon« entgegen. Das Manuskript sei »beautifully written«. Sie bedauerte wieder, daß sie kein Deutsch lesen könnte. Ich erzählte ihr, welche Aufwendungen wir gemacht hätten: die Finanzierung der Übersetzung, die Honorierung von Klaus Reichert, die Unkosten für seinen Flug und Aufenthalt in Rom. Sie bedauerte diese Unkosten und betonte immer wieder, ihr käme es nicht darauf an, um jeden Preis publiziert zu werden, sondern nur um den Preis einer adäquaten Übertragung. Ich sprach dann jene sieben Stellen mit ihr durch, um deren Klärung Reichert mich gebeten hatte. Wir diskutierten jede Stelle sehr ausführlich, und sie kommentierte das immer wieder mit dem Hinweis, daß sie seit 20 Jahren »Antiphon« nicht mehr gelesen hätte. Über einen Teil der Fragen war sie vollkommen verwundert, manchmal ratlos. Ich weiß nicht, ob sie nicht angesichts einiger Fragen den Eindruck hatte, daß wir ihrem Text nicht ganz gerecht werden können. Ich werde Klaus Reichert die Einzelheiten übermitteln. Wir haben etwa zwei Stunden über diese Dinge diskutiert. Sie war gerade bei diesen Fragen sehr ungeduldig, gereizt, nervös. Da ich das Original nicht bei mir hatte und die entsprechenden Stellen in der Übersetzung nicht angestrichen waren, konnte ich erst beim Besuch die Koordination vornehmen. Das dauerte einige Zeit. Währenddessen bat ich sie, sich doch zurückzuziehen und ein Buch zu lesen, weil sie mich immer wieder mit Gegenfragen bedrängte und ich mich kaum auf den Text konzentrieren konnte. Aber letztlich war sie doch erfreut, und sie sah den Einsatz, den wir »Antiphon« widmeten.

Der zweite Besuch war dann mehr allgemeiner Natur. Sie erzählte mir von dem »Wunder«, das sich in ihrem Leben ereignet habe. Plötzlich sei eines Tages nach meinem ersten Besuch ein Boy aus der Nachbarschaft bei ihr aufgetaucht und habe sich bereit erklärt, ihr zu helfen. Er käme nun ein- oder zweimal in der Woche, und er hat es fertiggebracht, mit seinen Händen und Füßen den Boden zu schrubben. Er hat ganz offensichtlich auch die Wände der Einzimmerwohnung neu getüncht. Die Wohnung sah wirklich viel, viel freundlicher aus als bei meinem ersten Besuch. Freilich sind bei diesen Reinigungs- und Schönheitsoperationen ihre Bücher etwas durcheinandergeraten, und sie findet jetzt viel schwieriger die Titel, die sie sucht. Den Briefwechsel mit den prominenten Leuten, der bei meinem ersten Besuch gestapelt auf dem Fußboden lag, hat sie weggebracht. Er liegt nun angeblich verpackt in irgendeinem Lagerhaus in der Nähe. Ich habe da meine großen Befürchtungen. Sie ist sich im unklaren darüber, was sie tun soll, und fragte mich mehrfach um Rat. Der Rat ist schwierig. Im Grunde genommen gibt es nur eine Möglichkeit: das ganze Material und alle Dokumente an eine Universität zu geben, und diese Universität muß ihr dann eine kleine Rente bezahlen. Ich telefonierte deswegen abermals mit Prof. Lange, der nicht nach New York kommen konnte, den ich aber am 8. Juni hier in

Frankfurt treffe. Er hat mir abermals versprochen, sich um die Angelegenheit zu kümmern. Er war übrigens auch einmal bei Djuna Barnes.

Sonst kreiste das Gespräch fast ausschließlich um ihre Arbeiten. Von ihrem dezidiert schlechten Urteil über die amerikanischen Verleger wich sie nicht ab. Ich selber bin der Meinung, daß es möglich sein müßte, in Amerika für »Nightwood« eine ganz neue Wirkung zu erzielen. Nicht umsonst steht Sylvia Plath' »The Bell Jar« auf der Bestsellerliste auf dem 6. Platz. Für diese Art Literatur gibt es jetzt ein neues Publikum. Sie fragte mich immer wieder, wieso ich dies meinte, und meine Erklärungen, daß »Nightwood« eine geschlossene Welt mit einer eigenen poetischen Struktur sei, nahm sie sehr beifällig, aber immer wieder mit Gegenfragen auf. Diese Frau ist an nichts anderem interessiert als an ihren Arbeiten. Sie sagte mir, daß sie nun 30 Jahre lang in diesem Zimmer lebte, praktisch allein mit Ausnahme des »Boys«, von dem sie immer wieder wie von einem Wunder sprach. Sie würde nie ausgehen. Zweimal hätte sie diese Regel durchbrochen: einmal, um Ezra Pound, als er nach Amerika zurückkam, zu sprechen, und das zweite Mal, um mich in dem Fifth-Avenue-Hotel zu sprechen. Sie habe sich damals mit äußersten Schmerzen hingeschleppt.

Sie sprach auch von ihrer Krankheit, Arthritis und einem sehr heftigen Asthma, verbunden mit einer Lungengeschichte. Sie sagte mir, daß sie nie mehr in ein Krankenhaus gehen würde. Dort seien die Leute ihres Schlages zum Sterben verurteilt. Kein Arzt würde sich mehr richtig um sie kümmern, das sei ja auch ganz verständlich. Warum sollte man auch weiterleben. Sie wird am 12. Juni 79 Jahre alt. Sie hat einen zähen Lebenswillen, doch weiß sie, daß die Krankheit immer wiederkommen kann, und sie ist nicht sicher, ob sie sie noch einmal überstehen wird.

Ich hatte Henry Raymont von der »New York Times« bei ihr eingeführt. Ihm hatte ich gesagt, daß es doch unglaublich sei, daß eine bedeutende Dichterin so unerkannt in New York lebe. Henry Raymont hatte mit ihr ein ausführliches Interview, das er auf Band aufgenommen hat. Djuna Barnes war im nachhinein über ihre Äußerungen eher erschrocken. Raymont versprach, ihr den Artikel vor der Veröffentlichung vorzulegen.

Ich besuchte sie noch einmal mit einem Fotografen der »New York Times«. Das war mit ihr ausgemacht. Sie war deswegen auch schon morgens um 10 Uhr aufgestanden. Mit energischen Worten hielt sie mir vor, daß ich mit dem Fotografen 40 Minuten zu spät gekommen sei. Ich mußte ihr erklären, daß dies nicht meine Schuld war. Aber sie ist eben eine Dichterin und haßt das Ungefähre. Dann begann der Fotograf mit den Aufnahmen. Und schließlich stellte sich heraus, daß sein elektronisches Blitzlichtgerät nicht arbeitete. So mußte er die Aufnahmen mit dem normalen Zimmerlicht machen. Ich hoffe aber, daß sie trotzdem etwas geworden sind. Ein Foto erhielt ich kurz vor meiner Abreise. Es ist wirklich sehr schön, und ich habe um die anderen Aufnahmen gebeten.

Da ich meinen Mantel liegenließ, bin ich noch ein viertes Mal zu Djuna Barnes gegangen. Selbstverständlich nicht, ohne mich vorher telefonisch anzumelden. Sie sagte mir, daß sie sich nicht mehr anziehen könnte. Als ich dann kam, bat sie mich doch noch ins Zimmer herein. Sie hatte einen blauen Schlafmantel an und darunter ein himmelblaues Kleid mit blauen Schuhen. Alles sah sehr alt, aber sehr elegant aus. Sie erzählte mir von ihrer gegenwärtigen Arbeit. Sie würde nichts anderes als Gedichte schreiben. In der laufenden Nummer des »New Yorker« war ein Gedicht veröffentlicht. Sie gab mir diese Nummer mit einer handschriftlichen Widmung, leider ist sie in meinem New Yorker Hotelzimmer untergegangen. Das Gedicht ist rätselhaft und schwer verstehbar. Sie wollte alles versuchen, ein Manuskript mit etwa 24 Gedichten zusammenzustellen. Ich sagte ihr, daß ich das für Ingeborg Bachmann brauchte, die ihrerseits versuchen würde, einen Lyrikpreis für sie zu erreichen.

V. Siegfried Kracauer

Siegfried Kracauer starb 1966, seine Frau im März dieses Jahres. Kurz vor ihrem Tod hatten wir die Kracauer-Werkausgabe verabredet, die wir ja in unserem gedruckten Programm für das 1. Halbjahr 71 angekündigt haben. Frau Kracauer hat ein Testament hinterlassen, das drei Punkte enthält:

1. Manuskripte, Bücher und alles schriftstellerische Material sollten einer wissenschaftlichen, also steuerfreien (d. h. »nichtgeschäftlichen«) Institution übereignet werden, vorzugsweise der Brandeis University.
2. Sämtliche Einkünfte aus den Honoraren und dem Verkauf ihrer persönlichen Dinge sollten einer Wohltätigkeitsinstitution zugeführt werden, vorzugsweise dem American Council for Émigrés in the Professions, Inc., wo ein »Dr. Siegfried Kracauer Fund« geschaffen werden sollte.
3. Testamentsvollstrecker ist ein New Yorker Anwalt, Mr. Henry S. Conston.

Mr. Conston hatte mir geschrieben, und ich war zum Besuch bei ihm angemeldet. Er arbeitet in einem Rechtsanwaltsbüro Fifth Avenue, Ecke 44. Straße, also ganz in der Nähe meines Hotels. Ich war ganz überrascht, hier Anwälte zu treffen, die fließend Deutsch sprachen. Bei Mr. Otto L. Walter handelt es sich um einen Emigranten und bei Mr. Conston um einen Rechtsanwalt, der in Dresden geboren ist und erst nach dem Kriege nach Amerika kam. Die Anwälte vertreten in New York Gruner + Jahr sowie Bertelsmann.

Mr. Conston erläuterte mir die rechtliche Situation. Er sei nicht an eine Übergabe sämtlichen Materials an die Brandeis University gebunden. Ich machte ihm einen Gegenvorschlag: das gesamte Kracauer-Material entweder an die Deutsche Bibliothek nach Frankfurt, Abteilung Exilliteratur, oder dem deutschen Schiller-Museum in Marbach zu übergeben. Da die betreffenden Institute für die Übernahme des Materials nichts bezahlen müssen, schlug ich Mr. Conston vor, diese Institute zu verpflichten, für Herrn Karsten Witte ein zweijähriges Arbeitsstipendium zu vermitteln. Mr. Conston leuchtete dies sehr ein, und ich werde jetzt diesen Versuch machen.

Er fragte mich, ob es möglich sei, daß ich mit einem Anwalt seines Büros, der das in seinem Auftrag bearbeite, in die Wohnung von Kracauer gehen könnte, um anzugeben, welche Manuskripte nach Deutschland geschickt werden sollten. Ich sagte zu. Am Freitag morgen ging ich mit einem jüngeren Anwalt in die Westend Avenue 498. Zweimal war ich dort bei Kracauers zu Gast. Der Anwalt schloß die Wohnung auf und war sofort beunruhigt. Irgend jemand hatte die Wohnung betreten. Er schaute nach, und es fehlten der Tisch, die Couch, Lampen, die Schreibmaschine, Schuhe und andere Dinge, die er nicht definieren wollte. Irgend jemand war also hier eingebrochen. Freilich, die Manuskripte, Tagebücher und die Bibliothek selbst schienen unberührt.

Die Wohnung fand ich in einem sehr merkwürdigen Zustand. Der Anwalt erklärte mir das. Frau Kracauer hat in der Wohnung, im Arbeitszimmer und im Schlafzimmer, alles so belassen, wie es in jenem Moment war, als 1966 Siegfried Kracauer starb. Seine Jacke hing noch über dem Sessel am Schreibtisch. Der Schreibtisch war unberührt. Alle Utensilien lagen genau so da, wie sie Siegfried Kracauer noch benützt hatte. Die letzte Korrespondenz, die letzte Zeitung, die letzten Manuskriptteile, der letzte Tagebucheintrag. Im Schlafzimmer hatte Frau Kracauer selbst die Schuhe stehenlassen an jenem Ort, wo sie Kracauer zum letzten Mal abgestellt hatte. Frau Kracauer wollte alles so belassen, »damit Siegfried Kracauer in jeder Sekunde wiederkommen könnte«.

Diese Wohnung zu betreten war eine sehr merkwürdige Sache, denn auch der Anwalt hatte nach dem Tode von Frau Kracauer verständlicherweise nichts getan, um die Ordnung bzw. Unordnung zu ändern.

Was nun den Nachlaß selbst betrifft, so ist er vorbildlich geordnet. Kracauer selber hat Tagebücher geführt, in denen er nicht nur seinen täglichen Ablauf schilderte, sondern auch genau registrierte, wo Aufsätze von ihm erschienen sind. Aber nicht nur das; er hat auch genau registriert, wo Aufsätze über ihn veröffentlicht sind oder wo Erwähnungen in Büchern stattfanden. Die gesamte Korrespondenz ist lückenlos gesammelt. Ebenfalls lückenlos gesammelt sind Varianten und Vorstufen zu den einzelnen Büchern. Bei ihm liegen in einem Paket verschnürt die Aufsätze in der »Frankfurter Zeitung«. Man darf annehmen, daß sie ebenfalls lückenlos sind. Ich habe mit dem jungen Anwalt genau besprochen, welche Manuskripte für uns hier relevant sind. Es sollen also an uns gehen sämtliche Manuskripte, ich nehme an, alles in allem etwa zwei Kubikmeter. Was mit der be-

deutenden Bibliothek geschehen soll, die vorwiegend philosophische, soziologische, historische und filmtheoretische Werke enthält, ist noch ungewiß. Falls Institute hier interessiert sind, wäre eine Übernahme sicherlich möglich. Nach allem zu urteilen, ist Kracauer von seinem Tode überrascht worden. Aber er hat sein Haus und sein Vermächtnis wohl bestellt.
Ich habe für unsere Unterlagen das Testament mitgebracht. Ich werde mich jetzt mit der Deutschen Bibliothek, dem Schiller-Museum und Karsten Witte in Verbindung setzen.
VI. Deutsche Autoren
Überraschenderweise trafen Peter Handke, seine Frau und Dr. Kolleritsch in New York ein. Handke hatte eine dreiwöchige Lesereise in den Vereinigten Staaten hinter sich und war von West nach Ost und vom Norden in den Süden gereist. Die Reise war strapaziös, doch hatte Handke überall einen großen Erfolg. Dr. Kolleritsch führte ihn bei den Lesungen ein. Die Reise war organisiert vom Österreichischen Kulturinstitut. Ganz offensichtlich fehlte es bei manchen Stellen an den richtigen Ankündigungen, denn zweimal ist Handke an Stellen eingetroffen, die von ihm und seinen Arbeiten keine Ahnung hatten.
Wir hatten eine sehr angenehme Unterhaltung mit Handke. Es war zu klären das Problem der »Tormann«-Übertragung von Michael Roloff. Er berichtete von der »Kaspar«-Aufführung, die ihm nur mäßig gefallen hat. Er hatte noch eine Lesung in Baltimore am nächsten Tage vor, dann wollte er nach Österreich zurück, um mit seinem neuen Roman zu beginnen. Dr. Kolleritsch war ein sehr angenehmer Mann. Es war auch Handkes Vorschlag, daß Dr. Kolleritsch uns auf dem Gebiet der österreichischen Literatur beraten sollte. Das müssen wir in der nächsten Zeit aufnehmen. Ich glaube, daß uns Dr. Kolleritsch einiges Interessante vorschlagen kann.
Besuch bei Broch de Rothermann: Der Besuch diente hauptsächlich dazu, Herrn Broch de Rothermann zu erklären, daß es im Augenblick nicht möglich sein kann, eine neue Broch-Ausgabe zu veranstalten. Aber wir werden auf die Dauer natürlich auch mit ihm in Schwierigkeiten kommen, denn er weiß, daß einige Bände der Broch-Gesamtausgabe vergriffen sind, und verständlicherweise drängt er auf Ver-

vollständigung. Er ist im übrigen damit einverstanden, daß Prof. Durzak an dem Plan einer historisch-kritischen Ausgabe arbeitet. Ich glaube, man sollte jetzt Durzak ermächtigen, bei der Fachkommission der Forschungsgemeinschaft einen solchen Plan vorzulegen. Ich werde Prof. Durzak in diesem Sinne schreiben. Broch de Rothermann gab mir ein im Nachlaß von Erich Kahler gefundenes Manuskript von Broch »Erkenntnistheoretische Kriterien geistiger Erkrankungen«. Es handelt sich hier um eine Vorstufe zur »Massenpsychologie«.

Wolfgang Hildesheimer: Es ist kaum daran zu denken, die Prosaarbeiten von Wolfgang Hildesheimer bei einem amerikanischen Verlag durchzusetzen. Fräulein Ritzerfeld diskutierte ausführlich den Aufführungsvertrag.

Günter Eich: James Laughlin von New Directions hat sich noch nicht entschieden, ob er die »Maulwürfe« übernehmen möchte.

Uwe Johnson: Helen Wolff ist in Erwartung der Übertragung des ersten Bandes der »Jahrestage«. Aber sie möchte natürlich auch sehr gerne bald den zweiten Band kennenlernen. Ich habe den Eindruck, daß sie Optimales mit dem Werk Johnsons versuchen wird. (Ich konnte beobachten, daß bei jüngeren Schriftstellern [Conroy, Friedman] die Arbeiten von Johnson bekannt sind).

Martin Walser: Trotz Bemühungen ist es nicht gelungen, Erzählungen oder die Stücke bei amerikanischen Verlagen durchzusetzen. Auf die Dauer wird das auch nur gehen, wenn einmal eine amerikanische Aufführung von Erfolg gekrönt ist.

Ingeborg Bachmann: »Malina«. Helen Wolff hat das Buch abgelehnt. Es liegt jetzt zur Prüfung bei Knopf.

Jürgen Habermas: Hier ist größtes Interesse vorhanden. Habermas hat sich in den letzten zwei Jahren in amerikanischen Universitäts- und Studentenkreisen einen Namen geschaffen. Er wird dort nicht kritiklos aufgenommen, aber seine Thesen werden diskutiert.

Hans Magnus Enzensberger: Immer wieder wird nach ihm gefragt. Seine neuen Gedichte werden sicherlich sofort übertragen werden. Ich wurde immer wieder auf »Kursbuch« angesprochen, ob es »Kursbuch« noch gäbe.

Alexander Mitscherlich: Merkwürdigerweise ist Mitscherlich in Amerika kein Erfolg.
Dagegen hat sich nun Walter Benjamin durchgesetzt. Es kann erwartet werden, daß gerade von ihm in den nächsten Jahren nahezu alles übersetzt werden wird.
VII. Ausländische Autoren
a) Amerikanische Autoren
Gespräche mit Barthelme, Grace Paley, Frank Conroy, Bruce Jay Friedman.
Barthelme arbeitet an einem Roman. Aber er hat Schwierigkeiten mit der großen Form. Überhaupt ist seine materielle Lage im Augenblick alles andere als rosig. Er muß für den »New Yorker« schreiben, um Geld für sein »living« zu haben.
Grace Paley unterrichtet an einer New Yorker Schule »How to write«. Sie lebt mit einer jüngeren Freundin zusammen, die ich ebenfalls kennenlernte.
Frank Conroy und Bruce Jay Friedman machten mir beide einen vorzüglichen Eindruck. Ich habe auf dem Rückflug Friedmans »Stern« gelesen. Es ist ein beachtliches Buch. Aber ich glaube, wir sollten doch noch auf neuere Arbeiten warten.
Telefonat mit Victor Lange: Er möchte dringlich die amerikanische edition suhrkamp weiterführen. Darüber werden wir dann am 8. Juni sprechen.
b) Sonstige ausländische Autoren
Gespräch mit New Directions über Lorca. Wir haben jetzt die Adresse eines Erben von Lorca erhalten, eines Rechtsanwalts in Frankfurt. Mit ihm werden wir uns in Verbindung setzen: M. Fernández Montesinos.
Zusammentreffen mit unserem Autor Alonso Alegría. Er gab uns eine Übersicht über die Situation in Lateinamerika, speziell in Peru. Er ist dem Verlag sehr gewogen, und wir werden sicherlich jede Information von ihm erhalten.
VIII. Unsere Vertretung in den USA
Ich habe in meinem letzten Reisebericht aus New York ausführlich dargelegt, wie wir zur Agentur Lantz-Donadio kamen. Robert Lantz

hat Michael Roloff speziell für die Vertretung des Suhrkamp Verlages engagiert. Insgesamt hat sich diese Einrichtung bewährt. Michael Roloff hat viel energischer und aktiver gearbeitet als jemals Joan Daves. Aber es machen sich jetzt doch auch die Schattenseiten bemerkbar. Die Firma Lantz-Donadio ist ja an einen größeren Konzern verkauft worden, und ganz offensichtlich verlangt man auch von diesem Unternehmen profitable Abschlüsse. Solche Abschlüsse hat die Suhrkamp-Vertretung bislang noch nicht gebracht. Es war doch sehr viel »piecemeal«. Es kann sein, daß Roloff leicht in einen Druck geraten ist. Andererseits ist mir auch die Person Roloff etwas fragwürdig geworden. Er hat eine Einseitigkeit, die unserer Vertretung und auch unseren Zwecken – sowohl im Verkauf als auch im Einkauf von Titeln – nicht dienlich sein kann. Er hat sich in der Angelegenheit der Handke-Übertragung übel benommen und eine Haltung angenommen, als sei er gewissermaßen Handke. In New York ist bekannt, daß ihn Literatur nur im Hinblick auf Peter Handke interessiert. All diese Dinge sind natürlich für eine Vertretung eines Verlages mit einem breiten Programm nicht sehr günstig.

Ich hatte auch ein sehr ernstes Gespräch mit ihm wegen eines Vertragsvorganges. Er hatte, nachdem ich einen Vertrag unterzeichnet hatte, Änderungen hineinfotokopiert. Ich mußte ihm sagen, daß ein solcher Vorgang, sollte er sich noch einmal ereignen, für mich ein Grund zu sofortiger Kündigung wäre. Anlaß für eine Mißstimmung war ja auch die Tatsache, daß wir einen Suhrkamp-Empfang beabsichtigten, Michael Roloff daraus jedoch einen Empfang Lantz-Donadio machte. Wir sollten den Empfang zwar bezahlen, aber er lief unter der Firma Lantz-Donadio. Ich habe diese Frage auch Herrn Lantz selber vorgetragen. Michael Roloff mußte sich dafür entschuldigen. Das alles ist wenig erfreulich, ebenso wie die Tatsache, daß sich Roloff bei wichtigen Verhandlungen nicht entscheidend genug auf unsere Seite geschlagen hat. Ich mußte also zu meinem großen Bedauern zur Kenntnis nehmen, daß die Lösung Lantz-Donadio und Roloff wahrscheinlich nicht auf Dauer angelegt ist.

IX. Deutsche Buchhandlungen

Ich konnte nur einen kurzen Besuch bei Adler machen. Mr. Thewman berichtete mir von seinen Schwierigkeiten mit unserer Buchhaltung. Freilich sah er ein, daß er sie verschuldet habe. Offensichtlich hat sein Vorgänger Fehler gemacht. Er hätte einen detaillierten Brief an die Buchhaltung geschrieben. Ich sollte mich darum kümmern, er möchte die Angelegenheit bereinigen. Seine Geschäfte gehen nicht schlecht. Aber er sieht auf die Dauer Schwierigkeiten. Die Regierung hat das Erziehungsbudget entscheidend gekürzt, und das wirkt sich in Kündigung von Abonnements aus. Andererseits glaubt er, daß Lingenbrink und andere deutsche Firmen davon mehr betroffen seien, denn er hätte in den letzten Tagen mehr Einzelbestellungen erhalten. Ich habe den Eindruck, daß die Firma Adler nicht gefährdet ist. Wir müssen natürlich zusehen, daß unser Saldo dieser Firma gegenüber nicht allzu hoch wird.

Bei Rizzoli, Fifth Avenue, haben sich die Verhältnisse nicht geändert. Frau Merseburger wird stellvertretender Manager werden. Sie will jetzt die Bücher direkt bei Suhrkamp einkaufen. Sie erklärte mir, daß der Suhrkamp Verlag für sie der erste und wichtigste Verlag in Deutschland und wahrscheinlich auch in Europa geworden ist.

X. Amerikanische Verlage

a) Besuchte Verlage

b) Allgemeines über *American Publishing*

a) Besuchte Verlage

Harcourt Brace Jovanovich: Helen Wolff. Gespräche über Max Frisch, Uwe Johnson, Ingeborg Bachmann; die »amerikanische« edition suhrkamp; gemeinsame »Auslandsüberlegungen«, z. B. Informationsaustausch über akzeptierte Bücher aus Lateinamerika, Afrika und Asien.

Besuch bei den Verlagen New Directions, Pantheon, Farrar, Straus und Atheneum. Einzelheiten hierzu siehe Bericht Helene Ritzerfeld.

Bei Farrar, Straus ging es im wesentlichen um die Situation Hesse und Handke. Bei Handke hatte uns Michael Roloff in eine üble Situation hineingeritten. Er hatte die Leute bei Farrar, Straus für unfähig erklärt, die Übersetzung und überhaupt die Arbeiten von

Handke beurteilen zu können. Daraufhin hatte Farrar, Straus kurzerhand die Verträge lösen wollen, aber da konnte ich nicht zustimmen. Michael Roloff hat sich nun bereit erklärt, seine Übertragung redigieren zu lassen. In einem abendlichen Gespräch mit Donald Barthelme hatte mir dieser auch versichert, daß Handkes Übertragung »lousy« sei. Ich hoffe, daß wir diese Angelegenheit bereinigt haben und daß Handke bei Farrar, Straus bleiben kann.
Zur Hesse-Situation: Die Verkäufe sind etwas zurückgegangen, aber Roger Straus ist nicht ohne Optimismus. Er will in den nächsten Monaten noch einmal ein Taschenbuch-Projekt Hesse bei Bantam lancieren.
Bei New Directions ging es vorwiegend um die Situation Lorca. Was ich gedacht habe, trifft zu, New Directions hat eine auch für uns sehr vorteilhafte Vereinbarung mit Bantam Books getroffen, in einer Co-Produktion New Directions und Bantam wird die Pocket-Book-Ausgabe von »Siddhartha« erfolgen. Für uns ist der große Vorteil, daß die vereinbarte sehr hohe Lizenzsumme dann nicht geteilt wird, sondern uns ganz zufließt.
André Schiffrin von Pantheon/Random House bestätigte uns, daß er uns die Freiheit gibt, seine gekürzte Myrdal-Ausgabe zu bringen, wenn Myrdal selbst uns seine Zustimmung gibt.
Schiffrin ist interessiert an unseren soziologisch-wissenschaftlichen Arbeiten und will auch mit uns im Hinblick auf eine Edition enge Verbindung pflegen.
Atheneum: Michael Bessie und Cornelia Schaeffer. Wir waren einen Abend zusammen, an dem Michael Bessie es kunstvoll verstand, von seiner eigenen Situation abzulenken. Der Verkauf von Atheneum an einen großen Konzern ist gescheitert, doch dieser Konzern hat zehn Prozent der Anteile in Form einer Sperrminorität. Außerdem sind für die restlichen 90 % ein Kaufpreis vereinbart, der nur gilt, wenn Umsätze und Gewinne bei Atheneum steigen; fallen sie, so fällt Atheneum dem Konzern praktisch bargeldlos zu.
b) Allgemeines über American Publishing
Damit bin ich in gewisser Weise bei der allgemeinen Situation des »American Publishing«. Die Situation ist natürlich geprägt von der

spürbar deutlichen, ja immer schwieriger werdenden ökonomischen Rezession in den Vereinigten Staaten. Die Zahl der Arbeitslosen wird immer größer, und dementsprechend wächst die Zahl der Wohlfahrtsempfänger. Die Verlage sind von dieser Rezession betroffen, auch deshalb, weil die Regierung Nixon eine Sperrung der Gelder für »Education« verfügt hat. Das macht sich in jeder Weise bemerkbar. Die großen textbook-Verlage mußten empfindliche Einnahmeverluste hinnehmen. Subsidien für Zeitschriften und Forschungsprojekte wurden abrupt zurückgezogen. Große Universitätsverlage wurden von heute auf morgen geschlossen. All dies blieb nicht ohne Wirkung auf die amerikanischen Verlage, die samt und sonders in gewisser Weise in Schwierigkeiten geraten sind. Dabei stehen zwei Verlage im Vordergrund: die Grove Press (sie mußte die Hälfte ihrer Leute entlassen; das jüngste Gerücht ist nicht ein Verkauf des Verlages an »Playboy«, sondern an Random House) und Harper & Row, bei dem ebenfalls große Schwierigkeiten vorhanden sind; auch hier zahlreiche Entlassungen.

Interessant für die Situation des amerikanischen Verlagswesens ist der »Annual Report 1970«, den Jovanovich abgab. Auch hier zeigte sich, daß ein Verlag wie Harcourt, Brace & World von den Kürzungen der Erziehungsbudgets nicht unbeeinträchtigt blieb. Das 1970er Ergebnis von Harcourt entspricht nicht dem des Jahres 1969, und so sieht es eigentlich rundum bei den amerikanischen Verlagen aus. Im Grunde genommen haben sie die gleichen Probleme wie bei uns: steigende Herstellungskosten, steigende Personalkosten, und diese Kosten lassen sich nicht mehr abfangen, eine Erhöhung der Bücherpreise steht auch in Amerika bevor, doch dies bedeutet ein ernstliches Problem. Hinzu kommt, wie gesagt, eine starke Zurückhaltung der öffentlichen Hand und der Bibliotheken. All dies beeinträchtigt naturgemäß den Einkauf von Titeln europäischer Autoren. Das Geschäft wird immer härter werden. Verlage wie Farrar, Straus, die noch unabhängig sind, gehen den Weg, ihre Produktion zu reduzieren und doch den Versuch zu machen, den Umsatz zu halten. Verlage wie Harcourt kaufen ausländische Firmen auf, um eine Umsatzsteigerung wenigstens ausweisen zu können und durch den gestiegenen

Umsatz einen Teil ihrer Kosten zu decken. Beide Wege sind nicht ungefährlich.
Ich wurde von den Verlagen immer wieder gefragt, wie es möglich sei, eine solche anspruchsvolle Liste, wie sie der Suhrkamp Verlag habe, auch ökonomisch durchzusetzen. Die vielen Fragen, die ich gerade in dieser Richtung erhielt, konnten fast dazu angetan sein, Zweifel in mir aufkommen zu lassen, ob uns unser Weg auf die Dauer möglich ist. Doch ich glaube, daß wir gar keine andere Wahl haben.

XI. Bücher

Es ist keine Frage, daß folgende vier amerikanischen Bücher im Augenblick an erster Stelle der Diskussion stehen:
Germaine Greer, »The Female Eunuch« (McGraw-Hill)
Norman Mailer, »The Prisoner of Sex« (Little Brown)
Walker Percy, »Love in the Ruins« (Farrar, Straus)
Mary McCarthy, »Birds of America« (Harcourt)
Die Bücher von Mailer und McCarthy sind von der amerikanischen Kritik geradezu zerfetzt worden. Da blieb wenig Positives übrig. Gelobt wurde Germaine Greer für »Female Eunuch«. Soweit ich gehört habe, sind die deutschen Rechte an Rowohlt vergeben. Walker Percy »Love in the Ruins« käme für uns in Frage, ich habe etwa die Hälfte gelesen, das wäre ein Buch, das für Suhrkamp zu machen und auch zu verkaufen wäre. Ich habe an Paul Fritz geschrieben.
Von New Directions erhielt ich Ferlinghettis neues Buch oder besser Büchlein: »The Mexican Night« – ein poetischer Reisebericht, das könnte für eine der Reihen in Frage kommen.
Max Frisch machte mich bekannt mit Patricia Blake. Ich unterhielt mich eine Stunde lang mit ihr; sie ist im »Time Magazine« Spezialistin für russische und überhaupt osteuropäische Literatur und schreibt auch Leitartikel auf diesem Gebiet. Frisch und Jovanovich schätzen sie außerordentlich. Sie berichtete mir mit allen Zeichen eines großen Geheimnisses von ihrer Solschenizyn-Biographie, die aufregendes Material enthielte. Ihre Agentin ist Candida Donadio, und ich erhielt auch die ersten 26 Seiten des Manuskriptes. Danach konnte für mich schon feststehen, daß man dieses Buch übersetzen und verkaufen kann. In den Tagen meines New Yorker Aufenthaltes

hat Helen Wolff das Buch für Harcourt erworben. Sie bezahlte 20 000,– Dollar dafür. Ich habe Candida Donadio erklärt, eventuell 3000,– bis 4000,– Dollar zahlen zu können, jedoch nur unter der Bedingung, daß eine endgültige Annahme nach Kenntnis des Manuskriptes erfolge und daß dieses Manuskript nicht mehr als 500 Buchseiten umfassen sollte. Die Autorin berichtete mir von etwa 700 Seiten. Patricia Blake wird jetzt eine Europa-Reise machen, unter anderen Böll besuchen und Leute aufsuchen, die einen persönlichen Kontakt zu Solschenizyn hatten. Das Manuskript können wir bis Mitte nächsten Jahres erwarten. Ich kann mir eine Ausgabe in der Insel sehr gut vorstellen.

Eine große Überraschung war für mich, Sylvia Plath' »The Bell Jar« auf dem sechsten Platz der Bestseller-Liste von »Time Magazine« zu finden. Das Buch ist jetzt erst in Amerika erschienen. Die Erstausgabe erfolgte 1963 bei Heinemann in London unter dem Pseudonym »Victoria Lucas«, vielleicht war unsere Ausgabe in der BS die erste Veröffentlichung unter dem Namen Sylvia Plath. Jetzt ist die amerikanische Ausgabe erschienen. Sie bekam phantastische Rezensionen, die Ausgabe bei Harper & Row beinhaltet eine biographische Anmerkung von Lois Ames und Zeichnungen von Sylvia Plath. Ich habe die Ausgabe mitgebracht; im nächsten BS-Prospekt wollen wir auf die »Glasglocke« hinweisen. Marianne Frisch machte uns auf folgendes Buch aufmerksam: John Womack, »Zapata and the Mexican Revolution«, erschienen bei Thames and Hudson in London.

Eine der erfreulichsten Begegnungen war die mit Herrn Rosenthal und seinen Mitarbeitern von Basic Books. Der Verlag Basic Books wird für uns auf die Dauer sehr wichtig werden. Man machte uns aufmerksam auf ein Buch, das wir schon einmal abgelehnt haben: Yalom, »The Theory and Practise of Psychotherapy«. Frau Wolff machte uns auf einen »schwarzen« Autor aufmerksam: Yambo Ouologuem. Dieser 1940 in Mali geborene Autor habe einen neuen Roman geschrieben. Sein erstes Buch, »Le devoir de violence«, bei du Seuil und Piper erschienen, habe hier großes Aufsehen erregt. Piper wolle jedoch den Autor nicht weiter führen. Hinweis auf zwei Stücke: Robert Montgomery, »Subject to fits« – eine Adaption von Dostojewskis »Idiot«, der Produzent ist Joseph Papp. Ich habe Roloff gebeten, nach den deutschen Rechten zu forschen. Das zweite Stück: John Guare, »The House of Blue Leaves«. Rechte bei Samuel French. Bei beiden Stükken wollen wir nachhaken.

XII. Sonstiges

Als Übersetzerin von Djuna Barnes meldete sich bei Djuna Barnes Fräulein Cristina Campo, Rom, Piazza San Anselmo 3, Aventino. Das ist eventuell Ingeborg Bachmann mitzuteilen, wenn wir die Gedichtmanuskripte von Djuna Barnes bekommen.

Norman Mailer diskutierte mit Frauen der Women Liberation. Er machte seine Sache glänzend. Wir sollten daran denken, eine Auswahl seiner politischen Aufsätze in der BS zu veröffentlichen. Michael Roloff will hier einen Vorschlag machen.

Angeblich hat Michael Roloff jenen Band fertig, den ich ihm vor einem Jahr vorschlug, eine Art Jahrbuch über Amerika. Ich habe ihn gebeten, mir den Plan schriftlich zu unterbreiten. Das käme für die suhrkamp taschenbücher in Betracht.

Ich wurde hingewiesen auf den französischen Verlag Anthropos, 15, rue Racine, Paris VIe. Der verantwortliche Verlagsmann: Serge Jonas. Der Verlag verfüge über ausgezeichnete Ost-Beziehungen. Haben wir mit ihm Verbindung?

Fazit:

New York ist immer eine Reise wert. Sie muß jedoch sehr sorgfältig vorbereitet werden, damit man die entscheidenden Leute trifft. Diesmal war für mich die Arbeit einfach dadurch erleichtert, daß Fräulein Ritzerfeld da war, die von sich aus die Vorgänge kannte, beherrschte und verhandeln konnte.

Fräulein Ritzerfeld hat sich in diesen New Yorker Tagen außerordentlich für Autoren, Bücher und für den Verlag bemüht, wir müssen ihr dafür wirklich dankbar sein.

Wichtig ist ein Besuch in New York allein schon deshalb, weil dort der persönliche Besuch über alles zählt. Gerade in der Unsicherheit, die Michael Roloff verbreitet, müssen wir von Frankfurt aus den persönlichen Kontakt halten, denn wenn wir das schaffen, können wir für die Bücher und für die Autoren des Verlages sehr viel erreichen. Wichtig wäre mir für meine nächste Reise die Zusammenkunft mit Kritikern und auch mit Presseleuten. In dieser Richtung müßten wir den Besuch dann noch besser vorbereiten.

dr. u./dp./ge. –
25. Mai 1971

Anlage
Max Frisch in New York Mai 1971
Dieser Bericht ist als Ergänzung zu dem Frisch-Teil meines New Yorker Reiseberichtes vom 14.-22. 5. 1971 zu lesen.
Ich hatte schon während des Geburtstages am 15. Mai den Eindruck, daß Frisch von irgend etwas bedrückt wurde. Er war merkwürdig, sachlich, schweigsam; ich erzählte ihm auf dem Boot die »Brecht«-Geschichte, jenen Entschluß des DDR-Ministerrates, Brecht zur Aufgabe der Nation »zu machen«, was praktisch darauf hinausläuft, den Erben die Dispositionsrechte über Brecht in der DDR zu entziehen. Marianne reagierte hierauf immer wieder »die Schweine, die Schweine«, aber Frisch war merkwürdig, still, er wirkte wie abwesend.
Am Tage nach dem Geburtstag telefonierte ich, sprach mit Marianne, sie freute sich, daß das Fest so gut verlaufen sei, und ich beglückwünschte sie zu dem Verlauf des Abends. Wie es mir gefallen habe? Ich gab mich ganz zufrieden, ich unterdrückte auch das, was ich eigentlich hatte sagen wollen: Ich fand es peinlich, daß die Cocktails bei dem geburtstäglichen Dinner von einem schwarzen Butler gereicht wurden und daß nachher beim Dinner selbst der schwarze Butler und ein schwarzes Mädchen bedienten; ich erinnerte mich jener Passagen im kommenden »Tagebuch« von Frisch, wo sich Frisch so entschieden auf die Seite jener Schwarzen und Entrechteten und Unterdrückten stellt. Doch, wie gesagt, ich erwähnte dies nicht. – Wir verabredeten uns für Dienstag nachmittag.
Dienstag nachmittag, 18. Mai, waren Fräulein Ritzerfeld, Michael Roloff und ich in seiner Wohnung, um die Angelegenheit des Film-

vertrages »Stiller« zu besprechen. Er eröffnete die Sitzung, indem er mich bat, ich möchte ihm – Fräulein Ritzerfeld und Michael Roloff hörten zu – den Brief von Jürgen Habermas vorlesen, dessen Handschrift er – angeblich – nicht lesen konnte. In diesem Brief war auch die Rede davon, daß er, Frisch, sich sicherlich an diesem Tag von Siegfried feiern lassen würde. Die nachfolgende Diskussion war gereizt, Frisch schien am Film kaum interessiert, er fragte zweimal, wie hoch der Anteil des Verlages an der Filmsumme wäre. Ich brachte den Haupteinwand, nämlich die Frage der Zeitdauer und der Kassettenrechte; er hörte sich das pfeifenrauchend und irgendwie hinter seine Pfeife zurückgezogen an. Schließlich betonte er, er und seine Frau seien verabredet, und nach über zwei Stunden verließen wir die Wohnung; wir verabredeten uns für den nächsten Tag zum Lunch.
Mittwoch, 19. Mai, war ich mit Max und Marianne zum Lunch verabredet. Ich holte sie in ihrer Wohnung ab, und dort herrschte wieder ein betretenes und, wie ich meine, gereiztes Schweigen. Als ich mit Marianne allein war, fragte ich sie, ob sie irgendwelche Spannungen mit Max Frisch habe, doch sie verneinte dies. Wir gingen zu einem französischen Restaurant in Village, Marianne und ich bestellten einen Fisch und tranken Wein, Frisch bestellte demonstrativ nur eine Suppe und Wasser, später trank er dann ein Glas Rotwein. Ich führte eine mühsame Unterhaltung mit Marianne. Frisch schien abwesend zu sein. Ich wollte bezahlen, doch er nahm das an sich, und als er schon bezahlt hatte und aufstehen wollte, sagte Marianne: »Wollt ihr eigentlich nicht miteinander reden?« Frisch stand schon, als er sagte, »Gut« und dann kam eine wahre Suada von Vorwürfen, Klagen, Zornesausbrüchen.
Er habe sich über mich geärgert. Ich sei mit »leeren Händen« nach New York gekommen, und im übrigen hätte ich mich am Tage seines Geburtstages einfach »schäbig« verhalten. Das würde er mir nie vergessen. Er wisse von nun an, was er von mir zu halten habe, das habe er schon immer gewußt, aber nun sei es ihm deutlich geworden, und ich müsse damit rechnen, daß er dies »meinen Freunden« Jürgen Habermas und Uwe Johnson mitteilen würde. Seine Konsequenz wäre, daß er mich in Zukunft nur noch als Vertreter des Verlages an-

sehen und nur noch Verlagsdinge mit mir besprechen würde. Dinge, die ihn im Inneren berührten, würde er in Zukunft nicht mit mir besprechen, sondern mit Leuten, die an ihm interessiert sind.
Ich war baff vor Erstaunen. Ich fing mich zunächst und bat ihn, er möge sich doch setzen und wir sollten das besprechen. Er wollte zunächst nicht, doch auf Zuraten von Marianne setzte er sich. Nun fing Marianne ihrerseits an, daß sie auch enttäuscht gewesen sei.
In der Tat hätte ich »nichts« unternommen, Max sei nicht »gefeiert« worden, alle hätten sich angestrengt, nur ich hätte keinerlei Bemühung gezeigt. Ich rang sichtlich um meine Fassung. Mir war das unverständlich. Gewöhnt im Umgang mit Autoren und einfach erfahren, daß man mit wenigen benennbaren Ausnahmen (Uwe fiel mir hier gleich ein, und dann Martin wegen seiner Bemühungen um den Theaterverlag) mit einer Anerkennung für das, was man für die Autoren getan hat, nicht rechnen kann. Doch mir sagen lassen zu müssen, ich hätte mir »für die Form einer Ehrung etwas einfallen lassen müssen«, das war mir dann doch zu maßlos.
Ich versuchte, meine Verteidigungsposition aufzubauen. Ich sagte den beiden, daß ich vor eineinhalb Jahren den Vorschlag gemacht habe, zum 60. Geburtstag von Frisch eine »Werkausgabe« Frisch herauszugeben. Max hatte das abgelehnt; er wollte bei Lebzeiten nicht in ein Museum verwandelt sein. Ich hatte ihm dann vorgeschlagen, eine Festschrift zu machen; auch das lehnte er ab, weil er darin eine gezwungene Bemühung sehe. Ich erwähnte, daß damit die Hauptmöglichkeiten, die ich als Verleger zu diesem Datum gehabt habe, erschöpft gewesen seien. Marianne fragte: »Max, ist das wirklich wahr? Hat dir Siegfried das vorgeschlagen?« Frisch war in seinem Zorn zwar irrational, aber er bestätigte die Auskunft. Doch er fügte hinzu, ich hätte mir etwas einfallen lassen müssen. Als ich ihn fragte, woran er denke, sagte er, das sei nicht seine, sondern meine Sache.
Als zweites erwähnte ich mein und Fräulein Ritzerfelds Kommen nach New York. Die Tatsache, daß Fräulein Ritzerfeld mitfahren konnte, sei ja eben als ein Aufwand für ihn, als eine Art Geschenk, anzusehen, weil die Tätigkeit von Fräulein Ritzerfeld hier ja letztlich seinen Arbeiten dienen würde.

Er sagte, daß er diesen Einwand erwartet habe, doch für mich sei sein Geburtstag nur ein Vorwand, ein »Frisch-motivierter« Geschäftsbesuch gewesen, ich hätte ja in Sachen Brecht, Hesse und vor allem Djuna Barnes hier sein müssen. Als drittes wies ich darauf hin, daß wir ihm zu Ehren einen Empfang hier in New York machten, das habe der Verlag noch nie gemacht und sei auch von den Kosten her doch sehr ungewöhnlich. Ich sei also der Meinung, daß der Verlag das seine getan habe. Doch diese konkreten Details brachten Frisch nicht von seiner Meinung ab, ich hätte ihn nun einmal nicht »gefeiert« und hätte mich nicht um ihn genügend bemüht. Er hatte etwas erwartet, was wir nicht eingelöst haben, sei es eine Ehrung, sei es ein Demonstrativum vom Verlag her, sei es auch nur ein würdiges Geschenk.

Wir kamen dann auf seinen Geburtstagsabend zu sprechen. Frisch sagte mir, ich hätte mich dort lächerlich benommen. Ich mußte ihn erinnern, daß er es war, der, als wir uns zu Tisch niedersetzten, sagte, es würden keine Tischreden gehalten. Ich wollte dann den Spaß machen, indem ich als Tischspruch ein einziges Wort sprach: »Möge«. Doch Frisch mißverstand dies gründlich oder nahm es jedenfalls als eine Unfähigkeit meinerseits, mich ausdrücken zu können.

Er warf mir auch das formlose Mittagessen an seinem Geburtstag vor. Ich hätte mich nicht genügend um Lokale gekümmert. Ich sagte ihm, daß ich in der Nacht angekommen sei, nach europäischer Zeitberechnung bin ich morgens um 4 Uhr zu Bett gekommen. Am Tage seines Geburtstages waren wir morgens um 8.30 Uhr beim Frühstück und machten uns um 9 Uhr auf den Weg zu ihm. Ich wollte zu »Sweets« gehen, doch ich erfuhr erst später, daß dieses Lokal am Samstag geschlossen hat. Daraufhin nannte Marianne ein Lokal, er nannte es aber verschämt das teuerste Lokal New Yorks, doch ich war bereit, ihn dorthin einzuladen, und als wir dann dahin fuhren, war das Lokal am Samstag geschlossen. Schließlich fuhren wir zu »Sardi«, das auch nicht das billigste Lokal ist; wir aßen zu Mittag auch immerhin für 105,–. Dollar. Doch das wollte Frisch alles nicht gelten lassen, wie gesagt, in seinem Zorn sprach er immer wieder, er würde sich in Zukunft auf die reine Verlagsbeziehung mit mir beschränken, und er sagte mir auch, daß er zu der Party zwar erscheinen, aber daß er nur eine halbe Stunde anwesend sein wollte.

Spätestens an diesem Punkt verschlug es mir die Sprache. Ich habe nichts mehr gesagt. Sicherlich, mir ging auf, daß ich einen Fehler gemacht habe. Die Reise selbst hatte für Fräulein Ritzerfeld und mich etwa 4000,– DM gekostet. Der Empfang noch einmal 4000,– DM, aber all das bedeutete für Frisch nichts. Gut, bei so vielen Unkosten hätte ein weiteres entsprechendes Geschenk ja wohl auch nichts mehr ausgemacht, und Frisch empfand das wohl so, und er schlug in diese Wunde unbarmherzig; nichts half ihm mehr. Auch nicht die Tatsache, daß ich wegen eines winzigen Fehlers, den er im »Wilhelm Tell für die Schule« gemacht hat, von Frankfurt nach New York telefoniert hatte. Das letzte, was ich sagte, war, daß ich meine Anwesenheit an diesem Tage bei ihm als eine Selbstverständlichkeit angesehen habe und daß das für mich eine wichtige Sache gewesen sei und daß ich zu einem Zeitpunkt in Frankfurt weggegangen sei, zu dem ich mein Weggehen (Brecht-Geschichte) kaum verantworten konnte. Doch Frisch sagte nur, eine Selbstverständlichkeit, das sei ein Wort, das auf »keit« ende und das sei von daher schon falsch.

Ich sagte dann nichts mehr und blieb stumm.

Was mußte in diesen Mann gefahren sein? Gut, er hat ein Geschenk und eine Ehrung erwartet, aber kann man einem nicht-geschenkten Gaul ins Maul sehen? Und kann man sich wegen einer solchen Sache so erregen? Mir wurde wegen solcher Kleinlichkeit schlecht. Gut, ich wußte, Frisch hatte einiges durchzustehen. Manche seiner Texte kommen einfach in Amerika nicht an, das »Tagebuch« ist von zwölf amerikanischen Verlagen abgelehnt worden. Keines seiner Stücke war mit Erfolg aufgeführt worden, die »Biografie« wurde nicht ein einziges Mal aufgeführt. Dann las er wohl am Tage seines Geburtstages Bohrers Artikel in der »Frankfurter Allgemeinen Zeitung« »Max Frisch und wir«, in dem erwähnt wurde, wie sehr sein neues Schreiben in die Banalität abgleite. Er hatte kurz nach seinem Geburtstag auch verschiedene Telefonate erhalten, in denen ihm von der Todesnachricht berichtet wurde. Fräulein Geisler hatte am

Montag in New York angerufen, nachdem der Verlag folgendes Telegramm erhalten hat: »wir haben aus deutschland erfahren, daß der schweizer schriftsteller max frisch gestorben sei. wir fragen herrn unseld bei ihnen an, ob er das bestätigen kann. würden sie bitte der schweizerischen agentur in bern, herrn graf – inlandredaktion – bescheid geben. besten dank für ihre bemühung. schweizer depeschenagentur.« Gewiß hatte ihn die Tatsache, daß ich ihm am Geburtstag etwa eine halbe Stunde von der Brecht-Sache engagiert berichtet habe, verletzt, und wahrscheinlich erregte es ihn auch, daß ich zweimal Djuna Barnes besucht hatte. All dies kam zusammen, doch, wie gesagt, mir verschlug es die Sprache.

Das alles geschah in 20 Minuten. Er stand dann auf, verließ das Lokal, ich sagte dann noch, »sollten wir uns vielleicht noch einmal am Freitag treffen«, er verneinte dies grob. Wir verabschiedeten uns an der Avenue of the Americas.

Frisch kam zu unserem Empfang am Donnerstag, 20. Mai. Er gab sich sachlich, freundlich, er stellte mir Leute vor, die ich nicht kannte, und ich ihm, Leute, die ihn sehen wollten. Etwa gegen 19 Uhr verabschiedete er sich, durchaus nicht demonstrativ, und lud Frau Professor Lange und Professor Ziolkowski, die eigens von Princeton zu der Party gekommen waren, zum Abendessen ein.

Marianne sagte mir, ob ich mich nicht doch noch einmal mit ihm treffen wollte. Daraufhin machte ich ihm noch einmal das Angebot, wir sollten uns am Freitag treffen. Er stimmte dem zu, und so kam ich am Freitag nochmals zu ihm in die Wohnung, holte ihn ab, wir gingen wieder in ein französisches Restaurant, freilich ein anderes. Ich besprach mit ihm ausführlich die Situation seiner Bücher in Amerika, berichtete von den Frisch-Aktivitäten dieser Woche, von dem Stand der Diskussion des Filmvertrages »Stiller«, ich bemühte mich, nur Verlagsdinge zu besprechen.

Dann berichtete er von seinem »Tagebuch«, von den Ergänzungen, von den Erfahrungen. Er war freundlich, berichtete von seinen Tagen in New York, von seinen Vorhaben. Die Spannung schien gewichen, er wollte das Manuskript des »Tagebuchs« bis Ende August/Anfang September fertiggestellt haben. Uwe Johnson würde ihn dann

in Ascona besuchen, und er würde sich freuen, wenn ich auch das Manuskript läse und zur Besprechung kommen würde.
Als ich in Frankfurt ankam, erzählte ich den Vorgang meiner Frau. Sie fragte mich, was denn Max Frisch, für den sie jederzeit alles tun würde, ihr zuliebe je eingefallen sei. Zum 40., zum 45. Geburtstag – ein Telegramm. Max Frisch habe ihr einmal (aus Anlaß von Tantiemen, die ihm in sechsstelliger Zahl ohne Abzug des Suhrkamp-Anteils zugeflossen sind) einen Sportwagen versprochen, doch er sei darauf nie mehr zurückgekommen. Nun, solche Aufrechnungen sind peinlich, mir ist es egal, welche Geschenke Frisch mir zu Geburtstagen gegeben hat, ich weiß dies nicht einmal. Wichtig für mich ist ja das, was er an seinen Arbeiten für mich gegeben hat, sei es inhaltlich, sei es als Verlagswerke.
Aber müßte dies nicht auch gegenseitig sein? Für mich wird dieser Mittwoch, der 19. Mai 1971, nicht nur unvergeßlich, sondern ein Datum sein. Als ich früher in einem Fernseh-Interview von Friedrich Luft gefragt wurde, ob es nicht irgendwie niederdrückend sei, immer nur mit großen Leuten zusammenzusein, erwiderte ich ihm mit einem Zitat von Goethe: »Gegen die Vorzüge anderer gibt es kein anderes Rettungsmittel als Liebe.« Ich hatte bis zu diesem Datum immer darauf gebaut, daß es auch Freundschaft in der Beziehung zwischen Autor und Verleger geben könne, aber seit diesem Datum weiß ich, daß das vielleicht nicht oder nicht mehr möglich sein kann und daß ich mich darauf einstellen muß, das Rettungsmittel kann nicht Liebe sein, sondern nur Arbeit.
P. S.
Ein echtes Post-Scriptum: nachdem ich das Diktierte noch einmal bedacht habe.
Ich war in New York sehr verzweifelt. Ich weiß ja, ein Autor muß im Verleger in erster Linie den Verleger sehen, die mehr oder weniger perfekte Verlagsmaschine. Daß auch er ein Mensch mit Gefühlen ist, wer denkt schon daran. Und ich war in diesen New Yorker Tagen allein, und »einsam wie ein Hund«, nur deshalb fuhr ich früher zurück als geplant. Frisch hat mir schon manchen Schock versetzt. Seinen damaligen Anruf aus Italien, es muß 1967 oder 1968

gewesen sein, er würde den Verlag verlassen, er könne nicht mehr in dem Verlag sein mit den Autoren [...], ich dachte an den Ausbruch in der Klettenbergstraße in Anwesenheit von Walser, Frisch und HME; an den Abend in Berzona 1970, wo meine Frau aufstehen und weggehen wollte; an die Unterschrift unter sein Bild, das er mir abermals nach unvermitteltem Ausbruch in Küsnacht schenkte: »Freundschaft ohne Hoffnung«. Doch der New Yorker Lunch stellte alles in den Schatten. Er traf mich so, daß ich zum ersten Mal in meinem Leben Resignation empfand. Den Gedanken dachte, das Handtuch zu werfen. Auch ich habe ein Recht, nicht gedemütigt werden zu wollen. Doch was bleibt, ist schon Candides Weisheit: Bestelle deinen Garten. Und Kräfte wuchsen mir auch wieder zu, als ich die Klassiker las: Schiller: »Wie verfährt die Natur, um Hohes und Niederes im Menschen zu verbinden? Sie stellt Eitelkeit zwischen hinein.«
Goethe: »Die Eigenliebe läßt sowohl unsere Tugenden als auch unsere Fehler viel bedeutender, als sie sind, erscheinen.«
Lenin: »Aus einem kleinen Fehler kann man einen ungeheuerlich großen machen, wenn man auf ihm beharrt, wenn man ihn tief begründet, wenn man ihn zu Ende führt.«

Reisebericht Leipzig
14. März 1973

Leipzig war eine Reise wert, faszinierend die Eindrücke, komprimiert auf 12 Stunden. Ermöglicht durch die Einrichtung eines Fluges Frankfurt (über Prag)–Leipzig.
9.30 Uhr erste Eindrücke von der Buchmesse im Messehaus am Markt. Eng, klein, jeder Stand eine bedrängende Koje, niedrige Dekken, schlechte Luft und doch die unvergleichliche Atmosphäre von Büchern. Die Regale des Suhrkamp Verlages halb leer. Erster Rundgang mit Frau Borchers, Begrüßung der wichtigsten DDR-Verlage.
10.30-13.00 Uhr Empfang des Büros für Urheberrechte. Die Herren Dr. Hardt und Klein sind tüchtige und rührend um Austausch bemühte Männer. Steife, fast zementierte Tischordnung. Max Frisch wird wie ein geheimer, bedeutender Staatsgast empfangen. Ich hatte Gelegenheit, mit den Herren Reich (Hinstorff Verlag), Gruner (Volk und Welt), Marquardt (Reclam), Bentzien (Verlag Neues Leben) zu sprechen und die besonderen Probleme der DDR-Verlage kennenzulernen. Die Verlage erhalten Papierkontingente bei Druckern, und nach diesen Papierkontingenten müssen sie ihre Produktion einrichten nach Erstausgaben und Neuauflagen. Auffallend freundliche Atmosphäre uns gegenüber.
Gespräch mit Dr. Voigt vom Aufbau-Verlag:
Er lobte mich wegen meines Fernseh-Interviews zu den »Arbeitsjournalen«. Im Lichte dieser Freundlichkeit wurden auch die anderen Probleme besprochen. Er war damit einverstanden, daß wir die Brechtsche Chronik getrennt herausgeben, also es wird eine Ausgabe geben im Aufbau-Verlag und eine im Suhrkamp Verlag, jedoch legt er Wert darauf, daß nur er den Vertrag mit Hecht schließt. Wir müssen dann eine Einigung in der Finanzierung herbeiführen, was auf schriftlichem Wege erfolgen soll.
Herr Dr. Voigt möchte im Herbst 1974 das von Hanne Hiob bei unserer Fernsehsendung in Auszügen vorgetragene »Tagebuch 1920« veröffentlichen. Wir sprachen nicht darüber, wer eigentlich die Rechte

hat, doch ich sagte ihm sofort, daß ich damit einverstanden sei, daß der Aufbau-Verlag das in Lizenz von uns brächte. Ich deutete auch an, daß auch wir die Absicht haben, dieses »Tagebuch« in einer schönen bibliophilen Ausgabe herauszubringen. Einen besonderen Herausgeber benötigten wir nicht, der Verlag würde dazu Anmerkungen machen können.

Er war der Meinung, daß die Schutzfrist für Proust abläuft. Ich übergab ihm die von Frl. Ritzerfeld eruierte Rechtslage. Er will das nachprüfen.

Für die Brecht-»Journale« hat er noch keine andere Anweisung, er ist in großer Verlegenheit, weil jetzt andere sozialistische Länder nach der Edition fragen und diese bringen wollen.

Im übrigen stünde auch er unter der Papierknappheit, auch unter einer sich immer mehr anbahnenden Komplizierung von Bindekapazitäten bei Buchbindern.

Die Frage Walser, »Gallistl'sche Krankheit«, wollte er prüfen, aber der Text sei doch sehr schwierig für DDR-Verhältnisse, d. h., es gäbe wenig Leute, die intellektuell in der Lage wären, diesen Walserschen Text zu begreifen.

Besuch beim Insel Verlag, Leipzig

Gespräch mit dem Verlagsleiter, Herrn Klähn, und dem Pendant von Herrn Staudt, Herrn Walch. Kurzer Aufenthalt im Insel-Archiv. Hier können einem Tränen kommen: allein das Vorhandensein dieses Archivs würde uns in allen Insel-Bemühungen stärken. Ich hatte die Vorstellung, aus Anlaß des 100. Geburtstages von Kippenberg oder des 75jährigen Jubiläums des Verlages einen Faksimile-Druck der Zeitschriftenfolgen »Die Insel« zu machen, aber das ist, wie ich jetzt sah, ein zu aufwendiges und umfangreiches Unternehmen. Mir kam sofort der Gedanke, aus diesen 12 Bänden zwei vorbildliche, wunderschöne, literarisch interessante, anthologische Bände zu machen; sie, sozusagen auf das Jahr 1899 ausgerichtet, markieren einen bedeutenden Beginn des Insel Verlages.

Ich erwähnte Herrn Klähn gegenüber die Absicht, unseren »Almanach auf das Jahr 1974« Anton Kippenberg zu widmen. Er machte mich auf den Sonderdruck »Ein Traum« aufmerksam, den Kippenberg geschrieben hat und den niemand kennt (wir werden eine Fotokopie erhalten), und aus dem »Insel-Almanach auf das Jahr 1966« drei Beiträge von L. O. G. vom »Illustriertenbuch«, etwas von Neudrukken, Klassikerausgaben. Hinter L. O. G. verberge sich, was auch Sarkowski entgangen sei, Anton Kippenberg.

Herr Klähn sagte mir auch, daß Kippenberg in den Vorworten zu dem Buch der »Rufe und Reden« und »Jugend großer Deutscher« sich explizit antifaschistisch geäußert habe. Eventuell ist das zu verwenden.

Ich machte Herrn Klähn den Vorschlag, wir sollten uns überlegen, ob wir nicht gemeinsam aus dem Bestand besonders schöner Insel-Bücher Faksimile-Drucke herausgeben sollten. Hier würden sich eignen: Balzac, »Das Mädchen mit den Goldaugen«, deutsche Übertragung von Ernst Hardt, Zeichnungen von Marcus Behmer. »Das Buch Esther«, Doppeltitel und Initialen von F.W. Kleukens. Homer, »Die Odyssee«, deutsch von Schröder, Holzschnitte Aristide Maillol. Initialen, Überschrift von Eric Gill. Typographische Leitung Harry Graf Kessler. Forbes-Mosse, »Peregrinas Sommerabende«, Übertragungen mit Titelbild, 10 Federzeichnungen und Vignetten von Heinrich Vogeler. Shakespeare, »Hamlet-Lithographien von Delacroix«, Druckleitung E. R. Weiß. Oder: »Hamlet« neuübersetzt und eingerichtet von Gerhart Hauptmann, mit 74 Figurinen und Holzschnitten gezeichnet und geschnitten von Edward Gordon Craig. Paul Scheerbart, »Die große Revolution«. Ein Mondroman. Zierleisten von Vogeler. Paul Scheerbart, »Liwûna und Kaidôh. Ein Seelenroman«. Titelrahmen und Zierleisten von Heinrich Vogeler. Scheerbart, »Rakkóx der Billionär« mit Zeichnungen von Félix Vallotton und Buchschmuck von Henri Jossot.

Dann kam ein Großprojekt auf: Maria Sibylla Merian: »Schmetterlinge«, mit 64 achtfarbigen handcolorierten Tafeln. Als Buch ergäbe dies wahrscheinlich ein Projekt mit einem Ladenpreis von DM 3500,–. Der Verkauf von 120-170 Exemplaren wäre real. Wir sollten versuchen, ob es möglich ist, als Einführung für diese bibliophile Ausgabe etwa 4 Motive zu einem vernünftigen Preis (DM 10,– bis DM 20,–) in größerer Auflage (5000-10 000 Exemplare) zu ver-

kaufen. Dieser Text muß gemacht werden. Herr Staudt bringt Bogen mit.
Sonst: Freundlichkeiten, Bemühungen um Austausch von Büchern und Ideen, die Insel-Leute, Leipzig, scheinen mir sehr isoliert zu sein. Das Haus ist in einem verfallenen Zustand, im Parterre ein Amt für Sozialversicherung, bei dem Rentner Schlange stehen. Unten Armut, oben der Luxus dieses Insel-Archivs.
Zwei Stunden Aufenthalt am Stand. Versuch von Gesprächen mit Stand-Besuchern. Was interessiert sie? Junge Autoren, Brecht, das Brecht-»Journal«, Brecht-Gedichte, Hans Mayer, »Über Brecht«, Hesse, »Spectaculum«. Diese Erfahrung ist nicht repräsentativ, aber es bewegte mich doch, eine junge Frau zu sehen, die aus dem »Stiller« exzerpiert, und einen jungen Mann, der Brechts Bemerkung zum 17. Juni abschreibt. – »Und wo sind Ihre Bücher von Uwe Johnson?« –
Eine Stunde Spaziergang mit Jurek Becker. Welch ein sympathischer Mann! Schon sein Aussehen, dann die unprätentiöse Art, wie er von sich und seiner Arbeit erzählt. Ich kann mir vorstellen, daß wir eine Wellenlänge gemeinsamen Verstehens geschaffen haben.
Im »Kaffeebaum« nicht undiffizile Einladung. Die Suhrkamp-Mannschaft mit Frisch und Frau, Frau Teller, den Verlegern Marquardt und Gruner, den Autoren Jurek Becker, Fritz Rudolf Fries, Fühmann.
Das Gespräch mit Fries gerät etwas zu kurz, da ich um 19.30 Uhr aufbrechen muß, um mein Flugzeug zu erreichen. Mit Franz Fühmann nur Austausch von Formalitäten.
Fazit dieses Leipziger Besuchs: Leipzig war wirklich eine Reise wert. Ich würde nach den jetzigen Erfahrungen nicht mehr diskutieren, ob wir im Falle des Falles (Verbot der Ausstellung der Brechtschen »Arbeitsjournale«) uns hätten zurückziehen sollen. Das durften wir schlechthin nicht. Der Suhrkamp Verlag spielt eine exzeptionelle Rolle, die uns verpflichtet, die uns natürlich auch sehr große Chancen gibt. Unsere Autoren – sowohl die »westlichen« wie die der DDR – erwarten von uns keine Demonstrationen, sondern eine Ausdehnung unseres Einflusses, eine Multiplikation unserer Möglichkeiten, Information und publizistische Verbreitung. Der Suhrkamp Verlag ist

in der DDR eine unübersehbare Größe, darauf müssen wir jetzt Rücksicht nehmen, um für unsere Autoren in der DDR und für die Autoren der DDR bei uns ein Optimum zu erzielen.
Der Dienst der Suhrkamp Mitarbeiter an diesem Stand ist ein besonders anstrengender, erschöpfender, sich ausgebender. Die in Leipzig arbeitenden Mitarbeiter haben einen Sonderurlaub verdient.
Ich habe den Eindruck, daß sich im Hinstorff-Verlag die entscheidenden jüngeren literarischen Kräfte der DDR konzentrieren. Es ist von besonderer Bedeutung, daß Frau Borchers über einen so guten Kontakt zu diesem Verlag und seinem Leiter verfügt.
Für die nächste Buchmesse in Leipzig sollten wir vielleicht einen Suhrkamp-Empfang erwägen, Anwesenheit der Autoren – vielleicht Walser und Johnson –, von Günther Busch und die Darstellung unseres wissenschaftlichen Programms und, von Frau Borchers präsentiert, der Suhrkamp Verlag und Autoren und Literatur der DDR.
dr. u./st
19. März 1973

Reisebericht Zürich–Verona–Mailand–München 15.-19. Juni 1979

Flug nach Zürich. Lektüre des Briefes von Hertha Trappe. Anruf bei ihr. Ihr Wunsch: »Ich wandere dort und hier« noch einmal als suhrkamp taschenbuch zu sehen.
Mittags Gershom Scholem. Er übergibt mir das Manuskript des Briefwechsels »Benjamin–Scholem«, das meine ständige begleitende Lektüre wird.
Im Suhrkamp Verlag Zürich Gespräch mit Theo Kneubühler, einem jungen Kunstkritiker, der für die es NF [edition suhrkamp Neue Folge] einen Band vorschlagen möchte: »Zwischen Bild und Wort. Bildforschungen von Künstlern«. Es würde der Versuch gemacht, Bildforschungstexte so zu sammeln, daß der Zusammenhang der früheren Generation der Moderne zu den heute arbeitenden Künstlern sichtbar wird. Es sollen keine Kunst-Theorien zusammengestellt werden, sonden eine Sammlung vorgelegt werden der von den Künstlern selbst betriebenen Forschung nach dem Bild, dem früheren Bild, dem späteren Bild. Gedacht ist, daß man zunächst einen Pilot-Band für die es NF macht, später könnte daraus eine Reihe entstehen, die dann vielleicht in einem größeren Format einen neuen Typus von Kunstbänden sein könnte.
Gespräch mit Egon Ammann. Seine Überforderung. Ein bleibendes Thema.
Wieder Gershom Scholem. Ein ungewöhnlicher Mann, eine faszinierende Erscheinung, ein in der Sache des Judentums kompromißloser Typ, unbeugsam in der Sache seiner eigenen Schriften und unbeugsam auch in der Sache Walter Benjamins.
Unser Treffen hatte einen bedeutenden Grund: er übergab mir in zwei Manuskript-Konvoluten den nunmehr gesammelten Briefwechsel »Benjamin–Scholem«. 350 Seiten, wahrscheinlich 125 Briefe. Der Briefwechsel beginnt mit einem Brief Scholems vom 20. 3. 1933. Das hat seinen Grund, denn von der Gestapo wurden die Briefe vor 1933 wahrscheinlich vernichtet, nach 1933 wurden sie damals in Paris

beschlagnahmt und nach Potsdam überführt. Scholem wird die Geschichte dieser Beschlagnahmung und Überführung wie auch die lange Verzögerung der Aushändigung von Kopien im Vorwort schildern. Er hat jedoch zwölf Briefe Walter Benjamins an ihn vorangestellt, ein erster beginnt am 25. 6. 1932. Auch dies hat Gründe: diese Briefe sollen die miserable ökonomische Situation Walter Benjamins illuminieren und damit der These entgegentreten, daß Adorno/Horkheimer und das Institut schuld an der Situation Benjamins seien.
30 von diesen 125 Briefen sind in »Briefe« Benjamins bereits abgedruckt, alle Briefe werden vollständig, ohne jede Auslassung abgedruckt; Scholem hat zwei Halbsätze gestrichen und will sie auch nicht durch Punkte bezeichnen. Er erwähnt das in seinem Vorwort und übernimmt die Verantwortung dafür.
Ich übernehme das Lektorat des Briefbandes. Ich hoffe, daß ich in der kommenden Woche die Briefe zum Satz freigeben kann. Format wie die Walter-Benjamin-Ausgabe, ebenfalls Typographie, Schriftgröße etc. (für eine Verkleinerung fürs Taschenbuch).
Ich habe Scholem noch einmal das Zugeständnis gemacht, daß aus diesem bedeutenden Anlaß wir eine Ausnahme machen: die Fußnoten kommen noch einmal auf die jeweilige Seite.
Scholem schreibt eine etwa 10seitige Einleitung, die paginieren wir dann römisch. Scholem bat den Verlag, ein Namenregister anzufertigen.
Seine Honorarbedingungen: 10 % insgesamt, davon 4 % an den Herausgeber, 3 % an Benjamin, 3 % an Scholem. Als Voraushonorar erbittet er DM 4000,– netto (à conto seiner 7 %).
Der Freitod Walter Benjamins war am 26. September 1940. Der Band erscheint also zum 40. Todestag. Erscheinungstermin: 15. März 1980.
Die Lektüre dieses Briefwechsels begleitet mich auf meiner Reise. Es ist eine faszinierende Lektüre. Unvorstellbar die Existenzbedingungen von Benjamin. Er lebte buchstäblich von einem Tag auf den anderen. Sein Plan war, von 80,– Mark im Monat leben zu können. Zur Behandlung einer schwärenden Wunde im Unterschenkel gab es weder Arzt noch Medikamente, und es sei schwer gewesen, Wasser für den Wundverband aufzutreiben. Er lebe in einem Hotel, das

täglich eine Peseta koste, man könne sich den Luxus vorstellen. Dabei war Benjamin ein großartiger Briefschreiber, der gewissermaßen aus einer unmöglichen Situation heraus großartige, bleibende Formulierungen fand (Scholem: Bloch war ein Vielschreiber in seinem Werk, deshalb hat er keine guten Briefe geschrieben. Benjamin publizierte wenig, deshalb schrieb er viele hervorragende Briefe).

Für Benjamin ist Briefeschreiben ein wichtiges Medium seiner Existenz geworden. Am 23. Mai 1933: »Meine Verfassung ist schlecht. Die gänzliche Unmöglichkeit, frei über irgendetwas zu verfügen, wird auf die Dauer auch für einen, der so sehr wie ich gewöhnt ist, in prekären Verhältnissen anspruchslos zu leben, zu einer Bedrohung des inneren Gleichgewichts ... Diese Unmöglichkeit ist weniger durch meine Pass-Schwierigkeiten als durch gänzliche Mittellosigkeit bedingt ... Je weniger Du davon, wenn Du mich sehen würdest, etwas zu merken brauchtest, desto eher mag es im Briefe seinen Ort haben.« Und es hat seinen Ort. Ich glaube, es wird ein sensationelles Buch werden.

Scholem gab mir als Geschenk das 1977 erschienene Buch »Georg Benjamin. Eine Biographie von Prof. Dr. s. c. Hilde Benjamin«. Mit 65 Abbildungen. Hirzel Verlag Leipzig 1977. Es ist das Buch, das die frühere Justizministerin der DDR, Frau Hilde Benjamin, über ihren Mann Georg, den Bruder von Walter, geschrieben hat. Natürlich wird Walter Benjamin hier sehr distanziert behandelt und auch die Schilderung immer wieder gegenüber Benjamins Berliner Kindheit abgegrenzt, weil »Georg, im Gegensatz zu dem mystisch-phantastischen Kindheitserleben Walters, dem Realen, Lebendigen, zugewandt war«. Im übrigen hätte der Bruder Walter letztlich, weil er kein klarer Marxist war, keinen Lebenserfolg gehabt.

Einzelnes aus den Gesprächen mit Scholem:

Calman-Lévy habe Scholems Buch über Benjamin übernommen. Man solle aber nun dringlich Gallimard Scholems Erinnerungsbuch »Von Berlin nach Jerusalem« anbieten und ebenfalls »Von der mythischen Gestalt der Gottheit«.

Was macht Barbara Klose, was macht die Übersetzung der »Kabbala«? Kann er bald eine Probeübersetzung lesen?

Scholem macht auf ein Buch von David Biale über ihn aufmerksam. Es sei bei Harvard University Press erschienen: »Kabbal encounter History«.
Er habe einen Text über Moses Dobruschka, »Metamorphosen eines Frankisten. Vom Frankismus zum Jakobismus«, verfaßt, die französischen Rechte liegen bei Gallimard. Das war wohl der Text seiner Bloch-Lectures. Gallimard habe aber nur die franz. Rechte; ich bat ihn um Zusendung des Manuskriptes.
Was weiß dieser Mann nicht alles! Von Max Scheler über Buber zu Helmuth Plessner; Buber »sei sehr ernst, aber nicht ganz ernst«.
Habermas hätte die Laudatio zu Gadamer gehalten, weil er nicht vergessen könne, daß Horkheimer es abgelehnt hatte, ihm ein Ordinariat zu geben, Gadamer das damals in schwieriger Zeit gemacht habe.
Die Eranos-Leute haben seinen Vortragsvorschlag »Betrachtung über jüdische Theologie heute« abgelehnt, weil es nicht ins Thema »Mythen und Bilder« passe. Scholem wird jedoch anwesend sein und nach der Rede Portmanns »30 Jahre Eranos« das Schlußwort sprechen. Also letzte Worte.
Einer der bedeutendsten Gelehrten Israels sei Prof. Hans Jakob Polotsky, Universität Jerusalem. Er würde im nächsten Jahr 75; man solle einige seiner Aufsätze sammeln.
Auf die Frage von Frau Ritzerfeld:
Der von ihr gefragte Text in »Les Temps Modernes« war ein Beitrag »Juifs et Allemands« und ist identisch mit »Juden und Deutsche« in »Judaica II«.
Dann antwortete Scholem auf die sehr merkwürdigen Anmerkungen von Detlef Ingo Lauf das folgende:
Die 15. der berühmten Masada-Rollen, die Jesus-Rolle, sei verschwunden. Angeblich zahle der Vatikan Millionen an die Universität Haifa, damit sie auch verschwunden bleibt.
Über diesen ganzen Vorgang berichtet das Buch eines irischen Autors Donovan zusammen mit General Yadin (heute ein führender Kopf Israels). Die beiden Archäologen hätten ja bei der Entdeckung der Masada-Rollen mitgewirkt.

Scholem bezweifelt dies. Aber er hörte sich dann auch noch das folgende interessiert an:
Es gibt eine Gesamtausgabe der »The Nag Hammadi Library«, erschienen bei Brill in Leiden. Diese Ausgabe sei greifbar. Aber es gäbe etwas Hochinteressantes: ein Auszug aus dieser Library: »The Nag Hammadi Library« in englischer Sprache, Harper & Row, San Francisco 1977 (ISBN 0-06-066929-2).
Ingo Lauf bezeichnet diese Ausgabe als »das bedeutendste Buch des Jahrhunderts«. Es enthielte wichtige Texte der christlichen Gnosis vom 2.-4. Jahrhundert und enthielte auch, übersetzt aus koptischen Texten, das berühmte Philippus-Evangelium, das ja bekanntlich in die Bibel nicht aufgenommen wurde. Dazu wußte nun Scholem das folgende:
In der Tat seien 40 Bände dieser »Nag Hammadi Library« erschienen, es handele sich um die Übersetzung koptischer Texte ins Englische. Daran hätten viele internationale Gelehrte mitgewirkt, darunter auch ein deutscher Bearbeiter, Professor Krause. Das Philippus-Evangelium sei vor zehn Jahren in Deutsch erschienen; in der Tat sei es ein bemerkenswertes gnostisches Evangelium, das im übrigen auch im »Gnosis-Band« der Artemis-Ausgabe erschienen sei. (Das ist der Fall: »Die Gnosis. Zweiter Band, sechstes Kapitel. Das Philippus-Evangelium, S. 92-124. Einführung von Carl Andres.) Scholem merkte an, daß diese Veröffentlichung damals für den Gnosis-Forscher Hans Jonas – unseren Insel-Autor – »ein Faustschlag« gewesen sei, denn danach könnte er seine Hauptthese nicht mehr aufrechterhalten. Wir sollten doch Herrn Polotsky fragen, er sei ein hervorragender Mann, diesen Text einzuleiten.
Im übrigen meine ich doch, daß wir diesen Text des Philippus-Evangeliums prüfen sollten. Es wäre doch gut, wir könnten in der Rubrik »Ausgrabungen« einen Text von Marx bringen, der nicht in der offiziellen ME-Ausgabe enthalten ist, und ein Evangelium, das bedeutend ist und doch nicht in der Bibel steht. Ich habe Herrn Polotsky geschrieben.
Das ebenfalls von Detlef Ingo Lauf empfohlene Buch Wolfgang Schultz, »Dokumente der Gnosis«, Diederichs Verlag, Jena 1910,

320 Seiten, könnte ein wichtiges Buch werden. Das wisse wiederum am besten Hans Jonas.
Joyce-Symposion. Es tagte vom 11. bis zum 16. Juni in Zürich und schloß ab am 16. Juni abends im Hotel Carlton Elite mit dem Bloomsday-Dinner. Es brachte u. a. folgende Themen zur Diskussion
– Joyce und Faulkner
– Joyce und Freud
– Joyce und Jung
– Joyce und Beckett (mehrfach)
– Joyce and Time
– Joyce and Narrative Problems
– Joyce and Sex: Sexuality in the Works
und schließlich Joyce and Judaism: hier sollte die Frage geklärt werden, war Leopold Bloom ein Jude oder gab er nur vor, einer zu sein. Er war einer.
Am Abend des 15. Juni eine Veranstaltung des Suhrkamp Verlages im Stadthaus Zürich: Hans Wollschläger, eingeführt von Klaus Reichert, las aus seiner Übersetzung des »Ulysses« und das Kapitel »Anna Livia Plurabelle« aus »Finnegans Wake«.
Die Lesung von Wollschläger war großartig. Ich bin nun doch dafür, daß wir eine Schallplatte machen sollten mit ausgewählten Texten, die Wollschläger liest. Das sollte vielleicht doch bald sein, solange Wollschläger noch diese Spannung hat, er behauptet ja, daß Joyce sich ihm immer weiter entferne. Im übrigen hätte er die Übertragungen der Gedichte von Joyce mehr oder weniger abgeschlossen und würde sie »in Kürze« an Senn schicken.
Im Anschluß an die Wollschläger-Lesung Empfang im Zunfthaus zur Meisen. Wenn man gedacht hatte, daß 50 Symposion-Teilnehmer kämen, so täuschte man sich. Im Nu war das Zunfthaus voll und nahezu gesprengt. Es waren 400 Leute da. Ich hielt eine kleine Begrüßungsrede und unterhielt mich mit einigen Gästen, Balthasar Reinhart, den Leutenegger-Freunden Helfenstein etc.
Noch einmal Gespräch mit Theo Kneubühler. Er brachte mir ein Buch mit, das ihm sehr wichtig war: »Strindbergs Malerei«. Eine Monographie von Torsten Matte Schmidt, Allhems Förlag Malmö 1972;

der Band enthält etwa 5-10 farbige Bilder von Strindberg, die so großartig sind, daß wir uns überlegen sollten, eine Mappe daraus zu machen. Ich muß mich in dieser Angelegenheit an Lagercrantz wenden.
Die Joyce-Forscherin Dr. Mechtilde Rau, Köln. Ich sprach Marilyn French; ich hatte, wie im USA-Bericht erwähnt, ihr Buch »The Women's Room« gelesen, das bei Rowohlt erschienen ist. Ihr Buch über »Ulysses«, »The Book as World«, haben wir abgelehnt. Eine interessante Frau, die ihre Laufbahn als free-lance beginnt.
Fritz Senn. Wir sollten bald einen Vertrag mit ihm machen für den Bildband Joyce. Dazu sind meine Briefe an ihn zu beachten; der Band sollte zum 100. Geburtstag von Joyce erscheinen. (1982)
Gegen 23.30 h mußte ich mich vom Empfang entfernen und zur Bahn gehen. Schlafwagen nach Mailand. Der Zug kam verspätet an, und mein Anschlußzug nach Verona war abgefahren. Eintreffen in Verona gegen 9.00 h. Ich traf Frau Else Meister, die eben abreiste, da sie am Abend zuvor die Nachricht vom Tode von Ernst Meister erhalten hatte. Sie gab mir Herberts »Barbar in einem Garten« und bat, ich möchte das tun, was sie nun nicht mehr könne, Herbert um eine Widmung zu bitten. Es war ein weiblicher Name, dem das Buch gewidmet werden sollte. Angeblich für die Dame, in deren Armen Ernst Meister entschlafen sei, was natürlich nicht Frau Meister, sondern die bösen Mäuler murmelten.
Bernhard Landau, der von Michael Krüger eingeladen war, gab mir einen Bericht über das bisher Vorgefallene und über die Tätigkeiten des Burda-Freundeskreises.
Um 11.00 h war die Verleihung des Petrarca-Preises an Zbigniew Herbert. Er nahm den Preis in einer sehr würdigen und zugleich heiteren Haltung hin, er hielt eine schöne, kurze Rede, die er mit einem italienisch vorgetragenen Sonett Petrarcas abschloß. Dann las er zusammen mit Karl Dedecius seine Gedichte in Polnisch und dann seine Gedichte in deutscher Sprache. Eine sehr schöne Feier.
Weniger schön waren die Umrahmungen, eine schwache Laudatio von Michael Krüger und eine potente Rede von Urs Widmer.
Am Nachmittag Lesungen, Peter Handke und Nicolas Born lasen Gedichte von Ernst Meister, die Witwe Brinkmanns las Gedichte

von Brinkmann, dann noch Rolf Haufs; Spaziergänge. Abendessen. Ursprünglich war vorgesehen, daß der Preis zum fünften und letzten Mal vergeben würde, aber die Herren haben Dr. Burda belatschert, und er gab also noch einmal fünf Jahre zu, der Preis soll nun aber auch an internationale Autoren vergeben werden, die Verleihung an Zbigniew Herbert war so eine Art Brücke. Dies verkündete am späteren Abend Lars Gustafsson in einer kleinen launigen Rede, die damit schloß, daß er und Zbigniew Herbert in die Jury eingetreten seien.
Das Wichtigste war die Begegnung mit Peter Handke. Er war in bester Verfassung. In vier Tagen war er von Innsbruck nach Verona zu Fuß gewandert. Von Verona aus will er nach Venedig fahren, dann nach Südfrankreich, und danach möchte er sich jenen Berg von Cézanne erwandern.
Es ging vor allem um den Umschlag (den er nach meiner Rückkehr dann wieder umgeworfen hatte) und um die letzten Korrekturen, die nun beendet seien.
Gespräche am Rande: Lars Gustafsson. Er machte mich darauf aufmerksam, daß er ein Kripke-Kapitel in seinem Buch »Sprache und Lüge« hätte, und im übrigen würde Kripke auch in unserem Semantik-Reader erwähnt (ich habe nachgesehen, stw 94, »Seminar: Der Regelbegriff in der praktischen Semantik«. Ich fand Kripke jedoch nur im Literaturverzeichnis erwähnt).
Peter Hamm. Er will jetzt mit oder ohne Fröhlich den Band »Walser, Leben und Werk« abschließen; es sei merkwürdig, einen Herausgeber zu haben, der eher gegen den Band als für ihn gewirkt habe.
Frau Born. Ich bot ihr finanzielle Hilfe an, falls das für die Behandlung von Nicolas Born erforderlich sein sollte.
Rolf Michaelis. Unsere Beziehung zur »Zeit« und zur »FAZ«. Volker Hage.
Lars Gustafsson will sein Stück bald Frau Doufexis in die Hände geben.
Peter Hamm und Michael Krüger waren der Meinung, daß Carpentiers »Die verlorenen Spuren« eines »der bedeutendsten Werke der lateinamerikanischen Literatur und von Frau Botond exzeptionell gut übertragen sei«.

Sonst Freundlichkeiten. Es war ein angenehmer Kreis (siehe auch die – durchweg positiven – Berichte in der »Zeit« und »FAZ«). Verona ist eine bezaubernde Stadt, noch ganz in ihre Geschichte eingebunden, mit herrlichen Plätzen und Palästen. Leider regnete es einen Tag ganz fürchterlich, und nicht nur von daher wurde ich an das Gedicht von Peter Huchel erinnert: »Verona«, das mit der Zeile beginnt: »Zwischen uns fiel der Regen des Vergessens«. Sehr schön die Schlußzeilen: »Dieser Stein, / Im Wasser der Etsch, / Lebt groß in seiner Stille. / Und in der Mitte der Dinge / Die Trauer.«
Sonntag abends Mailand, Treffen mit Calasso. Besuch in der Wohnung von Roberto und Fleur Calasso; ein altes Haus mit einer schönen Terrasse in einem alten Hof, efeuverhangen.
Zwei Stunden redeten wir über Pläne, Rechte, Autoren, Titel.
Calasso ist dringlich interessiert an Böni, Blumenberg, Henrich, Lagercrantz und alles von Elias. (Frau Ritzerfeld)
Außerhalb möchten wir ihm schicken: stw 300 Mandeville; Mommaers, »Was ist Mystik?« und it 429. (vorgemerkt, ze.-)
Wie ist die Situation von Alice Miller in Italien? Er hat davon gehört und ist interessiert.
Calasso empfiehlt uns Wind, Essays.
Dann den Band von Bateson, »Mind and Nature«.
Bei Hagedorn sollten wir nachfragen:
Giorgio Colli, »La Nascita della Filosofia« und »Dopo Nietzsche«.
In einem früheren Bericht habe ich den Autor Prischwin erwähnt: »Die Wurzel des Lebens«. Das Buch kommt in den nächsten Wochen bei Adelphi heraus, und man spricht von einem großen sich anbahnenden Erfolg! Auf meinen letzten Reisebericht hin scheint das Kasack am Telefon abgelehnt zu haben. Sollte das ein zweites Fehlurteil von Kasack sein?
Roberto Calasso macht auf einen wichtigen Adelphi-Autor aufmerksam: Alberto Savinio. Piper hat zwei Bücher von ihm erworben. Calasso macht ganz dringlich die »Nuova Enciclopedia«; das Buch läge bei Piper unter Option (aber, wie wir später von Herrn Leube erfahren, wird Piper es nicht machen).
Dann macht Calasso uns auf einen bedeutenden italienischen Lyriker

aufmerksam: Sandro Penna (Garzanti). Eine Auswahl in der BS sei dringlich geboten. Zwei wichtige Autoren, die Adelphi übernehmen wird: Wasilij Rosanow, »Die Apokalypse unserer Zeit«, und René Girard, »Des choses cachées depuis la fondation du monde«.
Bei Adelphi erschien eben der erste Band einer herrlichen zweibändigen und zweisprachigen Ausgabe von Fernando Pessoa. Er weist darauf hin, daß ganz neu und unbekannt »Briefe an die Geliebte« erschienen seien (Ática).
Alle anderen Titel hat Bernhard Landau aufgeschrieben. Ich habe ihm mitgeteilt, daß wir übernehmen werden:
Salvatore Satta, »Il giorno del giudizio« (»Der Tag des Gerichts«), außerdem
Guido Ceronetti, »II silenzio del corpo« (»Das Schweigen des Körpers«).
J. Rodolfo Wilcock, »Il libro dei mostri« (»Das Buch der Ungeheuer«)
Wahrscheinlich negativ entscheiden wir bei Guido Ceronetti, »La carta è stanca«.
Er bat noch einmal um die Prüfung der trouvaille
Max Jacob/Claude Valence, »Specchio d'astrologia« (z. Zt. bei Kemp).
Zu unseren BS-Vorschlägen, nach denen ich ihn fragte:
Riccardo Bacchelli, »Il figlio di Stalin«: kannte er nicht
Bassani, »Clelia Trotti«: fand er unerheblich
Bassani, »Le parole preparate« (Essay): kannte er nicht
Ugo Betti, »Corruzione«: fand er altmodisch.
Montag, 18. Juni.
8.30 h Frühstück mit Erich Linder im Hotel »Marino alla Scala« (das sich besonders durch lauten Straßenlärm auszeichnete).
Von Linder erfuhr ich, daß H. H. Hagedorn seine Agentur am 31. August aufgibt und daß seine Rechte und Verträge an Frau Gerda Niedieck in der Firma Linder, Mailand–Zürich–Basel gehen.
Erich Linder: freundlich, bestimmt, in gewisser Weise hart, berichtete freimütig vom Stand seiner Agentur, jährlich 14 000 Verträge, Behandlung von 30 000 lebenden Verträgen, 14 Mitarbeiter im Augenblick; er betreue Einaudi in allen Ländern, Einaudi mache immerhin

einen Buchumsatz von 400 Millionen Mark, ich kann das kaum glauben.
Im Rahmen der Linder Agentur würde Niedieck deutsche Rechte für den deutschen Sprachbereich und italienische Rechte für den deutschen Sprachbereich übernehmen.
Anschließend besuchten wir noch seine Agentur, die sehr gut organisiert schien.
Flug nach München. Dort traf ich auf die Minute zu meinem Rendezvous mit Alexander Kluge ein. Er ging unversehens zu seinem Thema über, inwiefern sei die es NF noch seine »Heimat«. Ich sprach mit ihm über meine Absicht und zeigte ihm dann unsere Listen. Beide Listen seien gut, er glaubte, daß man aus beiden Listen eine »hervorragende« Reihe machen könnte.
Er entwickelte sofort einen Plan: ihm ging es um die Gründung einer Autorenwerkstatt, die zum Ziel habe die »Chronik der laufenden Ereignisse«. Dies in doppelter Hinsicht: Interviews mit bedeutenden Geistern, die die Zeit geprägt haben; er nannte (in dieser Reihenfolge): Ernst Jünger, Carl Schmitt, Helmuth Plessner, Herbert Marcuse, Gershom Scholem.
Er wolle Journalisten zusammenrufen, die er nicht ausgelastet fände, denn die schrieben für große Ereignisse nur jeweils einen Bericht und wüßten nicht, was sie mit ihren anderen Notizen anfangen könnten. Diese könnten von Autoren »verwertet« werden, die dann ihre Geschichten schrieben; natürlich ist dies ungefähr das Arbeitsprinzip von Alexander Kluge, der sich z. B. von einem Gedanken von Negt zu einer Geschichte inspirieren läßt, aber ob das übertragbar ist auf andere Autoren? Gewiß, sie lassen sich von einer Geschichte, von einem Vorgang inspirieren, aber doch, nach meinem Urteil, nur dann, wenn der äußere Vorfall mit einem inneren zusammenfällt. Doch Kluge möchte das machen. Er bat darum, daß wir eine gemeinsame Kasse lediglich für Reisekosten gründeten, andere Kosten entstünden nicht. Er wollte von seiner Firma DM 10 000,– beisteuern, und ich sollte diesen selben Betrag dazutun. Er möchte gerne, daß ein Lektor das redaktionell betreut (ich schlug Herrn Fellinger vor), und die DM 20 000,– sollten von Dr. Honnefelder verwaltet werden. Ich war

ganz mit ihm einverstanden, daß er die Herausgabe der Bände auf dieser Basis übernimmt.
Mit seiner Clausewitz-Arbeit käme er gut voran, natürlich sei es eine große Arbeit, einen Band von 1800 Seiten auf etwa 800 Seiten zu kürzen, und er denke, daß ein Luftwaffengeneral hier mit ihm eine Einführung oder ein Nachwort schriebe.
Dann wieder Zusammentreffen mit Gershom Scholem, der sich beriet, wie er sich Michael Krüger gegenüber verhalten sollte, der abends bei Habermas eingeladen war und der als Lektor verantwortlich ist für die Herausgabe von Werner Fuld, »Walter Benjamin. Zwischen den Stühlen. Eine Biographie«, im Hanser Verlag.
Fahrt nach Starnberg. Habermasens 50. Geburtstag. Ich überbringe ihm als Geschenk einen Erstdruck von Fichte, »Über die Bestimmung des Gelehrten« aus dem Jahre 1794. Anwesend: Marcuse, Walser, Tugendhat, Wellmer, Simitis, Hamm, Baumgart. Freundliche Atmosphäre, bestimmt durch die »Kinder«, aber es fehlt der Fokus für dieses Fest. Wo Scholem war, war er Zentrum, er riß die Unterhaltung an sich; ich versuchte das einmal zu kanalisieren: in einem Kreis – Marcuse, Walser, Hamm, Baumgart – erzählte jeder die Geschichte seiner ersten Publikation. Wer wußte schon, daß die erste Publikation von Marcuse eine Schiller-Bibliographie war oder die von Martin Walser in der »Rundschau«: »Herr Urseus kommt in die Stadt«. Ich erzählte dann meine Bernard Shaw-Geschichte.
Es war schwierig, um Mitternacht ein Taxi zu bekommen, weil wegen des Dauerregens im ganzen Bereich das Telefon ausgefallen war.
Dienstag, 19. Juni.
Am Vormittag der von mir veranstaltete Frühstücksempfang im »Ministersalon« des Hotels. Die meisten Gäste tappten erst in den Königssalon, wo eine Handelsvertreter-Party stattfand. Das Schöne war die Anwesenheit der von mir Eingeladenen: Wolfgang Koeppen, Hans Magnus Enzensberger, Tankred Dorst, Anita Albus und Dietrich Leube, Frau Dr. Storz war aus Stuttgart gekommen. An sich sollte der Empfang von 11 bis 13 Uhr dauern, um 15 Uhr saß immer noch eine Gruppe von zehn Leuten um einen Tisch herum, und um 16 Uhr mußte ich dann wegen unseres Abfluges zum Aufbruch mah-

nen. Es war eine sehr angenehme Veranstaltung. Ich bekundete, daß sie zur Entlastung von Ute Habermas stattgefunden habe, und versicherte Jürgen Habermas den Suhrkamp Verlag als Produktionsbasis, solange und in der Art, in der er dies wolle. Er hat meine Anspielung verstanden.
Tankred Dorst: er war sehr froh, dabeizusein. »Merlin oder Das wüste Land« sollte am besten im HP des 2. Halbjahres 1980 erscheinen. Die Aufführung bei Zadek erfolgt mit Sicherheit im Herbst 1980. Er suche den Lektor im Theaterverlag dafür, Herr Kässens oder der neue Mitarbeiter, Herr Schlichting.
Wolfgang Koeppen: er war aufgeregt. Leider nicht wegen des Manuskriptes, das ich nun nicht Ende Juni, sondern Ende Juli erhalten soll. Er nahm mich beiseite: sollte er das ihm von Scheel angebotene Verdienstkreuz annehmen oder wie Böll, Grass, Lenz ablehnen? Einerseits möchte er sich solidarisch verhalten, andererseite möchte er nicht als »abhängig« wirken. Er stimmte mit mir überein, daß seine Situation eine ganz andere sei, und wer weiß, wie seine Frau einmal auf eine solche Auszeichnung angewiesen sein könnte.
Anita Albus: glänzende Verfassung, stolz auf ihre Beziehung zu Claude Lévi-Strauss. Ich sagte ihr unsere Mitwirkung zu: keine Radierungen, sondern eine Lichtdruck-Vervielfältigung ihrer »Eia popeia«-Originale. Es muß ausgerechnet werden, ob es vier oder acht sein werden. 1. bis 250. Exemplar auf Fabriano-Bütten, 251. bis 750. Exemplar auf normales Papier. Die Bütten-Ausgabe sollte 2000,– DM kosten. Kauft das jemand? Auch mit Einführung von Claude Lévi-Strauss ist das schon so eine Sache.
Sie hat ein Angebot der Lichtdruck AG Schweiz, das sie Herrn Staudt übermitteln wird.
Im übrigen bittet sie darum, daß der Verlag einmal mit ihr ihre Vorschläge solcher bibliophiler Drucke besichtigt. Sie ist sehr daran interessiert, daß der Verlag die Abteilung »Das schöne Buch« verselbständigend ausbaut.
Hans Magnus Enzensberger: in elegantem Sommeranzug, wie immer freundlich, brillant. Ich sprach ihn auf seinen »Spiegel«-Essay an, ein erstaunliches Bekenntnis zur Verfassung der Bundesrepublik

einerseits und eine doch sehr einseitige Darstellung des Falles Michel, die Wichtiges unterschlüge.
An seinen »Liedern« für die es NF müsse er noch arbeiten, es sei einfach noch zu wenig Text vorhanden. Im übrigen würde er an der Folge von »Titanic« arbeiten. Später lese ich, daß er im »Börsenblatt« den Titel »Transatlantik« schützen läßt.
Wir sollten den Band »Über Hans Magnus Enzensberger« aus dem Verkehr ziehen. Wie sind die Bestände?
Fania Scholem (die ich zum ersten Mal mit Gershom Sekt trinken sah) regt (wahrscheinlich wegen ihres Alkoholspiegels) an, wir sollten die folgenden »Witz- und Anekdotenausgaben« verlegen:
1. Rote Pomeranzen
2. Roschinskis & Mandeln
Anwesend beim Frühstück war auch Fräulein Berghahn, die Ziehtochter von Habermas; Alexander Kluge hatte sie am Abend schon für sein Projekt der Werkstatt engagiert.
Ebenfalls war anwesend Frau Seyla Benhabib; sie ist in Istanbul geboren, türkische Eltern und dann nach Israel ausgewandert. Ihre Kindheit hat sie in Israel verbracht. Auswanderung nach den USA, jetzt mit einem Stipendium am Max-Planck-Institut. Sie regt dringlich an, Gedichte von Nâzim Hikmet herauszugeben.
Gershom Scholem: er hatte am Abend mit Michael Krüger gesprochen und ihm ernste Vorwürfe gemacht; sie verabreden ein gemeinsames Gespräch. Ich sprach nachher mit Krüger, der sich mir doch sehr schlechten Gewissens gab. Wie ich später von Scholem am Telefon hörte, wartete Scholem vergebens auf Krüger, der den Termin »mißverstanden« hatte. Scholem schien bedrückt, er wollte ohnehin jedoch nur klagen und keinesfalls seine Hand zu Korrekturen leihen, denn es ginge hier leider nicht nur um Fehler und Verleumdungen, das ganze Buch sei eine einzige Unmöglichkeit.
Flug nach Frankfurt. Im Gepäck das Scholem-Manuskript des Briefwechsels. »Meine letzte Reise« – jetzt kann wieder ruhige Arbeit beginnen, darunter die wichtigste: die Lektüre dieses Briefwechsels.
dr. u./ze. –
22. Juni 1979

Reisebericht Mexico–USA
9. April bis 5. Mai 1980

Ein Bericht in Stichworten.
9. April. Dreizehn Flugstunden nach Mexico und eine zusätzliche Stunde Aufenthalt in Nassau auf den Bahamas. Reichlich Zeit also, die vier Lang-Gedichte von Octavio Paz einläßlich zu studieren. Übersetzung und das Nachwort von Gimferrer machen einen vorzüglichen Eindruck, und das Ganze wirkt auf mich sehr bedeutend.
Am Flughafen in Mexico holt mich Michi Strausfeld ab, ihre Anwesenheit in Mexico ist angenehm und in jeglicher Hinsicht nützlich. Sie macht ihre Vermittlungsarbeit vorzüglich, gescheit, anpassungsfähig, energisch, ohne aufdringlich zu sein.
Man muß den Aufenthalt in Mexico mit dem Besuch im Anthropologischen Museum beginnen. Welch eine Geschichte ist dort archiviert! Überall Zitate aus dem »Popol Vuh«; es gibt eine gute Übersetzung bei Diederichs. Vor Jahren haben wir einmal nach einer Lizenz angefragt, die nicht möglich war, vielleicht sollte man wieder daran denken, Übersetzung von Wolf Cordan.
Am Ankunftstag noch ein kurzer Besuch bei Octavio Paz; wir sind für die nächsten beiden Tage mit ihm verabredet.
Frau Strausfeld hat die einschlägigen Verlage besucht und wird darüber gesondert berichten.
Wir machten einen gemeinsamen Besuch im Verlag Siglo 21 bei Arnoldo Orfila, die eindrucksvollste Verlegerpersönlichkeit Mexicos. Er ist seit 1948 in Mexico, war bis 1965 Leiter des Staatsverlages Il Fondo, dann wurde er von dem Präsidenten Echeverría wegen seines linken Programms hinausgeworfen. 48 Stunden später hatte er das Geld für die Neugründung des Verlags Siglo 21, und jetzt hat er vom neuen Präsidenten López eine hohe Auszeichnung erhalten, eine ungewöhnliche Ehrung für einen Mann, der in Argentinien geboren wurde. Der Name Siglo 21 soll bedeuten, man möchte Bücher für das 21. Jahrhundert bringen.
Orfila produziert für den akademischen Bereich, er will billige Bü-

cher machen. Er gibt Einführungsbänden Benjamin und Adorno eine große Chance. Ob wir ihm nicht solche Anthologien vorschlagen könnten.
Er ist dringlich interessiert an dem Briefwechsel Benjamin–Scholem, Jonas, »Verantwortung« und an dem Buch von Paul Feyerabend (Frau Ritzerfeld).
Dahmer, »Libido«, sei unter Option bei Barral gewesen, er hätte es nicht erhalten, aber Barral hätte es nicht herausgebracht. Sind die Rechte frei? Wenn ja, müßte Frau Ritzerfeld ihm schreiben.
Dringlich auch hier, wie bei vielen anderen Verlagen in Mexico, wären unsere Verlagsankündigungen in englischer Sprache.
Juan Rulfo
Er ist liebenswürdig wie eh und je. Meiner Frau verehrt er zwei alte Tonväschen; er selber gab sich unglücklich, daß in einem Verlag sein Buch »El Gallo de oro« erschienen sei, eine Anthologie seiner Filmtexte, die er einmal in ein paar Tagen geschrieben habe. Die Verlage lassen Juan Rulfo nicht aus, er ist in Mexico ein ausgesprochener Bestseller-Autor.
Im übrigen sei er mit der Niederschrift einer Erzählung beschäftigt, die er in diesem Jahr zu beenden hofft. Das könnte 1981 oder 1982 in Deutsch erscheinen: »Dann bin ich tot«.
Juan Rulfo macht uns auf zwei wichtige Autoren aufmerksam:
– Mário de Andrade.
Der Autor ist 1928 gestorben, etwa 40jährig. Sein Hauptwerk: ein Roman mit 250 Seiten. Titel »Macunaíma«. Meyer-Clason sollte das aus dem Brasilianischen bzw. Portugiesischen übersetzen.
– Clarice Lispector.
Die Autorin, die vor kurzem starb, hinterließ fünf Romane und phantastische Erzählungen. Ein Roman sei sehr bedeutend: »Perto do coração selvagem«.
Wie steht es überhaupt um uns und Juan Rulfo? »Der Llano in Flammen« und »Pedro Páramo« haben wir wohl in Lizenz von Hanser erhalten. Laufen die Verträge ab? Welche Verträge sind es überhaupt? Kann man feststellen, ob die beiden Bücher bei Hanser noch im Katalog sind?

Juan José Arreola
Ein ungewöhnlicher Autor. Sein »Confabularium«, das wir jetzt für das 1. Halbjahr 1980 angezeigt haben, ist sein einziges Buch, eine ungewöhnliche Montage. Arreola hat seitdem nichts mehr geschrieben, aber man merkt, wie ihm selber das unangenehm ist. Er ist ein Mann mit tiefster Klaustrophobie, er kann überhaupt nicht allein gehen, sondern muß ständig begleitet sein, meistens von einem seiner Brüder. Dabei tritt er jeden Abend im Fernsehen auf mit einem Thema, das ihm ganz überlassen ist.
Wir zitieren auswendig deutsche Dichtung. Er hätte sehr gerne deutsche Dichtung auf Schallplatten.
Hinweis auf Gerhart Münch: »Der beste Deutsche nach Humboldt in Mexico«.
Der für ihn wichtigste Poet der Zeit sei Carlo Còccioli, ein Schriftsteller, der 1920 geboren ist, von dem man aber seit langem nichts mehr gehört hat. Bedeutend sein erster Roman, »Il migliore e l'ultimo«, die Geschichte eines Mannes, der den besten und letzten Sinn des Lebens sucht und stirbt, ohne ihn gefunden zu haben. Kennen wir das?
Sonst ist Arreola sehr witzig. Die bedeutendsten mexicanischen Autoren seien Octavio Paz, Juan Rulfo und er.
Estrada, »La Vida de María Sabina«, das H. P. Duerr uns so dringlich empfiehlt, wird in Mexico viel besprochen, leider sind die Rechte an einen kleinen Berliner Verlag vergeben worden.
Das entscheidende Erlebnis von Mexico war die Begegnung mit Octavio Paz. Wir waren in den zwei Tagen sehr häufig zusammen, er organisierte für uns einen Ausflug nach Tula, der erst 1938 wiederentdeckten Hauptstadt des Tolteken-Reichs (985-1200). Überdimensionierte Atlanten schauen über die Hochfläche hinweg.
Am nächsten Tag besuchen wir San Juan Teotihuacan; die Azteken fanden hier eine schon verfallene Sakralstätte vor und nannten sie »Ort der Götter«, da sie sich nicht vorstellen konnten, wer diese gigantischen Bauwerke – zwei riesige Pyramiden – weit vor Christus gebaut haben konnte. Auf einer langen Straße der Toten wurden die Opfer, die hier zu Tausenden den Göttern gebracht wurden, den Opferstätten zugeführt.

Octavio Paz ist eine ungewöhnlich kultivierte Erscheinung. Es war ein Vergnügen, mit ihm zu sprechen. Er freut sich sehr auf seinen Besuch in der Bundesrepublik, wir werden uns in der Tat anstrengen müssen.
Octavio Paz lebt mitten in Mexico, in dieser geräuschereichen Stadt, in einer sehr schönen Wohnung mit einer präsenten Weltliteratur und reichen Kunstschätzen, besonders aus Indien. Auch er ist häufig im Fernsehen, wie überhaupt Autoren gern im Fernsehen gesehen sind: sind es doch noch die einzigen, die moralische Integrität für die Masse des Volkes ausstrahlen. Octavio Paz ist Leiter eines Instituts, das ihm auch Wagen und Chauffeur zur Verfügung stellt.
Er bat mich, den Historiker Gordon Wasson in Banbury/Connecticut anzurufen (748-0123; 42 Long Ridge Road, Banbury/Conn.). Das habe ich gemacht, ihn aber nicht erreicht.
Hinweis auf Miguel León-Portilla, »El reverso de la conquista« (»Die Kehrseite der Eroberung«).
In Mexico gehen große Veränderungen vor. Nach wie vor ist die Urbanisierung das Hauptproblem, d.h., die Stadt Mexico kann ihren Zuzug nicht bewältigen. Es ist jetzt schon die größte Stadt der Welt mit 14 Millionen, und man nimmt an, daß es am Jahrhundert-Ende 30 Millionen sein werden. Das ist kaum zu bewältigen. Und dann gibt es noch ein anderes Problem. Die allergrößte Mehrheit der Bevölkerung sind ganz junge Leute. Was wird aus ihnen, wohin bewegen sie sich? Gibt es hier ein revolutionäres Potential?
Alles sieht nicht nach Revolution aus. Die in Mexico stattgefundene Revolution ist institutionalisiert. Aber was auffallend ist, ist das neue Selbstbewußtsein der Mexicaner. Ein Wort beherrscht die Szene: Petróleo, das Öl, das nun dem Land neue Reichtümer verschafft, die so groß sind, daß auch eine Regierung diese Gelder nicht unter sich aufteilen kann. Im übrigen gingen zum ersten Mal seit 50 Jahren Raub und Korruption zurück, der Ölreichtum sei kontrolliert.
Octavio Paz beobachtet diese Entwicklung mit Zuversicht. Mexico sei wahrscheinlich das Land, das die Revolution organisch tragen werde. Sonst sind ja die beiden bedeutenden Revolutionen des 20. Jahrhunderts, die Sowjetunion und Cuba, in Bürokratien erstarrt. Über-

all ist dieses Bewußtsein zu spüren. »Bessere Schüler, bessere Mexicaner« stand an einer Schule geschrieben. Dieses Land ist sehr zu beobachten.

13. April. Flug nach San Diego–La Jolla.

Cynthia Walk empfängt mich und betreut mich auch in den acht La-Jolla-Tagen.

In meiner Eigenschaft als Regents Lecturer hielt ich drei öffentliche Vorlesungen, zwei Seminare, besuchte zwei Writing-Klassen und hielt Sprechstunden ab. Ich war ganz schön beschäftigt, aber es war nicht uninteressant.

James K. Lyon

Wir diskutierten noch einmal ausführlich sein Buch »Brecht in Amerika«. Mein Brief hatte ihn einigermaßen getroffen, er kann sich nicht zu einer so weitgehenden Korrektur bzw. Kürzung entschließen. Er hat sein Manuskript noch einmal revidiert, einen Teil meiner Gesichtspunkte berücksichtigt; wir sind so verblieben, daß wir das Manuskript noch einmal Professor Altenhofer zur Begutachtung geben. Ein sehr positives Gutachten von Reinhold Grimm liegt mir vor.

Das zweite Projekt, das ich mit James K. Lyon erörterte, ist unmittelbar damit verbunden: er gab mir jene Dokumente zur Kenntnis, über die er schreibt. Hier war ich sofort begeistert und schlug vor, daß wir daraus ein Taschenbuch machen sollten: »Brechts amerikanisches Exil in Dokumenten«. Das Buch enthielte eine Einleitung von 20-40 Seiten, dann etwa 120 Seiten dieser Sekundär-Dokumente, im Anhang Legenden und Referenzen und im 2. Anhang dann zwei unveröffentlichte Texte von Brecht. Hochinteressant sind die Interviews, die Brecht in Kalifornien gegeben hat und die Lyon fleißig gesammelt hat. Für ihn wäre es angenehm, wenn dieser Dokumenten-Band erscheinen könnte, denn dann könnte er abermals Kürzungen in seinem Manuskript anbringen. Ein Beispiel eines solchen Interviews habe ich mitgebracht.

Ich lernte Frau Gertrud Weiss Szilard in San Diego kennen. Sie ist die Frau von Leo Szilard, der mit Einstein die Bombe entwickelt hat. Sein Buch »Die Stimme der Delphine«, eingeleitet von Weiz-

säcker, läge im Suhrkamp Verlag; es wird im Juni 1981 als st erscheinen.
Es gäbe jetzt auch Erinnerungen von Szilard, die uns zugesandt werden, aber ich nehme nicht an, daß wir das machen können (am 6. 5. 80 bereits zurückgesandt).
Besuch bei Dr. Michael Davidson, dem Direktor der Universitäts-Library und speziell dem Archiv für New Poetry. Hochinteressante Sammlung, etwa 8000 Poetik-Drucke von kleinen Pressen. Von diesem Mann können wir alle Poetik-Auskünfte erhalten, übrigens kennt er unseren Professor McClatchy in Yale nicht.
Zusammentreffen mit Martin Wierschin, University of California. Er bot uns eine Sammlung seiner Aufsätze an, aber ich lehnte das ab. Er selber ist ein sehr angenehmer Mann.
Zur Pflege der Deutschen Gemeinde Abendessen bei Frau Larimore (14044 Rue St. Remo, Delmare/La Jolla/Cal. 90211, Telefon 481-6690).
Es gab in La Jolla noch eine Gedenk-Unternehmung für Herbert Marcuse, sonst aber ist es sehr ruhig um ihn geworden.
22. April. Palo Alto–Stanford.
Abholung durch Katharina Mommsen. Nach dem Frogpond sogleich die Vorlesung an der Stanford University: »Literary Publishing«. Sehr gutes Publikum. Die Austausch-Professoren aus der Schweiz (von Matt), Bundesrepublik und Österreich waren anwesend. Anschließend Abendessen bei Katharina und Momme Mommsen. Victor Lange hatte lange Autobahnfahrten unternommen, um mich zu sprechen. Wir diskutieren eine amerikanische Goethe-Ausgabe, deren Plan ich während meines USA-Aufenthaltes weiterhin vertieft habe.
Anwesend waren außerdem unser Autor Roger Kempf, Prof. William E. Petig; von Berkeley war ebenfalls anwesend Hinrich Seeba, einen sehr guten Eindruck hat mir der Stanford-Professor Gerald Gillespie gemacht. Zur Goethe-Ausgabe noch später.
Dringlich war für Katharina Mommsen, daß ich ihren Schüler David Pike kennenlernte, vgl. ihren Brief vom 3. Februar 1980.
David Pike hat sieben Jahre an einem Manuskript gearbeitet: »Ger-

man Writers in Soviet-Exile 1933-1945«. Das Manuskript umfaßt etwa 700 Seiten, es deckt einen Zeitraum von 25 Jahren. Es enthält ein phantastisches Material. Das Manuskript hat drei Schwerpunkte:
1. Die Kulturpolitik der KPD, dokumentiert in unveröffentlichten Dokumenten.
2. Was haben die Schriftsteller im sowjetischen Exil gemacht, wie weit sind sie mitgegangen, was haben sie getan, wie wurden sie debattiert, und wie verhielten sie sich während des Krieges?
3. In den Dokumenten ist die Vorgeschichte der DDR klar festgehalten.

David Pike war der erste Austausch-Professor der USA in Moskau, nur deshalb hatte er Zugang zu den Archiven. Er hat die Korrespondenz eingesehen, die Thomas Mann, Heinrich Mann, Graf, Herzfelde, Anna Seghers, Brecht, Eisler, Lukács und Kurella geführt haben. Er weiß über das Schicksal von Carola Neher ebenso Bescheid wie über Lukács, der Brecht, Bloch und Benjamin als Klassenfeinde bezeichnet hat.

Als Übersetzer käme in Frage Dr. Lore Brüggemann, Heideckstraße 29, 8 München 19. Sie habe einen Teil schon übersetzt, und der ist vom Autor wie von Katharina Mommsen geprüft worden.

Pike macht mich auf Helga Gallas, »Marxistische Literaturtheorie«, Luchterhand, aufmerksam, aber dieses Buch würde durch seine Dokumentation weit überholt.

Kennen wir Ernst Loewy, Frankfurt, der offenbar Herrn David Pike genau kennt?

Pike hat für seine Arbeit verschiedene nationale Auszeichnungen erhalten, und jetzt arbeitet er im sehr angesehenen Hoover-Institute der Universität Stanford. Das ist eine der privilegiertesten Forschungsmöglichkeiten; seine Sekretärin verfügt über einen Digital-Word-Processor; diese Maschine ist zum Schreiben von Manuskripten und der von Korrekturen hervorragend geeignet.

Gespräch mit Peter Frank, Green Library Stanford. Er macht mich auf eine neue englische Übersetzung von Wittgensteins »Tractatus« aufmerksam, die ihm Bruce Buchanan geschickt hat. Frank leitet den Vorgang an uns weiter. Ist Wittgenstein in den USA frei?

23. April. San Francisco und Berkeley.
Besuch bei Leo Löwenthal und seiner Frau Susanne. Ungewöhnliche Erscheinung: mit 80 Jahren sehr jung. Er hat Herrn Fellinger die Formulierung seines es NF-Bandes überlassen, und er freut sich sehr auf die Zusammenarbeit mit uns im Hinblick auf seine »Schriften«.
Gerhard Nellhaus. Ich hatte ihn früher als Übersetzer von Brecht kennengelernt, jetzt arbeitet er als Arzt in Stanford. Er möchte sehr gerne wieder übersetzen. Er steht zur Verfügung, auch für schwierige dramatische Texte.
24. April - 30. April. New York
Am Flughafen Burgel Zeeh, Helene Ritzerfeld, Kurt Bernheim. Später treffen Joachim und Martine ein. Es war für mich sehr angenehm, mit den Verlagsmitarbeitern in den USA zu sein, insgesamt eine doch sehr große Erleichterung.
Ich kann diese New Yorker Tage nur in Stichworten festhalten. Politisch waren sie gekennzeichnet durch die in der Nacht vom 25. auf den 26. April von Carter verfügte Aktion zur Befreiung der Geiseln in Teheran und den Rückruf der Soldaten mit allen ihren Konsequenzen. Alle Leute des intellektuellen Bereichs, die ich traf, verurteilten die Aktion, ja hielten sie für lächerlich. Aber in der Volksgunst stieg Carters Ansehen.
Aus der Überfülle des New Yorker Programms greife ich folgende Punkte heraus:
1. Wittfogel/Ulmen
a) Karl Marx, »Enthüllungen«.
Termin Ende Juni wird eingehalten. Ulmen wird noch ein zusätzliches Vorwort schreiben. Dringlich wäre, daß Iring Fetscher eine »Note of translation« an Wittfogel schickt, dies insbesondere, wie sich seine Übersetzung von den beiden vorliegenden unterscheidet. Wittfogel möchte das unbedingt haben, Herr Fellinger möchte das von Herrn Fetscher verlangen.
b) Die »Ausgewählten Schriften« von Wittfogel.
Wir fangen an mit zwei frühen Schriften,
1. »Theorie der orientalischen Gesellschaft«, ca. 400 Seiten.
2. »Wirtschaft und Gesellschaft in China«, zwei Teile ca. je 400 Seiten.

Die Manuskripte sollen wir im Laufe des Sommers 1980 erhalten, sie werden also im 1. Halbjahr 81 oder im 2. Halbjahr 82 im Rahmen des Wissenschaftlichen Hauptprogramms herausgebracht.
Wittfogel konnte sich nicht genugtun, mich immer wieder auf Willibald Alexis hinzuweisen. Sein »Roland von Berlin« habe Engels begeistert. Warum wir diesen Walter Scott mit »Schloß Avalon« und »Walladmor« nicht wiederentdecken wollten? Und im übrigen: Gotthelf sei »the present Balzac«.
2. Olof Lagercrantz
Wo er auch war, machte er einen vorzüglichen Eindruck. Auch Roger Straus scheint jetzt von ihm überzeugt zu sein, die beiden Lektoren Aaron Asher und Nancy Meiselas sagten, es sei für sie das wichtigste Buch, das sie im nächsten Jahr herauszubringen gedenken.
Durch Olof Lagercrantz lernte ich die schwedische Kolonie in New York kennen, eine auch soziologisch hochinteressante Schicht. Man will dort Strindberg »pushen« und ihn zu einem wichtigen Zeitphänomen erklären.
3. Diverse Autoren
– Michael Brodsky nenne ich an erster Stelle. Mit seinem Roman »Detour« hat uns Martin Kluger ja sehr im Stich gelassen. Ich habe ihm die Geschichte erzählt. Was nun? In kleinen eingeweihten Kreisen gilt er als einer der bedeutendsten der jüngeren Schriftsteller, ja als der Kafka Amerikas. Er hat verschiedene Romane geschrieben, die in seiner Schublade liegen und die Michael Roloff verpflichtet sind, der sie aber aus finanziellen Gründen nicht herausgeben kann. Ich besuche die letzte Aufführung seines Stückes »Terrible Sunlight«, das Gitta Honegger in Szene gesetzt hat; das Bühnenbild stammt von keinem Geringeren als Joseph Kosuth; eine hochinteressante Aufführung, ein Sprachspiel mit Wittgensteinschem Charakter, aber kaum für Aufführungen bei uns geeignet.
Michael Brodsky selbst macht mir einen vorzüglichen Eindruck, scheu, zurückhaltend, aber was er sagt, ist gescheit und zutreffend. Wir müssen diesen Autor wirklich beachten. Was machen wir also mit »Detour«?
– Elaine Pagels. Auch sie eine ungewöhnliche Erscheinung. Um die 40,

ist sie von ihrem riesigen Erfolg selbst überrascht. Die Verkaufsauflage von »Gnostic Gospels« liegt jetzt bei 60 000, und das innerhalb von wenigen Monaten. Weidenfeld und Gallimard wollen das Buch bringen und ihm große Aufmerksamkeit widmen. Durch ihre Auszeichnung mit dem Kritikerpreis ist das Buch wieder ins Gespräch gekommen.

Elaine Pagels ist damit einverstanden, daß das Buch im Insel Verlag erscheint, da dort die Werke von Eliade und auch Scholems »Geheimnis der Schöpfung« erschienen sind. Das letztere Buch wünscht sie sich sehr, denn das ist ihr nächstes Thema.

Prof. Dr. Klaus Koschorke kenne das Werk von Elaine Pagels sehr genau. Im übrigen hatte sie keine Ahnung, was ihre Agenten mit ihrem Werk gemacht haben. Ich halte hier ihre Adresse fest: privat: 27 W 87 Str., N. Y. 10024 und: Chairman, Dpt. of Religion, Barnard College, Columbia University, Broadway 120th Str., N. Y. 10027.

– H. R. Broch de Rothermann hat mir dringend die karibische Autorin Jamaica Kincaid ans Herz gelegt. Ich habe zwei im »New Yorker« veröffentlichte Erzählungen gelesen, sie haben mir durchaus gefallen, aber man muß mit der jungen Dame vielleicht doch noch etwas warten.

Gespräche mit Renata Adler und Donald Barthelme. Kurzes Gespräch mit John Leonard, der versprochen hat, nun die Unterlagen zum Band der amerikanischen Prosa in Kürze dem Verlag zuzusenden.

4. Gitta Honegger

Diese Frau ist immer wieder eine Überraschung. Sie hat als Regisseurin des Brodsky-Stückes einen guten Erfolg gehabt, wenn natürlich auch die Wirkung sehr gering ist. Sie möchte in Zukunft übrigens mehr amerikanische Autoren vorschlagen, unser bisheriger Besitzstand mit Albert Innaurato (»Gemini«, »Die Verwandlung des Benno Blimpie«) und Cassavetes, »Messer«, ist doch etwas zu schwachbrüstig.

Und dann liest sie Gertrud Leuteneggers »Lebewohl, Gute Reise« und ist begeistert! Sie möchte das Stück übersetzen, und praktisch hat sie in der Nacht der Lektüre schon angefangen, die ersten Sei-

ten zu übersetzen. Ich werde das Gertrud Leutenegger zuschicken. Und wie der Zufall so spielt: 1974 hatte sich Gitta Honegger mit dem »Gilgamesch«-Epos befaßt.
Ich überlege, daß wir ihr das Stück zur Übersetzung in Auftrag geben, die Rechte sollten aber bei uns liegen, und wir wollen es nicht autorisieren. Doch erst soll Gertrud Leutenegger uns ihre Meinung zur Übersetzung sagen.
5. In New York und Boston war Hedda Egerer aus Wien anwesend. Sie richtete ihren Urlaub so ein, daß sie unsere Unternehmungen in den beiden Städten mitmachen konnte. Wir hatten reichlich Gelegenheit, Gespräche über das Thema Suhrkamp-Insel-Büro in Wien zu führen.
6. Volkmar Sander/Mark Linz und das Projekt »Deutsche Literatur in Amerika«.
Es ist ein Lieblingskind von Sander, eine Bibliothek in amerikanischer Übersetzung in etwa 100 Bänden herauszugeben. Sander hat das geschickt aufgemacht und unter anderem Helen Wolff und mich als verlegerische Galionsfiguren genannt und als Trustees Scheel, Kissinger, Menuhin und andere. Aber das Projekt hat drei Fehler: es ist für die gegenwärtig schwierige Zeit zu umfangreich, das kann niemand verkraften und niemand finanzieren, die Amerikaner schon gar nicht.
Es ist editorisch nicht richtig angelegt, es ist eine Bibliothek, wie sie sich diese deutschen Germanisten ausdenken und nicht so sehr amerikanische Germanisten oder gar amerikanische Literaturkenner. Das Ganze muß also noch einmal gründlich durchdacht sein.
Herr Sander hat das Projekt sehr auf seinen Freund Mark Linz zugedacht, dem ja bei Herder & Herder gescheiterten Verleger und dem Direktor der Seabury-Press, wo ein Scheitern gerade mühsam verborgen wird. Herr Linz hat einen neuen Verlag eröffnet: Continuum Books, der angeblich für dieses Projekt 5 Millionen Dollar aufbringen möchte, wenn die Bundesrepublik ihm etwa denselben Betrag garantiert. So ist das Projekt nicht zu machen.
Ich schlage den beiden Herren vor, daß wir eine Reihe von Verlagen finden, die zunächst einmal vorbildliche Ausgaben machen sollten;

wenn diese dann in vier, fünf Jahren vorliegen, könnte man wieder sehen, ob das der Kern einer so großen deutschen Bibliothek sein könnte. Mein Vorschlag war dann, daß der Suhrkamp-Insel Verlag in Boston eine Goethe-Ausgabe realisieren sollte. Herr Sander und Herr Linz sind in den nächsten 14 Tagen in Bonn bei Gesprächen mit dem Auswärtigen Amt.

7. Princeton

Ich wurde dort eingeladen von dem Chef des German Departments, Prof. Dr. Stanley Corngold, und dem Chairman of Dept. of Comparative Literature, Prof. Dr. Robert Fagles. Anwesend waren auch die Professoren Walter Hinderer und Ralph Freedman. Etwas schwieriges Publikum für meinen Vortrag (»Goethe–Rilke«), anschließend Empfang, an dem neben den Fakultätsmitgliedern und einigen Graduierten auch Frau Reich-Ranicki und ihr Sohn Andrew Ranicki mit Frau und Tochter teilnahmen. Seit einigen Monaten ist Reich-Ranicki Großvater, er möchte aber nicht, daß man davon spricht. Sehr angenehmer Ausflug nach Princeton, Führung durch die Universität.

8. Verlage, Verleger, Agenten

Roger Straus, Georg Braziller, Fred Jordan, André Schiffrin, Helen Wolff. Im Augenblick ist es ein wenig schwierig mit dem Verlegen. Die Inflation macht sich bemerkbar. Anders als bei uns steigen die Preise, jedoch nicht die Gehälter und Löhne. Harcourt Brace muß gewaltig reduzieren. Vor Jahren hatte man groß expandiert, jetzt müssen Leute entlassen werden, hire und fire ist immer noch das Prinzip.

9. Empfang der University of Chicago Press und des Suhrkamp Verlages aus Anlaß des Erscheinens meines Buches »The Author and His Publisher«.

Der Empfang war glänzend besucht, neben den schon genannten Autoren waren auch Professor Niederland und Hans Jonas zugegen; meine Übersetzer Hildegarde und Hunter Hannum, Regina Richter. Im Sky-Garden des Hotels St. Moritz hatten wir einen wunderschönen Überblick über den Central Park, Morris Philipson sprach einen Toast auf seinen neuen Autor, ich erwiderte kurz; die Zeit verging wie im Fluge.

Anschließend gaben wir ein Abendessen, bei dem Professor Niederland und Olof Lagercrantz den Verleger laudationierten.
Zum Empfang und Abendessen waren außerdem gekommen die Professoren Hinderer und Freedman aus Princeton, Wolf Lepenies und Frau, H. F. Broch de Rothermann und Frau, Professor Wittfogel und Frau mit G. L. Ulmen, Dr. Klaus und Dr. Alice Peters, Boston, Herr H. J. Surber und Frau, Birkhäuser Basel, Prof. Dr. Peter Demetz und Frau, Yale.
10. Kurt Bernheim.
Umsichtige Vorbereitung für unsere New Yorker Unternehmungen und zuverlässige Begleiter unserer Verlagsmannschaft, aber so lieb und angenehm er ist, so viel Erfahrung und Verbindungen er aufweist: ich meine doch, daß wir bald einen jüngeren Scout bzw. Repräsentanten haben sollten. Dies gilt natürlich ganz besonders, wenn wir in Boston unter dem Namen Suhrkamp und Insel neue Aktivitäten entfalten.
1.-4. Mai. Boston – Amherst
1. Mai Flug mit Hedda Egerer, Olof Lagercrantz und Herrn und Frau Peters. Mit Peters besprach ich die Personalsituation und nannte ihm die Möglichkeit, daß Angelika Hein in Boston mitarbeiten möchte. Herr Peters wird sich das überlegen und in etwa vier Wochen reagieren.
Nach Ankunft Besuch im Verlag, 380 Green Street, Cambridge. Die Bücher Suhrkamp-Insel sind da, ein merkwürdiges Erlebnis, wenn ich mich daran erinnere, daß vor einem halben Jahr noch leere Räume da waren.
Begrüßung der Mitarbeiter. Mittagessen mit Herrn und Frau Peters. Im Hotel Egon Schwarz.
17.00 Uhr Goethe Institut Boston. Vor gefüllten Räumen Eröffnung von Suhrkamp Publishers Boston Inc. Ich weiß, daß ich den Namen ändern werde in Suhrkamp Insel Publishers Boston Inc. (das Gespräch mit Elaine Pagels war das letztlich dann ausschlaggebende; wir hatten einen Vertrag geschlossen auf der Basis Suhrkamp, sie las den Suhrkamp-Zettel und war beeindruckt von den Autoren; der Insel-Zettel hatte dann immerhin Goethe und Mircea Eliade,

aber sie fragte: welcher Verlag wird in Boston gegründet?). Erstaunliches Publikum von etwa 200 Leuten. Es muß der Insistenz von Dieter Henrich zu verdanken sein, daß Willard V. O. Quine (dessen zwei Bücher »Die Wurzeln der Referenz« und »Grundzüge der Logik« wir im Programm haben) anwesend war und ebenfalls Otto F. Kernberg (»Borderline-Störungen und pathologischer Narzißmus«) und schließlich Lawrence Kohlberg, der in seiner gewissen Exzentrik fast so berühmt ist wie Saul A. Kripke in Princeton, Dieter Henrich, Professoren aus Mount Holyoke, University of Massachusetts, Amherst, Smith College.

Vertreten war auch unser Autor Professor Gerald Holton (»Thematische Analyse der Wissenschaft«), der sich sehr beklagte, daß sein Übersetzer Horst Huber viel zu lange an seiner Übersetzung arbeite.

Die Veranstaltung begann mit einer Suite von Johann Jakob Froberger (1616-1667), am Cembalo Lisa Beth Crawford, dann sprach Dr. Kirchhoff, der Direktor des Goethe-Instituts keineswegs Welcoming and Reminiscences, sondern er erzählte die Geschichte des Suhrkamp Verlages in viel zu umständlicher Weise und in einem schrecklichen Englisch. Der Generalkonsul hatte sich wenigstens dann kurz gefaßt. Sehr satirisch-witzig die Bemerkungen von Egon Schwarz, »Discoveries«, die reflektierten, der Suhrkamp Verlag habe nun Amerika entdeckt und was der Suhrkamp Verlag, der in Deutschland so Großartiges geleistet habe, nun in Amerika machen werde. Was er sich da wohl ausgedacht hätte? Danach bedankte sich Sigrid Bauschinger für die University of Massachusetts für das Suhrkamp fellowship und stellte den ersten Stipendiaten vor. Danach meine Adresse, die ich spontan und frei sprach, Erinnerung an die 25 Jahre [zuvor an der] Harvard University, meine Beziehung zu Amerika, mein Regents Lectureship in San Diego mit dem Vortrag »Literary Publishing«, der auf die Unterschiede des deutschen und amerikanischen Verlagswesens nicht einging, sondern nur die »similarities« mit einer Ausnahme behandelte. Wir wollten keine eigene Verlagsproduktion aufziehen, zumindest zunächst nur eine Basis für unsere Bücher suchen. Dann wieder Froberger, anschließend ein Empfang. Am Abend

dann ein Abendessen im Parker House, das alles schien mir sehr gelungen. Man hatte den Eindruck, daß der Name Suhrkamp nicht nur wegen George Steiners »Suhrkamp-Kultur« einen besonderen Glanz hatte. Man erwartet aber auch Besonderes von uns.
Ursula von Krosigk. Sie möchte die Gedichte von Adrienne Rich übersetzen, aber der Verlag Frauenliteratur München hat eine Option auf »The Dream of a Common Language«. Doch Frau von Krosigk meint, wir sollten eine Auswahl aus den »Collected Poems« machen. Dieser Band enthält eine Sammlung von Gedichten aus sieben Bänden und Unveröffentlichtes.
Prof. Gian-Carlo Rota, MIT. Er ist extra aus Princeton nach Boston gekommen. Er empfiehlt uns dringend, wir sollten Heideggers Original von »Sein und Zeit« veröffentlichen. Es gäbe ein hochinteressantes Originalmanuskript mit Anmerkungen des Autors. Und: »Klostermann has no rights«.
Übrigens kennt Prof. Dr. Walter Biemel die Rechtslage sehr genau.
2. Mai. Am Vormittag trifft sich die gesamte Mannschaft Suhrkamp/Birkhäuser im Büro 380 Green Street.
Die wichtigste Entscheidung: der Verlag wird in Zukunft firmieren mit Suhrkamp Insel Publishers Boston Inc., Herr Peters wird das mit seinem Anwalt in die Wege leiten.
Der Preis für »Hesse as Painter« wurde auf 10,– Dollar festgesetzt.
Kaplan, »Das zeichnerische Werk«, das lehnen wir ab, keine Chancen.
Der April-Umsatz beläuft sich auf rund 7000 Dollar.
Vorlage der Broschüre »Suhrkamp Letter for America No. 1. Information Spring 1980«. Das ist eine gute Sache geworden, was vermißt wurde, war eine sogenannte »special offer«. Der neue Verkaufschef, Herr Thomas Porto, ist sehr auf meiner Seite: wir sollten in jedem »Suhrkamp Letter« eine solche special offer annoncieren. Ist der Band Brecht, »Stücke in einem Band«, lieferbar? Das wäre eine Möglichkeit. Ich schlage vor, Hesse, »Weg nach Innen«.
Die Newsletters werden zweimal im Jahr erscheinen und dazwischen zweimal im Jahr eine Vorankündigung.
Dann berichtete Mark Greenberg von dem Versand (meines Erach-

tens wird Kanada zu wenig beachtet), Greenberg hat nur den nordamerikanischen Markt im Auge. Was machen wir mit England? Wichtig ist, daß wir unsere monatlichen Informationen regelmäßig auch nach Boston schicken, überhaupt müßte von all unseren Informationen Boston informiert werden. Wer macht das im Verlag? Claus Carlé?
Mark Greenberg berichtet über die kommenden Ausstellungen, darunter die wichtigste MLA (Modern Language Association) am 27. Dezember 1980 in Houston/Texas. Daran nehmen 5- bis 6000 Deutschlehrer teil. Hier tauchte nun die Idee auf, was könnten wir als »Give away«-Präsent bieten. Die Birkhäuser-Gruppe schlug eine Tragetasche vor, nicht Plastik, sondern Papier. Ich konnte mich mit der Idee nicht recht befreunden, aber Birkhäuser wollen uns einen Vorschlag machen. Doch in der Diskussion entstand eine ganz andere Anregung: ich finde, wir sollten zu dieser Gelegenheit vollkommen parallel zum Band »Im Jahrhundert der Frau« einen Band vorlegen: »Suhrkamp: Anthologie zeitgenössischer deutschsprachiger Texte«. Etwa 25 Autoren, nur lebende. Ein ganzseitiges Bild, eine Biographie in Englisch und dann der ausgewählte Text, Gedicht, Ausschnitt aus einer Erzählung, Aphorismen, Ausschnitt aus einem Essay etc. Wir sollten das sehr ernst nehmen, denn die Idee wurde am Tag danach von den Germanisten in Amherst sehr begrüßt. Man könne ein solches Buch auch im Unterricht benützen. (Ideal wäre natürlich, man könnte dazu ein amerikanisches Vokabular haben.) In jedem Fall sollte ich Peter Demetz um eine Einleitung ersuchen.
Nach meinem Gespräch in Amherst, bei dem mir die von mir sehr geachtete amerikanische Germanistin Judith Ryan die Kriterien für Texte nannte, die in Amerika ankommen, wäre ich dafür, diese Texte wirklich sehr sorgfältig auszusuchen. Vielleicht sollte man die Autoren selber fragen und sie bitten, zu berücksichtigen, daß wir spannende, handlungsreiche, charakteristische, nicht morbide, Identifikationsmöglichkeiten bietende, humorvolle Texte benötigen. Wenn uns das gelingt, könnte dieser Band einen großen Durchbruch für Suhrkamp-Insel Boston werden.
Diesem Bericht liegt eine Liste der Mitarbeiter in Boston an.

Am Nachmittag die mich sehr ehrende Vorlesung an der Harvard University, »Goethes Tagebuch und Rilke«. Im Gegensatz zu Princeton war es ein sehr gutes Publikum, das sofort reagierte. Lange Diskussion. Anschließend Empfang der Faculty-Members, wie schwach sind diese Faculty-Members gegenüber Princeton oder Stanford oder La Jolla.

Besuch bei Dieter und Bettina Henrich. Sie war fleißig und wollte mir unbedingt die Ergebnisse ihrer Recherchen vortragen. Wir verschoben das auf den Anfang Juni.

Klagen von Henrich: Autoren hören nichts von uns, der Verlag beantworte keine Briefe, z. B. hätte Henrich Herrn Herborth auf Halbfass hingewiesen, ebenfalls auf Thomas Nagel; um ihn sollten wir uns dringlich kümmern. Wir sollten sofort wegen seines Buches »Mortal Questions« an die Cambridge University Press, Bentley House, 200 Euston Road, London NW1 2DB schreiben. Das Buch ist 1979 erschienen.

Ferner seien noch wichtig: Margaret A. Boden, »Purposive explanation in Psychology«, und Frank Moore Cross, »Canaanite Myth and Hebrew Epic«.

Frau Henrich kam in einem ceterum censeo auf ihren alten Vorschlag zurück, den sie schon einmal gemacht hat. Sie zeigte uns den Band »Peter Pan in Kensington Gardens« von J. M. Barrie, Drawn by Arthur Rackham. Scribner & Sons 1906. Sie hatte sich das Buch von einem Antiquar ausgeliehen, Dollar 650,– sollte es kosten. Sie läßt uns noch einmal Kopien anfertigen.

Das schwierige Leben von Herrn und Frau Henrich in einer wunderschönen Wohnung über dem Campus von Harvard. Henrich hatte sein bestes Semester, es sei wirklich exzellent gewesen. Mark Greenberg ist übrigens ein Schüler von Henrich, und er bedachte Dieter Henrich mit den höchsten Elogen.

Abend mit Burgel Zeeh.

3. Mai. Leihwagen, 2½-stündige Fahrt nach Amherst mit Egon Schwarz. Wir lernen uns kennen. Ich hatte seine Abhandlung »Der Erzähler Eichendorff« gelesen, die mir sehr gut gefallen hat, sie spielt an auf Vorbilder und Deutungsmöglichkeiten, bespricht die Ambi-

valenz der Figur dieses Taugenichts, die Themen Italien, Liebe und behandelt dann ausführlich Eichendorffs Erzähltechnik.
Egon Schwarz ist skeptisch, ja ablehnend dem Plan gegenüber, amerikanische text editions zu produzieren. In der Tat, so war ja auch mein Eindruck, das graduate-Studium des Deutschen geht zurück, ja es geht dramatisch zurück. Dagegen lernen immer mehr Leute Deutsch, aber sie lernen nur Deutsch, um einen ökonomischen Beruf ausüben zu können, nicht um sich literarisch zu bilden. Wer soll also solche literarischen Texte lesen?
Vorschlag von Egon Schwarz war eine Zwei-Sprachen-Reihe unbekannter Texte, die es in den USA nicht gebe, deutsch und in amerikanischer Übersetzung zu bringen. Musterbeispiel: Gertrud Leuteneggers »Das verlorene Monument«.
Nach 2½ Stunden kommen wir an. Es sind folgende Professoren anwesend:
Albert Reh, University of Massachusetts
Friedrich Wilhelm von Kries,
Eva Schiffer,
Susan Cocalis,
Sara Lennox,
Sigrid Bauschinger,
Willy Schumann, Smith College
Hans Vaget,
Judith Ryan,
Sidonie Cassirer, Mt. Holyoke College
Wir diskutieren drei Stunden. Die Situation: die amerikanischen Verlage bringen nicht nur keine neuen Textbücher, sie legen auch die alten vorbildlichen nicht wieder auf. In ein, zwei Jahren wird es keine Textbücher mehr geben. Was dann mit dem Deutschunterricht? Es würde eine ganz große Lücke sein, in die wir hineinoperieren könnten. Die bisherige Erfolglosigkeit bestünde darin, daß die amerikanischen Verlage sich nicht engagierten, daß sie sich gegenseitig konkurrenzierten, jetzt sei es aber so, daß man eine Art letzter Mohikaner sei.
Die anwesenden Germanisten befürworteten unbedingt eine solche

Reihe. Das Redaktionskomitee würden Sigrid Bauschinger und Judith Ryan übernehmen (Judith Ryan gehört zu den drei bedeutendsten Germanisten in den USA: Dr. Cohn, Harvard, Ruth Angress, Princeton).

Die Bücher würden so angelegt sein: eine Einleitung in Englisch 5-10 Seiten (hier würde der Autor vorgestellt, der Text erklärt, spezifische Hintergründe des Textes erläutert).

Eventuell kämen Anmerkungen, kulturspezifische Dinge, die die amerikanischen Leser nicht verstehen könnten. Was ist § 218? Daten, Namen, Redewendungen.

Dann: das Vokabular ist unerläßlich und müßte von dem betreffenden Herausgeber persönlich erarbeitet werden.

Der Text selber: 30-100 Seiten, ideal: 60 Seiten.

Das Wichtigste: der Preis. Dollar 3,– bis Dollar 5,–, ideal also Dollar 4,–.

Als Honorar erhalten die Text-Herausgeber hohe Ziffern: 10 %, 12 %, bei Lehrbüchern, die sie schreiben, 18-20 %. Aber sie meinten, daß ein Angebot von Dollar 1000,– gegen eine Honorarbeteiligung von 5 % angemessen wäre.

Wir sollten uns sehr genau überlegen, wie wir das mit den Lehrer-Exemplaren handhaben. Mein Vorschlag: 11/10 zu liefern, fand Zustimmung.

Und wie sollte ein Programm aussehen? Folgende Titel wurden als wünschenswert diskutiert:

- »Grimms Märchen« (eine Auswahl der bekannten und weniger bekannten)
- Goethe, »Die Leiden des jungen Werther«
- Lessing, »Nathan«
- Eichendorff, »Taugenichts« (Neudruck der Ausgabe von Egon Schwarz)
- Brecht, »Der gute Mensch«
- Frisch, »Die Erzählung des Ludwig Anatol Stiller« oder »Homo faber«
- Hesse, »Demian«
- Seghers, »Ausflug der toten Mädchen«

– Fleißer, »Pioniere in Ingolstadt«
– Eine Frauen-Anthologie mit Bachmann, Wohmann, Struck
– Vorbildlich Wedekind, »Frühlingserwachen« von Margarethe Sander, vergriffen.

Erwünscht:
– E.T.A. Hoffmann, »Sandmann«
– Fontane, »Schach von Wuthenow«
– Walser, »Fliehendes Pferd«
– Handke, »Wunschloses Unglück«

Ich versprach eine Kalkulation und versprach, diese Idee nun jenen Germanisten mitzuteilen, die auf unsere Briefe geantwortet haben, um Kritik, Reaktion und Hinweis auf Herausgeber zu erbitten.
Professor Dr. Albert Reh wünscht sich dringend meinen Vortrag über Goethes Tagebuch in Englisch mit der Übersetzung des Textes; der Dekan der Fakultät interessiert sich dafür.
Ein Hauptthema insbesondere beim gemeinsamen Mittagessen war der Plan einer amerikanischen Goethe-Ausgabe von Suhrkamp-Insel Boston. Eine vorbildliche Ausgabe sollte es sein, ausgewählt und gemacht von amerikanischen Germanisten und alles neu übersetzt von den besten Kräften.
Ich erzählte von unserer Diskussion in Stanford.
Victor Lange denke ich eine Rolle als Generalsekretär zu. Lange ist Präsident der Goethe-Gesellschaft (andere Gesellschaften, die man interessieren sollte, sind die American Lessing Society, American Translation Association, PEN und American Society for 18th Century Studies). Die Vorstellung ist, Poesie und die wichtigsten Stücke zweisprachig zu bringen, Prosa und Essayistisches nur in Übersetzung.
Folgende amerikanische Germanisten sollten das Komitee bilden:
Alan Cottrell, University Michigan. 40 Jahre alt.
John Gearey, ca. 30 Jahre alt.
Jane K. Brown, University of Virginia
Cyrus Hamlin, University of California, La Jolla
Thomas P. Saine, University of California, Irvine
David Wellbery, Stanford

Als Übersetzer kämen in Frage:
Walter Kaufmann
Stephen Spender
Christopher Middleton
Judith Ryan (die die »Wahlverwandtschaften« übersetzen möchte)
David Luke (der die Poesie Goethes in Prosa übertragen hat)
Robert Kimler
Walter Arndt (Faust)
Unter der Überlegung, daß Inter Nationes die Übersetzer finanziert und wir die Herausgeber finanzieren, müßte das Ganze finanziell tragbar sein, und auf lange Sicht gesehen, wäre das der wesentliche wichtige und letztlich sich auszahlende Einstand von Suhrkamp-Insel Boston.
Ich werde mit Victor Lange Verbindung aufnehmen. Er hat schon einmal den Plan einer Goethe-Ausgabe entwickelt, freilich spielten hier nur die deutschen Germanisten eine Rolle. Und Victor Lange ist der Meinung, daß nur sie Goethe wirklich kennen.
Letzter Tag, Sonntag, 4. Mai.
Am Vormittag Frühstück mit Hedda Egerer. Besuch des Observatoriums im Hancock-Building, letztes Gespräch mit Peters, der sowohl den text editions als auch der Goethe-Ausgabe sehr zuneigt.
Rückflug mit Handkes Manuskript »Die Lehre der Sainte-Victoire«. Nicht unproblematisch, aber es gefällt mir sehr gut.
Besonderes
Ganz erstaunlich ist die Bewegung der schreibenden Frauen in den USA. In jedem größeren Buchladen findet man eine Abteilung mit »Women Studies«. Es gibt ausführliche Studien über die von Frauen geschriebene Literatur, Elaine Moers, »Literary Women«, oder Patricia Meyer Spacks, »The female imagination«, Studien, die man sonst eher in den Abteilungen der Literaturkritik suchen würde. Diese Situation zeigt, wie deutlich Frauenfragen ins Bewußtsein des Amerikanischen getreten sind, andererseits natürlich die Gefahr, daß hier »Frauenliteratur« agitatorischer Selbstzweck ist.
Lyrik und Erzählungen stehen im Vordergrund der Frauenliteratur, das Drama spielt eine geringe Rolle, deswegen auch die Bedeutung

von Gertrud Leutenegger. Auf der Bestseller-Liste erscheinen Bücher von Frauen: Judith Krantz, »Princess Daisy«. Dann geht es natürlich um Befreiung wie z. B. in dem Buch von Marilyn French, »The bleeding heart«. Und es gibt radikale Schritte: Ursula K. Le Guin, in ihrem Buch »The Left Hand of Darkness« beschreibt sie eine Welt, in der die Menschen männliche und weibliche Zyklen erleben und deshalb sowohl Vater wie auch Mutter von Kindern sein können. So führt Carolyn G. Heilbrun den Begriff der »Androgenie« ein. Die von Ursula von Krosigk übersetzte Lyrikerin Adrienne Rich ist zur Hauptfigur der Feministinnen geworden, darunter leidet offensichtlich ihre Poesie. Die Anführerinnen der Feministinnen in Amherst sind Professor Susan Cocalis und Sara Lennox.

Bücher und Autoren, die wir machen sollten

Dringlich erschien allen, mit denen ich sprach, eine Information über die Bundesrepublik Deutschland. Sie sollte, mit einem Umfang von 200 Seiten, nicht übermäßig kritisch, sondern informierend sein. Was ist diese Bundesrepublik heute? Wer könnte als Autor dafür in Frage kommen? In der Tat: für Amerika, und wahrscheinlich nicht nur für Amerika, ein Desiderat.

Lateinamerikanische Titel:

– Miguel León Portilla, »El Reverso de la Conquista« /»Die Kehrseite der Eroberung«. Eventuell insel taschenbuch, vgl. Gutachten Michi Strausfeld.

– Fernando Benítez, »Los hongos aluciantes«/»Die halluzinatorischen Pilze«, vgl. Gutachten Michi Strausfeld, evtl. es NF

– Juan Pérez Jolote, Biographie eines Tzotzil-Indios. Hg. Ricardo Pozas; Vorschlag von Octavio Paz. Vgl. Gutachten Michi Strausfeld, evtl. es NF

– Wie erwähnt: Mário de Andrade (S. 168 des Berichts)

Clarice Lispector (S. 168 des Berichts)

Amerikanische Titel:

– David Pike, »German Writers in Soviet-Exile 1933-1945«

– Ich traf den Dichter und Dramatiker Derek Walcott, Autor des Farrar, Straus & Giroux Verlages.

Nach Roger Straus hat er die bedeutendsten Gedichtbücher geschrieben: »The Star-Apple Kingdom« und einen umfangreichen Band »Another Life«. Ebenfalls wird neu veröffentlicht »Remembrance and Pantomime«.

Die von ihm am meisten in den USA aufgeführten Stücke sind »Dream on Monkey Mountain«, »The Joker of Seville« und »O Babylon«.

Ich werde mich mit Gitta Honegger in Verbindung setzen.

Egon Schwarz' »Eichendorff«-Buch.

Das liegt uns vor, wir werden das prüfen.

Amerika präsentiert sich wie immer: anti-intellektuell mit stärkeren chauvinistischen Untertönen, die der geniale Wahlmanager Carter, der vielleicht die Rettungsaktion im Iran nur aus Wahlkampfgründen inszenierte, geschickt zu nützen weiß. Sonst bleiben die Möglichkeiten dieses Landes, die Freundlichkeit seiner Bewohner, und das Leben is easy going.

Die Birkhäuser- und Suhrkamp-Insel-Crew in Boston setzt sich aus folgenden Mitarbeitern zusammen:

Dr. Klaus Peters, President Suhrkamp-Insel
Dr. Alice Peters, Editor
Tricia Axsom, Promotion manager
Mike Fender, Production and design (Hersteller)
Mark Greenberg, Sales manager
Angela von der Lippe, Editorial assistant
Jörg Lüscher, Customer service director
Valerie Mentall, Assistant-customer service (Auslieferung)
Thomas Porto, Marketing director
Uta Renz, Secretary to Dr. Klaus Peters

Dr. U./ze –
7. Mai 1980

Reisebericht Salzburg
24.-26. Juli 1980

Im Flugzeug die Thomas-Bernhard-»Werkgeschichte« von Jens Dittmar gelesen. Brauchbar, interessant, aber was wird der Autor zu einer Veröffentlichung sagen?

Ohlsdorf

Wie verabredet traf ich um 11.30 ein, »der Verleger ist pünktlich«. Mühsames Gespräch über Gott und die Welt, d. h., wir nähern uns über allgemeine Themen, Olympia, Salzburger Festspiele, seiner Kritik an der edition suhrkamp alt und neu und am Theaterverlag. Er bedauert, daß »Die Billigesser« in der Neuen Folge erschienen sind, die deutschen Titel schätzt er samt und sonders nicht, alles Papier, alles Nachahmung. Anders Octavio Paz, er der einzige, dessen Hervorhebung lohne.

Dann eine Suada über den Theaterverlag. Dieses Unternehmen sei ein lächerliches Nichts. Wenn ein Brief vom Theaterverlag käme, so wisse er schon, es handele sich um eine Nichtigkeit, nie werde er über Wesentliches informiert. Also: ein Theater in der X-Stadt wolle ein Stück von ihm spielen und Frau Doufexis frage an, ob er damit einverstanden sei. Er kenne weder die Stadt noch das Theater, noch die Leute, die das Theater machen, und er könne doch vom Theaterverlag verlangen, daß ihm das erklärt werde, damit er sich entscheiden könne. Aber es sei ja egal, er sage ja nein. Er redet sich seinen Zorn vom Leibe, ja, er sei Angestellter des Verlages, der ihm monatlich DM 2000,– zahle, er liefere seine Sachen ja auch ab, aber der Verlag schätze ihn eben auch als einen solchen fleißigen 27. Dichter-Angestellten ein. Er schicke seine Manuskripte an den Verlag ab, und dann höre er nichts, sähe dann das Buch, das in der Regel suhrkamp-mäßig gut ausgestattet sei, aber der Rest sei Schweigen. Schließlich käme ein Brief von Frau Ritzerfeld, in dem ihm eine polnische Übersetzung angekündigt würde.

Wir fahren in ein Waldgasthaus. Er ißt sein Mittagsmahl, langsam, ausgiebig, ich faste ja, was zur Ungemütlichkeit beiträgt. Anschlie-

ßend einstündiger Spaziergang, dann wieder sein Hof in Ohlsdorf.
Wieder die Frage, was bin ich für Sie, was bin ich für den Verlag? Ich zeige ihm die Abrechnung, weil ich weiß, nur Geldziffern überzeugen ihn. Die Abrechnung per 30. 6. 1980 weist einen Honorarerlös von insgesamt DM 88 000,– aus. Mich hat das bei der Lektüre im Flugzeug sehr überrascht. Wie kommt dieser Betrag zustande? Selbst wenn hier ein Fehler vorgekommen sein sollte, müssen wir das auf uns nehmen, denn DM 88 000,– Honorarerlöse, also ein Fast-Guthaben und Gleichstand mit Guthaben in Zürich, das beschwingte ihn. Er hatte damit nicht gerechnet, glaubte, Schulden zu haben bei uns; jetzt war er wie umgewandelt. Dann könnte ich DM 15 000,– haben? Ich sage zu, da die Abrechnung ein Guthaben von mindestens DM 32 000,– aufweist. Am nächsten Morgen wurden daraus dann DM 20 000,– und bei der Verabschiedung am Nachmittag DM 25 000,–.
Danach war das Gespräch etwas müheloser. Er erzählte von seinen Plänen. Peymann würde den »Weltverbesserer« jetzt im September uraufführen. Natürlich hinge das von dem Befinden der beiden Hauptdarsteller Minetti und Edith Heerdegen ab.
Im Mai 1981 brächte Peymann die neue Komödie »Über allen Gipfeln ist Ruh« heraus. Bernhard wünscht sich, daß wir den Text schon jetzt für die spätere BS-Ausgabe setzen, damit die Schauspieler aus diesem Text heraus die Rollen lernen können. Das habe ich ihm zugesagt, und das wollen wir als erstes tun.
Dann die weitere Strategie. Den Roman will er für das Frühjahr 1981 nicht herausgeben, er möchte ihn auch noch einmal überarbeiten. Das Buch heißt jetzt nicht mehr »Unruhe«, sondern »Nachruf«. Wir erhalten das Manuskript für das 2. Halbjahr 1981.
Ich hatte Dittmars »Werkgeschichte« im Kopf, sprach ihn immer wieder auf die früheren Arbeiten an, nein, er wolle es nicht, »Sie können sie nach meinem Tode publizieren«. Dann kam ich auf seinen Gedichtband »In hora mortis« zu sprechen, 1958 beim Otto Müller Verlag in Salzburg erschienen, die Rechte liegen bei ihm. Die Publikation hätten wir schon vor drei Jahren in Triest vereinbart, meinte er. Eine Veröffentlichung würde er jetzt begrüßen, aber eben nur in

der BS. Freilich, es gäbe eine Schwierigkeit: die Gedichte seien ganz schmal. Er wünscht sich freilich, daß sie wie ein Gebetbuch gesetzt werden: großer Text, möglichst nur auf rechter Seite. Widmung entfällt.
Wie sehr ich gegen Nachworte bin, aber dieser Text braucht ein Nachwort. Er hätte gerne, daß wir den Text von Heinz Beckmann abdrukken, der damals im »Rheinischen Merkur« 1958 erschienen ist, aber das löst unser Problem nicht. Doch wer kann ein Nachwort zu den Gedichten von Thomas Bernhard schreiben? Hilde Spiel? Sie ist nicht kompetent für Lyrik. Peter Hamm, Elisabeth Borchers?
Dann gestand er, daß er jetzt etwa 60 Seiten Prosa fertiggeschrieben habe: »In den Hohen Tauern«. Diesen Text hätte er auf die BS hin zugeschrieben, würde im übrigen sehr gut zu der »Todesstunde« (Gedichte) passen. Wir können den Text haben.
Ich war ja eingedenk der Tatsache, daß er im Februar 1981 50 Jahre alt werden wird; zunächst wollte er von diesem Datum nichts wissen. Dann aber freute es ihn doch, wenn zwei BS-Bände – »In hora mortis« und »In den Hohen Tauern« – zu diesem Datum erscheinen könnten. Den Gedichtband habe ich mitgebracht, das Manuskript will er mir später schicken, wenn ich ihm schreibe, daß wir das in der BS machen wollen.
Wollen wir dies, diese Massierung Thomas Bernhards in der BS, im Mai »Über allen Gipfeln ist Ruh«.
Dann hätte er eben die Niederschrift eines neuen Stückes beendet: »Am Ziel«. Das Stück spielt im Logenvorraum der Oper! Es ist Pause. Die Verwandten haben ihren Nährvater erledigt. Statt Champagner rufen sie einen Anwalt und zwingen ihn zur Abdankung und zum Erbe. Sie sind also »am Ziel«. Bernhard wünscht, daß die Salzburger Festspiele dieses Stück 1982 aufführen sollten. Der Direktor der Festspiele, Herr Kaut, weiß nichts von seinem Glück, denn beide sind ja seit dem Skandal von 1976/77 verfeindet.
Nach drei Gesprächsstunden Fahrt nach Gmunden, wo ich übernachten soll. Abendessen in einem Restaurant am Traunsee. Ungeheure Landschaftskulisse. Einerseits drohende Felsen, andererseits liebliches Abendrot über dem See. Alles lief so gut, er wollte mich, den Fasten-

den, zum Trinken verführen, schaffte es aber nicht. Er habe mir das schönste Zimmer im Hotel reserviert und auch schon die Rechnung bezahlt. Ich witterte irgendein Unheil. Und es kam dann auch.
Er habe jetzt einen vierten Teil seiner Autobiographie geschrieben: »Kälte«, und die müsse im Residenz Verlag erscheinen. Schweigen. Überlanges Schweigen. Dann: Er würde im Laufe von drei Jahren noch drei weitere Teile schreiben. Das Ganze sei eine Einheit. Ich schlug ihm vor, wir sollten ein großes Buch daraus machen mit dem Titel »Kindheit und Jugend«. Das leuchtete ihm sofort ein, aber er hätte nun einmal diese Fortsetzung Herrn Schaffler versprochen. Wieder Schweigen. Dann fing er an zu spielen: Nun sind wir 16 Jahre zusammen, wir sind gut miteinander gefahren, die Rechnungen sind ausgeglichen, ist es nicht besser, wenn wir uns trennen? Sie fahren nach Hause, keine monatlichen Überweisungen mehr, kein Ärger mit dem Angestellten T. B. Wieder Schweigen, ich glaube, ich habe noch nie so lange schweigend und betroffen dagesessen, den Felsen im Rücken, den im Abendrot sich kräuselnden See vor mir. Ich kann das nicht beschreiben, ihn, der mir immer wieder clownesk versetzte, daß er DM 2000,– auch anders verdienen könnte. Er brauche ja nicht zu schreiben. Ein entfernter Vetter von ihm säße in einem Steinbruch und zähle die Lastwagen, die ein- und ausführen, und bekäme auch DM 2000,–. Meine Orgie in Mineralwasser, trostloser Gegenpol zum Trostlosen. Was wir machten, war nichts anderes als eine Szene aus einer Komödie von Thomas Bernhard. Die Alternativen des Spiels waren samt und sonders komisch. Wir konnten so oder so entscheiden. Er mußte aus der Stimmung heraus damit rechnen, daß ich ihm zustimme, daß ich sage, ja, machen wir Schluß miteinander. Er wäre zu allem bereit gewesen, ich nicht; damit riskierte er den höheren Einsatz. Ich weiß nicht, ob ich noch einmal die Nerven habe, ein solches Gespräch durchzustehen.
Wir verließen das Restaurant und fuhren zu meinem Hotel, elf Uhr abends, alles war schon zur Ruhe gegangen, es gab nicht mal ein Mineralwasser. Wieder die trostlose Situation eines Stückes von Th. B. Dann beschlossen wir innerhalb von Minuten das Folgende:
Ich schlug vor, daß dieser Text »Kälte« nicht wie vorgesehen im Früh-

jahr 1981 bei Residenz erscheinen sollte, sondern wenn schon bei Residenz, dann unangekündigt in diesem Herbst. Ihm leuchtete das ein, vielleicht sei dies der geringste »Schaden«, rasch erschienen und am 31. Dezember vergessen – so stellte er sich das vor. Das sei nun unwiderruflich der letzte Text bei Residenz, er hatte mir das schon einmal in Wien zugesagt. Er würde die weiteren drei Teile schreiben, Teil V »Der Gerichtsreporter«, Teil VI »Der Beginn des Schriftstellerischen«, Teil VII »Die erste Kindheit«. Wir veröffentlichen dann 1983 einen Band »Kindheit und Jugend«, er enthält die vier bei Residenz erschienenen Teile und die drei unveröffentlichten Teile, wobei Teil VII das erste Kapitel werden wird. Ein gebundenes Buch. Ein Jahr vorher, also 1982, können wir dann die »Gesammelten Stücke« bringen. 1984 die »Gesammelten Erzählungen«, wahrscheinlich in zwei Bänden. Dann die Romane. Ein Band »Der frühe Bernhard« sollte erst nach seinem Tode erscheinen.
Um Mitternacht beschließen wir, daß er am nächsten Morgen mit mir nach Salzburg fährt, sofort mit Schaffler spricht und diese Entscheidung sofort in die Tat umsetzt.
Am Samstag morgen das Bad im Traunsee war bei 14 Grad wirklich so kühl wie die vorangehenden Gespräche; und übrigens bedroht durch Schwäne. Um 8 Uhr Frühstück bei ihm auf dem Hof. In zwei getrennten Autos nach Salzburg. Ich passiere das Haus Maleta in Oberweis, das Telefon bescherte mir zwar den Präsidenten Maleta, aber die gnädige Frau war ausgegangen. Fahrt am Traunsee entlang – die glücklichen Touristen – nach Bad Ischl und dann nach Salzburg.
Um 11.30 Uhr treffen wir uns im Café Basar. Er hatte inzwischen mit Schaffler gesprochen, das Gespräch dauerte 20 Minuten, Schaffler will das Buch »vorziehen«. »Kälte« erscheint also zur Buchmesse. – Dann, weil die Unterredung so kurz war, war er sofort in die Höhle des Löwen gegangen, zu Herrn Kaut, dem Direktor der Festspiele, und hatte ihm das Stück »Am Ziel« für 1982 angekündigt, Herr Kaut war entzückt und versprach ihm die Aufnahme. Geld wurde noch nicht vereinbart, das sei sinnlos, im voraus zu machen, da das Geld sich ständig entwerte; wir machen den Vertrag, Dieter Dorn, der Regisseur, erkannte den Dichter und den Verleger in der Menge; gerne

würde er wieder Thomas Bernhard aufführen; das können Sie, 1982, rief beglückt der Dichter. Nun war er froh und wollte sofort wieder nach Ohlsdorf zurückfahren, dann aber drängte er auf einen Spaziergang in der Stadt, die freilich nur aus Touristen bestand. So landeten wir im Gartencafé Tomaselli, von wo er von einer Ecke des Gartens aus das Treiben beobachten konnte. Irgendwie war er in euphorischer Stimmung, er wollte nun doch nicht zurückfahren, sondern mit mir den ihm angebotenen Ausflug nach Berchtesgaden machen. Eifersüchtig wachte er darüber, wie ich meine Stunden in Salzburg ausfüllte, der Name Handke fiel nicht und durfte nicht fallen. So fuhren wir zu diesem wirklich ungewöhnlichen Besitztum von Frau Konsul Schubert in Berchtesgaden, ein Besitztum, das freilich in seiner Grandiosität Bernhard durchaus angemessen war. Ich kam nicht darüber hinweg, daß gewissermaßen vom Obersalzberg aus Adolf Hitler grüßte ...

Am späten Nachmittag verabschiedeten wir uns in Salzburg an meinem Hotel. Bei der Verabschiedung erhöhte er dann die Überweisungssumme um DM 5000,–, und »kommen Sie bald wieder«. Um 20.00 Uhr Empfang der Salzburger Landesregierung aus Anlaß der Eröffnung der Festspiele. 600 Leute, die Herren im Smoking, eine Ansammlung von Oberkellnern, die ordensgeschmückten Generäle sahen aus wie Operettenfiguren.

Mit Hilde Spiel und Paul Kruntorad am Tisch, das war die Rettung. Hilde Spiel erzählte mir von ihrem Ärger über Wolfgang Hildesheimer und von ihrem Ärger mit Thomas Bernhard, mit dem sie nun endlich »fertig« sei, Hans Mayer winkte von ferne.

Paul Kruntorad erzählte mir das neueste Österreich-Gerücht: Schaffler habe seinen Verlag an den Bundesverlag verkauft, die Transaktion sollte fünf Jahre geheim bleiben ...

Zum Abschluß der Fackellauf auf dem Residenzplatz, auf dem sich viele Salzburger eingefunden hatten. Diese Veranstaltung war in ihrer Biederkeit das genaue Gegenteil jener pompösen Massengymnastik der Sowjets zur Eröffnung der Olympiade.

Samstag. Frühstück mit Hildesheimer. Er war unwillig. Der Katalog der Festspiele lag schon vor, und seine Rede war darin abgedruckt, einen Vorabdruck in der »SDZ« hatte man ihm aber verweigert. Er konnte kaum von anderem reden. Aber sonst war er Grandseigneur und bewegte sich stets auf der Höhe seiner Rede. Beethoven sei ungesellig gewesen, aber seine Musik habe die Menschheit angesprochen, sie hätte absoluten Charakter. Mozart sei gesellig gewesen, seine Musik aber sei nicht an die Menschheit gerichtet, sie sei nicht absolut, eben Musik aus Musik.

»Marbot« sei im übrigen in der ersten Fassung fertig, jetzt ginge es an die zweite Fassung, er würde im Oktober noch einmal eine Reise nach England machen, um sich Landschaften zu vergewissern und Dokumente einzusehen. Im Winter würde dann die zweite Fassung hergestellt, die dann zum Lektorieren freigegeben werde. Er richtete Grüße aus von Hart Nibbrig, der operiert wurde, und von seiner Frau Dorothee Sessler, die eine steile Musikkarriere jetzt vor sich habe; von Erica Pedretti, die große Erfolge als Bildhauerin habe, er würde ihr raten, nur noch auf diesem Weg weiterzuarbeiten.

Hildesheimer schien bereit, auf der Albus-Eröffnung in München zu sprechen, er ist auch einverstanden mit dem geplanten Mittagessen vor der Eröffnung.

Dann die Eröffnung im Großen Festspielhaus. Der Landeshauptmann, der österreichische Minister für Kultur und dann der Bundespräsident Kirchschläger. Was der Bundespräsident ausführte von der »Erhebung« durch Musik und Theater, dem widersprach zwar Hildesheimer nachher, aber seine Rede kam doch an, die Festspiele als Selbstbehauptung Österreichs, die Festspiele als europäischer Auftrag und die Festspiele als Beitrag zum Frieden. Und wie dieser Friede gemeint war, dafür wurde als einziger Nicht-Österreicher Hermann Hesse angerufen.

Der Aufgang zum Festspielhaus um 11 Uhr: Zwei Wege.

Eingerahmt von Mozart (Marsch der Janitscharen, eine wiederentdeckte Mozart-Komposition, und die Sinfonie in C-Dur) die Festrede von Wolfgang Hildesheimer, »Was sagt Musik aus?«

Er begann mit einem Zitat von Leibniz, Musik ist ein arithmetisches Exerzitium der Seele, der nicht bewußt ist, daß sie zählt. Auf dieser Linie argumentierte Hildesheimer; er hatte im Grunde genommen dasselbe Thema wie Bernhard in seiner Komödie »Über allen Gipfeln ist Ruh«, das Geheimnis des Schöpferischen, es ist nicht zu ergründen. Wir können nicht sagen, was den Musiker zum Komponieren der Musik treibt, wir können nur die Grammatik erläutern. Kreativität ist ein »innerer dämonischer Zwang«, es gibt kein ethisches Motiv für Kreativität. Und als Folge kein moralisches Handeln. Zweimal zitierte er »Marbot«, den englischen Kunsttheoretiker, in seiner Arbeit, dann im Gespräch mit Anton von Webern, aber am Schluß bekannte er, es sei eine Erfindung von ihm. Großer Beifall, ja Ovationen. Ich verließ eilig die Veranstaltung und fuhr auf den Mönchsberg, was kompliziert war, da das festliche Treiben die Stadt in eine Fußgängerzone verwandelte. Aber schließlich schaffte ich es, zu Peter Handke zu kommen.

Ruhig, freundlich. An sich wollten wir wegfahren, aber da das Fahren so kompliziert war, ich zudem noch fastete, blieben wir im Hause. Die Tochter Amina aß ihre Erbsensuppe. Sie ist jetzt elfeinhalb Jahre alt, ein sich ausprägendes Gesicht mit einem kindlichen Körper. Auf dem Klavier das Stück »Amina« von Paul Lincke. Gespräche über Gott und die Welt, die Eröffnung der Festspiele. Jede auch nur leiseste Kritik an Österreichischem wies Handke zurück und begegnete mir mit seinem »Haß« auf Musikologen. Musik könne man nur hören, wer über Musik rede oder schreibe, sei nur geschwätzig. Ich hielt das wieder für typisch österreichisch, indem ich darauf hinwies, daß es eine Kritik in Österreich eigentlich nicht gäbe, das hätten am Abend Spiel und Kruntorad geklagt und darauf hingewiesen, daß eine neue Zeitschrift erscheinen sollte, die »Kritik« heiße.

Dann seine Eröffnung: er habe jetzt in den letzten zwei Monaten eine neue Erzählung geschrieben, das Nachfolgestück zur »Lehre der Sainte-Victoire«, damit sei der Komplex »Langsame Heimkehr« abgeschlossen. Er brachte mir das Manuskript, 25 engstbeschriebene DIN-A4-Seiten, was sicherlich 100 Druckseiten ergibt. Korrigiert, schwer lesbar. Während er Tee und später Kaffee zubereitete, las ich im Manuskript »Kindergeschichte«. Das Manuskript war datiert »9. Juni bis 22. Juli mittags zwölf Uhr«. Motto von Thukydides: »Damit endete der Sommer im darauffolgenden Winter«. Es ist die Ge-

schichte der Geburt und der ersten zehn Jahre eines Mädchens. Ein Erwachsener schildert diese Geschichte. Schon immer hatte dieser Erwachsene die Traumvorstellung eines Kindes gehabt. Insgesamt hatte dieser Erwachsene drei Zukunftserwartungen: Kind, eine Frau, die sich in geheimen Kreisen auf ihn zu bewegte, und einen Beruf, »in dem allein ihm die menschenwürdige Freiheit winkte«. Diese Erzählung habe er jetzt schreiben müssen. Sie hat keinen direkten Bezug zur »Langsamen Heimkehr«, noch zur »Lehre der Sainte-Victoire«, aber er will diesen Bezug herzwingen. Er könne gar nicht anders, als mit dem äußersten poetischen Einsatz diese Erzählung geschrieben zu haben. Noch sei Amina ein Kind, aber schon während er dies schriebe, sei sie es nicht mehr. – Wir erhalten das Manuskript Mitte September, Erscheinungstermin dann März/April 81. Die Ausstattung wird er sich noch überlegen.
Handke wird am 17. August zu einer Wanderung aufbrechen, ich habe ihm versprochen, daß er spätestens bis 5. August die Aushänger der »Lehre der Sainte-Victoire« erhielte. Diesen Aushänger wird er noch einmal genau kontrollieren.
Dann unterzeichnete er den Vertrag für »Die Lehre der Sainte-Victoire.«
Freundliche Stimmung, er trinkt seinen Wein, ich meinen Tee. Er mokiert sich über meine Antwort im »FAZ«-Fragebogen »Was schätzen Sie bei Ihren Freunden am meisten?« – »Treue«. Das sei doch sehr schwierig, und er schüttelt immer wieder den Kopf darüber.
Kritik an den jungen Autoren der es, an jungen Autoren überhaupt. Keiner hätte eine notwendige Schreibe, irgend etwas, was ihn anginge, was er geschrieben haben wolle. Der Name Thomas Bernhard fällt nicht, auch der von Reich-Ranicki nicht.
Durchgehen der ersten zwanzig Titel der es. Langes Gespräch über Octavio Paz. Er hat Vorbehalte gegenüber der Dichtung, sie sei ihm zu gemacht, und gegenüber den Essays: sie seien zu »genial« geschrieben. Er liest mir Octavio Paz' Pessoa-Essay vor. Paz: »Nichts in Pessoas Leben ist außergewöhnlich.« Handke: »Das ist Quatsch. Alles Leben ist außergewöhnlich.« Sehr schön seien in diesem Essay die Zitate von Pessoa, ja, Pessoa sei ein Dichter.

Also sein Plan: sorgfältige Niederschrift der »Kindergeschichte«, dann sein Wandern in Jugoslawien und Triest, mögliches Treffen Anfang September in Venedig. Und dann wolle er ein Stück schreiben, ja, ein großes Drama. Wir bekämen das im Frühjahr. Unsere Stimmung steigerte sich, aber dann kam sein Schlag: danach wolle er wieder Tagebücher schreiben, Journale, für Residenz! Kein Schweigen, ich bat ihn, dies doch noch einmal zu bedenken, und er wollte dies auch tun, denn das habe ja noch Zeit, das dauere ja mindestens noch ein Jahr, bis er damit beginne.

Dann saßen wir wieder auf dem Boden, sprachen dies oder jenes. Der Name Thomas Bernhard kam nicht vor. Hauptsächlich schauten wir den Katzenjungen zu, die sich in seinem Zimmer herumbalgten. Ich mußte an jenen Satz denken, den wir einmal als Motto einem »Morgenblatt« gegeben hatten: »Wenn ich mit meiner Katze spiele, wer sagt mir dann, ob sich die Katze ihre Zeit mit mir vertreibt oder ich mit ihr.« (Montaigne)

Flug Salzburg–Frankfurt. Lektüre von Thomas Bernhards Komödie »Über allen Gipfeln ist Ruh«. Ein erfolgreicher Bestseller-Schriftsteller hat eine Tetralogie geschrieben, eine Doktorandin ist bei ihm und ein Kritiker der »FAZ«, die ihn bewundern und die mit ihm über seine Arbeit sprechen. Der Verleger tritt auf, »pünktlich wie ein Verleger«. Er will das Manuskript haben, aber der Autor weiß, daß man dieses Manuskript-Spiel spielen muß. Am Schluß spielt man zu Ehren des Verlegers eine Passage vor. Ich schicke Bernhard am nächsten Tag ein Telegramm und bitte ihn, doch noch einmal den Schluß zu bedenken.

dr. u./ze. –
29. Juli 80

Reisebericht Wien–(München)–Hamburg 27.-29. Januar 1985

Es wird mir kaum möglich sein, die Eindrücke dieser Reise festzuhalten, ich werde mich auf die konkreten Dinge beschränken müssen und das Nichtgeschriebene der phantasierenden Erinnerung freigeben.

Sieben Stunden mit Marianne Fritz, davon fünf Stunden Textbesprechung jenes Kapitels »Was soll man da machen«, das für den Pilot-Band vorgesehen ist. Die Arbeit mit ihr ist deswegen kompliziert, weil sie bei einer Frage oder einem Nichtverständnis immer reagiert mit dem Hinweis, ich kennte ja nicht das Ganze. Wir haben wirklich ganze Viertelstunden über Stilistisches gesprochen, über die Eigenheiten ihres besonderen Stiles, ihres subjektiv verstärkten Erzählens, über die so bewußt gesetzten unvollendeten Sätze, über abgebrochene Grammatikalien undsoweiter undsoweiter. Der Setzer muß dringlichst angehalten werden, nur nach dem Manuskript zu setzen und alles andere zu vergessen. Es kommt Magdalen vor und Magdalena; sie will den Komparativ mit wie und den »so«-Aussagesatz mit »als«, ihre Figuren sind größer wie die der anderen, sie sind so groß als die der Klassiker. Ihre Sätze beginnen, drehen in der Mitte eine Volte und kehren zum Ausgangspunkt wieder zurück. Die Sätze werden umgebaut, man muß ständig das Ganze im Kopf haben, um den gedanklichen Zusammenhang der Satzteile herauszufinden.

Regelrecht gestritten haben wir uns über den Satz auf S. 91. Er hieß: »So williges werden in Fallen in Liebe: das war arg.« Ich habe das nicht verstanden. Sie war nicht bereit, irgend etwas zu ändern, das sei doch klar, hier sei ein ganz aktiver Prozeß geschildert, ein Werden, dies jedoch nicht als Substantiv, sondern als Verbum und »Fallen« hätte mehrfache Bedeutung: die Bedeutung einer Falle, die Bedeutung eines Hinfallens, ein Mädchen fällt im Sinne von fehlt undsoweiter.

Wir einigten uns auf folgende Änderung: »So williges – werden – in Fallen in Liebe: das war arg.« Es wurde noch diskutiert, hinter

»werden« ein Ausrufezeichen zu machen, aber das wurde fallengelassen.
Dann die Interpunktion: sie will das so, wie sie es hat. Ich konnte sie nur überzeugen, ein Komma zu setzen, wenn wirklich dadurch der Sinngehalt nicht herauskommt.
Groß- und Kleinschreibung. Sie macht das, wie sie sich das ausdenkt, nur sie weiß das für ihren Text, warum soll sie sich nach Duden richten?
Das alles trug sie sorgfältig in die verschiedenen Manuskripte ein und war manchmal unwillig, wenn ich eine Eintragung etwas rasch und leichthin im Manuskript vornahm. Manchmal nimmt sie eine Großschreibung mitten im Satz vor, also: »beharrten auf Das Bleiben in ihrer Nähe«. Es heißt auch nicht »diese Berührung«, sondern »dies Berührung«.
So ging es über fünf Stunden. Und als wir fertig waren, sagte sie, sie benötige jetzt eine Pause, um eine Zigarette zu rauchen, und dann ging es weiter.
Ich hielt das durch, weil ich eine wirkliche Bewunderung für sie habe. Sie ist eine herausragende Schriftstellerin.
Der Einführungsband: Sie hat ein »Verzeichnis vorkommender Personen«, auch Orte, Bezeichnungen gemacht. Sie muß daran Wochen gesessen haben: 31 Seiten. Das ist nun für die Leser des Manuskripts wirklich eine erleichternde und hervorragende Sache. Aber ist dies für unseren Einführungsband gut? Einunddreißig Seiten mit Ausführungen über Fröschel, den Affen Gottes, den alten Donnerer, die alte Null, die Amme des Kulturträgers undsoweiter. Besser wäre natürlich gewesen, wenn die Hauptfiguren beschrieben worden wären. Wir müssen uns das noch überlegen.
Das Inhaltsverzeichnis: Auch hier müssen wir sehr genau dem Manuskript folgen, denn sie wünscht sich, daß die Einzüge des Manuskriptes auch für den Satz gelten sollten, nämlich genau drei Leerbuchstaben. Achtung auf die Ergänzungen auf S. 8, auf die Umstellung bei den Angaben Haus auf S. 9; hier ist die Reihenfolge zu ändern. Ich habe das markiert. Es gilt die Bleistiftbezeichnung 1–5, und dann auch die Ergänzung 6 nicht vergessen.

Ein Graphiker hat nach ihren Angaben die Pläne bzw. den Aufbau des Gesamtwerks gezeichnet; auch das ist ein Problem, wie wir das einbringen wollen.

Dazwischen eine einstündige Verlagsbeschimpfung. Marianne Fritz fühlt sich von Herrn Böhmer verfolgt bzw. nicht geachtet; sie mißversteht ihn auch. Wir sind manchmal wahrscheinlich ahnungslos, welche Reaktionen briefliche Äußerungen bei ihr auslösen. Sie jedenfalls fühlt sich von Herrn Böhmer nicht verstanden, und daraus resultieren ihre Verzweiflungen und ihr Ausbruch bei meinem Besuch. Sie hat auch die Bücher und Arbeiten von Herrn Böhmer gelesen, die er ihr jetzt geschickt hat. Nun glaubt sie auch zu wissen, warum er sie nicht schätzen kann: die Bücher seien lektoriert worden von Herrn Graf, und dann kam das Weitere: der Suhrkamp Verlag verschicke ausgerechnet die verheerende Kritik ihres Buches von Herrn Graf. So habe Herr Carlé der Wiener Fotografin ebenjene Rezension zugeschickt.

Ich mußte bei dieser bittersten Begegnung wirklich alle Kraft aufbringen, um mich selber in Fassung zu halten. Wir verabschiedeten uns auch in nicht gelöster Stimmung.

Wir müssen jedenfalls mit größter Sorgsamkeit diesen Einführungsband herstellen.

Thomas Bernhard. Blendender Stimmung einerseits; er konnte arbeiten, Wien sei produktiv für ihn. Ende März möchte ich noch einmal kommen, er würde mir dann das Manuskript seines nächsten Romanes, »Alte Meister«, übergeben.

Ich übergab ihm in bar einen Teil seines Honorars.

Er hätte gerne »Minetti« in der Bibliothek Suhrkamp gesehen, und zwar einschließlich der drei neuen Szenen, die er geschrieben habe: »Kompetent«. »Inkompetent«. »Fatal«.

Dann läge ihm doch sehr an einem Band »Goethe schtirbt«. Er enthielte die Texte »Goethe schtirbt« – »Wiedersehen« – »Montaigne« – und zwei Stücke, die noch keinen Titel haben. Er erwähnte nicht die BS, aber natürlich wünscht er dies, doch ich zögere, diese Texte in die BS aufzunehmen.

Glücklich war er über die Ausgabe »Beton« in der BS, die ich ihm mitbrachte.

Und dann rückte er mit einer anderen Bitte heraus. In einem Plastikbeutel hatte er mitgebracht das Buch von Johannes Freumbichler, »Auszug und Heimkehr des Jodok Fink. Ein Buch vom Abenteuer des Lebens«. Freumbichler ist der Großvater von Thomas Bernhard, der bis zu seinem 17. Lebensjahr Vaterstelle an ihm vertreten hat. Bernhard hängt sehr an diesem Großvater. Wir haben das schon einmal vor zehn Jahren diskutiert, und ich habe das Buch auch in meiner Bibliothek. Damals konnte ich mich nicht entschließen, es herauszugeben. Ein anderes Buch von Johannes Freumbichler, »Philomena Ellenhub«, ist inzwischen bei dtv erschienen. Wir sollten jetzt aber doch im Lichte des noch berühmteren Enkels die Frage neu überlegen. Als ich ihn darum bat, er möchte ein Portrait seines Großvaters schreiben, stimmte er dem zu. Er schätze das Buch, wenn es auch verständlicherweise nicht seine Literatur sei.

»Jodok Fink« erschien im Rainer Wunderlich Verlag, 1. Auflage 1942, 6. Auflage, 34.-38. Tsd., 1950. Über den Autor ist vermerkt:

»Johannes Freumbichler, geboren 1881, gestorben 1949, stammte aus Henndorf im Salzburgischen, wo sein Vater ein Bauernanwesen bewirtschaftete. Der lernbegierige Johannes kam mit fünf Jahren in die Dorfschule, mit vierzehn Jahren in die Stadtschule. Nach vier Realschulklassen verschlug es ihm die Freude am Studium, als die Kadettenanstalt ihn seiner Kurzsichtigkeit wegen abwies; er hatte nicht weniger als General werden wollen. Zu seiner Mißstimmung gesellte sich eine heftige Verliebtheit; er lief von Zuhause fort und begann ein abwechslungsreiches Wanderleben. Er arbeitete in Fabriken und Schreibstuben und schaufelte bisweilen auch Schnee in den Straßen Wiens.

In einer tiefen Verzweiflungsstimmung fing er zu schreiben an. Max Mell und Carl Zuckmayer wurden auf ihn aufmerksam. Mit seinem Roman ›Philomena Ellenhub‹ gewann Johannes Freumbichler 1937 den österreichischen Staatspreis.«

Das war das Einerseits. Das Andererseits: er fühlte sich nach wie vor betroffen von den Prozessen. Er habe für zwei Prozesse 12 Vorladungen bekommen, erst nach Ohlsdorf und dann nach Wien (Rechtsanwalt Perner fragte danach Richterin Klatt, sie sagte, sie habe ganz

sichergehen wollen, daß Thomas Bernhard diese Vorladung erhielte!), wogegen sich Bernhard »kriminalisiert« fühlte.
Ich habe ihm zu diesem Zeitpunkt meine Demarche nicht gesagt. Wir sprachen dann aber über einen Band mit dem Arbeitstitel »Der Prozeß«. Hier sollten die Dokumente zusammengetragen werden, das Ganze müsse freilich von einem genialen Burschen gemacht sein, damit der Band auch Pep hätte und nicht nur eine Sammlung von Dokumenten beinhalte. Gefragt ist nach der Art eines Gerichtsreporters Thomas Bernhard. Keinesfalls aber wolle er diesen Band in der Reihe der »Materialien« in den st, diese Materialien seien wohl das eitelste, was sich ein Autor ausdenken könnte, und er wolle da nicht mitmachen.
Zum späteren Abendessen kam Claus Peymann hinzu. Elegant im Zweireiher, der andere Peymann in Wien. Wir sprachen über Gott und die Welt, über den jungen Schlesier, der den Einmarsch der Bundeswehr bis zur Sowjetunion empfiehlt, und über den österreichischen Verteidigungsminister Frischenschlager, der den SS-Major Reder in Graz persönlich in Empfang nahm und in ein österreichisches Heereslazarett geleitete.
Peymanns Sichtung des Ensembles. Peymanns Pläne. Er will die Burg zur besten deutschsprachigen Bühne und vielleicht der Europas machen. Ein bescheidenes Ansinnen. Und dazu braucht er Thomas Bernhard. Und deshalb nahm er das Andererseits des Thomas Bernhard auf und meinte, es müsse mir bei meiner Autorität gelingen, Herrn Lampersberg mit einer großen Summe, vielleicht 100 000 DM, zu bestechen. Als ich dies nun hörte, sagte ich beiden, daß es eine reale Möglichkeit gebe, wonach die klagende Partei die Klage zurückzöge: eine in Deutschland lebende Österreicherin hat angeboten, die Unkosten zu erstatten. Bernhard war erfreut und bat mich, möglichst während meines Aufenthaltes diese Sache zu beschleunigen. Ich rief noch in der Nacht RA Volhard an.
Bernhard will jedoch bei seinem »Lieferungsverbot« für Österreich bleiben, und was die Aufführungen betrifft, so soll auch hier das Verbot gelten. Doch er schlug Peymann etwas vor, wonach er auch sein Gesicht bei diesem Verbot wahren könnte: 1985 wird bei den Salz-

burger Festspielen »Der Theatermacher« uraufgeführt. 1986 soll Peymann »Ritter, Dene, Voss« in Salzburg uraufführen, und diese Aufführung könnte er dann an die Burg nehmen! So Thomas Bernhard, der genialste Regisseur seiner selbst.
Am nächsten Morgen zur Kunstanstalt Jaffé. Mickriges Gebäude hinter einem Hinterhof gelegen, alles schmuddelig, baufällig, es soll reinregnen. Herr Habarta war zunächst nicht da, sein Flugzeug war in Mailand nicht abgeflogen, so fuhr er die Nacht durch, um in jedem Fall mich in Wien zu erreichen. Herr Wittmann geleitete mich durch die Druckerei, und ich muß sagen: ich war fasziniert. Drei alte Druckmaschinen, die seit Jahrzehnten ohne jegliche Reparatur in Betrieb sind. Tagesleistung etwa 700 Stück, ein Fachmann kontrolliert jeden einzelnen Bogen nach einem imprimierten Vordruck; die Bogen werden von Hand eingelegt und sorgsam zur Druckplatte geführt. Es gibt noch eine Maschine, eine Lichtdruck-Rotationsmaschine, und eine weitere Maschine, die nicht aufgestellt ist. Die Firma zieht um, und im neuen Gebäude wird dann eine Maschine mehr arbeiten. Eine dinosaurische Kamera, und sonst ein mittelalterlicher Handwerksbetrieb, wo alles mit dem Auge gemacht wird. Diese Leute dort haben ein Farbengehör. Sie sind im übrigen von ihrer Arbeit sehr überzeugt und finden es richtig, daß wir Proben im Lichtdruck, Granolin und Offset vorlegen, sie sind sicher: mit Abstand wird Lichtdruck das beste sein. Es gibt jetzt auch jüngere Leute, die eingearbeitet werden, und Herr Habarta hat versprochen, für Nachwuchs zu sorgen. Herr Wittmann macht einen äußerst zuverlässigen Eindruck, auf ihn würde ich bauen.
Rechtsanwalt Perner: Er war völlig überrascht, daß Lampersberg/Morent bereit sein sollten, die Klage zurückzuziehen. Ich bat ihn, er möge RA Cerha anrufen, der ihm bestätigte, daß er von einer in Deutschland lebenden Österreicherin beauftragt sei, einen Vergleich zwischen den beiden Parteien herbeizuführen – was nicht stimmt, dazu war gar kein Auftrag da, sondern er sollte nur protokollieren, daß Lampersbergs Unkosten ersetzt würden für den Fall, daß er die Klage zurückzieht. Perner glaubte nicht so sehr daran, er meinte, dahinter stecke nur Lampersberg, der sein Gesicht wahren wollte.

Aber er versprach, so zu verfahren, wie ich ihm dies auftrug. In jedem Fall sei der Ausdruck »Vergleich« zu vermeiden. Er möchte mit der Richterin Klatt sprechen, damit entfiele in jedem Fall der erste Termin des Prozesses am 7. Februar und auch der zweite vom 8. Februar. Er gab mir dann noch einen Schriftsatz mit, den er noch einmal zur Sache fertiggestellt hatte und den er noch einreichen möchte. (Zwei Tage später bestätigte mir Dr. Perner sein Gespräch mit der Richterin Klatt, inzwischen habe sich auch RA Morent an sie gewandt, das Verfahren würde eingestellt wegen Rückzugs der Klage.)
Besuch bei der Buchhandlung an der Wollzeile. Christl Wagner war entzückt über den Klassiker-Verlag, freilich müßten wir – damit es in Österreich wichtig wird – mehr österreichische Literatur bringen.
Kurzes Zusammensein mit Frau Kaplan von Gerold. Sie freut sich auf den Celan und glaubt, ihn sehr gut verkaufen zu können. Auch das Evangeliar, meinte sie, würde in Wien Anklang finden.
Flug nach Hamburg via München. Im Flugzeug Claus Peymann. Da war Peymann plötzlich wieder auf meiner Seite. Wie könne man Bernhard bewegen, daß er mit ihm, Peymann, kooperiere? Freilich sei es ja gut, wenn keine andere österreichische Bühne Bernhard spielen könnte, aber er müsse frei darüber verfügen können.
Hamburg
In der Reihe der Nobel-Hotels, die sich der Klassiker-Verlag für die Abendessen mit den Buchhändlern ausgesucht hatte, fügte sich das Atlantic gut ein; freilich, diesmal war das Hotel für die teilnehmenden Buchhändler wirklich richtig. Es waren nicht – wie im Berliner Kempinski – Jungbuchhändlerinnen, sondern wirklich die prominenten Leute des Buchgeschäfts anwesend. Und die waren sehr angetan von der Bibliothek und ihrer Präsentation.
Albrecht Schöne hielt einen sehr guten Vortrag über die Genesis der Zeile von »auf eigenem Grund und Boden stehen« bis hin »auf freiem Grund mit freiem Volke stehen«.
Am nächsten Morgen Besuch bei den Buchhandlungen Saucke und Jud. Mit Herrn Weber habe ich eine besondere Aktion für das Evangeliar besprochen. Seine Überlegung ist, sofortiger Werbebeginn für

die Subskription bei der ersten Ausstellung im August in Braunschweig. Für die Werbung braucht er zumindest eine Doppelseite. Dann: bei Veranstaltungen im kleinen Kreis von Interessierten müsse ein Blindband vorliegen. Bei der Subskriptionsbestellung wäre eine Zahlung von DM 5000,– erforderlich. Herr Weber wird sich weiter »Gedanken« machen.

Insgesamt also wieder der Eindruck: die Klassiker-Bibliothek wird vom Sortiment gern aufgenommen. Wir müssen einerseits mit der Langzeit-Dimension arbeiten, andererseits aber auch erwähnen, daß in diesem Jahr wirklich nur 12 Bände erscheinen, die Einführungsbibliothek also gut drei Jahre braucht. Ich bin auch sehr zuversichtlich im Hinblick auf das Evangeliar. Alle Befragten äußerten, es würde keinen Unterschied machen, ob man in der Werbung mit einer Auflage von 600 oder mit 999 Exemplaren arbeite. Wir sollten also in der Tendenz darauf gehen, zunächst die eine Auflage mit 600 zu drucken und dann zu sehen, ob die zweite Hälfte dieser ersten Auflage noch gedruckt werden kann.

Abschließendes Gespräch beim Mittagessen mit Albrecht Schöne und seiner Frau im Mühlenkamper Fährhaus. Schöne hatte sich bei seiner Rede ja sehr für die Bibliothek engagiert, fand sie beispiellos, eine Arche Noah und eine ganz wichtige Angelegenheit deutscher Kultur. Er ist dem Verlag sehr wohlgesinnt, schätzt Honnefelder und möchte gerne mit uns weiter kooperieren. Sein Verleger Beck hatte ihm 12 Umschläge zur Auswahl geschickt! Ich sollte ihn für die Wahl beraten. Und im April möchte er nach Frankfurt kommen.

dr. u./ze. –

31. Januar 1985

Bericht Reise: Japan, Tokyo und Kyoto
20. Oktober bis 3. November 1985

Inhalt

I. Eindrücke von einem Land der Zukunft

Sich vorbereitend auf einen Besuch dieses Landes, kommt man um den Satz Herman Kahns, des bekannten amerikanischen Zukunftsforschers, nicht herum: »Das 21. Jahrhundert wird den Japanern gehören.« Nun, vor zwanzig Jahren sagte man dies auch von Lateinamerika. Zurückgekehrt aber finde ich, daß Japan dazu die größere Aussicht hat.

Ich habe in Japan immer wieder erzählt, der erste Satz meines Reiseberichtes sei: »Das Geheimnis dieses Landes ist offensichtlich der Fleiß seiner Bewohner!« Die Japaner wollen dem nicht so gerne zustimmen, aber diejenigen, die das Land kennen, bestätigen es. Die Japaner sind unvergleichlich fleißig, flink, diszipliniert, mit hoher Arbeitsmoral. Im öffentlichen Leben ist alles auf Effektivität eingestellt; die Pünktlichkeit der Züge und Untergrundbahnen ist sprichwörtlich. Man wird von seiner »Service-Association« beispielsweise um 14.10 Uhr abgeholt und zum nächsten Terminort gebracht, wo pünktlich die empfangende Sekretärin bereitsteht. Verständlicherweise wirkt vieles in Tokyo amerikanisiert, aber das ist nur vordergründig. Die Kraft dieses Landes rührt nach meinem Eindruck daher, daß dieses Land – ganz eindeutig – bei allen schwierigen, heiklen Vorgängen in der jüngsten Geschichte doch keine Kluft zu seiner Vergangenheit aufrichtete, im Gegenteil, es gibt kein Land, in dem Tradition und Gegenwart so nahtlos ineinander übergehen. Wenn in Frankfurt jemand in hessischer Tracht oder in Stuttgart in schwäbischer Bauerntracht herumläuft, dann ist das Folklore; in Japan ist der Kimono für Frauen bei festlichen Anlässen durchaus alltäglich, und das ist nur ein kleines Beispiel, das größere, daß inmitten von Wohngebieten, in Tokyo inmitten von Geschäftshochhäusern, immer wieder buddhistische Tempel und shintoistische Schreine eingebettet sind. Die Japaner geben ein großes Beispiel an Toleranz. Man kann vielen Göttern dienen und Buddha zugleich verehren. Ja, man kann dem Shintoismus huldigen wie dem Buddhismus. Der Shintoismus ist fürs Diesseits, der Buddhismus fürs Jenseits. Man wird shintoistisch geboren, heiratet shintoistisch und läßt sich buddhistisch beerdigen, d. h., man will leben, shintoistisch, dann, buddhistisch, als erstrebenswertes Ziel, so schnell als möglich, im westlichen Paradies Arnidas wiedergeboren werden.

Immer wieder extreme Modernität verbunden mit Tradition. Das Land ist sauber, frisch, es wirkt gepflegt; man achtet auf Sauberkeit in den Straßen, wehe, wenn jemand irgend etwas wegwirft. Es herrscht eine solidarische Disziplin und eine diziplinäre Solidarität vor. Über Jahrhunderte hinweg war die ökonomische Basis des Landes der

Reisanbau. Der Reis kann nur zu vier Zeiten im Jahr in jeweils 8 bis 10 Tagen geerntet werden. Um das möglich zu machen, müssen alle, soweit sie noch auf den Beinen stehen können, mithelfen.
Der Verkehr in Tokyo ist dicht wie in keiner anderen Großstadt und doch diszipliniert. Wir sahen keinen Unfall. Auch hierfür gibt es einen Grund: um den Führerschein zu bekommen, muß man einen ganzen Monat, tagtäglich von morgens bis abends, eine Fahrschule besuchen. Es kostet auch etwa 2000,– Dollar. Es gibt sehr wenig Japanerinnen am Steuer der Fahrzeuge.
Für mich eines der schönsten Erlebnisse war das Erkennen des japanischen Gesichts. Hier in Europa treten sie ja nur in Gruppen auf, und irgendwie sehen doch für uns alle gleich aus. Aber allmählich lernt man die Unterschiede, trifft Unterscheidungen, ja, glaubt selbst noch mongolische, koreanische, chinesische oder europäische Abstammung zu sehen.
Für Deutsche gibt es doch einige andere Umgangsformen zu lernen, die mit der Würde der japanischen Person zu tun haben. Man schüttelt keine Hände, sondern verbeugt sich. Es ist die Würde der Distanz und gleichzeitig das Verbeugen vor Höherem. Man gibt in Japan kein Trinkgeld. Das ist eine segensreiche Einrichtung und betrifft doch auch die Würde der Person. Am Tisch schenkt man sich nicht selber ein, sondern man bedient immer nur den andern, der dann seinerseits wieder darauf achtet, daß das Glas des Einschenkenden nicht leer ist. So wird auch die Würde des anderen geachtet. Und noch eine Eigenheit: »Meishi« oder ohne Visitenkarte ist man kein Mensch. In dieser Klassen- und Gruppengesellschaft will man stets wissen, mit wieviel Ehrerbietung das Gegenüber behandelt werden muß; deshalb muß auf die Meishi die Berufsangabe. Bei jeder Vorstellung ist es üblich, daß man in die Tasche greift und die Meishi zückt.
Und es lebt das Indirekte: Man redet nicht direkt, sondern in Bildern. Bei Führungen in Museen oder Gärten wird immer wieder gesagt, daß»Liebe in der Luft läge, weil der Mond sich silbern auf der Welle spiegelt«. Japaner verbergen ihre tiefsten Gefühle. Sie sprechen nicht von Liebe. Eine japanische Autorin, Hiroko Takenishi, untersucht dieses Phänomen in einem Essay »Speaking of Love«. Liebe

sei ein so tiefes Gefühl, daß jeder logische Ausdruck es nur verfälsche. Deshalb versuchen die Japaner für besondere Gefühle und Empfindungen besonderen Ausdruck zu schaffen, und immer wieder wird darauf hingewiesen, wie sehr die Teezeremonie ein vollendeter Ausdruck japanischer Wesensart sei. Nicht zufällig haben wir zwei solche Zeremonien in Kyoto gesehen. Kyoto ist das Alte, gegenüber Tokyo, dem Neuen, gewissermaßen die Theorie und Tradition zur Praxis der lebendigen Gegenwart. In Kyoto dürfen die Häuser nicht höher gebaut werden als die Spitzen der Tempel.
Die Spielleidenschaft der Japaner ist unübersehbar. Das Zauberwort bei Tag und Nacht heißt »Pachinko«. Reihenweise sitzen jeweils einzelne Japaner (nur Männer) vor den Automaten und spielen und spielen. Nicht um Geld, das ist verboten; gelegentlich kann man Sachen gewinnen, die dann freilich vor dem Spielsalon wieder an die Geschäftsführung verkauft werden können.
Freilich eine »Revolution« muß diesem Land noch bevorstehen, nämlich die Revolution der Frau. Die Stellung der Frau hat sich in den letzten zwei Jahrzehnten wesentlich verändert, verbessert. Doch von einer Selbständigkeit oder gar Gleichheit kann man nicht sprechen. Frauen werden nicht mit in die Geschäfte einbezogen, in der Regel gehen Männer nach der Arbeit gemeinsam essen, danach auch noch einen trinken. Der Verdienst des Mannes wird zwar der Frau überwiesen, aber sie muß dem Manne das »angemessene« Taschengeld geben, das gegenüber dem Alltagsgeld sehr ungleich ist. Frauen im Arbeitsleben bekommen prinzipiell nur die Hälfte des Gehalts eines Mannes. Vor einer Frau verbeugt sich ein Japaner nur selten, dagegen müssen japanische Frauen schon von Jugend an das japanische Knien lernen und wohl auch die japanische Verbeugung, die dann ganz tief ist. Freilich die tiefste Verbeugung machte dann doch die deutsche Japanologin Hijiya-Kirschnereit. Aber auch sie paßte sich sicher mit diesen Verbeugungen nur dem an, was bei einer japanischen Frau üblich ist. In japanischen Restaurants kommen die Bedienerinnen auf Knien, Sekretärinnen nahen sich nur unter Verbeugungen. Wenn in den Zügen Getränke angeboten werden, verbeugt sich die Getränkedame erst einmal vor den Reisenden. Stellungen für Frauen

sind sehr schwierig zu erreichen, besonders in höheren Positionen. Das gilt für die Universität wie für die Behörden, und Hoch- oder Geringschätzung der Frau ist klassenspezifisch. Ein eindrückliches Erlebnis: In unserem Okura-Hotel beging eine japanische Bank ihr 40. Jubiläum. Die Herren (es waren nur würdige Herren, in dunklen Anzügen) gingen an siebzehn »aufgereihten« Mädchen in rosa Kleidern vorüber, die sich eilfertig vor den Herren verbeugten, ihnen ein Willkommen zuriefen und eine Rose anhefteten. Frauen waren lange »die Frauen im Haus«. Heute, das ist die Veränderung, haben Japanerinnen eine gute Schul-, ja Universitätsausbildung, das aber nicht, um einen Beruf als Lebensinhalt zu ergreifen oder eine Karriere anzustreben. Ein Stereotyp ist die Formel »bis zu meiner Hochzeit möchte ich das und das machen«, aber eben immer nur bis zur Hochzeit. Firmen stellen sehr gerne junge Mädchen an, sie haben den Job einer »Büroblume«, die den männlichen Kollegen Tee ausschenkt. Irgendwelches weiterführendes Interesse haben die Firmen nicht, weil ja die Mädchen dann doch heiraten. Die Firma bemüht sich um Heiratsvermittlungen, weil sie ja ihren wertvollen Angestellten häusliche Arbeiten abnehmen möchte. So gibt es arrangierte Eheanbahnungen – »O-Miai« nennt man das. Gelingt aber die Verheiratung nicht, wird der Frau um Dreißig oft gekündigt, weil man den Arbeitsplatz einer Jüngeren geben möchte. »Eine Frau möge zu ihrem Mann aufschauen, als wäre er der Himmel« – so eine Mädchenfibel, zwar aus dem 17. Jahrhundert, doch noch heute verteilt. Das Schriftzeichen für »ihre Frau« – »Okusan« bedeutet »die da drinnen im Haus«. Und die Geishas, gibt es sie überhaupt? Ich kann die Frage kaum beantworten. Es muß sie wohl noch geben, aber meine Gewährsleute, wenn ich ihnen das Grunderlebnis von Max Frisch erzähle: »die auf seinem Rücken als Masseurin spazierende Geisha«, schüttelten immer nur den Kopf. In Tokyo soll es noch 8000 solche Geishas, also »Personen der Künste«, geben. Aber von Jahr zu Jahr würde die Zahl kleiner. Der Beruf ist zu kostspielig. Man bekommt zwar bis zu 5000,– Dollar monatlich, aber davon sind die teuren Kimonos zu bezahlen. Anstelle der Geishas treten immer mehr die Hostessen, das sind die Damen in der Bar. In einer Nebenstraße des Ginza-Viertels gibt es 300 Bars! Es sind dies die Orte, die die Männer nach dem Essen besuchen. Wenn man dann doch einmal für eine Party eine echte Geisha, also eine Person der Künste, will, dann ist das sehr teuer, und man muß schon mit mehreren tausend Mark rechnen. Das Gewerbe stirbt aus, es ist kein Beruf geworden. Beruf ist übrigens ein japanisches Wort, und es gibt eine Zeitschrift, die ebenden Titel trägt »Beruf«.

Doch, wie auch immer, »der Mann ist der Himmel«, das wird auch in Japan nicht mehr lange zu halten sein.

II. Die offiziellen Stellen

Es hat sehr lange gedauert, bis ich meine Einladung erhielt, und mir wurde nur immer wieder von verschiedenen inoffiziellen oder halboffiziellen Stellen gesagt, ich erhielte diese Einladung, 10 Tage vor der Abreise kam sie. Sie ging aus vom japanischen Außenministerium. Nach meiner Ankunft in Tokyo wurde ich von drei Beamten des Außenministeriums empfangen, von Takehiko Nishiyama, dem Generaldirektor im Außenministerium, für Europa zuständig, von Takehiko Togo, dem stellvertretenden Generaldirektor, und Hiroharu Koike, dem Direktor. Vermittelt wurden diese Besuche von der Sekretärin des Generaldirektors, Frau Kumiko Ukisu (eine entzückende Person, mit der ich einmal Mittag essen war, um auch Persönliches zu erfahren). Herr Koike war der erste, der mich empfing. Von ihm erhielt ich dann endlich mein definitives Itinerary. Ich durfte das gerne noch abändern, ursprünglich war mein Aufenthalt für vierzehn Tage geplant, und zehn Tage davon sollte das Außenministerium finanzieren. Dann wurde das aber angesichts meiner Aktivität und der verschiedenen Verpflichtungen auf die vollen vierzehn Tage ausgedehnt. Freilich: nur ich war eingeladen, nicht meine Frau, das heißt, ein Drittel der Hotelkosten, Reisekosten, Eintrittsgelder mußte ich bezahlen, und dabei nahmen sie es ganz genau, was mir natürlich nur recht war.

Herr Koike gab mir bei diesem ersten Besuch, obschon die verabredete Zeit fast abgelaufen war, noch ein vorbereitetes Referat »Die Beziehung zwischen Japan und Europa«.

1. Die Seidenstraßen-Periode 16. Jahrhundert. Die Japaner wissen von Europa durch Chinesen.

2. Portugiesen landen. Die Europäer werden bekannt als Nambanjin gleich Barbaren des Südens. Ihre bedeutenden Importe: Waffen und katholische Mission.
3. 1639-1853 Periode der japanischen Isolation.
4. Nach 1854 die Modernisierung von Japan durch westliche und deutsche Kunst und Technologie. Europa war ein Modell und ein Lehrer. Man begann es zu bewundern. Europäische Modelle wurden übernommen. So zum Beispiel das Modell der deutschen Verfassung. Das Modell der deutschen Armee, das Modell des deutschen Rechts. Das Modell der deutschen Medizin und dann deutsche Literatur, deutsche Musik, deutsche Kunst.
5. Nachkriegsperiode. Überwältigender Einfluß von den USA. Die beiden Supermächte USA und UdSSR überschatten Europa. Europas Bild läßt nach, gelegentlich spricht man von dem kranken Europa, aber es sei immer noch wichtig im Hinblick auf Künste und jetzt in neuer Zeit für Wissenschaft, die nun auch in Japan eine neue Form annehme.

Später sollte ich erfahren: Im Mittelpunkt der konfuzianischen Tugendlehre, die heute noch für Japaner verbindlich sei, stehen vier Tugenden, »Jin« gleich Menschenliebe, »Gi« gleich Rechtlichkeit, »Rei« gleich Formgefühl und »Chi« gleich Wissen. Wissen bedeutet lange nicht das, was das deutsche Wort Wissenschaft ausdrückt. Ein Streben nach Wissen um der reinen schöpferischen Erkenntnis willen, frei von jedem Zweckgesichtspunkt, ist dem Konfuzianismus wesensfremd. Aber hier denkt man grundsätzlich um und, was Herr Koike natürlich nicht wußte, darin beruht vielleicht auch die enorme Bedeutung, die Jürgen Habermas genießt, eine Bedeutung, die wirklich nur noch mit der von Heidegger und Wittgenstein zu vergleichen ist.

Zwei Begegnungen waren nicht vorgesehen, aber nach fünf Tagen Tokyo, drei Tagen Kyoto scheint sich meine Anwesenheit herumgesprochen zu haben, und bei meinen letzten vier Tokyo-Tagen wurde ich auch vom Kultusminister, Herrn Shumon Miura, empfangen.

Schließlich die für mich wichtigste »offizielle« Stelle »International Hospitality and Conference Service Association«, ein Annex zum Auswärtigen Amt, Besucherbetreuung. Hervorragende Organisation, die Wagen, ob in Tokyo, Kyoto, Nikko, waren pünktlich mit Fahrer zur Stelle. Die Fahrer waren hilfsbereit, freundlich, devot. Unsere Begleiterin in all den vierzehn Tagen war Frau Hideko Hatsumi (9/28 Motomachi, Tokorozawa Shi, Saitama-Ken, 359 Japan. Telefon 0429-22-5386). Sie hat ihren Magister über Ingeborg Bachmanns »Das dreißigste Jahr« gemacht und promoviert jetzt über ihre Lyrik. Sie hat sich beim DAAD um ein Deutschlandstipendium beworben. – Eine vorbildliche Organisatorin.

III. Orte unserer Reise

Die Lufthansa-Maschine verließ Frankfurt am Sonntag, dem 20. 10., um 12.50 Uhr. Der Flug ging über Dubai (als die Stewardessen das Flugzeug verließen, bat ich sie, keinen Ehebruch im Emirat zu begehen, denn das würde Steinigung bedeuten!). Zweite Station war Bangkok, exotisch der Flughafen und eigentlich ganz schön die Thailänderinnen. Montag 16.00 Uhr kamen wir in Tokyo an. Schon stand die »Organisation« in Gestalt von Frau Nori Nagasawa da. Sie führte uns durch das Gewusel und Gewimmel von Tausenden von Fluggästen und mehreren Tausenden, die die Fluggäste abholten, zum Wagen. Der internationale Flughafen ist 65 km von Tokyo entfernt. Es ist dann doch schon dunkel, als wir in der Stadt ankommen. Die Betonlandschaft, die Stadt wie in einem Science-fiction-Roman hat sich bereits verwandelt in eine orientalische Märchenstadt. Übrigens Frau Nagasawa liebt Hermann Hesse, ihr Lieblingsroman ist »Unterm Rad«.

Am nächsten Morgen Rundfahrt durch die Stadt. Sie ist ja erst seit 1868 offiziell zur Hauptstadt des Reiches gemacht, als »östliche Hauptstadt«. Sie wurde in diesem Jahrhundert zweimal völlig vernichtet, durch das Erdbeben von 1923 und durch die amerikanischen Brandbomben von 1945, 700 000 Bomben fielen auf die Bürger und ihre Holzhäuser nieder. Zehn Jahre später hatte Tokyo wieder 6 Millionen Einwohner, 1961 10 Millionen, heute sind es fast 12 Millionen.

Wohl die beste Möglichkeit, die Stadt kennenzulernen, ist eine Fahrt mit der Yamanote S-Bahn. Die Rundfahrt vermittelt einen Eindruck dieser riesigen Stadt. Durch die Zerstörungen hatte sie die Chance eines architektonisch neuen Aufbaus, und sie hat dies genützt.

Bummeln in den Champs-Elysées von Tokyo, der großen Straße Omotesando. Hier kann man elegante Japanerinnen sehen und immer wieder Frauen im Kimono. Das Einkaufszentrum ist Shibuya, hier liegen die elegantesten Läden, auffallend sind die wirklich erstaunlich hohen Preise. Man wird wahrscheinlich japanische Perlen in Frankfurt billiger kaufen können (in Hongkong sowieso).

Mitten in Tokyo der Kaiserpalast, hinter seinen dicken Mauern und den breiten Wassergräben aus dem 17. Jahrhundert, in denen Karpfen und Schwäne schwimmen, führt das Kaiserpaar ein Leben in Isolation. Vor der Kapitulation Japans, als der Kaiser noch göttlichen Status hatte und dieser »Göttlichkeit« der Amerikaner wegen entsagen mußte, mußten sich die Benutzer von Straßenbahnen und Bussen, die am Palast vorbeifuhren, auf den Befehl des Schaffners in Richtung Palast tief verbeugen.

In der Nähe des Kaiserpalastes die Ginza, ein Viertel, das für viele der Inbegriff von Tokyo ist. Es ist nicht nur eine Prachtstraße, sondern ein ganzer Bezirk, in dem es alles gibt, was modern, antik, gut, aber meist eben doch sehr teuer ist, einschließlich der hochbezahlten Hostessen in Japans feinsten Bars. In einer Nebenstraße der Ginza gibt es 300 solche Bars. Die Kaufhäuser sind wahre Konsumpaläste, so zum Beispiel das älteste Kaufhaus Japans, vor 300 Jahren als Kimono-Laden gegründet, Mitsukoshi: Warenangebot und Service sind überwältigend. Man ist »König« Kunde und wird mit unzähligen Verbeugungen und Willkommensrufen junger Damen im Kimono begrüßt. Am Eingang eine glitzernde Skulptur, die Göttin der Aufrichtigkeit, ein gutes Omen für einen Einkaufsbummel.

Der Meji-Schrein ist der vornehmste und eleganteste Schrein Tokyos in der Nähe des Kaiserpalastes. Der Schrein wurde zerstört, aber nach dem Kriege im reinsten Shinto-Stil wiedererrichtet. Riesige Tore weisen den Weg: wenn man durch ein solches Tor hindurchgeht, wird man gereinigt. Ich verlasse Japan also in jeglicher Hinsicht unter dem Gesichtspunkt der Reinigung. Das Besondere shintoistischer Schreine ist meist ihre besondere architektonische Form. Das Innere ist eher karg, nur mit symbolischen Insignien versehen. Wesentlich ist die Atmosphäre. Dann der Glaube der Besucher, hier, durch

Händeklatschen, Ahnen beschwören und Unheil abwehren zu können. Es gibt in Japan 104 Arten des möglichen Unheils. Für jede Art ein Tempel, man versteht die Vielzahl der Schreine. Die Umgebung des Meiji-Schreins ist besonders großzügig angelegt, man geht unter hohen Bäumen auf knirschenden Kieswegen in klösterlicher Stille. Ganz in der Nähe des Schreins liegt ein Irisgarten mit über hundert Sorten von Schwertlilien.

Noch ein Tokyoter Kennzeichen: der Ginkgo-Baum; seine Früchte ißt man bei japanischen Essen. Aber seine Blätter sind Kennzeichen der »östlichen Hauptstadt« und das Hauptsymbol der Tokyoter Universität. Auch unser Okura-Hotel stand im Zeichen dieses Blattes, Untersetzer und Glassticker trugen das zweigeteilte Blatt. Wer aber kannte schon Goethes Gedicht »Ginkgo Biloba« aus dem »West-östlichen Divan«, das »östlichen Sinn« entschlüsseln wollte?

Kyoto

Der Superexpreß braucht immerhin drei Stunden für die 600 km lange Fahrt von Tokyo nach Kyoto. Bei der Abfahrt wurde uns gesagt, daß man den Fujiyama an diesem Tage nicht sehen könnte, aber siehe da, er war sichtbar, nicht im unteren Drittel, aber über den Wolken ganz deutlich. Maler und Dichter haben diesen Berg, den Sitz der Götter, verewigt. Es ist Japans höchster und heiligster Berg. Vielleicht hüllen sich die Götter in Wolken und Dunstschleier, um die Verschmutzung nicht wahrnehmen zu müssen. Der Fujijama heißt in Japan übrigens immer Fujisan, das Schriftzeichen für Berg kann San oder Jama gelesen werden. 18 Eruptionen des Vulkans sind historisch belegt, eine letzte 1707. Seiner Feuerkraft verdankt der Fuji auch seinen Namen, den ihm die Ainu verliehen haben. Huchi-Fuchi war die Ainu-Göttin des Feuers.

Rundfahrt durch Kyoto. Kyo = Hauptstadt. Kyoto ist irgendwie das Synonym für das alte Japan, für japanische Ästhetik, japanische Kunst, japanische Architektur, japanische Religion. 1600 buddhistische Tempel und 300 Shinto-Schreine sind im Laufe der Jahrhunderte in Kyoto entstanden. Kyoto wurde im Kriege nicht zerstört, und das verdanken die Japaner einem Amerikaner, der dafür sorgte, daß die alte Kaiserstadt von den US-Bombern nicht in Schutt und

Asche gelegt wurde. Man kann natürlich Kyoto in drei Tagen unmöglich kennenlernen. Mühsam der Verkehr, es ist eben eine alte Stadt mit engen Straßen, vielen Baustellen, jeder kleine Ausflug dauert Stunden mit dem Taxi.

Der Kiyomizu-Tempel ruht auf einem raffinierten Holzgerüst; seine Lage in einer Landschaft, die einem japanischen Rollbild abgenommen scheint. Herrlicher Blick auf die Stadt und das Umland.

Der Heian-Schrein ist einer der farbenprächtigsten; ein riesiges, orangerot bemaltes Beton-Torii kündigt ihn an, eine große Halle davor, als verspielte Turmkonstruktionen der grüne Drache und der weiße Tiger.

Hinreißend der Goldene Pavillon. Sein Blattgold spiegelt sich im ruhigen Wasser eines kleinen Sees. Dieser Zen-Tempel soll die perfekte Harmonie symbolisieren, die sich jeder auf Erden wünscht. Im Schönen der Natur spiegelt sich ja die menschliche Seele. So viel Schönheit konnte ein junger Priester nicht ertragen: 1950 legte er das architektonische Kunstwerk in Schutt und Asche. Aus dieser Geschichte schöpfte Yukio Mishima den Stoff für seinen Roman »Der Tempel des Goldenen Pavillons«.

Adolf Muschg hatte mich bedrängt, wir sollten uns den Besuch des kaiserlichen Palastes und des Gartens Katsura wünschen. In der Tat ist diese Villa Katsura-Rikyu etwas ganz Besonderes. Vielleicht weniger die verschiedenen Häuser, Schreine, Villen, sondern das Juwel ist wirklich der Landschaftsgarten, ein Meisterwerk japanischer Gartenkunst. Sein Architekt, Kobori Enshu, soll drei Bedingungen für seine Arbeit genannt haben: Kosten dürften keine Rolle spielen; einen festen Übergabetermin nenne er nicht, und der Bauherr dürfe nur das Endprodukt prüfen! (Bitte nicht unseren Schriftstellern weitersagen.) Man geht auf den Trittsteinen zwischen Moos, Gebüsch, Hecken und Bäumen und ist wirklich fasziniert, wie der Teich im Zentrum des Parks immer wieder dem Blick entgleitet, um dann plötzlich wiederaufzutauchen. Für alle Jahreszeiten wurde ein eigenes Teehäuschen in den Garten gesetzt. Eine Veranda, eine Villa war nur für die Mondbetrachtung gedacht. Hier also spiegelte sich der Mond auf dem See!

Nara

Die Wiege der japanischen Zivilisation. Ein japanisches Sprichwort: Wer Kyoto sagt, muß auch Nara sagen. Nara war die erste Hauptstadt Japans, Geburtsort von Meisterwerken buddhistischer Architektur, Skulptur und Malerei. Es ist wirklich eine Heimstadt japanischen Geistes. Mit einem Expreß kommt man rasch von Kyoto nach Nara. Mitten im Ort befindet sich der größte öffentliche Wildpark Japans, in dem hundert zahme Rehe und Hirsche herumziehen und ganz dicht zu den Besuchern treten; die Tiere gelten als Götterboten, weil eine Göttin einst auf einem Reh ritt. In Nara spielt die Taube als Symbol eine Rolle, einst wurde ein Weiser durch eine Taube nach Nara geleitet. Tauben haben Sinn für Hierarchie, sie sitzen immer in hierarchischer Ordnung nebeneinander und kennen Höflichkeit und Gehorsam. Manchmal sieht man auf einem Dachfirst zwei in Ton gebrannte Tauben sitzen: jeder kann sehen: in diesem Haus hat jemand Karriere gemacht! Nara ist ein großes Beispiel des Nebeneinanders von Shintoismus und Buddhismus. Ein riesiges Tor weist zum Kasuga-Schrein. In seinen Korridoren hängen 870 große Laternen vor rotem und weißem Hintergrund.

Im Todai-ji-Tempel steht der größte bronzene Buddha auf Erden, der Daibutsu, 16 Meter hoch; er steht dort seit dem Jahr 752. 437 Tonnen Bronze, 130 Kilo Gold und 75 Kilo Quecksilber wurden für ihn gebraucht. Er sitzt auf einem Sockel von 56 bronzenen Lotusblättern, jedes 3 Meter hoch. Irgendwie ist das Ganze schon beeindrukkend. Auch die beiden vergoldeten Holzstatuen neben ihm, die Göttin der Barmherzigkeit und die Göttin der Weisheit, wobei man nicht weiß, handelt es sich um Gott oder Göttin. Rechts und links hinter dem Buddha zertrampeln fünf Meter hohe göttliche Richter Dämonen unter ihren Füßen; ein Holzpfeiler hat eine rechteckige Öffnung, wer sich durchzwängen kann, kommt ins Paradies, aber man muß dafür sehr schmal sein! Im Toshodai-ji-Tempel steht ein Grabmal eines chinesischen Priesters, der 759 nach Japan gerufen wurden, um den Buddhismus zu verbreiten. Viermal erlitt der Priester Schiffbruch, ehe er nach dem fünften Versuch, nach zwölf Jahren, erblindet in Japan eintraf. Seine Schüler vollendeten den Tempel,

schufen eine Buddha-Statue, deren Aura aus 864 kleinen Buddhas besteht.
Ebenfalls architektonisch interessant ist der Horyu-ji-Tempel, 609 gegründet, wahrscheinlich der älteste Tempel Japans. Er umfaßt 45 Gebäude, darunter eine achteckige »Halle der Träume«.
Zweimal nahmen wir an der offiziellen Teezeremonie teil. Diese Zeremonie bedeutet nicht einfach nur Teetrinken. Sie ist vielmehr Teil des »Teeweges«, der Meditation auf der Suche nach sich selbst, wie es der Zen-Buddhismus lehrt. Bei der Teezeremonie streift man den Alltag ab, genießt Kunstwerke von gewollt einfacher Schönheit und eine harmonische Stimmung. Ausgeglichenheit und innere Ruhe sollen hergestellt werden. Man geht durch einen Garten, wartet und muß sich dann durch eine ganz kleine Tür in ein Teehaus zwängen. Früher mußten alle ihr Schwert draußen lassen, und die enge Pforte will sagen, hier ist alles gleich. Bei unserer ersten Teezeremonie hat ein Lehrling des Meisters Usucha vorgeführt, hier trinkt man ein kleines Täßchen, in einer halben Stunde ist alles vorbei. Die eigentliche Teezeremonie dauert vier Stunden, ist jedoch nur für Mitglieder der vierzig verschiedenen Schulen der Teezeremonie zugänglich. Man lobt die raffiniert einfache Schönheit der Teekeramik, hat ein berühmter verstorbener Teemeister eine bestimmte Teeschale benutzt, kann für ein unscheinbares Gefäß ein Rekordpreis entstehen.
Die Teezeremonie ist eine höchst elitäre Einrichtung, Veredelung, Verästhetisierung des Lebens und vielleicht für uns Europäer bei allem Einverstehen doch sehr fremd.

Biwa See

Nicht vorgesehen vom Außenministerium war ein Ausflug von Kyoto zum Biwa-See. Um das Jahr 1500 formulierten japanische Künstler die »Acht Ansichten des Biwa-Sees«. Der See ist berühmt für die klassische Schönheit der Landschaft und Szenen aus der Natur, welche die Seele des Menschen anrühren. In den wenigen Büchern, die ich früher aus diesem japanischen Bereich las, war auch das Buch von Max Dauthendey »Acht Gesichter am Biwasee«. Dies die acht Gesichter, die man erleben sollte:

– die Heimkehr der Segler von Yabase am Abend;
– den Nachtregen in Karasaki;
– die Abendglocke im Mii-dera-Tempel;
– den Sonnenschein und die Brise von Awazu;
– den Flug der Wildgänse in Katata;
– den aufgehenden Herbstmond in Ishijama;
– das Abendrot am Seta-Fluß;
– den Abendschnee auf dem Hirayama.

Diese acht Gesichter sahen wir zwar nicht, aber andere. Doch eines traf mich sofort: dies ist der japanische Bodensee!!! Ich sah das alles nur bei Nacht, aber wie oft habe ich vom Buchinger-Balkon nachts über den Bodensee geschaut, und nun fand ich eine ganz ähnliche Atmosphäre. Der Bodensee nach Süden eingerahmt von den Schweizer Bergen, hier der Biwa-See, umgeben von scharfzackigen, wie Sägeblätter aussehenden Bergen. Beide geheimnisvoll, Suso oder ein Seelenfünklein geistert über den Bodenseewassern, hier ist ein Seelenfünklein zu spüren, wenn auch noch nicht direkt festzumachen, aber es ist vorhanden. Yasushi Inoue sollte uns später erzählen, daß er in der Nähe des Sees in einem Tempel die schönste Buddha-Figur seiner Vorstellung gefunden habe. Eine Gestalt, man weiß nicht, ob männlich oder weiblich, von vornehmster Ausdruckskraft, auf dem Kopf des Buddha elf andere Buddhas – am letzten Abend übergab der Verleger des Iwanami Verlages, Herr Toro Midorikawa, meiner Frau als Abschiedsgeschenk Bilder von Buddhas aus der Biwa-Gegend, und es war auch jene Buddha-Gestalt enthalten, die Inoue so wichtig ist.

Nikko

Für Japaner ist Nikko ein Synonym für »kekko« = prächtig. »Nikkos Schreine, Tempel und Mausoleen im Schatten mächtiger, über 300 Jahre alter Zedern gehören sicher zu den extravagantesten Baudenkmälern der Welt.« Wir fahren mit einem Expreß von Tokyo nach Nikko, dort hält der Wagen des Außenministeriums, wir fahren noch ein Stück an der Zedernallee vorbei (sie ist 23 Meilen lang, manche Bäume an ihrem Ende im Tempelbezirk 600 Jahre alt). Wir fahren irgendwohin, was merkwürdigerweise die deutschen japanischen

Reiseführer kaum verzeichnen, an die Wasserfälle in Nikko, 1200 Meter hoch. Das Auto nimmt die Alphabetenstraße, das japanische Alphabet besteht aus 48 Zeichen, und es sind 48 Serpentinen, um zu dieser 1200 Meter hoch gelegenen Höhenlandschaft zu kommen. Der Kegon-Wasserfall ist wirklich ein kleines Wunder. »Ke« = Blume, »Gon« = hart, und in der Tat, hart und weich ist dieser Wasserfall. Anders als die berühmten anderen Wasserfälle, Niagara oder Schaffhausen, in der Mitte ein mächtiger Fall, dann aber viele seitliche Silberfäden, die eine Geisterstimmung erzeugen. Ebenso ist es beim nächsten Wasserfall Ryuzu, der buddhistische Name bedeutet Drachenkopf. Man hätte noch sechs andere Wasserfälle besuchen können, aber dazu reicht die Zeit nicht. Dafür machen wir noch eine kurze Fahrt um den See Chu-zen-ji, eine Landschaft, die wiederum anders ist als die Landschaft um den Biwa-See. Über dem See thront hier ein einziger Gipfel, der 2485 Meter hohe erloschene Vulkan Nantai, auf dessen Gipfel die Pilger bei Sonnenaufgang ihre Götter anbeten.
Ich bin sehr froh, daß wir diese Naturereignisse sehen konnten, vielleicht waren wir dann besser gerüstet für den Anblick des geradezu barocken Prunks des prächtigen Tosho-gu-Schreins. Die ganze Anlage, die 22 Gebäude umfaßt, war als letzte Ruhestätte jenes Mannes gedacht, der die 260jährige Alleinherrschaft seiner Familie über Japan begründete, der erste Tokugawa-Shogun Ieyasu. Der Bau muß nach heutigen Maßstäben Hunderte von Millionen Mark gekostet haben. Wieder das Ineinander von Shintoismus und Buddhismus. Alle Gebäude sind lackiert, nur eines nicht, das Eingangsgebäude. Statt viel Farbe hat es eine der berühmtesten Schnitzereien der Welt, die berühmten »Drei Affen«, die »nichts hören, nichts sagen, nichts sehen«. Eine fünfstöckige buddhistische Pagode fällt durch Farbigkeit auf, der Glockenturm, der Trommelturm, eine riesige Bronzelaterne, Prunkstück des Tosho-gu ist ein chinesisch beeinflußtes Gebäude: Yoeimon. Jeder Quadratzentimeter dieses Gebäudes ist von einem Kunststück besetzt, der zweistöckige Bau ist geradezu eine Explosion in Farben und Formen. Drachen, Löwen, Fabelwesen, Weiß, Gold, Rot, Grün und Blau drängen auf die Sinne des Betrachters ein, und Metallbeschläge erhöhen die Glanzeffekte. Ich bin mir

nicht sicher, was man vor soviel Kunst und Aufwand sagen und denken soll. Irgendwie ist das doch zu prächtig, gar nicht zu erwägen die Bedingungen, unter denen das entstand. Nach diesem Sonnenlichttor muß noch ein Tor durchschritten werden, bevor man den eigentlichen Schrein erreicht, der dann eher einfach ist. Es gibt eine Gebetshalle, in der auch dreißig Dichter mit Gedichten verewigt sind, und die Haupthalle, in der das Allerheiligste steht, der Misorado-no-Schrein, in dem die Seelen von Ieyasu sowie der Feldherren Toyotomi Hideyoshi und Minamoto Yoritomo als Gottheiten verehrt werden. Die Grabstätte des Ieyasu im alten Zedernhain ist dann eher schlicht, zweihundert Stufen muß man gehen, noch vor kurzem war der Zugang dem gemeinen Volke verwehrt.

Man braucht diese »Natur«, Naturschönheit und sinnlichen Eindrücke. An sich sind Tempel faszinierend, eingebettet in den heutigen Alltag beziehen sie doch die Toten und die Götter in das Leben ein. Ihre Ästhetik ist irgendwie unbeschreibbar, unendlich. Manchmal brutal, immer elegant, aber brutal und elegant sind auch wieder zwei Paare, die in Japan zusammengehören. In der Natur die Farben der Wälder und immer wieder das Wasser. Ich erzähle am Abend bei Inoue von meinem Aare-Schwimmen und von meinem Grunderlebnis dabei, dem silbernen Klang der im Flußbett wandernden Kieselsteine. Inoue nennt ein Gedicht von Bashō, das in Japan als Krone der Haiku-Dichtung gilt:

Furuike ya
Kawazu tobikomu
Mizu no oto

Wilhelm Gundert hat das übersetzt:

Uralter Weiher –
Vom Sprung eines Frosches
Im Wasser ein Ton

Ein Wort über das Essen

Auf einem Lacktablett in kleinen Schälchen und Tellerchen liegen die für uns abenteuerlichen Speisen, zauberhaft dekoriert, in ganz kleinen Portionen: Sashimi = roher Thunfisch, weiße Scholle, papierdünn geschnitten, Tintenfisch, Kaviar auf einem Melissenblatt mit

einer Blütenrispe. Zum Eintauchen Sojasauce, in die Meerrettich gerührt wird. Dazu ein Schälchen Reis mit Sesam oder Ginkgobaumnüssen. Ein Schälchen mit Deckel enthält Suppe mit Fischstückchen. Ferner sauer eingelegte Gemüse wie Kraut, gelbe Rüben u. a., Muscheln. Die Speisen, die mit Teig in Fett ausgebacken sind, ob Fisch, ob Gemüse, heißen Tempura. Es gibt Kartoffel-Rüben-Maroni-Scheiben, Erbsen in der Schale, glitschiger Seetang oder Reis in Seetangblättern eingepackt. Wachteln, Lotusstengel in Scheiben, gelbe gekochte Chrysanthemenblätter, in Sojasauce getaucht. Pilze. Eine ganze Reisrispe aus der neuen Ernte, in heißem Fett vorsichtig zu Puffreis gebacken – und alles wird mit Stäbchen gegessen, auch der Kaviar.
Zu bewundern sind die handwerklich sehr edlen und einfachen, oft alten Lacktabletts und Lackschälchen, die, wenn sie den begehrten matten Seidenglanz haben, enorm teuer sind, man bewundert altes Porzellan und handgetöpferte Teeschalen. Das Mahl beginnt mit einem feucht-warmen Frotteelappen zum Reinigen von Gesicht und Händen; er wird, eng zusammengerollt, auf einer kleinen Bambusschale gereicht.
IV. Begegnungen
Im Hotel Okura wartete der stellvertretende Institutsleiter des Goethe-Instituts, Dr. Hans L. Bauer. Meine Frau möchte nach dem achtzehnstündigen Flug ruhen, ich gehe mit ihm Abend essen. Wir bummeln durch ein Altstadtgebiet: Roppongi, und landen im Fischlokal Sirinha. Kurzerhand esse ich mit ihm Osashimi, den japanischen rohen Fisch, und er schmeckt köstlich. Wir trinken Sake dazu, und ich lerne schon, daß man immer nur dem anderen einschenkt, und lerne das Unterscheiden der japanischen Gesichter. Dr. Bauer erzählt von der großartigen Disziplin der Japaner; auch von ihrer solidarischen Arbeitsgemeinschaft. Dann eine verblüffende Bemerkung: eines seiner Kinder habe im Kindergarten ein sehr erwünschtes Diplom erhalten. Was soll das heißen? Wer vorankommen will, wer die besten Schulen besuchen will, muß immer Diplome haben. Das heißt, schon mit drei oder vier Jahren beginnt im Kindergarten das Ringen um Diplome. Wer das Diplom eines guten Kindergartens hat, bekommt eine gute Schule, wer das Diplom einer guten Schule hat, bekommt

eine gute Oberschule, wer das Diplom einer guten Oberschule hat, hat die größte Chance für eine gute oder beste Universität. Dr. Bauer macht mich darauf aufmerksam, daß es bei all den vielen Schreinen immer Bäume gäbe, an denen »Erhörungstafeln« hingen. Die meisten Tafeln beziehen sich auf Bitten an die Götter um Aufnahme in die Universität! So also beginnt das japanische Streben.

Am nächsten Tag die Höflichkeitsbesuche bei den Direktoren des Außenministeriums, Hiroharo Koike und Takehiko Nishiyama.

Mittagessen beim Botschafter der Bundesrepublik, Herrn Dr. Walter Boss. Anwesend waren höhere Beamte des Auswärtigen Amtes, einige germanistische Professoren, der Leiter des Goethe-Instituts, und zum ersten Mal sehe ich sie, die Schriftsteller Yasushi Inoue, Makoto Ōoka und die Schriftstellerin Taeko Kōno.

Es sind die üblichen Botschafter-Essen. Der Botschafter begrüßt, ich spreche über mein gutes Gewissen, das ich in Japan habe, weil der Insel Verlag doch einige klassische Literatur gebracht habe und wir bei Suhrkamp immerhin einiges an zeitgenössischer Literatur und besonders die Werke von Inoue vorgelegt haben.

Inoue spricht nun von sich aus – vorzüglich übersetzt von dem Chefdolmetscher der Botschaft, Dr. Wilfried Schulte. Er dankt für mein Kommen, rühmt Suhrkamp, nicht nur als den wichtigsten deutschen, sondern europäischen Verlag, und er schätze sich glücklich, Autor eines solchen Verlages zu sein. Herr Makoto Ōoka ist Lyriker, aber auch Professor an der Meiji-Universität. In der größten japanischen Zeitung »Asahi Shimbun« veröffentlicht er jeden Tag auf der ersten Seite ein zeitgenössisches oder klassisches Gedicht und kommentiert es. Das also ist das literarisch-kulturelle Gefälle zwischen Japan und Deutschland – in Tokyo jeden Tag ein Gedicht und sein Kommentar. In Frankfurt, in der »FAZ«, jeweils einmal in der Woche.

Herr Thomas Immoos ist Professor für deutsche Literatur an der Sophia University; er möchte gerne Gertrud Leutenegger nach Japan einladen. Ebenfalls Gast beim Botschafter ist Professor Tatsuji Iwabuchi. Herr Iwabuchi ist Brecht-Spezialist und hat über die Rezeption Brechts in Japan gearbeitet. Er wollte mich eigentlich zu seinen Studenten zu einem Brecht-Vortrag bringen, aber das ließ sich zeitlich nicht mehr einplanen. Er ist im suhrkamp taschenbuch materialien-Band, »Tage der Commune«, mit einem Beitrag vertreten. Mit seinen Studenten habe er etwa 100 Seiten von Peter Weiss, »Ästhetik des Widerstands«, übersetzt, aber der japanische Verlag habe keinen Mut gehabt, das Buch zu bringen. Er kannte sich sehr gut in der zeitgenössischen deutschen Dramatik aus, sein Lieblingsautor ist Franz Xaver Kroetz.

Bei dieser ersten Gelegenheit empfing ich auch gleich ein Geschenk. Herr Professor Hikaru Tsuji, ein emeritierter Germanist, übergab mir eine alte blaue Teetasse als Willkommensgeschenk.

Abends dann das berühmte Kabuki-Theater. Das Theater entstand als volkstümliche Reaktion auf das elitäre No-Spiel. Es ist blutvoll, tränenschwer, aktionsreich, meist beginnt es mit einem erotischen Tanz, ursprünglich getanzt von einer Frau, dann aber waren die Querelen um die Tänzerinnen so groß, daß ihn nur noch hübsche Jünglinge tanzen durften. Als auch mit ihnen Querelen entstanden, erhielten auch sie Verbot, nur noch erwachsene Männer durften Helden und Liebende verkörpern. Richtige Kulissen und herrliche Kostüme tragen zur Beliebtheit des Kabuki bei. Die Handlung erreicht ihren Höhepunkt, wenn der Darsteller seine Pose zum »Mi-e« = Anschaubild einfriert, dann klatschen die Zuschauer frenetisch Beifall und rufen den Namen des Künstlers. Besondere Verehrung genießen die Imitatoren von Frauengestalten. Wir sahen an diesem Abend ein eher komisches Familiendrama, ein Großonkel versuchte mit Intrigen, die bis an Mord grenzen, die Macht an sich zu reißen. Freilich, wir hatten nicht die Kraft, die fünf Stunden dieses Theaters auszuhalten, so schön und fremd es auch war.

Am nächsten Tag dann die Verlagsbesuche:

Hakusuisha Verlag (Direktor Kazuaki Fujiwara)

Dieser Verlag ist eigentlich der Verlag für unsere Literatur. 5 Bände Brecht, dann Adorno, Bloch, Frisch, Hildesheimer, Johnson, Nossack, Peter Weiss. Das war aber in der Zeit der sechziger Jahre, wo Europa noch großgeschrieben wurde. Jetzt geht bei den Verlagen ganz allgemein die Belletristik zurück und im Rahmen der Belletristik besonders die übersetzte. Wenn nicht Besonderes vorläge, so habe ein ausländisches Buch heutzutage kaum eine Chance mehr in Japan. Herr Fujiwara machte mir einen sehr verängstigten Eindruck. Er sei, nachdem er zwei Bücher von Peter Weiss gebracht hat, auch sehr für die »Ästhetik des Widerstands« gewesen, aber das Finanzgremium hätte dies abgelehnt.

Das ist die Situation dieser Verlage. Es gibt keinen Verleger, sondern Lektoren für verschiedene Bereiche; diese Lektoren müssen zum Cheflektor, der Cheflektor zum Vizepräsidenten, der Vizepräsident zum Präsidenten und auch der Präsident untersteht einer Finanzkontrolle. Es ist natürlich sehr schwierig, in diesem Prozeß wichtige Literatur durchzusetzen.

Kodansha-Verlag

Gespräch mit dem Cheflektor Takayoshi Tokushima.

Kodansha ist praktisch der Bertelsmann Japans. Hier wird alles gemacht. Der Verlag hat einen Riesenumsatz. Herr Tokushima ist Cheflektor für japanische Belletristik, aber er ist skeptisch, was den Verkauf ausländischer Belletristik betrifft.

Herr Dr. Ludwig hatte ihn bereits besucht und auch in seinem Bericht diesen Besuch wiedergegeben. Er erwähnt, daß ein Teil der bedeutenden Autoren bei Kodansha International gleich in englischer Sprache erscheine. Herr Tokushima hat Herrn Dr. Ludwig einige Exemplare moderner japanischer Belletristik in englischer Sprache geschickt, aber von ihm nie mehr irgend etwas gehört. Das war nun kein Einzelfall. Herr Dr. Ludwig ist im Zeichen Suhrkamp gereist, hat sehr viele Gespräche geführt, machte einen emsig-japanischen Eindruck, wenn auch wenig überzeugend, aber man hat dann »von Suhrkamp nichts mehr gehört«. Insofern war Ludwigs Reise für uns doch eher ein Schaden.

Herr Tokushima übergab mir eine englische Ausgabe eines Romans jenes Autors, den ich gerne treffen wollte, Haruki Murakami. Der Titel des Romanes »Pinball, 1973«; ich konnte so während meiner Japanreise wenigstens diesen Text zu einem Teil lesen. Der Autor hat mich sehr überzeugt.

Am späten Nachmittag eine Stunde Fahrt durch Tokyo, um zum Hause der

Japan Book Publishers Association
zu kommen und dort einen Vortrag zu halten über »The Future of the Book«. Der Executive Director, Sadaya Murayama, führte mich ein und sprach vom Ausländerempfang in der Klettenbergstraße, von dem schönen Haus der Bücher, von Helene Ritzerfeld. Helene Ritzerfeld ist bei den japanischen Verlegern eine feste Einrichtung, Hort zuverlässiger Auskünfte und durchaus auch Wahrerin der Interessen Suhrkamp.
Ich wurde den versammelten Verlagsleuten vorgestellt. Es waren anwesend:
- Verlag Shinhyoron, Mr. Mimasaka
- Verlag Shōgakukan, Mr. Kanehira
- Verlag Hakusuisha, Mr. Fujiwara, Mr. Inai
- Verlag Sanseidō, Miss Uno
- Orion Press, Mr. Nakamura, Mr. Sakai
- Asian Cultural Centre, Mr. Yasui
- Verlag Kōdansha, Mr. Shimada, Mr. Hattori
- NHK Publisher, Mr. Iribe
- Ikubundo Publisher, Mr. Owi
- Sanshusha Publisher, Mr. Ohara
- Japan Book Pub. Association, Mr. Murayama, Mr. Shigehisa, Mr. Onuki
- meine Begleiterin, Mrs. Hatumi
- die Ubersetzerin, Mrs. Tanaka
- und die PEN-Sekretärin, Mrs. Oyama (auf sie wird noch zurückzukommen sein)

Vortrag und Diskussion waren linguistisch vielleicht kompliziert, weil ich Englisch sprach und mein Englisch ins Japanische übersetzt wurde; bei der Diskussion dann die japanischen Fragen wieder ins Englische und dann in derselben Weise meine Antwort ... Aber es war ein lebhaftes Gespräch, und wir kamen zu einem Punkt, der mich überraschte. Niemand der Anwesenden kannte die Übersetzungssubvention von Inter Nationes. Wie ist das möglich? Herr Sakai von Orion Press, auch offizielle Stellen des Auswärtigen Amtes und die Japan Foundation hatten keine Ahnung von dem, was Inter Na-

tiones auf diesem Sektor leistet. Das war für mich ein wichtiger Punkt bei meinen Gesprächen, sowohl bei Verlagen wie auch bei offiziellen Stellen, und das soll auch ein Punkt meines Berichtes an das Auswärtige Amt sein.
Anwesend war bei diesem Treffen auch die Sekretärin des PEN-Clubs, Frau Shizu Oyama. Mit ihr gingen wir zum Abendessen. Sie ist eine ungewöhnliche, initiativenreiche Organisatorin, Sekretärin auch für Herrn Inoue. Sie kennt die japanischen Autoren wie keine andere, weiß, wer wo zu erreichen ist. So war z. B. Suhrkamp-Autor Kenzaburō Ōe in Kanada und der Autor Kōbō Abe in Deutschland. Aber sonst sollte ich mir durchaus wünschen, wen ich sehen und sprechen möchte, sie würde alles arrangieren.
Für meinen letzten Tag in Tokyo, Freitag, der 1. November 1985, hatte Yasushi Inoue zum Abendessen eingeladen. So lud ich japanische Autoren für den Mittag dieses Tages zu einem Essen in unser Hotel Okura ein. Die Organisation hat dann Frau Oyama übernommen. Sie hat ständig angerufen, war ständig hilfsbereit und eine wirklich rührende Person.
Der Donnerstagvormittag, es war unser dritter Tag in Toyo, war für einen Bummel im Ginza-Viertel frei.
Am Nachmittag im Goethe-Institut der Vortrag »Hermann Hesse. Dichter des Eigensinns«. Ich wußte nicht, daß mein Vortrag konsekutiv ins Japanische übertragen wurde. Dies geschah durch einen Mann, den mir Jürgen Habermas als Dolmetscher genannt hatte, Herrn Professor Dr. Kenichi Mishima (Adresse Brief Habermas 15. 10. 85). Die Diskussion, die von Frau Professor Hijiya-Kirschnereit übersetzt wurde, war ziemlich lebhaft, nachdem freilich erst eine Peinlichkeit zu überstehen war. Nach Beendigung des Vortrags meldete sich gleich der alte Professor Takahashi; er erzählte, wie er mich vor 32 Jahren in Frankfurt getroffen habe. Er sei sehr beeindruckt gewesen von meiner Begeisterung, mit der ich über Hermann Hesse und meine Begegnungen mit Hermann Hesse sprach. Er hätte aus meinen Büchern über Hermann Hesse sehr viel gelernt.
Er erinnerte sich an zwei Vorgänge: ich hätte meine Frau immer mit »meine Kleine« angeredet. Heute, da meine Frau anwesend sei, könne

sich jeder überzeugen, daß sie alle Japaner um Haupteslänge überrage. Das hätte ihn beeindruckt. Und das andere: ich sei immer ein dynamischer Mensch gewesen. Als er sich damals von mir verabschiedet habe, hätte ich bemerkt, daß er seine Aktentasche liegengelassen habe: ich hätte dann ein Motorrad genommen und sei ihm nachgefahren, hätte ihn erreicht und ihm die Tasche gegeben. Von beidem weiß ich wirklich nichts. Hier muß die Erinnerung Herrn Professor Takahashi einen Streich gespielt haben. Aber dann leitete er doch die Diskussion ein, in deren Verlauf er mich fragte, wieso ein deutscher Wissenschaftler auf die Idee gekommen sei, daß ein Teil des Werkes von Hermann Hesse »Kitsch« sei. Das gab dann eine schöne Diskussion, die fast zwei Stunden dauerte.

Im Anschluß daran gab Herr Dr. Klaus Peter Roos, der Leiter des Goethe-Instituts, einen Empfang in seinem Haus. Hier waren die bekannten Germanisten wieder anwesend, aber auch Herr Dr. Wolfgang Wilhelm und seine Frau Kikue Wilhelm. Auf ihn war ich doppelt vorbereitet. Jürgen Habermas, der ja kurz vor meinem Abflug aus Japan in Frankfurt ankam, hatte mir durch Kurier noch ein Buch als Reiselektüre schicken lassen. Kurt Singer, »Mirror, Sword and Jewel. A Study of Japanese Characteristics«. Ich habe in der Tat die ersten 50 Seiten dieses Buches gelesen und finde es ganz hervorragend als Einführung geeignet. Zu meiner Überraschung fand ich dann in der Aufstellung von Herrn Dr. Ludwig über japanische Literatur, daß wir bereits einen Vertrag abgeschlossen haben (mit wem?), und dann der Vermerk: »Übersetzer Wolfgang Wilhelm. Erscheinungstermin unbestimmt«. Im Reisebericht erwähnt Herr Ludwig das Gespräch mit Herrn Dr. Wilhelm. Auch hier dieselbe Situation: Herr Wilhelm hat nie mehr etwas von Herrn Ludwig gehört, und die Situation ist auch ganz anders, als Ludwig sie beschreibt. Das Buch von Kurt Singer, so wie es jetzt in der Ausgabe der Edition von Richard Storry vorliegt, ist gar nicht so kompliziert. Die Schwierigkeit liegt vielmehr darin, daß Herr Storry nur etwa die Hälfte oder drei Viertel des Textes von Kurt Singer gebracht hat, und Herr Wilhelm möchte möglichst den integralen Text bringen. Dazu wird Herr Wilhelm aber kaum kommen, weil er ein überlasteter und vielbeschäf-

tigter Mann ist. Wir haben an diesem Abend nun folgendes vereinbart: Er wird sich sofort an die Übersetzung von »Mirror, Sword and Jewel« in der Editionsfassung von Richard Storry machen. Er hofft, die Übersetzung in etwa 3 Monaten abliefern zu können. Der Text soll dann in der edition suhrkamp erscheinen. Ich habe Herrn Wilhelm zugesichert, daß wir zu einem späteren Zeitpunkt, wenn er die vollständige Edition übersetzt hat (er wird das gar nicht schaffen, denn der Text liegt nur handschriftlich vor und ist sehr schwer lesbar), im Insel Verlag oder im Rahmen eines japanischen Programms den integralen Text als Hardcover-Buch herausbringen; aber Herr Wilhelm hat noch keinen Übersetzer-Vertrag, den sollten wir ihm bald zuschicken. Frau Kikue Wilhelm ist eine energische Vertreterin der Rechte der Frauen und eine engagierte Fürsprecherin für japanische Autorinnen. Taeko Kōno sei gut und richtig, aber ich müsse unbedingt noch Hiroko Takenishi und Minako Ōba kennenlernen. Sie wollte sich darum bemühen.
Beim Empfang sprach mich auch Frau Julia Serisava, Professorin für japanische Literatur, an; sie würde ihren Studenten hauptsächlich von Hermann Hesse erzählen.
Außerdem sprach ich an diesem Abend mit Cornelia Röpke, der Leiterin der Bibliothek des Goethe-Instituts. Da ich für meinen Vortrag ein Honorar von DM 600,– erhielt (Herr Ebert, bitte vermerken für die deutsche Steuer), bot ich ihr eine größere Suhrkamp/Insel-Büchergabe für die Bibliothek an. Sie wird darauf zurückkommen.
Ich traf zwei Lektoren des DAAD, Herrn Dr. Michael Feldt und Frau Dr. Reinhild Schwede, beides nicht nur gutaussehende, sondern sehr intellegente Personen. Sie könnten zum Beispiel für die it-Reihe einen Band Tokyo zusammenstellen. Sie werden uns gerne einen Vorschlag unterbreiten (Beispiel-Bände schicken).
Freitag, Gespräch bei Orion Press mit Herrn Tatemi Sakai:
Er wirkte eher unjapanisch, schlank, groß und ernst, wie ein indischer Prinz oder wie ein Nachfahre edler Samuraikrieger. Er betonte immer wieder, daß er sich als Repräsentant des Suhrkamp Verlages fühle. Ich wollte ihn nicht fragen, ob es zwischen Orion und Suhrkamp irgendwelche vertragliche Absprachen gibt. Offensichtlich ist

die Zusammenarbeit zwischen Herrn Sakai und Frau Ritzerfeld reibungslos, und wie es sich mir darstellte, gehen vertragliche Vereinbarungen von und nach beiden Seiten immer durch die Orion Press. Herr Sakai berichtete mir über die Zurückhaltung der japanischen Verleger gegenüber Belletristik; Belletristik generell, auch japanische Belletristik ginge zurück. Zum ersten Mal in der Geschichte des japanischen Verlagswesens reduzierten sich die Umsätze der Verlage. Die Schwierigkeiten lägen auch darin, daß der Entscheidungsprozeß in den Verlagen kompliziert sei und in jedem Fall immer von einem Finanzgremium bestimmt würde. Neu sei für ihn der Hinweis auf die Übersetzungssubvention von Inter Nationes. Er wolle das weiter mit japanischen Verlagen bereden.
Auf ein anderes Problem wurde ich durch die Gespräche mit Germanisten, Verlagsleuten und Herrn Sakai aufmerksam, ein Problem, das sich für uns bei der Übertragung japanischer Literatur ebenso stellt. Herr Ludwig hat in seinem Reisebericht die Frage, warum es in Japan so viele Übersetzer aus dem Deutschen gäbe und warum bei uns so wenig gute aus dem Japanischen, damit erklärt, daß die japanischen Übersetzer einen Anteil von 2 bis 5 % vom Ladenpreis erhielten, also viel besser honoriert würden als die deutschen Kollegen. Das ist wieder ein Irrtum von Herrn Ludwig, denn die japanischen Übersetzer werden ganz schlecht honoriert. Es gibt generell keine Vorauszahlung. Es gibt Verlage (Mirai z. B.), die überhaupt keine Übersetzerhonorare zahlen. Die Übersetzer sind meist Universitätsprofessoren, die die Übersetzung ehrenhalber leisten, und im Falle Bloch – wie jetzt im Falle Habermas – ist es nicht ein einzelner Übersetzer, sondern eine Gruppe von Übersetzern. Bei Blochs »Prinzip Hoffnung« haben sechs Übersetzer acht Jahre lang gearbeitet. Bei Habermas geht alles schneller, aber auch hier arbeiten drei Übersetzer – die Herren Hubricht, Mishima und Kawakami. Mit diesen Übersetzern wurde meist eine Pauschalzahlung vereinbart, die freilich in keinem Vergleich zur Arbeitsleistung steht. Im übrigen werden die Verlage zur Übernahme von Literatur durch solche Übersetzer gedrängt. Sosehr im Augenblick die Belletristik zurückgeht, so sehr steigt der Anteil der Geisteswissenschaften. Habermas sei

ein »Boom«, hörte ich immer wieder. Gefragt, warum dies so sei, wurde mir geantwortet: für wissenschaftliche Literatur gäbe es eine klarere Zielgruppe als für Belletristik.

Besuch beim Verlag Iwanami Shoten:

Als ich beim Verlag eintraf, war der Präsident Turu Midorikawa, eben von Deutschland kommend, in Tokyo gelandet. Er nahm noch kurz an unserem Gespräch teil. Andere Teilnehmer des Gespräches waren:

– der Cheflektor, Ryosuke Yasue
– der Lektor, Atsushi Aiba
– die beiden Mitarbeiter von Foreign Rights: Herr Takao Hori und Frau Takeko Tomita

Das Gespräch mit den Herren Yasue und Aiba war eine reine Freude. Ein hervorragendes Team, hervorragend vorbereitet auf meinen Besuch. Sie hatten die Suhrkamp-Vorschauen vorliegen, waren über das bisherige wissenschaftliche Programm bestens informiert. Ich habe nach meinem Kyoto-Besuch die beiden Herren zum Frühstück eingeladen, weil ich mit ihnen noch ein Habermas-Problem besprechen wollte. Man möchte sich von nun an bei Iwanami ganz auf Habermas einstellen, aber man ist auch an anderen Philosophen und Geisteswissenschaftlern interessiert. Ich berichtete über Hans Blumenberg, Norbert Elias und Peter Sloterdijk. Gefragt wurde ich auch nach Lepenies, Schnädelbach und Tugendhat.

Der Verlag ist 70 Jahre alt, und früher wurde von einer Iwanami-Kultur gesprochen. Die Herren waren erfreut und überrascht, von meinem »Verlagszettel« und damit von der Suhrkamp-Kultur zu hören. Sie möchten Iwanami wieder zur Iwanami-Kultur machen und neu auffüllen. Deswegen läge ihnen an einer besonderen Beziehung zum Suhrkamp Verlag. Sie möchten möglichst rasch nicht nur Vorinformationen haben, sondern möglichst Manuskripte und Fahnen. Es ginge das Gerücht um, daß Herr Mishima bereits das Manuskript des kommenden Habermas-Werkes habe, was ich aber doch anzweifelte. Jedenfalls legt der Verlag den größten Wert darauf, daß in Zukunft die Werke von Habermas möglichst zum selben Zeitpunkt in Japan erscheinen können, wie das Werk in Englisch in USA erscheint.

Als Herr Midorikawa kam, übergab ich ihm unsere Dokumentationsmappe zum Evangeliar. Ich sprach mit Herrn Midorikawa auch noch einmal getrennt. Er findet das Objekt sehr interessant. Die Reproduktion »großartig«, aber der Preis sei auch für Japan ungewöhnlich. Er müsse hier erst Recherchen anstellen. Man könne in Japan davon höchstens 20 bis 30, vielleicht 50 Exemplare verkaufen. Ich gab ihm eine halbjährige Option und versprach ihm die Reservierung der Nummern 501 bis 550 (ganz so wichtig ist die Numerierung für ihn dann doch nicht). Eventuell überlegt er sich, ob er den Kommentarteil nicht in einer gekürzten Fassung in Japanisch machen sollte. Wir werden hier sicherlich noch nachfassen müssen.

Nach dem Besuch beim Kulturminister Shumon Miura ein Abendessen mit dem Generaldirektor des Außenministeriums. Das Essen fand in einem typisch japanischen Restaurant »Ginkaku« statt. Die Gäste, alle aus dem Amt stammend, waren schon anwesend, als wir kamen. Man saß auf dem Boden, aber unter dem Tisch war eine Vertiefung eingebaut, wo man dann doch die Beine unterbringen konnte. Die Bedienerinnen näherten sich kniend, man zog die Jacken aus, war fröhlich, versuchte möglichst witzig zu reden. Es war eins der Restaurants, das die japanischen Männer nach ihrer Arbeit aufsuchen. Man braucht da nichts zu bezahlen, das macht die Firma. So werden dort Geschäfte gemacht, so wird auch Politik gemacht. Neben dem Ehrengast kniet den ganzen Abend über eine Bedienerin, achtet auf seine Bequemlichkeit, reicht ihm Papiertaschentücher, gießt Sake nach, räumt jede Unebenheit auf und wischt jeden Tropfen vom Tablett ab.

An meinem zweiten Tokyo-Tag habe ich dann noch Herrn Gebhard Hielscher, den Vertreter der »Süddeutschen Zeitung«, kennengelernt und den Germanisten, Herrn Professor Keizō Miyashita, außerdem vom Verlag Shin-Hyoron Herrn Taro Mimasaka. Schließlich besuchte ich die Zeitung »Asahi Shimbun« und führte mit Frau Sachiko Yuri, einer Redakteurin der Zeitung, ein Interview.

Ich traf auch Frau Yumiko Bando, Japan Foreign-Rights Centre. Ganz klar ist mir ihre Position nicht geworden. So glaubt sie zum Beispiel, die Rechte von Frau Taeko Kōno verwalten zu müssen, aber Frau Kōnō hat mir deutlich erklärt, sie würde selber den Vertrag abschließen wollen. Das Foreign-Rights Centre veranstaltet Ausstellungen japanischer Bücher, bringt zweimal im Jahr eine Zeitschrift »Japan Books New« heraus, eine aufwendig gemachte Ankündigung neuerer japanischer Literatur. Aber auch das würden sie wegen den großen Kosten nicht weitermachen können. Das Centre wird getragen von 29 Gesellschaftern, meist Verlagen – also ich habe da meine Bedenken.

Kyoto

Im Auftrag von Adolf Muschg hatte ich einen Brief an Frau Kanto zu übergeben. Ich meldete mich bei ihr telefonisch. Sie lud mich im Auftrag von Frau Petra Matusche zu einer Literatur-Party ein, die ausgerechnet an diesem Abend stattfand. Wir kamen zwar etwas ermüdet vom Biwa-See, aber wir besuchten doch noch diese Party in einem sehr schönen japanischen Haus. Wie schwer es ist, eine Adresse wirklich zu finden, bewies diese Einladung. Frau Matusche hatte unserem japanischen Fahrer den Weg erklärt, wir waren in der Nähe und fanden doch das Haus nicht, das in einem Garten versteckt lag. Erst eine Beschreibung zog: das Haus lag zwischen zwei sogenannten »Love-Hotels« (das sind in Japan sehr frequentierte Einrichtungen, da die Wohnungen in aller Regel für Liebende zu eng sind oder Liebe sich ja auch nicht unter Familienbeobachtung vollziehen sollte). Frau Matusche ist die stellvertretende Leiterin des Goethe-Instituts in Ōsaka. Sie hatte eine Reihe von Germanisten, Romanisten und auch Studenten eingeladen. Es war eine lustige Gesellschaft, und man konnte hier einmal ungezwungen über die Lieblingsschriftsteller der jungen Leute sprechen. Es war interessant, wie oft hier die Namen Haruki, Ōba und der Name eines Philosophen vorkamen, der völlig außerhalb des Akademischen steht und vielleicht eine Figur wie Sloterdijk ist – Herr Takati Yoshimoto. Habermas war kurz vorher in Kyoto gewesen. Es war der erste interdisziplinäre Kongreß, der in Japan veranstaltet wurde, mit dem Zentrum Habermas. Herr Mishima muß Herrn Habermas glanzvoll ins Japanische übersetzt und zusammengefaßt haben. Das Ganze war auch ein glanzvolles universitäres Ereignis. Aber man hörte doch auch leise Kritik durch, wenn mir gesagt wurde, es wäre gut, wenn Herr Habermas bei sei-

nem nächsten Besuch nicht nur mit den Universitätsphilosophen, sondern auch mit Herrn Yoshimoto spräche.
Abendessen bei Herrn Dr. Kort, dem Leiter des Goethe-Instituts. Anwesend waren Herr Manfred Hubricht und Herr Professor jur. Rin'itsu Kawakami, beides Übersetzer von Habermas. Sie wollten ursprünglich »Die Neue Unübersichtlichkeit« übersetzen, aber Habermas hat sie nun doch bewogen, den »Diskurs der Moderne« gleich anzufangen. Es gibt hierbei für mich verständlicherweise ein nicht einsehbares Spannungsverhältnis zwischen Kyoto und Tokyo. Das ergibt sich schon aus der Situation der beiden Universitäten. Kyoto ist die ältere, mit dem Anspruch, über Jahrhunderte hinweg die bedeutendere Universität Japans gewesen zu sein, die Tokyo University ist aber heute Nummer 1 und glaubt sich an oberster Stelle (was sicherlich für alle Absolventen der Universität gilt, die automatisch in jeder Fakultät Jobs erhalten). So bemühten sich sowohl eine Habermas-Gruppe aus Tokyo als auch aus Kyoto um die Gunst, dem Meister Habermas am dienlichsten sein zu können, Herr Kawakami war Leiter des Kongresses in Kyoto, und er erklärte – sehr zum Verdruß des aus Tokyo angereisten Professors Mishima – Habermas als zur besonderen Gruppe der Kyoto-Leute zugehörig. Herr Hubricht und Herr Kawakami haben bisher Habermas nur für den Mirai-Verlag übersetzt und waren sehr überrascht, von mir zu hören, daß Herr Mishima mit Herrn Habermas vereinbart hat, daß der »Diskurs der Moderne« und auch »Die Neue Unübersichtlichkeit« bei Iwanami erscheinen solle. Das könnte böses Blut geben. Ich sprach mit den beiden, wir riefen Herrn Mishima an; Herr Mishima konnte die Herren Hubricht/Kawakami beruhigen, und irgendwie schienen sie dann auch erleichtert, denn der Mirai-Verlag sei zwar ein ausgezeichneter Verlag, er nehme die schwierigsten Bücher an, aber verkaufen könne er sie nicht. Das sei auch ganz egal, der Verlag wolle nur die besten Bücher. Allerdings zahle er auch nur geringe Honorare und überhaupt keine Honorare an Übersetzer! Als ich meinte, daß dies wohl nicht möglich sei, bestätigten sie mir ausdrücklich, noch nie für eine Habermas-Übersetzung Geld bekommen zu haben. Aber das müsse sich nun ändern, denn Habermas spiele jetzt eine so große Rolle,

daß man nun doch auch mit einem direkten Verkaufserfolg in Japan rechnen könnte.

Herr Dr. Hubricht ist nicht an der Universität, er leitet ein Deutsches Institut, ist also eine Art Privatgelehrter mit gutem Auskommen und ohne Lehrverpflichtung. Herr Aiba von Iwanami war bei dem Kongreß anwesend. Die Kongreßtexte werden ebenfalls bei Iwanami erscheinen. Das Ganze sei »keine Kleinigkeit« gewesen. Aber es habe sich gelohnt, und für Habermas sei es ein Riesenerfolg und für Kyoto ein Ereignis.

Dann schlugen die Herren Hubricht und Kawakami mir eine »kleine Reihe« vor, in der die gegenwärtige Struktur der japanischen Gesellschaft, Wirtschaft wie Kultur, dargestellt werden sollte. Sie kannten unsere beiden es-Texte von Doi und Nakane, aber sie glaubten, doch noch Wichtiges bieten zu können. Ihre »Reihe« sollte aus einem oder zwei Bänden pro Jahr bestehen; also in Kyoto denkt man über Reihen in längerer Distanz nach. Ich bat darum, mir den Plan einmal schriftlich zuzuleiten. Wir würden dann ja sehen, ob es dann in unsere Pläne passe.

Professor Shizuteru Ueda und seine Frau besuchten uns im Hotel. Ueda ist großer Spezialist für den Zen-Buddhismus im Vergleich zu deutschen Mystikern, insbesondere zu Meister Eckhart (sein Buch: »Die Bewegung nach oben und die Bewegung nach unten«). Er hat eben auf japanisch ein neues Buch geschrieben: »Der Ochse und sein Hirt«. In einem Tokyoer Museum gibt es 10 Bilder aus dem 15. Jahrhundert von dem Künstler Shūbun mit dem Titel »Jugyo-Zu«. Das bedeutet: zehn Schritte in der Ausbildung eines Ochsen. Das ist eine buddhistische Metapher. Die Entwicklung des Zen-Buddhismus ist ausgedrückt in Bildern, wie ein Ochse gesucht, gefunden und gezähmt wird. Das sei ein analoger Prozeß, um auch die Zen-Erleuchtung zu gewinnen, und dieser Text wurde seit Jahrhunderten zum Studium des Zen benützt. Herr Ueda hat darüber einen Vortrag bei Eranos gehalten. Auf Wunsch hat er dann ein ausführlicheres Manuskript für den Insel Verlag geschrieben, das aber bei uns irgendwie untergegangen ist. Aber er ist ganz froh darüber, keine Antwort erhalten zu haben, denn aufgrund dieses deutschen Manuskripts habe

er jetzt das japanische Buch geschrieben und seine nächste Arbeit sei eine deutsche Fassung des Buchs »Der Ochse und sein Hirt«.
Wir trafen leider Herrn Professor Toshihiko Izutsu nicht. Sein Buch »Sufism and Taoism. A Comparative Study of Key Philosophical Concepts« ist eben bei Iwanami erschienen.
Für alle Leute in Japan, mit denen wir sprachen (einschließlich des Außenministeriums), war es eine Sensation, daß uns Keiji Nishitani, der bedeutendste Religionswissenschaftler, und das heißt in Japan, wo man solche Trennungen wie bei uns nicht kennt, der bedeutendste lebende Philosoph, empfing, und man war überrascht, daß wir sein umfangreiches Werk »Was ist Religion?« im Insel Verlag herausgebracht haben. Der alte Herr, 85 Jahre alt, lebt vollkommen zurückgezogen. Nach dem Tode seiner Frau, vor einem Jahr, auch ganz isoliert in seiner kleinen Wohnung. Mit unserer Staatskarosse schlichen wir, mehr als wir fuhren, zum vereinbarten Termin, 10.00 Uhr morgens, zu ihm. Es begann zum ersten Mal zu regnen. Als wir in die Nähe seiner Wohnung kamen, stand plötzlich ein kleiner alter Mann in einem dunklen, blau-grünen Kimono unter einem gelben Schirm und blickte auf die Straße. Ein typischer »Chinese«, ein japanischer Hermann Hesse, zumindest ein Altmusikmeister aus dem »Glasperlenspiel«. Wir fuhren an ihm vorbei, und erst Sekunden später dämmerte uns die Einsicht, daß das Keiji Nishitani selbst sein könnte, der uns höflicherweise die letzte Wegstrecke in sein Haus geleiten wollte. Welch ein Haus! Wir zogen wie üblich die Schuhe aus, saßen uns an einem winzig kleinen Tisch zu viert gegenüber, da ja auch unsere Begleiterin Hideko Hatsumi mitgekommen war. Die Kommunikation lief erst schwierig an, weil er ein Deutsch sprach, das er in den letzten Jahrzehnten nur noch wenig gesprochen hatte. Der Studienraum war prall gefüllt mit Büchern. Man sah, wie sie ursprünglich genau geordnet waren, dann waren immer weitere Bücher dazugestellt worden, und schließlich wucherten ganze Bücherstapel über die Regale hinweg. Nicht anders war es in den anderen zwei Zimmerchen, in die ich kurzen Einblick hatte; auch sein Schlafzimmer, das aus einer einfachen Matte mit Decke bestand, war rundum mit Büchern vollgestellt. Er bedankte sich für die Herausgabe von »Was ist Religion?«.

Es war schwer, ihn zu bewegen, uns weitere Arbeiten von ihm zu zeigen. Ob es eine Bibliographie seiner Übersetzungen gäbe? Ja und nein, er sei daran ja gar nicht so interessiert, vielleicht seien seine Arbeiten auch gar nicht gut. Schließlich brachte er uns, nach längerem Suchen, doch ein Buch »Religion and Nothingness«, 1982 in der University of California Press, Berkeley, erschienen.
Ueda hatte mich schon aufmerksam gemacht, daß seine letzten Arbeiten in »Zen Buddhismus today. Annual Report« Kyoto, Zen Symposion Nr. 3, September 1985, veröffentlicht seien. Schließlich fand er dann doch noch einige andere deutsche Publikationen heraus. Einen großen Beitrag »Die religiös-philosophische Existenz im Buddhismus«, enthalten in »Sinn und Sein«, Niemeyer, Tübingen 1960. Und dann teilte er uns mit, daß Professor Parkis, Hawaii University, sich um die Sammlung seiner verstreut veröffentlichten Aufsätze in englischer und deutscher Sprache für eine Edition kümmern wollte. Nach einer Stunde wollte ich die Unterhaltung abbrechen, um ihm Ruhe zu gönnen, er insistierte auf unser Bleiben, und dann kam etwas Merkwürdiges zutage. Nachdem wir über gemeinsame Bekannte gesprochen hatten, Scholem, Eliade, fragte ich ihn nach dem Japanologen Wilhelm Gundert; da leuchteten seine Augen auf, ja, ihn habe er sehr gut gekannt, er sei mit ihm befreundet gewesen und er habe ihn zweimal je eine Woche in seiner Wohnung in Ulm an der Donau besucht. Man kann sich unsere und auch seine Überraschung vorstellen.
Wie so vieles habe ich den Namen und die Arbeit von Wilhelm Gundert durch Hermann Hesse kennengelernt. Hesse war ein alter und dankbarer Verehrer östlicher Lehren und Anschauungen. Die erste jugendliche Befreundung mit dem asiatischen Geist begann in Indien mit der »Bhagavad Gita«, den Reden Buddhas. Später lernte er auch die großen chinesischen Meister kennen. Dann aber wurde ihm durch seine freundschaftliche Beziehung zu seinem Vetter Wilhelm Gundert das geistige Japan wichtig: »Ich habe namentlich die fernöstliche Form des Buddhismus, das Zen«, schrieb Hesse an Kenji Takahashi im Mai 1955, »auf diesem Wege kennengelernt, habe mit immer neuer Freude und Bewunderung die Kunst der Maler und

Holzschneider, die wunderbare Anschaulichkeit und Keuschheit der japanischen Lyrik geliebt.« Aber ich konnte Nishitani noch eine weitere Überraschung bieten: mein Zeichenlehrer in der Schule war Studienrat Kneer. Dieser war mit einer Tochter von Professor Zeller verheiratet. Professor Zeller seinerseits war mit einer Schwester von Wilhelm Gundert verheiratet. Durch seinen Schwiegersohn Kneer kam 1946 der damals 80jährige, weil er nicht nazi-belastetet war, noch einmal zum Unterricht an die Oberschule nach Ulm. Er war mein Deutschlehrer. Und er war der Mann, der mir eines Tages die blauen Bände der Hesse-Ausgabe in die Hand drücken sollte, der Ursprung meiner Beziehung zu Hesse also.

In seinem Regal sah ich dann auch eine bekannte Ausgabe stehen, Unsere Begleiterin holte sie heraus: es war die Jubiläumsausgabe Hermann Hesse! So schließen sich die Kreise.

Dann, nach zwei Stunden, in denen er sich auch besonders gerne und immer wieder mit meiner Frau unterhielt und sie fragte, was sie mache, arbeite, lese – und hier war ja meine Frau völlig in ihrem Element –, drängte ich auf die Verabschiedung. Er begleitete uns zur Türe, der Regen hatte etwas aufgehört, er hatte einen Stock bei sich, und bevor wir in den Wagen steigen wollten, fragte er uns, ob wir nicht seinen täglichen Spaziergang mitmachen wollten. Das machten wir gerne, zumal der Spaziergang zu einem der berühmtesten, wenn nicht ältesten Shinto-Schreine, dem in allen klassischen Büchern erwähnten »Yoshida-Jinja-Schrein«, führte. Der Weg nahm steil eine Anhöhe, der 85jährige ging behende, fragte in der Mitte des Wegs meine Frau, ob es ihr zu anstrengend sei. Nun war ich gespannt, wie verhält sich dieser große Religionsforscher vor einem Shinto-Schrein. Es war eben noch eine Gruppe Besucher gekommen, die die üblichen Rituale ablegten, Geld in ein Becken warfen, in die Hände klatschten, sich verbeugten und wieder in die Hände klatschten, sich wieder verbeugten und dann weggingen. Er zündete sich eine Zigarette an, und beim Shinto-Schrein fiel ihm nur Buddhistisches ein. Ich erzählte von Uedas »Der Ochse und sein Hirt«, er sagte mir, er erkläre immer den Leuten, die ihn fragten, wie man Buddha suchen könnte: »Den Ochsen, auf dem man reite, könne man auch nicht suchen.«

Schließlich ist das Jahr 1985 das »Jahr des Ochsen«. Es begann zu regnen, unser Wagen hatte uns eingeholt, wir stiegen in den Wagen, und dann bestand der alte Mann darauf, mit uns durch den Kyoto Universitäts-Campus zu fahren. Er war nicht zu ermüden, höflich, gütig, weise.

Ich war durch meine Gespräche, die ich mit Autoren, Verlagsleuten, Übersetzern und Wissenschaftlern geführt habe, nun sehr gerüstet, um bei meinem zweiten Tokyo-Aufenthalt mit den offiziellen Stellen Konkreteres sprechen zu können. Das galt besonders für meine Besuche beim Kulturminister Shumon Miura und beim Präsidenten der Japan Foundation, Herrn Sato. Beide Besuche waren ursprünglich gar nicht vorgesehen, aber mein Besuch hatte sich herumgesprochen, und so wollten sie mich doch noch persönlich sprechen.

Zunächst traf ich noch einmal den Kulturattaché der Deutschen Botschaft, Graf Wedel. Er hatte es wichtig mit einer Information. Bundeskanzler Kohl habe Japan entdeckt, und er habe entdeckt, daß der japanische Ministerpräsident Nakasone eine große Neigung für Deutschland habe. Graf Wedel meinte, beides müsse man ausnützen. Jetzt sei im Moment eine sehr günstige Stimmung zur Förderung deutsch-japanischer Kulturbeziehungen. Herr Kohl habe beschlossen, in Tokio ein neues deutsches Japan-Institut zu errichten, während Nakasone von sich aus in Berlin ein neues Japan-Center errichten wolle, das die Bedeutung des Japan-Hauses in Köln weit übertreffen sollte. Hier könnte ich meine Idee von der Übersetzer-Entwicklung auf beiden Seiten verwirklichen, Weder das deutsche Japan-Institut in Tokyo noch das Japan-Center haben bis jetzt bestimmte fixierte Ziele. Man würde es sicherlich sehr begrüßen, wenn man eine so gute Idee geliefert bekäme. Graf Wedel meinte allerdings, daß die Initiative nicht nur von einem deutschen privaten Verlag ausgehen sollte, sondern die Initiative müßte unterstützt sein vom Auswärtigen Amt, am besten von Außenminister Genscher und noch besser von Bundeskanzler Kohl.

Ich habe Graf Wedel auch gesagt, daß ich überrascht sei, wie viele deutsch-japanische Fonds, Vereine, Akademien, Institute, Verbände es gebe. Aber die meisten haben bestimmte Zielsetzungen, wie zum

Beispiel das Goethe-Institut, das ja nur von Deutschland ins Ausland wirken darf, nicht umgekehrt. Wenn es einmal gelänge, all diese Aktivitäten zu bündeln, dann braucht man sich keine Sorgen zu machen, wie ein neuer Anlauf japanisch-deutscher Literaturbeziehungen zu verwirklichen sei.

Dann das Gespräch mit Kulturminister Shumon Miura. Er war vor Wochen innerpolitisch in eine Schwierigkeit gekommen. Er hatte öffentlich geäußert, nur der sei ein Mann, der auch einmal eine Frau vergewaltigt habe, und danach mußte er sich im Parlament dazu äußern und sich wohl entschuldigen. Konservativ ist natürlich der Herr Minister, das wundert nicht, und er macht natürlich seinen Einfluß geltend. Interessant ist, daß dieser Kulturminister Katholik ist. In dieser Eigenschaft hat es sich mit dem neuen PEN-Präsidenten, Endo, verbunden. Nun muß man freilich wissen, daß Christlich-Sein in Japan etwas anderes bedeutet als hier. Dort hat es etwas Avantgardistisches, etwas Neues, etwas Fremdes. Miura ist selber Schriftsteller, und alle seine vier Romane »Meifu Sanoizu«, »Disei«, »Daen« und »Wakaba Dakushujuku« handeln von dem Thema des Christlich-Katholischen in der Auseinandersetzung mit dem modernen Japan. Der Kulturminister setzt auch seine Frau ein, die selbst ebenfalls Schriftstellerin ist. Sie vertritt häufig Japan bei größeren kulturellen Anlässen im Ausland.

Herr Miura legte mir dringlich das Werk von Endo ans Herz. Er sei ein bedeutender Mann, und seine Werke sollten im Deutschen gebracht werden. Er hat meine Liste japanischer Autoren, die ich getroffen habe, von Furui bis Inoue, sich ruhig angehört, aber dann doch gemeint, die Auswahl sei etwas »einseitig«, »modern-kritisch«. Er würde mir bald eine Übersicht über die japanische zeitgenössische Literatur schicken, die seine Frau geschrieben habe und die ins Englische übersetzt worden sei.

Wie kann man nun den Literaturaustausch fördern? Ich schlug ihm das ihm noch unbekannte Modell von Inter Nationes vor. Der Minister war sehr überrascht und fand das Ganze äußerst vernünftig. Ich fragte ihn, wer dafür in Japan zuständig sei, das Kultusministerium, das Außenministerium oder Japan Foundation. Er zögerte sehr lange, besprach sich in dieser Frage mit seinen Mitarbeitern. Offensichtlich ist auch in Japan nicht klar, wer die Kulturhoheit nach außen vertritt. Jedenfalls sagte er, ihn würde die Sache interessieren und ich könnte die Dinge immer an ihn persönlich schicken.

Dann mein Besuch bei der Japan Foundation. Der Präsident Sato und Generaldirektor Shitchida haben sich persönlich eingefunden. Sie hatten schon von meinem ersten Tokyo-Aufenhalt irgendeine Information über Inter Nationes gehört und wollten das nun von mir erläutert wissen. Dann erklärten sie mir ihre Förderung. Die Japan Foundation fördere jährlich 6 bis 8 Bücher, die aus dem Japanischen übersetzt oder die Kultur Japans zum Thema haben, und hier würden sie ein Viertel der Produktionskosten übernehmen. Bei Übersetzungskosten wisse man ja nie, wie man dran sei, das sei mal viel, mal wenig. Man könne das auch schwer kontrollieren. Meine Gegenfrage war, ob Produktionskosten leichter zu kontrollieren seien.

Nun hatte ich aber gehört, daß die Japan Foundation ein »Komitee der Weisen« eingerichtet habe, um den französisch-japanischen Literaturaustausch zu verstärken. Dieses Komitee setzt sich aus 3 Japanern und 3 Franzosen zusammen, tagt jährlich einmal in Tokio oder in Paris. Angehörige von japanischer Seite sind der Kulturminister, Yasushi Inoue und Makoto Ōoka. Ich hatte mit Inoue schon darüber gesprochen und war hier im Bilde, so daß mir nichts verschwiegen werden konnte, denn die ganze Abmachung läuft über einen japanischen Verlag und über Gallimard. Das große Ansehen Gallimards wirkt sich hier aus. Freilich ist die Aktivität dieses Komitees nicht besonders groß – »es kreißt der Berg und gebiert ein Mäuschen!«. Nach dreijähriger Wirksamkeit erscheinen im nächsten Jahr bei Gallimard zwei Bücher, ein Roman von Inoue und eine Sammlung alter japanischer Gedichte, die Herr Ōoka ausgewählt hat. Bei diesen beiden Büchern übernimmt die Japan Foundation die Übersetzerkosten, Also geht es doch mit den Übersetzerkosten. Ich fragte, ob wir uns bei dieser Beratung anschließen könnten, denn so verschieden seien doch die deutsch-französischen Kulturhintergründe im Hinblick auf Japan nicht. Da zögerten sie aber doch; man wolle jetzt einfach einmal die Wirkung in Frankreich abwarten.

Aber schon während des Gespräches hat der Generaldirektor angeregt, ob die Japan Foundation vielleicht nicht doch einmal umdenken sollte. Ich habe gesagt, daß Inter Nationes sicherlich auch Wert darauf legen würde, daß in dem Fall von Subventionen an japanische Verlage doch auch deutsche Verlage Subventionen erhalten sollten, und dann freilich müßte es sich um ein größeres Programm handeln, denn punktuell sei eine so große Literatur wie die japanische, mit ihrer großen Vergangenheit und großen Gegenwart, ja nicht im Deutschen einzubürgern.

In Tokyo sprach ich dann noch einmal mit folgenden Herren:

- Professor Mishima (er gilt als der führende Germanist Tokyos),
- Professor Iwabuchi
- Professor Heinz Hamm (Sophia University Tokyo)
- Professor Yoichiro Murakami

Die Herren haben mit Herrn Dr. Ludwig über das Projekt einer »Japanischen Bibliothek« gesprochen. Auch etwas frustriert, nichts mehr von Herrn Ludwig gehört zu haben, sind sie aber gerne bereit, noch einmal neu in eine mögliche Planung einzusteigen.

Nicht getroffen habe ich Frau Dr. Yoshida-Krafft. Sie gilt als eine gute Übersetzerin und möchte sich für einen Prosaisten Masuji Ibuse einsetzen.

Noch einmal zu Professor Mishima:

In Japan spielten bei der Literaturvermittlung die Übersetzer die größte Rolle. Man müsse hier bei den Übersetzern auf Kontinuität achten. Er hätte keine Bedenken, wenn bei Habermas 4 bis 6 Leute an der Übersetzung arbeiteten. Er hätte von Habermas die oberste Kontrolle bekommen.

Ich habe noch einmal bei Herrn Fujiwara vom Verlag Hakusuisha angerufen, ihn nochmals auf Peter Weiss, »Ästhetik des Widerstands«, und Martin Walser, »Brandung«, angesprochen. Dies auch im Hinblick auf die Inter-Nationes-Unterstützung. Herr Fujiwara, der beim ersten Gespräch ja so skeptisch und ängstlich war, schien eine Nuance optimistischer und versprach eine baldige Prüfung dieser beiden Bücher.

Ins Hotel kam dann noch Herr Asao Okada und übergab mir ein

Buch: Hermann Hesse, »Schmetterlinge«, das mit Genehmigung des Suhrkamp Verlages durch Orion Press, Tokyo, 1979 von ihm übersetzt und herausgegeben wurde. Ein schönes Buch. Also auch in Japan Hesse und die ganz offensichtlichen »Japanischen Schmetterlinge«, wie die Abbildung der Chrysiridia Madagascariensis auf dem Umschlag zeigt.

V. Autoren

Der erste Name der japanischen Dichtung heißt Yasushi Inoue; gäbe es noch einmal einen japanischen Nobelpreisträger, er wäre in seinem Land mit Abstand der Kandidat. Sein Name ist ein Schlüssel zu vielen Türen und Möglichkeiten, und es ist mir klar, daß ich ihm die Einladung verdanke. Mir liegen vier oder fünf Übersichten über die Literatur im Nachkriegsjapan vor, von den heute noch Lebenden ist Yasushi Inoue »the grand old man of Japanese letters«. In all seinen Lebensläufen wird festgestellt, daß auch er wie viele andere heute für die Zeitungen Romane geschrieben habe. So habe er noch als Student einen Wettbewerb für die Zeitschrift »Mainichi Shimbun« gewonnen. Er habe einen Preis bekommen, sei dann aber in die Zeitung eingetreten und hätte dann lange nichts geschrieben. Erst in seinen späteren Jahren, 1961, also im Alter von 54, habe er seinen Roman »Kobandai« als erstes veröffentlicht. Und schon dieser erste Roman zeige die Eigenart von Inoues Poetologie. Der Stil sei westlich beeinflußt, aber die Haltung, die Moral, die Natur sei östlich, japanisch und von Fall zu Fall auch chinesisch beeinflußt.

Für uns stellt sich die Lage relativ einfach dar. Wir müssen versuchen, jede Zeile dieses schmalen Werkes ins Deutsche herüberzubringen, und damit fangen natürlich die Probleme an. Siegfried Schaarschmidt möchte gerne alles übersetzen, kann es aber nicht. Er hat nun selber einen Übersetzer, wie er sagte, »entwickelt« und auch durchaus Herrn Inoue vorgeschlagen. Es handelt sich um Herrn Michael Morgental, der in Heidelberg lebt und mit einer Japanerin verheiratet ist. Ich habe von Michael Morgental einmal eine Übersetzung von ihm, »Der Halsschmuck der Prinzessin Yung-Tai« von Inoue, bekommen. Ich habe das auf dem Flug gelesen. Soweit man das beurteilen kann, scheint mir die Übersetzung in Ordnung. Der zweite

Text von Morgental ist eine Vorbemerkung zu Inoues historischer Erzählung »Die Flut«. Also Verbindung mit Michael Morgental aufnehmen, ihn einladen, nach Frankfurt zu kommen, freilich vorsichtig, denn inzwischen scheint es eine Mißstimmung oder gar mehr zwischen Schaarschmidt und Morgental zu geben.

Wie erwähnt konnte ich zwei Autoren, von denen wir Bücher gebracht haben, nicht treffen! Kōbō Abe kehrte ungefähr zu selben Zeit aus Deutschland nach Japan zurück, zu der ich schon wieder abflog, und Kenzaburō Ōe war in Kanada.

Ich habe zwei ganz wichtige japanische Autorinnen anzuzeigen, um die wir uns bemühen müssen.

Taeko Kōno: Keine weibliche Schönheit, geboren 1926 in Osaka. Sie war viel krank, spielte im Puppentheater, während des Krieges entging sie ganz knapp einem Luftangriff. Emily Brontës Gedichte wurden zur existentiellen Basis für sie. Sie ging nach Tokyo, bekam Tuberkulose, zehnjährige Krankheitszeit, in der sie sich entschied, Schriftstellerin zu werden. Sie schrieb und veröffentlichte um 1963 herum drei Erzählungen »Knabenjagd«, »Schnee« und »Schönes Mädchen« und »Krebse«. Sie bekam den begehrten Akutagawa-Preis für »Krebse«. Später heiratete sie einen japanischen Maler, und dann kam ein Preis zum andern. Vorwiegend Kurzgeschichten, dann aber auch Romane, »Glückliche Tage«, »Die Drehtür«, »Abreise bei der Nacht«, »Blauer Himmel«, »Traumschloß«. Sie betätigt sich auch als Literaturkritikerin.

Wichtig ist bei ihr Poesie, Intellektualität und, wie selbst abseits stehende Kollegen bemerken, große sprachliche Kraft. Mishima schrieb: »Ihr Stil, leicht metallartig, kunstharzgleich, bildet ein gutes Gegengewicht zum allenfalls zu aufdringlichen Inhalt der Erzählung.«

Wir haben in diesem Fall kein Übersetzerproblem, denn sie hat einen Übersetzer, nämlich Frau Prof. Dr. Irmela Hijiya-Kirschnereit. Nun ist Herr Ludwig Frau Kirschnereit auch schon begegnet und hat mir hinterlassen, man müsse Frau Kirschnereit »korrigieren«. Frau Kirschnereit hat ein Angebot einer Professur für Japanologie an der Universität Trier, aber eben in diesen vierzehn Tagen, in denen ich in Japan war, erhielt sie auch das Angebot, Professorin für Germanistik an der Universität in Tokyo zu werden, das ist natürlich die größere Ehre, und sie wird für die Dauer eines Jahres diese Professur in Tokio annehmen. Frau Kirschnereit hat die Erzählung »Knabenjagd« übersetzt. Sie ist veröffentlicht in der »taz«, 12. Oktober 1985, also zu lesen. Ich finde, daß man sicherlich das eine oder andere hier vom Stilistischen her korrigieren kann, aber eine solche Totalrevisionsarbeit, wie Herr Ludwig meinte, ist nicht vonnöten. Den Roman »Die Drehtür« habe ich in einem Exemplar, das sie mir widmete, mitgebracht.

Meine andere Entdeckung, auf die ich eher stolz bin, weil sie in meinem gewünschten oder auch im »offiziellen« Programm nicht vorgesehen war (die fleißige Frau Oyama hat sie mir, als sie mir zum Schluß noch die Adressen der Autoren durchgab, nicht aufgeführt, ist sie wohl kein PEN-Club-Mitglied?). Dies ist die Schriftstellerin Minako Ōba. Als ich meiner amtlichen Betreuerin, Frau Hideko Hatsumi, verriet, daß ich Frau Ōba treffe, war sie ganz entzückt, sie hätte sie immer auf meiner Liste vermißt. Minako Ōba, 1930 geboren, entschloß sich, Schriftstellerin zu werden, als sie im Alter von 11 Jahren Victor Hugo gelesen hat. Nach dem Schock Hiroshima begrub sie sich in Dostojewski und T. S. Eliot. Mit ihrem ersten Roman, »The Three Crabs« 1968, gewann sie den Akutagawa-Preis, Zeitungen baten sie um Mitarbeit. Danach folgten verschiedene Romane. Sie hat alle großen japanischen Preise bekommen. Sie sei, so schreibt man immer wieder, die »echteste« japanische Schriftstellerin, weil sie, obschon sie in USA und Kanada lange gelebt, ihren asiatischen Hintergrund nie verlassen habe. Ganz hervorragend seien ihre Erzählungen. Sie gab mir ihren 1985 erschienenen Roman »Der singende Vogel« mit einer Widmung. Auf Minako Ōba wurde ich aufmerksam gemacht von Frau Kikue Wilhelm. Diese energische, nicht unhübschbutterflyhafte, als freie Mitarbeiterin des Kodansha Verlages arbeitende Japanerin hat es für mich zu einem schlichten »must« erklärt, Frau Ōba treffen zu müssen: sie war nur bereit, mit mir abends in Tokyo auszugehen, wenn ich am nächsten Tag mit ihr und Frau Ōba Mittag essen würde. So geschah es denn auch. Ich war begeistert von Frau Ōba, und sie – ich hörte es am nächsten Tag von Frau Wil-

helm am Telefon – auch von mir. Frau Ōba (die sonst Verleger für die langweiligsten Leute der Welt hält) ist gern bereit, mit uns zusammenzuarbeiten. Das Problem ist, für sie müssen wir eine Übersetzerin suchen. Frau Wilhelm würde das gerne machen, aber das möchte ich nicht. Sie ist Japanerin, wir brauchen einen deutschen Übersetzer.
Nun zwei jüngere japanische Autoren:
Der erste: Yoshikichi Furui. Dieser 1937 Geborene studierte deutsche Literatur an der Universität und doktorierte in ihr. Er versteht gut Deutsch, spricht aber eher gebrochen. 1970 verließ er die Universität und wurde Schriftsteller. Zwei erste Romane waren sofort große Erfolge: »Yoko« und »Tsumagomi«, »Die Winde«. In der Zeitschrift »Japan-Echo« las ich seine Erzählung »Crab under Snow«, »Der Krebs unter dem Schnee«. Eine faszinierende Geschichte, das Leben unter dem Schnee zerstört die tägliche Qualität des Lebens und führt in eine Art von hypnotischem Status. Diese Geschichte wurde 1969 veröffentlicht im Höhepunkt der Studentenunruhen. Furui ist ein ungemein sympathischer Mann, das Gegenteil von dem, was man sonst als Typus des Autors gewöhnt ist, offen kommunikativ, und er freut sich, in Deutschland übersetzt zu werden. Ihm läge sehr daran, daß seine Erzählungssammlung »Hijiri«, »Der Heilige«, von 1975 bald veröffentlicht wird. Große Literaturpreise, in Frankfurt ist Professor Ekkehard May an der Übersetzung von Furui interessiert.
Der zweite: Ryū Murakami. Der Mann, 1952 geboren, hatte einen phantastischen Start. Sein Foto zeigt einen Mann der Studentenbewegung. Noch als ein Kunststudent publizierte er 1976, also im Alter von 24 Jahren, einen Band mit dem Titel »Nahezu transparent blau«. Er bekam sofort den begehrten Akutagawa-Preis, und das Buch wurde zum Bestseller. Der Titel des Buches entwickelte sich zu einem modernen Stichwort und wurde in allen möglichen Weisen benutzt, zum Beispiel, bei schrägen politischen Figuren sagt man, sie seien »nahezu perfekt grau«. 1980 wieder im Scheinwerferlicht. Er schrieb einen Roman »Koin rokkā beibīzu«, »Schließfächerbabys«, die Geschichte von zwei Kindern, die als Babys in Schließfächern gefunden wurden.

Haruki Murakami ist ein großer Liebhaber von Rockmusik und Jazz, und sein Roman »Pinball, 1973« ist durchaus auch davon geprägt. Auch hier ist noch ein Übersetzer zu finden. Es gibt noch zwei neue Werke von ihm, einen Roman »Hardboiled Wonderland und das Ende der Welt« und eine Erzählungssammlung, an der er sehr hängt, »Karussell in der Sackgasse«.

Ich habe mit allen diesen vier letztgenannten Autoren gesprochen. Sie bestehen darauf, daß sie ihre Rechte selber verwalten, daß nur mit ihnen selber der Vertrag abgeschlossen werden sollte.

Am letzten Tag meines Aufenthaltes gab ich ein Mittagessen für japanische Autoren. Es waren anwesend Inoue, Furui, Murakami, Taeko Kōno und dann zwei Wissenschaftler, über die jetzt noch zu berichten ist.

Der eine Hajime Nakamura: Mit Herrn Nakamura oder genauer gesagt mit dem Verlag Kodansha haben wir einen Vertrag abgeschlossen über die Herausgabe seines Werkes »Parallel developments. The comparative history of ideas«. Herr Ludwig hat auf Seite 8 seines Reiseberichts sein Gespräch mit Professor Nakamura wiedergegeben. Er sei mit einem Herrn Dr. Höck in Verbindung, aber Herr Nakamura hat weiter nichts von ihm oder von Suhrkamp gehört. Da müssen wir nun wirklich nachfassen, wir dürfen hier eine Vertragsverletzung nicht auf uns sitzenlassen.

Der zweite Autor, Professor Masao Maruyama. Seit Jahren sind wir mit ihm in Verbindung wegen eines ganz idealen Einführungsbandes in das japanische Denken. Auch Herr Ludwig hat mit Herrn Maruyama gesprochen, und Herr Maruyama empfing ihn in seiner Wohnung, gab ihm alle möglichen Erklärungen, sogar Teile von seiner englischen Übersetzung mit, habe aber nichts mehr von Herrn Ludwig und Suhrkamp gehört. Es geht um einen Band, dessen Titel selbst im Bericht des Japanologen Ludwig falsch geschrieben ist. Der Band heißt »Nihon no shisō«, und der deutsche Titel wäre etwa »Denken in Japan«. Ich habe mir das Buch gekauft, es ist ein Bestseller in Japan. Alle Schulen führen und lesen es. Es hat vier Kapitel: »Denken in Japan«, »Denkende Literatur im neuen Japan«, eine Fallstudie, »Wie das Denken sein sollte«, »Sein und Tun«. Herr Maruyama er-

zählte mir jetzt, daß eine englische Übersetzung des ganzen in Vorbereitung sei und daß sich auch andere Länder dafür interessierten. Dafür muß unter den deutschen Japanologen in Deutschland ein Übersetzer zu finden sein. Herr Professor Schamoni und Herr Seifert in Heidelberg wären beide vorzüglich geeignet, dieses Werk von Maruyama zu übersetzen. Maruyama spricht außerdem fließend Deutsch, und er ist gerne bereit, an der Übersetzung mitzuwirken. (Dringlich Verbindung zu Herrn Schamoni aufnehmen!)
Diese Autoren und die Damen Irmela Hijiya und Shizo Oyama waren die großartige Besetzung unseres Mittagessens. Ich begrüßte in einer kurzen Rede, die von Herrn Schulte ins Japanische übersetzt worden ist, die Autoren, sagte ihnen, daß wir uns bemühen wollen, sie im Deutschen einzubürgern, daß wir dafür Geduld brauchen, weil das Problem der Übersetzung zu lösen ist, daß das ein Prozeß ist, der über 15 Jahre dauern würde. Dann aber hoffe ich, daß nicht einzelne Bücher gebracht werden, sondern Autoren dort gezeigt werden. Symbol des Restaurants, des Starlight room im Hotel Okura, Symbol der Stadt Tokyo, Symbol der Universität Tokyo, ist der Ginkgobaum. Zu meiner Überraschung kannten wenige Goethes Gedicht »Ginkgo Biloba«, dieses Gedicht, das das Geheimnis des Ostens entschlüsselt und in dem es heißt »Daß ich eins und doppelt bin«. Ginkgo heißt im Japanischen Baum. Er ist der Baum schlechthin. Ginka heißt die Bank, eine Nuance Unterschied, aber was bedeutet das! Am Lunch nahmen auch noch teil: Direktor Midorikawa von Iwanami und Herr Sakai von der Orion Press. Wieder redete Inoue, wieder sagte er, wie glücklich er sei, vom Suhrkamp Verlag publiziert zu werden, und daß er all seinen Kollegen dasselbe wünsche. Es ging fast zwei Stunden. Fürst-Metternich-Sekt, Kiedricher weißer Wein, eine deutsche Tomatensuppe, Zürcher Geschnetzeltes und ein Zitronensorbet schienen den Gästen zu munden. Der Blick über die Dächer von Tokyo aus diesem Starlight-Restaurant war besonders schön, und es war ein blauer Sonnenhimmel, der Tokyo bestrahlte.
Makoto Ōoka: Er ist Professor für japanische Literatur an der Meiji University. Er ist 1931 geboren, Autor von 16 Büchern, von Gedichten und mehr als 50 Bänden Kunst und literarische Kritik, Essays,

Reflexionen, Stücke und Übersetzungen. Er ist der Autor, der täglich in der Zeitung »Asahi Shimbun« jeweils ein Gedicht vorstellt und es kommentiert. Er ist berühmt als Übersetzer der Gedichte von Paul Celan und von Euripides' Tragödie »Die Troerinnen«. Er genießt in Japan große Popularität, hat praktisch alle großen Preise bekommen, Schaarschmidt schätzt ihn sehr. In seinem Aufsatz »Notizen zur zeitgenössischen Literatur« schreibt er: »Wieder spielt Ōoka die zentrale Rolle, kaum ein anderer kennt wie er die über tausendjährige lyrische Tradition seines Landes und die Möglichkeiten, die die japanische Sprache für den Dichter bereithält.« Er hat mir einen Band gewidmet »A string around autumn«.

Kenji Nakagami. Das war merkwürdig, die gewiefte Frau Oyama wollte von vornherein nicht so recht, als ich sie um Vermittlung bat. Als ich aber insistierte, sagte sie mir, man könne Inoue mit Nakagami nicht zusammenbringen. Es seien zwei unvereinbare Charaktere. Darauf hätte ich Rücksicht zu nehmen. Siegfried Schaarschmidt hat ihn im Band »Literatur aus Japan 2« mit einer sehr schönen Erzählung »Der Bergasket« vorgestellt. Nakagami ist 1946 geboren, seit 1970 Literatur-, Film- und Theaterkritiker, seit 1973 Erzähler. Er bekam den so wichtigen Akutagawa-Preis 1976. Schaarschmidt schreibt: »Dabei wiesen die Juroren ausdrücklich darauf hin, daß seine Prosa in Thema, Bild und Stil von einer ungewöhnlich frischen und kraftvollen, neue literarische Möglichkeiten eröffnenden Eigenwilligkeit sei. Seither hat sich Nakagami verstärkt der durch Historie und religiöse Legende als einer der ältesten ausgewiesenen Kultur seiner Heimat zugewandt, in der er eine ›Sonderwelt‹ innerhalb der allgemeinen japanischen sieht.« Ein Autor, den wir beachten sollten.

Masuji Ibuse. Dieser Autor, 87 Jahre alt, ist vom Ausland bisher noch nicht bemerkt worden. Frau Dr. Yoshida-Krafft möchte ihn gerne übersetzen und glaubt durchaus mit einigem Recht, er zähle zu den Autoren, die man in Deutschland einbürgern könnte.

Und schließlich sei noch einmal erwähnt der 1924 geborene Philosoph Takaaki Yoshimoto. Er spielt in Japan eine ausschließliche Außenseiterrolle. Er beschäftigt sich mit politischer Ökonomie und Politologie. Durch seine Kritik an Schriftstellern und deren Haltung zum Krieg und zur Nachkriegsänderung wurden ihm immer mehr die Publikationsmöglichkeiten beschränkt. Er veröffentlichte eine eigene Zeitschrift »Der Versuch«. Seine drei wichtigsten Schriften: »Was ist gerade das Schöne für die Sprache?« und »Zur gemeinsamen Illusion« und »Seelische Phänomenologie«. Wie gesagt, immer wieder wurde erwähnt, Habermas möchte sich bei seinem nächsten Besuch mit ihm treffen.

Der letzte Abend: Abendessen im Hause Inoue. Wir, meine Frau, Frau Oyama, Frau Hijiya und unsere ständige Begleiterin Frau Hideko Hatsumi, waren die ersten Gäste. Herr Inoue war in einen kostbaren Seidenkimono gekleidet, Frau Inoue im alten, prächtigen Kimono. Der Sohn Inoues, Professor Michima Inoue, war ebenfalls anwesend. Etwas später kamen von seiner Vorlesung aus der Meiji University Professor Makoto Ōoka und dann der Präsident des Iwanami Verlages, Herr Turu Midorikawa. Damit war die Runde komplett. Wir setzten einander nach der von Inoue gegebenen Tischordnung gegenüber. Es gab ein von Frau Inoue persönlich zubereitetes hervorragendes japanisches Mahl mit dem bekannten Sashimi mit vielerlei gesondert zubereiteten japanischen Gemüsen und schließlich gebackenen Krebsen. Man trank den heißen Sake, den man sich gegenseitig eingoß. Gelegentlich tauchten zur Bedienung eine Tochter von Inoue auf, dann noch einmal die Frau des Sohnes. Es gab immer wieder Geräusche im ersten Stock. Die Tochter und die jungen Inoues hatten ihre Kinder dort »untergestellt«. Als man den vierten oder fünften Gang gegessen hatte, kamen dann etwa sieben der dreizehn Enkel. Sie mußten sich hinter uns postieren, und es wurde ein Familienfoto mit ihren Gästen gemacht. Der Stolz des Großvaters auf die große Familie war unverkennbar. Wir hatten angenehme Gespräche, wurden nach Erlebnissen gefragt, die dann kommentiert wurden, Herr Ōoka sprach über die Wirkung seiner täglichen Gedicht- und Kommentarpublikationen. Inoue zeigte sich sehr erfreut über die Tatsache, daß Herr Midorikawa und ich so gut miteinander kommunizieren konnten. Er sagte, dies sei das wichtigste für den Austausch der Literaturen.

Inoue erzählt, daß auch sein Studio ziemlich ebenerdig sei, er habe all seine Arbeiten kniend geschrieben. Die Familie war froh, endlich Deutschen die zahlreichen Anatomiebücher des Vaters von Frau Inoue zeigen zu können. Er war Arzt – und alles Medizinische wurde früher in Deutsch geschrieben. Besonders auffallend war, wie er Rassenunterschiede feststellte, z. B. bei 270 untersuchten Chinesenbeinen oder 140 koreanischen. Das letzte Buch wurde erst vor drei Jahren gedruckt: »Körpergeruch, Ohrenschmalz und Hautdrüsen« von Dr. Buntaro Adachi. Motto: »Dem Flötenspieler reißt die Schnur des Riechstoffbeutelchens. / So zerstreut sie der Moschus, / Wie süß duftet es! / Wie süß duftet es! – T. Ogata«

Beim Essen, als wir die Nara-Wasserfälle lobten, meinte Inoue mit Konfuzius: »Ein Weiser liebt das Wasser, ein Menschenkenner (Humanist) liebt die Berge.«

Inoue ist ein vielgereister Mann, das zeigen seine mitgebrachten Schalen und Vasen (und eine uralte Plastik, 2000 v. Chr.) aus dem Iran und aus China.

So vergingen die drei Stunden bei annehmlichem Gespräch. Immer wieder tauchte ein buddhistisches Wort auf oder ein Text von Bashō oder aus den alten Chinesen, die Inoue ja sehr schätzt. Er will ja in seinem nächsten Roman die Auswirkung der chinesischen Geistigkeit auf das gegenwärtige Japan aufzeigen. Nach drei Stunden kam ein Wagen vorgefahren, wir verabschiedeten uns. Es war eine sehr herzliche, fast unjapanische Verabschiedung mit Umarmung und Küssen. Als wir im Auto waren, stand die ganze Inoue-Familie in einer Reihe aufgebaut und verbeugte sich diesmal wieder ganz japanisch, für uns eine rührende Szene.

Am nächsten Tag, Samstag, 2. 11., packten wir vormittags, und dann kam doch noch Frau Shizu Oyama und brachte mir alle Adressen und Telefonnummern der Autoren (mit Ausnahme von Kenji Nakagami), übergab mir noch ein Wörterbuch Japanisch – Deutsch, eine Sendung der vom PEN-Club herausgegebenen Hefte »Japanese Literature Today«. In diesen Heften sind die wichtigsten Autoren mit einem Text und einer Biographie vertreten. Sie machte mich darauf aufmerksam, daß der Internationale PEN-Club im nächsten Jahr vom 22.-28. Juni in Hamburg tagt. 20 PEN-Mitglieder würden aus

Japan dort anreisen. – Wir müssen uns überlegen, ob wir hier einen besonderen Empfang veranstalten oder vielleicht, falls »unsere Autoren« anwesend sind, sie nach Frankfurt einladen. Sehr herzliche Verabschiedung von Frau Oyama. Wie gesagt, ihr ist es zu danken, daß ich so viele Autoren sehen und sprechen konnte, und natürlich auch dem Außenministerium mit der vorbildlichen Betreuung durch Wagen, Chauffeur und durch Frau Hideko Hatsumi. Ohne diese Arbeit hätten wir sicherlich nur ein Zehntel von dem sehen können, was wir nun wirklich gesehen haben.

VI. Zusammenfassung

Ich meine sicher zu sein, daß jenseits eines offiziell geförderten Literaturaustausches in Deutschland ein neues Interesse an Japan, an japanischer Literatur entstehen wird.

Japan wird immer mächtiger werden und sicher das kommende Jahrhundert prägen. In Deutschland wächst die Zahl der Japanologie-Studenten und der Leute, die Japanisch lernen. Ich meine, es ist ein guter Augenblick, so etwas wie ein »Japan-Programm« ins Auge zu fassen. Es müßte doppelt gerichtet sein: Japan/Deutschland und Deutschland/Japan.

a) Deutschland/Japan

Was die Situation der Wissenschaft betrifft, so können wir sicher sein, daß unsere Autoren optimal vertreten sind. Wir wollen die Verbindung mit Iwanami ausbauen, durch Informationen und Vorinformationen und vor allem bei wichtigen Autoren wie Habermas und durchaus auch schon Luhmann mit Vormanuskripten, damit, dies ist Iwanami sehr wichtig, die japanische Übersetzung gleichzeitig mit der amerikanischen erscheinen kann.

Was Belletristik betrifft, so ist die Lage durch die Gesamtmarktsituation behindert, aber man wird den Gedanken der Inter-Nationes-Subvention stärker in den Vordergrund bringen. Auch hier gilt es eben Einzelarbeit zu leisten.

Diese Einzelarbeit sowohl bei den Wissenschaften als auch bei der Belletristik müßte stärker als bisher über Übersetzer laufen, d. h., man müßte möglichst auch schon Übersetzer in ein Vorinformationsnetz einbeziehen.

Die Stellung von Orion Press uns gegenüber möchte ich selbst noch geklärt sehen. Herr Sakai macht mir einen vorzüglichen Eindruck, aber ganz abhängig oder gar exklusiv möchte ich von Orion Press auch nicht sein. Ich nehme an, es ist eine ähnliche Situation wie Linder, Mailand, und das wäre ja durchaus tolerabel.

Hesse: Das Interesse ist nach wie vor lebhaft und nicht nur bei der älteren Generation, aber die Copyright-Situation ist eben kompliziert, ich habe leider weder Herrn Haga noch einen der Verlage sprechen können, wie den Nobel Verlag oder Shinchosha, wo die Werke Hesses erscheinen. Ich habe auch hier den Eindruck, man müßte zumindest den Shinshosha Verlag anstoßen, wieder neue Publikationen zu machen, etwa in der Art, wie es mit dem »Schmetterlingsbuch« geschehen ist.

Ein gravierender Unterschied zwischen der deutschen und der japanischen Steuersituation: die japanischen Verlage können ihr Lager nicht so abschreiben wie wir, sie müssen das voll als Wert versteuern. Das hat katastrophale Auswirkungen im Hinblick auf Lager- und Lieferfähigkeit, denn wer hat schon Interesse an einer langen Lagerung seiner Bestände, wenn er das voll versteuern muß.

Evangeliar: Hier müssen wir bis Ende April die Entscheidung von Herrn Midorikawa abwarten, er will das testen, ich glaube, es kommt kein anderer japanischer Verlag für eine Art Koproduktion in Frage.

Was den Klassiker Verlag betrifft, so waren die Verleger nicht die richtigen Gesprächspartner, Buchhändler oder Grossisten habe ich nicht getroffen. Bleiben die Germanisten. Die, mit denen ich sprach, waren einerseits voll Respekt und Bewunderung, andererseits sahen sie nicht, wie man in den nächsten Jahren mit der Bibliothek arbeiten kann. Aber es besteht ein Interesse, und ich meine, daß es auch in diesem Fall wirklich nur über Germanisten geht. Man müßte also einem ausgesuchten Kreis japanischer Germanisten Almanach und Prospekte zuschicken.

b) Japan/Deutschland

Wenn wir den Versuch machen wollen, japanische Literatur bei uns wirklich einzubürgern, dies, wenn auch nur mit halbem lateinamerikanischen Tempo, so müssen wir durchaus strukturell vorgehen:

Wir sichern uns in den nächsten ein bis zwei Jahren die Werke der wichtigsten zeitgenössischen Autoren. Ich nehme durchaus an, daß ein besonderes Engagement unsererseits nicht unverborgen bleibt, die Konkurrenz auf den Plan bringt, und daß durchaus so etwas wie ein »Boom« entstehen kann.

Wir müssen in jedem Fall konzeptionell vorgehen, das heißt, wir müssen mit denen, die japanische Literatur der Vergangenheit und Gegenwart sowie Übersetzer und Probleme der Übersetzung kennen, lange Gespräche führen. Hierbei kann sicher Herr Professor Ekkehard May eine wichtige Funktion übernehmen. Dies insbesondere im Hinblick auf die Koordination mit den Japanologen in Deutschland. Man müßte einfach mal ein kleines internes Symposion veranstalten, an dem Japanologen und Übersetzer teilnehmen. Es wird um die sogenannte vormoderne Literatur bis hin zur Edo-Zeit gehen und um die moderne Literatur ab 1688.

Ebenfalls wichtig wäre der Kontakt mit Inter Nationes einerseits und mit den japanischen Kulturstellen in Deutschland andererseits. In jedem Fall ist hier auch die Japan Foundation einzuschalten. Wichtig wäre, daß das Ganze den Segen der höchsten Stellen der Bundesregierung erhielte, dann wäre von seiten japanischer Stellen aus eine Förderung sicherlich möglich.

Die interne Konsequenz: Ich glaube, es übersteigt die Möglichkeiten von Frau Claudia Schmölders, ein solches Programm lektoratsmäßig zu betreuen. Vor einem japanologischen Spezialisten habe ich freilich meine Manschetten. Hier liegt ein Problem, das wir intern lösen müssen. Vielleicht kann hier Herr Schaarschmidt eine Rolle spielen?

Abflug in Tokyo am späten Nachmittag. Der Fujijama stach schwarz in den edition-suhrkamp-farbenen Nachthimmel. Ein 19stündiger Flug durch die Nacht. Ich schlief, träumte, ließ Erinnerungen vorbeiziehen an eine Reise, die ihre Mühe wert war. Wie heißt es in Goethes »Ginkgo Biloba«:

»Sind es zwei, die sich erlesen,
daß man sie als Eines kennt?«

Reisebericht Prag
14.-16. April 1988

I. Prag

In Prag fragt man sich nicht, ist Prag weltstädtisch. Jeder Prager weiß es, jeder bestätigt die Aufschrift am Nationalmuseum, dessen drei Worte »Praga caput regni«, Prag – das Haupt der Macht. Und doch, das, was den Charme dieser Stadt ausmacht, das Alte, Zerbröckelnde, Nicht-Renovierte, erzeugt auch Staub, der sich wie ein Schleier über Fenster, Straßen, Autos legt. Und ein Schleier des Bedrücktseins liegt auch über den Menschen, die doch Weltmeister im Überleben und Weltmeister im Freundlichsein sind, freundlich uns Deutschen gegenüber, denen sie doch alles »verdanken«, ein Teil ihrer Tradition und Kultur, dann Besetzung und Krieg, ohne den das jetzige System nicht wäre. Das jetzige System versucht die Spuren des Alten auszulöschen, aber aus der Moldau läßt sich eben Vltava nur auf offiziellen Karten machen, immer wieder schimmern an Wänden alte deutsche Bezeichnungen durch. Sie werden übertüncht und kommen dann doch irgendwie wieder zum Vorschein. In den U-Bahnen und auf dem Flughafen Angaben in tschechischer und kyrillischer Schrift, nichts Lateinisches, nichts Deutsches mehr. Das ist nur noch an den alten Statuen zu lesen, das ist Verordnung, aber auch ein Stück des tschechischen Panslawismus. »Die Tschechen sind Chauvinisten«, sagt Hrabal, man soll das nicht vergessen. Und die Gegenwart erinnert an die Geschichte, über die Entstehung des Kulturlandes geht, so Hrabal, die Rede: Die Germanen kommen und gehen, die Slawen kommen und bleiben. So in der Geschichte der Stamm der Kelten, die Bojen, die das mitteleuropäische Gebiet verlassen und gewissermaßen als Visitenkarte die Bezeichnung »Boiohaemum«, das Land der Bojen, Bohemia, Böhmen, hinterlassen. In der Gegenwart kamen die Deutschen und gingen und wurden gegangen, und das System bleibt, vielleicht ist Politik doch mächtiger als Geschichte.

Zu meiner Überraschung stand am Flughafen plötzlich vor mir Bohumil Hrabal. Die Begrüßung war so, als hätten wir uns gestern verabschiedet und nicht erst vor Jahren in Frankfurt oder vor über zwei Jahrzehnten in Prag. Er läßt es sich nicht nehmen, das Taxi zum Hotel zu bezahlen. Dann Prag-Besuch mit Bohumil Hrabal. Erste Station der alte jüdische Friedhof, bizarr, eingekeilt, die aufeinandergeschichteten Gräber sind ein einmaliger Anblick, das Grabmal von Rabbi Löw, der den Roboter Golem erschaffen haben soll und der seine Tochter verstieß, weil sie einen Christen liebte. Dann Wanderung durch den Altstädter Ring, vorbei an Kafkas Geburtshaus, am Geschäft der Eltern, an der Wohnung, die er bewohnte, das Kleinsthaus, das Ottla für ihn gekauft hat, der Salon, in dem er mit Rudolf Steiner und Einstein zusammentraf, ja, dieses Wunder von Prag ist doch noch zu spüren: Fast zur selben Zeit haben in verschiedenen Sprachen Kafka den »Prozeß« und Hašek den »Schwejk« in benachbarten Gassen geschrieben. Nach Stunden des Wanderns seine Stammkneipe »Der goldene Tiger«.

Am nächsten Tag wird früh die Besichtigung begonnen. Wir fahren zum neuen jüdischen Friedhof, um Kafkas Grab zu sehen. Er ist geschlossen, aber an der Friedhofsmauer entlangfahrend, entdeckt Hrabal das Grab des Dr. Franz Kafka doch noch. Es liegen nach jüdischer Sitte Steine auf dem Grab, und Hrabal sucht zwei Steinchen und wirft sie über die Mauer auf Kafkas Grab. Franz Kafkas Prag, aber auch Mozarts Prag, Smetanas Prag, Rilkes Prag, Keplers Prag, Tycho de Brahes Prag, nicht mehr jedoch das Prag der sechziger Jahre, wie ich es noch erlebt habe, das Feuerwerk künstlerischer Hochleistungen wie Forman-Filme, Krejča-Inszenierungen, Holan-Gedichte, Havel-Stücke und »Die Bafler« Hrabals. Alles scheint nivelliert, es gibt keine reichen Leute mehr, d.h., die Funktionärsoberschicht hat ihre eigenen Reservate. Hrabal ist der Prototyp des Kleinbürgers, der er bewußt sein will. Man taucht unter, man will nicht auffallen, man will nichts wissen, die Taxis mit den alten Wagen, die beim schlechten Zustand der Straßen immer wieder auseinanderzufallen drohen, jagen durch die Stadt. Ich frage einen Taxifahrer, ob es eine Geschwindigkeitsbegrenzung in Prag gäbe. Verschmitzt sagte er: »Ich weiß es nicht.« Und zehn Minuten später frage ich Hrabal, wer eigentlich seine Auslandsverträge unterschreibt, unterschreibe er oder Frau Roth. Er weiß es nicht. Nur eines wissen diese Tschechen: wir überleben. Und Hrabal zitiert die Fürstin Libuse aus dem 6. Jahrhundert: »Das tschechische Volk soll nie sterben.« Mit diesem Wort wurde auch das neue Nationaltheater eröffnet.

Hradschin-Platz, die Burg, der Sitz des Präsidenten, die Nationalgalerie mit der großen Sammlung böhmischer bekannter und unbekannter Meister. Das Strahov-Kloster, jetzt wie die meisten Klöster und Jesuitenstätten eine Gedenkstätte des nationalen Schrifttums, 130 000 Bände, freilich wie so vieles in Prag, die Nationalbibliothek ist geschlossen. Man kann also nicht jene Kuriosität sehen, von der Hrabal sprach. Im Gästebuch haben auf einer Seite Admiral Nelson und seine Geliebte, Lady Hamilton, unterschrieben. Dann der berühmte Königsweg, den man eigentlich immer hin- und hergehen kann. Die alte Neustadt, die Niklaskirche als Barockhöhepunkt, dann die Karlsbrücke mit den vielen, vielsagenden Statuen und schließlich wieder die Altstadt, der Wenzelsplatz mit dem Hus-Denkmal, das Hrabal nicht mag. Jan Hus sei ein zu großer Fanatiker gewesen, sein »Nein zur Lüge« (in Konstanz gesprochen) brachte ihm ja die Verbrennung ein, aber es sei unklar, ob sein Wahlspruch richtig sei: Veritas vincit. Dann Prag in der Dämmerung, in der Stunde »zwischen Hund und Wolf«. Die immer dominierende Moldau, auf die hin die ganze Stadt strukturiert ist. Und am Abend die Lichter, ja, dann noch ein wenig das Goldene Prag.

II. Hrabal

Er ist 1914 in Brünn geboren, wird also im nächsten Jahr 75 Jahre alt. Er wirkt einerseits frisch, ja rüstig, andererseits klagt und jammert er über Gebrechen des Alters und des Alterns. Er könne, so sagte er bei unseren stundenlangen Gängen, schwer gehen, die Füße schmerzten ihm, er habe Grippe in den Füßen, ein Virus mache sie bleischwer. Aber kaum trinkt er ein Schlückchen Wodka, läuft er wieder durch Gänge und Straßen und zeigt die tausend Perspektiven von Palästen, Straßen, Gärten, Innenhöfen, die diese Stadt wie keine andere aufweist. Und Hrabal kennt seine Stadt, die Alt-Neu-Synagoge mit dem leeren Stuhl des Rabbi Löw. Er legt Wert darauf, daß wir den größten Schatz der katholischen Kirche sehen, eine Sammlung von

Monstranzen, die geradezu monströs illuminiert sind. Am Altstädter Ring zeigt er den Salon der Frau Berta Fanta, wo früher die tschechischen Dichter aus und ein gingen und eben Kafka mit Einstein zusammentraf. Im Nikolaus-Dom zeigt er uns jene Nepomuk-Kapelle mit den böhmischen Edelsteinen. Apollinaire habe davor gestanden und in ihrem Spiegel sein Gesicht entdeckt, er sei erschrocken, es sei ein Gesicht der Eifersucht. In der Maiselgasse erwähnt Hrabal, daß dort Apollinaire den ewigen Juden getroffen habe. Im »Goldenen Tiger« spielt Hrabal sein Lieblingsspiel, ein Kartenspiel, »Ferbl«, ein Spiel für Metzger und Henker. Er erzählt, wenn er bei seinem geliebten Bierglas sitzt, er habe Unseld nie vergessen. Wenn er nach ihm gefragt worden sei, habe er geantwortet, er käme ihm wie ein Odysseus vor, immer auf Reisen, aber dann doch immer wieder heimkehrend.

Am Samstag morgen treffen wir uns um 9.15 Uhr auf der Mitte der Karlsbrücke: Er saß wartend unter der Statue des heiligen Nepomuk, sie wurde an der Stelle errichtet, an der Nepomuk in die Moldau gestürzt wurde. Vor ihm eine Gruppe junger Tschechen mit einer tschechischen Kunstführerin, die den Jungen die Statue des Nepomuk erklärte. Fast war es so, als erzählte sie den Jungen die Legende von Bohumil Hrabal. Ein Morgen auf der Karlsbrücke. Wieder ein anderes Prag, ruhig und still, auf der Moldau Fischerboote. Wir gehen in der Stunde, die uns zum Spaziergang noch verbleibt, durch die frühere Jesuitenuniversität, in der Hrabal Jura studiert hat. Dann sind wir im Judenviertel mit der großen Uhr, die rückwärts läuft. Auf dem alten Marienplatz, der jetzt Vaclar-Platz heißt, das Bild des Rabbi Löw mit der nackten Tochter. Wir laufen wieder zur Karlsbrücke zurück, vorbei am Jesuitenseminar, ein kleines Gäßchen, in dem früher Hurenhäuser gestanden hätten. Geistlichkeit und Prostitution vertrage sich ja gut, er erinnere nur an das Erzbischöfliche Bordell in Salzburg. Ja, er wolle gern nach Frankfurt kommen, aber alles sei zu mühsam. Die Behörden mauerten, er würde nur dort hingelassen, wo das Interesse des Schriftstellerverbandes wahrzunehmen sei. So dürfe er jetzt nach Lissabon zur Schriftstellertagung, die Weidenfeld und Frau Getty organisieren, und später zu den tschechischen Tagen zu Boehringer in Ingelheim. Schreiben, nein, er würde nichts mehr schreiben. Ihm fehle die Lust zum Schreiben. Seine sogenannte dreibändige Autobiographie, während der letzten zehn Jahre entstanden, wäre seine letzte Arbeit. Vielleicht, fügte er hinzu. Ich weiß nicht.

III. Zur Situation der Arbeiten von Hrabal

Ich bin gewiß nicht aus konkretem Anlaß nach Prag gefahren, sondern eben um Hrabal zu sehen. Aber es stellte sich heraus, daß der Besuch im richtigen Augenblick erfolgte. Was wir nicht sahen, was ich jedenfalls nicht wußte, alles, was die Verwaltung zur Betreuung des Werkes von Hrabal betrifft, geht durch die Hände von Frau Dr. Susanna Roth, Wien. Sie ist seine Betreuerin, häufig in Prag, wo sie ebenfalls in Kneipen den Leuten »aufs Maul schaut«, um Hrabals Sprache immer besser kennenzulernen. Sie ist Expertin seines Werkes, sie hat alle veröffentlichten und unveröffentlichten Texte von Hrabal, sie übersetzt in Verbindung mit ihm. Freilich gibt er vor, nicht zu wissen, was sie im einzelnen bei der Vergabe von Auslandslizenzen macht. Er darf es nicht wissen, denn die Situation ist außerhalb der Legitimität. Auch er muß jeden Vertrag durch die Dilia machen und muß dort auch jede Einnahme ankündigen. Doch Hrabal hat den Eindruck, daß die Dilia lieber nichts wissen will, nichts wissen will von dem Roman »Ich habe den englischen König bedient«, der bei uns dieses große Aufsehen erregt (er war glücklich über die Kritiken!) und der nun auch ins Englische übersetzt und in USA erscheinen wird. In welchem Verlag, weiß Hrabal nicht. Die Situation ist also heikel, Hrabal weiß, daß er in große Schwierigkeiten kommen kann. Natürlich wünscht er, daß seine Arbeiten im Suhrkamp Verlag konzentriert sein sollen, und er unterschreibt sofort die diesbezügliche Vereinbarung, die ich mitgebracht habe. Der Suhrkamp Verlag erklärt sich bereit, das bisherige und ggf. neue Werk von Hrabal zu betreuen und es in einer Gesamtausgabe vorzulegen. Hrabal verpflichtet sich, auch künftige Arbeiten dem Suhrkamp Verlag anzuvertrauen. Er wünscht, daß auch die drei Bände dieser sogenannten Autobiographie bei uns erscheinen, aber er weiß nicht, welche Zusagen Frau Roth Hanser gemacht hat. Er weiß nur eines, daß Frau

Roth und Elisabeth Borchers nicht zusammenarbeiten können, warum, weiß er auch nicht, vielleicht weibliche Idiosynkrasien? Er selber schätzt Elisabeth Borchers. Sie sei, so sagte er, eine treue Arbeiterin »im Weinberg Ihrer Firma«.

Dringlich wird nun für mich, mit Frau Roth Verbindung aufzunehmen, sie nach Frankfurt zu einem klärenden Gespräch zu bitten oder nach Wien zu fahren.

Hrabal kommt immer wieder auf diese dreiteilige Autobiographie zurück. Obertitel sei »Hochzeiten im Hause«, Titel des ersten Teils »Hochzeiten im Hause«, zweiter Teil »Vita nuova«, dritter Teil »Proluky«, was soviel wie »Lücken« bedeutet. Er ist auch sehr damit einverstanden, wenn wir die Teile »Die Schur«, »Schöntrauer« und »Harlekins Millionen« in einem Band zusammenfassen würden. Haupttitel könnte sein: »Městeèko u vody«, was soviel hieße wie »Städtchen am Wasser« oder »Eine kleine Wasserstadt«.

Die Frage einer Gesamtausgabe. Natürlich fühle er sich geehrt, aber noch besser, als alles zu sammeln, was vielleicht die Leute in Deutschland nicht interessiert, sei eine Auswahlausgabe. Besser sechs Bände als zwölf. Ob er die Auswahl machen könne? Nein, das könne er nicht, das sei Sache von Frau Roth, die sich hier vorzüglich auskenne.

Über Frau Roth ist auch ein Angebot des S. Fischer Verlages gelaufen. Herr Philip habe ihm im Auftrage des Verlages für den Roman »Ich habe den englischen König bedient« DM 50 000,– angeboten. Dies habe er abgelehnt (immerhin das wußte er genau).

Der Band »Sanfte Barbaren« in der Bibliothek Suhrkamp, von Peter Sacher übersetzt (und zusammengestellt?), sei in seiner Zusammenstellung vorbildlich, so sollte dieser Werkteil auch für die Zukunft bleiben. Das gelte auch für »Tanzstunden«, »Bambini di Praga« und »Reise nach Sondervorschrift«.

Zu den beiden Titeln, nach denen ich ihn auf Bitten von Frau Martini-Wonde fragen sollte: »Domácí úkoly z pilnosti«, ein kleiner Text, von dem er sich nicht vorstellen könnte, daß er deutsche Leser interessieren würde. Anders sei das zweite Buch, »Život bez smokingu« (»Ein Leben ohne Smoking«), das sei eine größere Erzählung (wie sich später herausstellte: aus mehreren kleinen Erzählungen), die

sehr geeignet sei für eine Übersetzung. Wir könnten das sofort machen.
Dann ein Wunsch: In Paris in der Librairie Croulebarbe erschien in bibliophiler Ausstattung von Hrabal »Cruautés Ramassées« mit Zeichnungen von Pavel Roučka. Er möchte 200 Exemplare des Romans »Ich habe den englischen König bedient« in deutscher Übersetzung in Paris herausbringen. Hrabal möchte das sehr unterstützen. Vielleicht können wir zu den 200 Exemplaren noch 100 für eine deutsche Sonderausgabe machen lassen.
IV. Samstag, 10 Uhr.
Abschied vor dem wartenden Taxi. Hrabal holt aus seiner Tasche den Band »Život bez smokingu«, den bibliophilen Band aus Paris, neuere Photos und das Kalenderblatt »Jagd des Goldenen Prag«, 1988, das in Großaufnahme eine Gruppe von Reitern und Jägern zeigt und auf einem Pferd mit Hut und weißem elegantem Schal Bohumil Hrabal zeigt. Wir verabschieden uns herzlich und gerührt, er bedankt sich für all das, was der Verlag für ihn und seine Bücher getan habe. Er wolle mit Frankfurt verbunden sein und bald kommen. Das Taxi fuhr los, Hrabal stand direkt in der Perspektive auf die Karlsbrücke zu. Er hob erst eine Hand zum Gruß, dann beide Hände und stand, wie segnend, ohnehin Woityla ähnelnd, solange man ihn vom Taxi aus sehen konnte. Ein eindrucksvolles Bild, Hrabal in der Ferne sich zu einer Statue der Karlsbrücke verwandelnd.
Rasche Fahrt zum Flughafen, dort die unwürdigen Situationen sozialistischer Flughäfen. 45minütiger Flug nach Frankfurt, um 13 Uhr konnte man auf der Freßgasse Hunderte von Frankfurtern sehen, die in den Vorräumen der Cafés saßen und sich, wie die Leute in Prag, an der Sonne erfreuen konnten, aber auch an ihrem Freisein und den wohlgefüllten Geschäften. Hrabal hatte immer wieder den Goethe der Leipziger Jahre zitiert, Leipzig ist wie Klein-Paris. Frankfurt muß sich doch noch einige Jahrhunderte anstrengen, um zum Klein-Prag zu werden.
dr. u./ba.
18. April. 88

Reisebericht Israel
30. April bis 4. Mai 1989

Vier Tage Israel. Eine andere Welt. Ort des Zusammenpralls höchster religiöser Elemente und der damit verbundenen Fanatismen. Ein Land der Widersprüche von Alt und Neu, von Hoffnung und Verzweiflung, Siedlergeist und Friedhofsstimmung, Friedenswunsch und täglichem Terrorismus. Eine Gesellschaft in geradezu ungeheurem Wandel. Die alten deutschen Juden, die einst das innere Bild des Landes bestimmten, sterben aus. In den Kibbuzim weichen die Familienbandverhältnisse auf, die jungen Leute sind »amerikanisiert«, es ist eine Unübersichtlichkeit, die nicht neu, sondern alt ist.

Sonntag, 30. April
Am Flughafen die üblich-unübliche Gepäckkontrolle. Der Bundesgrenzschutz begleitet das Flugzeug noch beim Ausfahren in die Landebahn. Im Flugzeug Lektüre von Amos Oz, »Black Box«, ein Briefroman mit Ingmar-Bergmanschen Ehevisionen; die Handlung spielt in Israel, aber sie könnte ebensogut in irgendeinem westlichen Ort spielen.
In Tel Aviv holen uns Verwandte von Ulla Berkéwicz am Flughafen ab. Er: Manfred Fein, deutscher Jude aus Königsberg, sie: russische Jüdin aus Odessa, die Familien und Verwandten sind meist in den Konzentrationslagern verschwunden, Frau Fein entging einer Hinrichtung durch Erschießen nur, weil sie sich fallen ließ und das Kommando sie für tot hielt. Zum erstenmal (von Scholem abgesehen) war ich in der Wohnung eines Juden, der seine Existenz aufbauen mußte, der in einer Wohnung lebt, die in ihrer Bescheidenheit mit unseren Verhältnissen kaum vergleichbar und deren »Luxus« mit eigenen Händen erarbeitet ist.
Fahrt nach Jerusalem, dort liegt eine Nachricht von Amos Oz vor, ich soll ihn anrufen. Es ist sieben Uhr, der Tag läuft nahezu übergangslos in die Nacht; die älteren Juden sehnen sich nach der Dämmerung, die die Jüngeren nicht kennen.

Montag, 1. Mai

Von dem Zimmer im Hotel King David aus ist jeden Morgen ein herrlicher Sonnenaufgang zu beobachten. Telefonat mit Fania Scholem, sie erwartet uns mit ihrem Anwalt zum Mittagessen. Vormittag in Jerusalem, Gang durch den Bloomfield-Garten, durch das Jaffa-Tor betreten wir das arabische Viertel, ein Führer führt uns durch die Grabeskirche mit den letzten fünf Stationen des Kreuzweges, dem Kalvarienberg und dem Grab Christi. Die ehemalige konstantinische Basilika ist zu einem unübersichtlichen Konglomerat von labyrinthisch verschachtelten Räumen geworden, die zum Teil in mehreren Stockwerken übereinander angeordnet sind und deren Besitz sich sechs verschiedene Konfessionen nach einem auf den Zentimeter genau festgelegten Plan teilen. Weitaus am meisten gehört den orthodoxen Griechen, den Katholiken und den armenischen Orthodoxen; im eigentlichen Grabesraum haben die Kopten, die Abessinier und die syrisch-orthodoxen Jakobiten ihre Kapellen. Von dort aus durch den arabischen Bazar in das neue jüdische Viertel und an die Klagemauer, jenes große jüdische Zentrum, an dem sich die Juden an die Zerstörung ihres Tempels durch Titus erinnern.

Zurück zum Hotel, ich suche ein jüdisches Taxi (mich erinnernd, daß das letzte Mal ein arabisches Taxi Scholems Wohnung in der Abarbanel-Straße nicht gefunden hat, weil der Fahrer die Straße nicht finden wollte). Auf dem Weg halten wir an einem Blumenladen, um Blumen für Fania zu kaufen, es gibt nur wenig Auswahl, ich entscheide mich für eine Orchidee, die schön und teuer ist. Diesmal erreichen wir Scholems Wohnung hindernislos, Fania empfängt uns, ich übergebe ihr die Orchidee, und sie kommentiert, ja, diese Blumen wachsen hier »wie Mist«. Sie ist schlanker geworden, kleiner, es sei ihr schon bessergegangen, sagt sie, aber sie habe Grund, zufrieden zu sein, freilich, die Krankheit, ein Herpes, habe sie sehr geschwächt. Ihre rechte Gesichtshälfte ist immer noch taub, auf dem einen Ohr hört sie nichts.

Sonst ist sie die alte geblieben, skeptisch, mißtrauisch, pessimistisch, verzweifelt, immer wenn sie von Gerhard (sie benützt nur den deutschen Namen) spricht, kommen ihr Tränen, ihr Leben sei ausgelöscht, Gerhard sei nicht da, dann aber faßt sie sich wieder, sie muß dies

aushalten, Gerhard wünsche dies. Ulla muß einer Examination standhalten, aber dann verstehen sich die beiden Frauen.
Kurz nach unserem Eintreffen kommt Anwalt Hagai Sitton, ein angenehmer Mensch, der, ohne Deutsch zu können, sich in die Rechtsverhältnisse Scholem einarbeitet. Es geht um den Vertrag der Frühschriften. Ich habe ihn im Februar an Fania geschickt, leider habe ich den gedruckten Vertrag nicht angesehen, er enthält für diesen Zweck einfach zu viele Rechte, Scholems Frühschriften werden nie verfilmt oder vertont oder dramatisiert.
Doch darum ging es nicht, Frau Scholem wollte den Vertrag nicht unterzeichnen, weil sie nicht mehr glaubt, daß die Herren Gründer und Niewöhner ihre Arbeit machen werden. Ich versicherte, mit beiden gesprochen und gehört zu haben, daß sie in diesem Jahr die Arbeit am ersten Buch abschließen wollen. Der Anwalt wünschte sich am liebsten einen neuen Vertrag in englischer Sprache, er wäre aber auch einverstanden, wenn die Änderungen in Englisch aufgenommen würden, Änderungen folgender Art:
1. Im Vertrag steht, daß Gründer und Niewöhner sich verpflichtet haben, bis 31. 12. ein satzfertiges Manuskript zu liefern, wenn nicht, ist der Verlag angehalten, die Rechte von Gründer und Niewöhner zurückzuziehen.
2. Der Vertrag dehnt sich aus auf den Nachlaß.
3. Wir haben nun generell die Übersetzungsrechte an den Werken von Scholem, natürlich nach Maßgabe der Rechte, die frei sind; welche Rechte in Amerika gebunden sind, ist vielleicht schwierig zu explorieren.
Die Vorauszahlung ist zu erhöhen von DM 5000 auf DM 10 000. In Zukunft würden alle Anfragen an uns gegeben, so auch die Anfrage des Editrice Marietti Verlages.
In den Vertragsänderungen sollte die Klausel stehen, daß die existierenden Verträge selbstverständlich weiterhin mit Frau Scholem direkt abgerechnet werden. Nach Auslauf der Verträge gehen die Rechte auf uns über.
Korrespondenzen in Zukunft so führen, daß Kopien jeweils an den Anwalt bzw. Frau Scholem geschickt werden.

Das Interesse an Scholems Arbeiten ist groß, freilich melden sich auch Kritiker oder gar Gegner, aber in seinem Kern wird dieses Werk bleiben.

Nach langer Diskussion führt uns Fania zum Essen, sie hat zum ersten Mal seit Scholems Tod gekocht, koscheres Essen, wir lernen ihre Haushaltshilfe kennen, eine holländische Malerin, die jetzt aber wieder nach Holland zurückkehrt. Sie hat Fania während der Krankheit »aufopfernd« gepflegt, freilich, sie ist, wie Fania ausdrücklich feststellt, keine Jüdin, sie spricht auch nicht deutsch, nicht englisch, doch Fania ist ihr verpflichtet. Allerdings akzeptiert sie nicht das Bild, das die Malerin ihr gewidmet hat, sie kann es nicht aushalten, sagt sie.

Nicht einfaches Gespräch beim Essen, es geht um die politische Situation, um die Frage, können wir nach Bethlehem fahren oder nicht. Der Anwalt ist in Jerusalem geboren, seine Eltern kommen aus Spanien und Rußland. Ich fragte ihn, ob er immer erkennen könnte, daß eine weibliche Person in Jerusalem geboren ist, er lacht, und ich erzähle ihm Amos Oz' Definition, Jerusalemerinnen erkenne er, Oz, weil er Katzen kenne. Der Anwalt berichtete mir dann, jeder, der in Jerusalem geboren sei, würde die Zahl 200 anders aussprechen als ein in anderen Orten Israels Geborener.

Er spricht von seinem Schwiegervater, Professor Solomon Liptzin, dieser arbeite über Adam, was verständlicherweise das Interesse von Ulla Berkéwicz erregte. Der Anwalt meinte, wir müßten seinen Schwiegervater unbedingt kennenlernen und er würde alles versuchen, diese Unterredung zustande zu bringen.

Nachmittags nehmen wir uns ein Taxi und fahren durch die Altstadt und das Kidron-Tal nach dem im Osten gelegenen Ölberg. Von dort aus hat man einen herrlichen Blick auf Jerusalem, auch auf die Friedhöfe im Kidron-Tal. An der Jerusalemer Mauer das zugemauerte Golden Gate, die beiden Türen, durch die – so der Glaube – einmal der Messias einziehen wird, dann werden sich die Gräber öffnen, als erstes die Gräber der Propheten, dann die der im Kidron-Tal Begrabenen; ihre Leiber würden, wie Fania Scholem sagte, »vollständig repariert« sein (dies sei freilich »Volksglaube«, sie glaube das nicht, sie glaube nur an die Seele). Auf diesem Friedhof liegt auch Else Lasker-Schüler, sie war ein Leben lang arm, aber sie wollte so viel Geld haben, um an diesem Ort begraben zu sein. Unübersehbar der Garten Gethsemane, Franziskaner pflegen ihn liebevoll, seine Ölbäume sind uralt, mindestens 3000 Jahre, Jesus habe sie gesehen, unser Führer: »Ölbäume sterben nie.«

Die Kirche Dominus flevit, der Herr weinte, eine Kirche aus dem 5. Jahrhundert, Jesus hatte dort gebetet: »Laß diesen Kelch an mir vorübergehen.«

Die Himmelfahrtskapelle enthält einen angeblichen Fußabdruck von Jesus, die Kapelle wird aber jetzt von Moslems betreut.

Dann im Mariengrab, eine Kirche aus der Kreuzfahrerzeit, 47 Marmorstufen führen in den Kirchenraum hinunter, vorbei an den Gräbern von Marias Eltern und ihrem Mann Joseph. Die Kirche gehört nicht der katholischen Kirche, sondern den Griechen und Armeniern. Unten der Grabstein, der verglast ist, jedoch eine kleine Öffnung hat, damit der Stein zu berühren oder zu küssen ist, Zettel mit Wünschen liegen auf ihm, Geldscheine. An den Wänden Marienbilder, die Verkündigung, die Geburt, die Passion. Maria, Maria.

Dann auf den Berg Scopus, ein hypermodernes Hyatt-Hotel, die Hebrew University, die Knesset, die gesetzgebende Versammlung, 1966 eingeweiht, vor dem Gebäude steht die Menora, der siebenarmige Leuchter, das Staatssymbol von Israel.

Wir fahren zum Hotel zurück, wir fragen den Taxifahrer, was das Flammenzeichen bedeutet, das auf so vielen Gebäuden steht. Er weicht unserer Frage aus, dann aber erklärt er: morgen sei ein Memorial Day, eine Erinnerung an den Holocaust und an die Ermordung der Juden durch die Deutschen.

An dem Vorabend dieses Memorial Day waren alle Restaurants und Vergnügungslokale geschlossen, wir aßen zu Abend im Hotel und wurden dort von einem Ehepaar auffallend gemustert, er trug eine Kippa, das Käppchen, das den orthodoxen Juden ausweist, sie ein Kopftuch. Am nächsten Tag stellte sich heraus, es war das Ehepaar Krauthammer, Buchhändler zu Zürich.

Dienstag, 2. Mai

Memorial Day Holocaust. Um 8 Uhr holen wir Fania mit dem Taxi ab und fahren zum Friedhof, zum Grabe von Scholem. Sie erzählt uns, daß sie lange nach einem weißen Stein gesucht und ihn schließlich gefunden habe, aber, das habe man ihr erklärt, dieser Stein würde dunkel im Laufe der Jahrzehnte. So beschaffte sie sich einen Granitblock (sie wollte nicht die übliche »Badewanne«, also die Hohlformen, die über dem Grab liegen und eine Grabplatte nur tragen). Neben Scholems Grab ist das ihre ausgehoben, mit eben demselben Stein versehen, auch schon beschriftet, aber darüber liegt eine Platte. Im Grabstein von Scholem ist eine Grabschrift mit einer »Bestätigung« der Auferstehung. Ich erinnere mich ja sehr gut an die Beerdigung, das Grab war nicht tief genug ausgehoben, und als die in Leinen gewickelte Leiche Scholems hinabgelassen wurde, war das Grab zu kurz, und Scholem reckte für eine Zeit deutlich sein Haupt über den Grabrand hinaus. Fania weinte, alle ihre Freunde lägen nun hier auf dem Friedhof, unter den Lebenden habe sie kaum welche. Und immer wieder die Klage, Gershom sei jetzt nicht da, nicht direkt anwesend. Dann hatte sie aber doch das Gefühl, er habe bemerkt, daß wir am Grabe gestanden seien, ja, seine Seele sei da, aber dann wieder, was hülfe es ihr, was hülfe es Israel, und dann: »Sie werden uns alle ermorden.«

Zurück zum Hotel, Schwimmen im Pool des Hotels, dann wieder mit dem Taxi in die Altstadt. Wir wollten nun uns auf den arabischen Teil konzentrieren, aber man kann sich in Jerusalem nicht auf einen Kontinent beschränken. Der Weg führte wieder vorbei an der Klagemauer, und an diesem Tag, dem Memorial Day Holocaust, wurden rund um die Uhr die Orte der Vernichtungslager und die Namen derer gelesen, die ermordet wurden. Ich werde diesen Eindruck, dieses Gefühl, diesen Erinnerungsschock, über den Platz an der Mauer gehend, wohl nie vergessen. Erkannte man uns als »Deutsche«? Im allgemeinen hielt man Ulla und mich für Juden, die in Jerusalem nicht auffielen, aber an diesem Tag kam man sich doch vor, als trüge man einen deutschen Bundesadler auf der Brust.

Hinter der Klagemauer, die ja einen Rest der Umfassungsmauer des

herodianischen Tempels bildet, der ehemalige Tempelplatz, jetzt Haram asch-Scharif (Edles Heiligtum). In seiner Mitte steht die Omar-Moschee, der Felsendom, im 7. Jahrhundert von dem Kalifen Malik über dem Felsen erbaut, auf dem Abraham seinen Sohn Isaak opfern wollte, über dem dann Salomo den ersten jüdischen Tempel errichtete und von dem Mohammed aus mit seinem Pferd in den Himmel ritt. Exakt unter der so herrlichen goldenen Kuppel, die ein Wahrzeichen Jerusalems ist, liegt der heilige Fels, die Spitze des Berges Moria, die Stelle, an der der Messias erscheinen soll, und aus diesem Grunde betreten fromme Juden diesen Bezirk nicht mehr. Nebenan die El-Aksa-Moschee, sie heißt die »entfernte« Moschee, weil sie der im Koran genannte »ferne Tempel« sein soll, zu dem Mohammed seine Nachtreise gemacht hat. Man kann einen Blick werfen in die Ställe Salomos, mächtige unterirdische Gewölbe, in denen angeblich einmal 3000 Pferde gestanden haben sollen. Der arabische Führer bringt uns auch ins Museum für islamische Kunst und läßt nicht zu, daß wir eine Vitrine auslassen, wir müssen alles sehen, bewundern, das ist die islamische Welt, und sie gehört uns, auch die Westbank, auch Jerusalem. Er ist eins von vierzehn Kindern, er hat studiert, freilich verschweigt er, daß er auf einer Universität studiert hat, die doch nur die Israelis für die Araber eingerichtet haben. »Seid ihr Juden?« fragt er uns; als ich meine Nationalität enthülle, sagt er, das freut mich aber, Mohammed und Jesus Christus waren Brüder.
Im Hotel hatten wir mittags eine Verabredung mit Professor Solomon Liptzin. Er stellt sich umfänglich vor, breitet seine ganze Geschichte aus, geboren 1901 in Rußland kam er 1910 nach New York, studierte dort und zwei Jahre in Berlin, dann wieder in den USA Vergleichende Literatur, deutsche und slawistische Literaturen; seit 1962 ist er in Israel, er wollte nur für ein Sabbatical Year dort hingehen, aber er blieb, wie so viele andere. Seine Bücher »Germany's Stepchildren« (Jüdische Autoren), »The Jew in American Literature«, »A History of Yiddish Literature«; schließlich gab er uns sein Buch »Biblical Themes in World Literature«; dies sollten wir prüfen, es ist möglicherweise ein Buch, das wir im Insel Verlag veröffentlichen könnten.

Am Nachmittag Fahrt nach Bethlehem. Wir wurden gewarnt, dorthin zu fahren, aber der jüdische Taxifahrer glaubt an diesem Tag an keine »besondere« Gefahr. Man muß ein Stück auf eine Paßhöhe fahren, dort steht das Kloster Mar Elias mit einem phantastischen Blick über Jerusalem bis zum Toten Meer und das jordanische Ufer, vorbei am Grab Rachels, am Brunnen Davids. Dann Bethlehem, das heute Bait Lahm heißt. Der Ort, Mittelpunkt der Christlichkeit: hier salbte Samuel David zum König der Juden, hierher reisten, nach dem im »Evangeliar Heinrichs des Löwen« aufgenommenen Bericht des Evangelisten Lukas, Joseph und Maria, hier wurde Jesus geboren. Ich erinnerte mich an meinen ersten Besuch, an die Geschäftigkeit eines arabischen Bazars, heute wirkt alles leer, ausgestorben, die Geschäfte sind geschlossen, verschlossen, vernagelt und verriegelt. Bleibt also die Geburtskirche, sie wurde über einer Grotte, die schon in frühchristlicher Zeit als Geburtsplatz Jesu galt, 525 gebaut, sie ist auf drei Seiten wie eine Festung von Klosterbauten umgeben, die katholischer, griechisch-orthodoxer und armenischer Konfession sind. Wieder ein Stein, der zu berühren oder zu küssen ist. Vor der Kirche aufdringliche Händler, einer will Ulla Berkéwicz kaufen und bietet dafür 500 Shekalim. Ich sagte, unter 1000 sei kein Handel zu machen, das schien ihm dann doch zu viel.
Bei der Rückfahrt hielt der Taxifahrer vor dem einzigen geöffneten Souvenirladen. Eine freundliche Familie empfing uns, und die junge Tochter brachte türkischen Kaffee. Wir kauften ein paar Dinge ein, kamen ins Gespräch und siehe da, die Tochter studiert in Saarbrücken!
Rückfahrt nach Bethlehem. Wieder Patrouillen, Kontrollen, Durchsuchungen. Man hat schon das Gefühl, auf einem Vulkan zu sitzen, der jederzeit ausbrechen kann. – Wir machen noch eine Fahrt durch Me'a Sche'arim, das bedeutet »hundertfältig« unter bezug auf die Segnung Isaaks. Es ist das Viertel der Orthodoxie. Hier sieht man die Juschiva Bachurim (Schüler der Tora-Schulen mit Pejot, »Seitenlocken«, Streimel, »runder Hut«, und Kaftan gekleidet wie die Vorfahren seit Tausenden von Jahren). Der Markt, das Leben, die Synagogen. Die Männer beschäftigen sich mit nichts als mit der Auslegung der Tora. Ihre Frauen haben den Kopf rasiert, tragen Perücken oder Kopf-

tücher. Im übrigen sind sie gegen den Staat Israel eingestellt, denn dieser Staat sollte nur vom kommenden Messias gebildet werden, und es würde sich rächen, daß er jetzt irdisch-politisch gegründet wurde.
Abendessen mit Fania Scholem. Sie kommt ins Hotel. Sie wollte uns noch einmal sehen und sprechen, sie wollte nicht in das Restaurant, das uns genannt wurde, sondern wir suchten ein ganz kleines Fischrestaurant auf, das in ihrer Nähe lag. Es war wieder dasselbe: sie weinte, wenn sie von Gerhard sprach. Dann erzählte sie von ihrer Kindheit. Als Tochter eines galizischen Bauern geboren, der jeden Tag nach der Feldarbeit die Tora las. Gesprochen wurde nur hebräisch. 1928 ist sie nach Israel gekommen. Sie studierte an der Universität den Koran, aber da sie den ersten Lehrer und danach den zweiten Lehrer nicht ausstehen konnte, wechselte sie zur Kabbala über und lernte ihren Lehrer Scholem kennen und lieben. »Gerhard war mein Alles, jetzt ist er nicht da.« Sie erhält eine monatliche Pension, die soviel Wert sei wie drei Paar Schuhe. Sie war glücklich über das große Guthaben (DM 102 000,– immerhin!) und bat darum, ich möchte ihr alle DM geben, die ich nicht mehr in Israel brauche. Natürlich ist auch dieses Land devisensüchtig. Im Hotel zahlt man mit Dollars, und dies ist überhaupt die liebste Währung. Die israelischen Schekel werden nicht zurückgewechselt. Wegen Nachahmungsmöglichkeit ändert man auch die Geldscheine (mein altes Geld, das ich noch von meiner letzten Reise hatte, ist total ungültig geworden).
Frau Scholem kommt im Juni in die Schweiz. Burgel Zeeh wird sie sehen. Sie braucht dann Geld, weil sie sich wieder operieren lassen möchte. Ob ich sie dann in Zürich treffen könnte?
Dann erzählte sie wieder von Gerhard, von ihrer Wohnung, die sie glücklicherweise ohne Miete haben darf. Ich hätte ja die leeren Regale gesehen und wisse, wie das vorher ausgesehen habe. Er sei eben nicht da. Schließlich saß ich mit zwei weinenden Frauen am Tisch. Wieder ihr pessimistischer Ausblick. Es gebe keine Lösung, und es sei schwierig, weil die jüngere Generation nicht mehr den alten Glauben und das alte Zusammengehörigkeitsgefühl habe. Auch Amos Oz, der mit Scholem in Briefwechsel stand und einige Vorlesungen hörte, gehöre zu den »Verhandlern«, mit denen dürfe man aber nicht ver-

handeln, wenn die einmal einen Staat hätten, wie klein er auch immer sei, dann »ermorden sie uns alle«.

Mittwoch, 3. Mai 1989

Fahrt nach Arad zum Besuch von Amos Oz. Die Scholemsche Umgebung und die Berkéwicz-Verwandten bezeichneten ihn als den bedeutendsten lebenden Schriftsteller, aber er sei eben »links«. Was bedeutet links? Die Fahrt nach Arad dauert normalerweise eine Stunde, aber die Straße führt über besetztes Gebiet, das auch die Israelis nicht voll kontrollieren können, und in Hebron geschieht tagtäglich eine Attacke aus dem Hintergrund. So müssen wir einen großen Umweg fahren – statt einer Stunde eben zweieinhalb. Dafür wurde mir ein Israel präsentiert, wie ich es noch nie kennengelernt hatte, da meine Orte eben nur Jerusalem, seine Umgebung und Tel Aviv waren. Man verläßt Jerusalem über den Herzl-Boulevard, vorbei nach Ein Kerem, und dann fährt man in Richtung Tel Aviv, vorbei an Bet Schemesch, dem Haus der Sonne. Hier wurden Kämpfe zwischen Juden und Philistern ausgefochten, und sie mußten die geraubte Bundeslade wieder nach Bet Schemesch zurückbringen. Jenseits der Straße – das »Tal von Elah«. Auch hier soll der Schauplatz des Kampfes zwischen David und dem Philister Goliath gewesen sein. Die Orte Marescha und Tel Lachisch mit der Kirche der heiligen Anna und der berühmten biblischen Festung und vorbei an Kirjat Gat, eine moderne Stadt mitten in einer Industriezone. Dann aber beginnt die Wüste Negev. Rechts und links Kibbuzim und dann, je weiter man nach Süden kommt, Beduinen mit ihren Zelten und Hütten, Schafen und Kamelen. Es ist die Ebene von Schefela. Das israelische Wunder: aus Wüste wird fruchtbarer Boden. Was haben wir in der Schule gelernt, Uhland: »Als Kaiser Rotbart ... Da mußt er mit dem frommen Heer / Durch ein Gebirge wüst und leer. / Daselbst erhub sich große Not, / Viel Steine gab's und wenig Brot ...« Jetzt gibt es dort Brot, jetzt gibt es dort das Rarste: Wasser. Es tauchen immer wieder Hügel auf, unter denen zerstörte Kanaaniter-Siedlungen verschüttet sind. Den Ort Beer Scheva, schon in biblischer Zeit die am weitesten in den Süden vorgeschobene Siedlung, Sitz der Patriarchen des alten Bundes, mit dem berühmten Brunnen Abrahams – diese Stadt sieht man nur von

Ferne. Dann wieder eine Wüstenfahrt und plötzlich sind wir in Arad. Das Häuschen von Amos Oz ist leicht zu finden – schmal, zweistökkig, Amos Oz empfängt uns herzlich und führt uns in sein Studio. Es besteht aus Bücherwänden, einem winzigen Schreibtisch, Telefon und einer kleinen Tischecke für Besucher. Wie überall sind die Fenster vergittert, doch das Fenster seines Arbeitszimmers läßt einen schönen Blick auf ein kleines, wie verwunschen wirkendes Gärtchen zu. Unter den Büchern entdecke ich Hegel und Kant, Sartre und Heidegger, Scholem und Benjamin, Böll, Grass, Siegfried Lenz, Frisch und Uwe Johnson, dessen »Zwei Ansichten« eben in Hebräisch erschienen sind. Der hochintelligente, schlagfertige, das Englisch fließend beherrschende Amos Oz (sein angenommener israelischer Name Oz bedeutet Mut und Kraft) macht uns das Gespräch leicht. Er ist entzückt von dem Taschenbuch »Mein Michael«, das eben bei uns herauskam, und ich zeige ihm die Fahnen der deutschen Übersetzung seines Romans »Black Box«, der bei uns im Sommer erscheinen soll. Er gab sich sehr zufrieden, daß ich ihm über den Vorabdruck in der »Welt« berichten konnte und daß ich immerhin hundert Seiten gelesen hatte und ihm bestätigen konnte, daß die Übersetzung vortrefflich sei. Er bat darum, die Fahnen an Grass zu schicken. Er träfe ihn beim Berlin Festival Horizonte und würde ein Gespräch mit ihm führen. Er fürchte freilich, daß das Gespräch nur »politisch« sei; er sei aber kein Politiker, doch wolle er den Fragen nicht ausweichen. Er wich auch meinen Fragen nicht aus. Doch die gegenwärtigen Unruhen, so meinte er, seien der letzte Sturm vor einer friedlichen Lösung. Diese Lösung müsse kommen, wir haben keine Alternative. Natürlich sei es schwer für beide Seiten: Die Araber mißtrauen den Juden und die Juden sowieso den Arabern und allen Orientalen. Doch wir müssen Vorurteile abbauen, sagte er. Haben die Juden, so fragte ich, nicht doch Grund zum Mißtrauen, er selbst habe uns geraten, nicht durch Hebron, sondern den Umweg zu fahren. Ja, das sei richtig, aber er könne auch die Araber verstehen. Er selbst habe als sechsjähriges Kind Steine gegen britische Panzer geworfen und mit Kreide geschrieben: »British go home«. Aber das sei doch nicht so »terroristisch« wie die heutige Intifada. Er: Intifada bedeutet »sich von etwas befreien« oder auch »beben«. Der Boden in den besetzten Gebieten bebt, die Mehrheit der Menschen dort widersetzt sich der israelischen Besatzung. Intifada heißt deswegen Volkserhebung gegen die Besatzung und für die Befreiung. Ich sagte zu ihm, Arafat sei gestern von Mitterrand wie ein Staatsoberhaupt empfangen worden, das würde jetzt in diesen Tagen die PLO sicher zurückhalten. Die »Jerusalem Post« hatte an diesem Tag als Schlagzeile das Wort Arafats: »Israel: Bury the Hatchet« – Israel, begrabe das Kriegsbeil! Oz stimmte meiner Meinung zu, heute sei es bestimmt ruhig. Im übrigen: es müßte eine Lösung geben, es müßte ein kleiner palästinensischer Staat entstehen, in dem sich Palästinenser ausleben könnten. Doch wo sollte dieses Staatsgebiet sein? Die PLO fordert die ganze Westbank, dem kann doch Israel aus vitalen Existenzgründen nicht zustimmen! Nein, nicht die ganze Westbank, aber doch einen Teil, wie vielleicht das Gebiet, auf dem wir hier sitzen. Und was geschieht dann, wenn in diesen souveränen Staat Waffen gelangen? – so fragte ich. Wir müssen verhandeln, wir müssen verhandeln. Jetzt wußte ich: Konservativ, d.h. der status quo. Progressiv, d.h. nachdenken. Links, d.h. verhandeln. Dann fragte er: »Was ist Ihr Erlebnis von Israel? – Sie müssen doch wie alle in den ersten fünf Minuten erfahren haben, es gibt keine jüdische Rasse. Sie sind fünf Minuten in Tel Aviv oder fünf Minuten in Jerusalem, dann erfahren Sie das.« Ich sagte ihm, Jerusalem müsse er dabei doch wohl ausnehmen, und er bestätigte dann die Ausnahmesituation Jerusalems. Für ihn gibt es also keine jüdische Rasse, jedoch eine jüdische Kultur, eine jüdische Erinnerung, eine jüdische Religion. Dann begann er zu erzählen. Seine Eltern sind russische und polnische Juden. Er sei in Israel geboren. Er durfte nur Hebräisch lernen und sprechen. Sein Vater, ein Professor, wollte nicht, daß er andere Sprachen lerne, aus Angst, er könnte dann Israel verlassen. Seine Eltern hätten das gehabt, was viele Juden gefühlt haben: europäische Sehnsucht. Er sei in diesem Gefühl seiner Eltern aufgewachsen. Alle Juden, insbesondere die deutschen, seien von dieser europäischen Sehnsucht geprägt, eine Sehnsucht nach einer Stadt. Was ist eine Stadt? Eine Stadt bedeutet Fluß, Kathedrale und umgebender Wald.

Er selber war 30 Jahre lang in einem Kibbuz, der zwischen Tel Aviv und Jerusalem lag. Er habe dort als Traktorfahrer gearbeitet, später sei er auch als Lehrer eingesetzt worden. Er habe Kurzgeschichten geschrieben, als sie veröffentlicht wurden, habe er den Rat des Kibbuz gefragt, ob er einen »freien« Tag zum Schreiben bekommen könnte. Das wurde ihm, nicht einstimmig, bewilligt. Er schrieb seinen ersten Roman, der ein kritischer Erfolg wurde. Danach gewährte man ihm, wieder nicht einstimmig, einen zweiten »freien« Tag zum Schreiben. Am Schluß hatte er vier »freie« Tage und zwei Arbeitstage. Diese Arbeitstage seien für ihn aber besonders anstrengend gewesen, weil er sich zu bewähren hatte. Man beobachtete, ob er sich nicht von seinem Sonderstatus aus vor irgendeiner Arbeit drücken würde.

In seinem Kibbuz lebten 400 Personen. Wenn man 30 Jahre lang mit 400 Personen zusammenlebt, kennt man die Geschichten dieser Personen genauer, als wenn man deren Inhalt in New York, Paris, Berlin oder Odessa erlebt hätte. Man weiß alles: Liebesgeschichten, Verzweiflungsgeschichten, Psychologisches, Pathologisches.

Er hätte Stoff für zehn Bücher.

Zeitgenössische deutsche Literatur: Es sei merkwürdig – man würde deutsche Gegenwartsliteratur aufmerksam beobachten. Vieles käme mit Verspätung ins Land. Die »Buddenbrooks« seien gerade übersetzt worden, ein gigantischer Erfolg. Es könne sein, daß Johnsons »Zwei Ansichten« auch erfolgreich sein könnten – mindestens so erfolgreich wie Günter Grass' »Blechtrommel«. Sein absolutes Lieblingsbuch ist die »Deutschstunde« von Siegfried Lenz. Siegfried Lenz ist herrlich. Wichtig sei für ihn auch die Lyrik von Enzensberger – »you know Mang sat here on this chair«. Wie ich mir das erklären könne, fragte er mich. Die Antwort war schwierig. Vielleicht, weil die jungen Israelis kennenlernen wollten, was bei diesen merkwürdigen Deutschen vorgeht nach den Greueln der vorangegangenen Generationen. Ja, das sei eine Sache, eine andere aber: die Israelis seien angezogen von der deutschen Kultur. Er erinnere sich, wie er bei Besuchen in Jerusalem, seiner Geburtsstadt (»Mein Geburtsort lag um die Ecke, wo Jesus geboren ist«), durch die deutschen Viertel gegangen war, abends die beleuchteten Zimmer, aus den Fenstern drang Klaviermusik von Bach, Mozart, Beethoven – damals wollte man Deutsch lernen, um Goethe in deutscher Sprache lesen zu können. Das sei heute anders, und doch seien die israelischen Literaten irgendwie affiziert vom Deutschen, irgendwie sei in jedem zeitgenössischen Werk irgendeine Anspielung aufs Deutsche – auf deutsche Kultur, deutsche Namen. Es sei vergleichsweise so, wie der russische Roman des 19. Jahrhunderts auf französische Literatur bezogen sei.

Dann kamen wir auf die zeitgenössische hebräische Literatur zu sprechen. Hier gab er sich ganz begeistert: »Wir haben eine herrliche zeitgenössische Literatur, nur noch vergleichbar mit der Lateinamerikas. Wir haben eben auch Geschichten zu erzählen, wie die Lateinamerikaner Geschichten zu erzählen haben.« Er wolle, wenn er in Deutschland sei, Missionar für diese Literatur sein. Er nannte mir Namen von vier Romanciers, um die wir uns unbedingt kümmern sollten: A. B. Jehoschua, Aharon Appelfeld, Jehoschua Kenaz, Shulamith Hareven.

Mitten in diesem Gespräch, mitten in der Wüste, ging das Telefon. Es hatte schon viele Male geläutet, aber die Verbindung kam nicht zustande. »Irgend jemand will mich aus der Ferne erreichen, nur er erreicht mich nicht.« Dann aber kam doch der Anruf. Es war Burgel Zeeh, die den Deutschlandtermin Amos Oz besprechen wollte. Er kommt also am Mittwoch, dem 21. Juni, nach Frankfurt, und wir sollten da Besonderes arrangieren.

Es war vorgesehen, daß wir eine bis zwei Stunden bleiben sollten – ein Mittagessen war nicht beabsichtigt, aber dann ergab es sich aus dem Gespräch, daß wir doch zum Essen eingeladen wurden. Wir mußten unsere Taxifahrer (Der jüdische Fahrer hatte seinen Sohn mitgenommen. Aus Gründen des Schutzes?) warten lassen.

So aßen wir mit Amos Oz und seiner Frau zu Mittag. Sie, im Kibbuz geboren, lernte Amos Oz als Lehrer kennen. »Warum haben Sie den Kibbuz verlassen?« Das habe einen äußeren Grund: Ihr Sohn sei asthmatisch erkrankt, und diese trockene, heiße Wüstenluft sei das beste Klima, und in der Tat sei die Krankheit verschwunden, aber es gäbe auch andere Gründe: Er bemerke, wie das System der Kibbuzim sich auflöse. Die Gründer seien ja Leute gewesen, die Tolstois Vision gehabt, jedoch wie Figuren aus Dostojewskis Romanen gehandelt hätten. Dieser Pioniergeist, das Gefühl des Zusammenseinmüssens, die Bindung des Familiären – dies alles lockere sich. Die jüngere Generation vermaterialisiere sich deutlich unter dem Einfluß des Fernsehens, das eine ebenso orientierende wie heillose Wirkung hätte, so sei eben die »Amerikanisierung der Welt«.

Er erzählte mir von seinem neuen Roman, der eben in Israel erschienen sei, »Eine Frau erkennen«. Ich sagte ihm gleich, das sei doch wohl unmöglich, und da lachte er und sagte, ja, das sei eben das »Resultat« des Romans. Im übrigen sei der Roman von der Kritik zwiespältig aufgenommen worden. Männer lehnen ihn ab, weibliche Kritiker loben ihn. Die Handlung: Ein Spitzengeheimagent wird nach Israel zurückgerufen. Seine Frau ist gestorben. Er lebt nun mit der Tochter zusammen, und er möchte jetzt mit den Mitteln, die er bei der Spionage gelernt habe, herausfinden, was ist das Wesen seiner Frau, seiner Tochter, der Frauen – und er gerät in die Probleme hinein, in die ein Mann hineingerät, wenn er das tut, was normalerweise nur Frauen tun.

Herzliche Verabschiedung. Nicht »Nächstes Jahr in Jerusalem«, sondern in vier Wochen in Frankfurt.

Die beiden uns erwartenden Taxifahrer waren aufgeregt. In den Nachrichten war von einem Terroranschlag in Jerusalem und von einem Krawall in Hebron (durch das wir fast gekommen wären) berichtet worden. Bei der nächsten Nachricht erfuhr man Einzelheiten. Ein einzelner arabischer Terrorist, der unaufhörlich kreischte »Allahu akbar« (Gott ist groß), habe an einer Bushaltestelle zwei Israelis, 91 Jahre und 65 Jahre alt, umgebracht und drei Israelis verwundet. Er sei von einem Wächter überwunden worden. Die Polizei habe den Terroristen in einen nahe gelegenen Blumenladen geschleift, von dort aus sei er abgeführt worden. Es war der Blumenladen, in dem wir zwei Tage vorher Blumen für Fania gekauft hatten. Der Sohn unseres Taxifahrers wußte das, weil er uns damals zu diesem Blumenladen und zu Fania geführt hatte. Dies an dem Tage, an dem Mitterrand Arafat empfing und Amos Oz und ich dachten, es gäbe jetzt nichts Terroristisches.

Arad liegt 600 m hoch, Wüstenklima – heiß, aber immer kühlt ein frischer Wind. Nun fuhren wir auf einer Strecke von 10 km hinab zur Tiefe des Toten Meers, das 400 m unter dem Meeresspiegel liegt. Eine herrliche Fahrt, ein herrlicher Blick auf das Tal, vorbei an Sodom, die tiefste menschliche Niederlassung der Erde, der Hölle am nächsten, mit den Salzhöhlen und der Salzsäule, die als Frau Lots gilt. Dann das Tote Meer – der tiefste Einschnitt der Erdrinde auf dem Festland. In das Meer mündet der Jordan, aber das Tote Meer besitzt keinen Abfluß, sondern verdunstet bei einer regelmäßig hohen Temperatur – kein Leben im Wasser, der Salzgehalt 27,5 % (das Mittelmeer vergleichsweise 2,7 %). Es ist kein Leben im Wasser möglich. Vis-à-vis Jordanien.
Wir wollten nach Massada, der Berg liegt 400 m über dem Toten Meer, also ungefähr auf unserer Meereshöhe. Man hat vom Gipfel eine wundervolle Aussicht. Hier stehen noch die Reste der vom Hohenpriester Jonathan um 36 v. Chr. erbauten und von Herodes durch einen Palast ergänzten Festung Massada. Die Römer konnten diese letzte Bastion erst nach langen Kämpfen erobern, die 960 jüdischen Verteidiger hatten zuvor alles Wertvolle verbrannt, ihre Familien und dann sich selbst getötet. Der Fahnenschwur der heutigen israelischen Soldaten lautet »Nie wieder Massada«.
Weiterfahrt nach Ein Gedi, ein Muster-Kibbuz, von Peres errichtet, gilt auch als ein linkes Lager Israels. Es hat eine gewisse Romantik mit Höhlen und Schluchten, Fels, Teichen, in die Wasserfälle herabplätschern. Angeblich hat hier der junge David vor den Verfolgungen Sauls Zuflucht genommen.
In Ein Gedi badet »man« im Toten Meer – so taten es auch wir. Es ist freilich mehr Abenteuer als Vergnügen, dieses merkwürdige Wasser zu erleben, wenn man nicht zu schwimmen braucht, sondern das einen trägt, wo man aber höllisch aufpassen muß, daß das Wasser keine Schleimhaut erreicht, denn mir reichte schon ein Tropfen im Auge, der höllisch brannte (meiner Ansicht nach, ist es schöner zu schwimmen im Hotel Moriah, südlich von Massada liegend – schöner Strand, zwei Swimmingpools, einer gesalzen, einer mit normalem Wasser).

Dann bei der Rückfahrt, Richtung Jerusalem, wieder ein Stück durch die Wüste, von Ferne sah man Jericho liegen, jetzt eine reine Araberstadt und ebenfalls zu meiden. Unsere Fahrer fuhren auch nicht den direkten Weg bei der Einfahrt in Jerusalem, sondern machten einen Umweg, um arabische Viertel zu meiden.
Abends gingen wir in ein marokkanisches Restaurant essen und dann wieder zurück ins Hotel. Dort trafen wir den Verleger Eli Tal, der Ulla angesprochen hatte, Telefonat mit Fania. In der Nacht war ein gelber Schmetterling, ein Pfauenauge, in unserem Zimmer.
Donnerstag, 4. Mai
Um 4.00 Uhr morgens Klänge eines merkwürdigen Gesanges. War es ein Klagegesang wegen der getöteten Israelis, oder war es eine Übertragung von der Klagemauer her? Wir konnten es nicht feststellen. Dann fuhren auch Panzer auf. Über allem ein türkischer Halbmond. Totenklage, Panzer, Halbmond – das ist Jerusalem.
»Jerusalem Post« hatte als Schlagzeile »Screaming terrorist slays two, wounds three« mit ausführlichen Berichten über die Opfer.
Bei den Verwandten von Ulla Berkéwicz werden politische Themen angeschlagen: »Glauben Sie an eine baldige Lösung?« – »Nein.« »Warum nicht?« »Weil es eine Lösung nicht geben kann.« Der deutsche Jude aus Königsberg, die russische Jüdin aus Odessa, die Schwiegertochter, eine Anwältin: Haben die Palästinenser einmal einen eigenen Staat, dann haben sie Waffen, und dann jagen sie uns ins Meer – also, wir geben keinen Zentimeter Land her.
Wieder nach Tel Aviv. Die Verwandten von Ulla Berkéwicz bereiteten uns einen liebenswürdigen Empfang und Abschied. Wir konnten das moderne Tel Aviv besichtigen, schwammen im Mittelmeer. Kaum hatten wir den Strand erreicht, als eine israelische Kunstflugstaffel mit ungeheuerem Lärm ihre Kunstübungen vorführte und dabei Farbschwaden in den israelischen Landesfarben herausblies, die das nahe liegende Jaffa in blaues Licht hüllten.
Auf Veranlassung von Amos Oz telefonierte ich mit Frau Nili Cohen, vom Institut for the Translation of Hebrew Literature, sie möchte mir Unterlagen über zeitgenössische hebräische Literatur schicken. Ich rief an, die Sekretärin wollte mich erst abweisen, da Frau Cohen

»busy« sei, dann gab ich ihr jedoch meinen Namen, und nach einer Sekunde meldete sich Frau Cohen, die Herrn Unseld und den Suhrkamp Verlag sehr gut kannte und mir mitteilte, daß sie häufig an die Lektoren des Hauses Unterlagen schicken würde. Freilich sei die Resonanz gering. Ich bat sie aber, uns weiter zu informieren.

Ich wollte dann noch Frau Ruth Achlama, die Übersetzerin von Amos Oz anrufen, aber ich erreichte sie nicht.

Auch auf dem Flughafen Ben Gurion für Deutschlandflüge schärfste Kontrolle, dann ein herrlicher Flug über das Mittelmeer, das mir so bekannte Ägäische Meer und über den mir leidvoll bekannten Weg von Saloniki über Sarajewo.

Als auf dem Frankfurter Flughafen die Türen geöffnet und wir ausgestiegen waren, sahen wir als ersten den (noch amtierenden) Frankfurter Oberbürgermeister Brück, seine Frau und Herrn Bubis. Sie empfingen nicht uns, sondern eine Gruppe ehemaliger Frankfurter jüdischer Bürger, die die Stadt eingeladen hatte.

Frankfurt, 8. Mai 1989

Besuch bei Samuel Beckett, Paris 19./20. Mai 1989

Freitag, 19. Mai 1989
Um 12 Uhr war ich mit Samuel Beckett verabredet. Es würde sich wieder die so oft erlebte Situation ergeben: ich sitze im Café Français, vis-à-vis seiner Pariser Wohnung in der rue St. Jacques Nummer 38, in einem winzigen, jetzt modisch umgebauten Café des riesigen PLM-Hotels und schaue nach draußen, wo ein, zwei Minuten vor 12 Uhr Sams hagere Gestalt auftauchen wird – wie so viele Male vorher. Doch jetzt kam kein Beckett, und es kam auch keine Nachricht. Das war ungewöhnlich, beunruhigend. Ich rufe in Frankfurt an und erfahre eine neue Adresse, wo Beckett sich aufhalten sollte, ein Maison de Retraite in der rue Rémy Dumoncel. Ich nehme ein Taxi, fahre dorthin, eine kleine, vergammelte Straße mit schmalen, niedrigen, verfallen wirkenden Häusern. In einem rotgeziegelten Haus mit Nr. 26 lese ich: Tiers Temps Orlean Retraite. Ich gebe meine Visitenkarte für Beckett ab, auf der ich vermerkte, ich sei um 12 Uhr im Café Français gewesen und hoffe, daß es ihm gutgehe. Abends im Hotel erhalte ich eine Notiz von Jérôme Lindon, Becketts französischem Verleger: ich soll Beckett am nächsten Tag, am Samstag um 14 Uhr, sehen. Abends sprechen wir – Ulla Berkéwicz, C. M. Cioran und Paul Nizon – über den versäumten und dann doch wieder zu erwartenden Beckett. Cioran berichtet, daß er Beckett früher häufiger gesehen habe, und zwar im Jardin du Luxembourg, jeder »auf seinem Weg«; einmal, vor 40 Jahren, sei Beckett von einem Wahnsinnigen niedergestochen worden, die erste, die ihm geholfen habe, sei dann seine Frau geworden, eine Tunesierin und neun Jahre älter als er. Ich erzähle vom Ritual meiner Begegnungen mit ihm. Wie geht es Ihrer Frau? eröffnet Beckett die Gesprächsrunde und Wie geht es Joachim? Immer, wenn er Joachims Namen ausspricht, lacht er, denn er erinnert sich, wie er einmal, als wir in der Closerie des Lilas am Jardin du Luxembourg zu Mittag aßen und er hörte, daß Joachim, von den Schnaken des Loire-Tales zerstochen, im Auto schliefe, die-

sem sogleich ein Eis gebracht hatte. Dann frage ich ihn nach dem Ergehen seiner Frau, und über Jahre hinweg erhalte ich von Beckett dieselbe Antwort: Danke, sie ist müde ...

Samstag, 20. Mai 1989:

Im Salon du Livre treffen wir Jérôme Lindon, es ist 12 Uhr, und er erinnert mich an das Treffen um 14 Uhr. Ich sagte ihm, ich werde pünktlich im Café Français sein. Wieso Café Français, seit es umgebaut sei, ginge Beckett nicht mehr dorthin, ich solle ihn in seinem neuen Domizil in der rue Rémy Dumoncel treffen. Fast also hätte ich ihn wieder verfehlt, denn niemand hat mir diese Adresse als Ort der Begegnung genannt. – Es ist glühend heiß an diesem Mittag, die Straße wie ausgestorben. Ulla wartet in einem kleinen Bistro an der Ecke und unterhält sich mit einem deutsch radebrechenden Wirt, der eine Zeitlang in Frankfurt in einer Fabrik Schildkrötensuppen herstellte und selbst wie eine Schildkröte aussieht.

Die Türe zum Hause Nr. 26 war jetzt geöffnet, ich ging hinein und mußte mich, von der blendenden Helle kommend, erst an das Dunkel des Zimmers gewöhnen, bis ich den flimmernden Fernsehapparat entdecken konnte und die beiden alten Frauen auf dem Sofa, von denen eine ihre Beine in Binden eingewickelt, die andere offene Wunden im Gesicht hatte; auf einem Sessel schnarchte ein älterer Mann.

Je voudrais parler à Monsieur Beckett. Keine Antwort. Ich wiederholte den Satz, und schließlich antwortete mir eine der Frauen: Le bureau est là. Ich ging in den nächsten Raum, der ebenfalls dunkel und in dem ebenfalls ein Fernsehapparat eingeschaltet war, und vor ihm saß im Rollstuhl eine alte Frau. Ich war betroffen. Daß Beckett hier wohnen sollte, konnte doch wohl nur ein Irrtum sein. Das »Büro« war leer, das heißt, auf einem kleinen Tisch stand ein Telefon, und auf dem Boden lag so etwas wie ein vergammelter Ordner. Dann aber überfiel es mich, hatte ich nicht soeben die Requisiten des Bühnenautors Beckett gesehen, waren es nicht seine Visionen vom Warten, Verzweifeln, Einsamsein, Verweigern? Ich ging weiter, an einem kleinen trocken-kahlen Innengärtchen vorbei, plötzlich hörte ich »Siegfried, Siegfried«, ich konnte die Stimme nicht orten, doch da war eine Tür geöffnet, und ich trat ein.

Beckett erwartete mich stehend. Verwirrt, wie ich war, sah ich nur sein irgendwie leuchtendes Gesicht, erst allmählich entdeckte ich das, was Max Frisch einmal als »gute Architektur seines Kopfes« bezeichnet hatte, entdeckte ich seine Gestalt. Beckett war noch hagerer, noch schlanker, noch dünner geworden. Der Kopf schien noch gewachsen und thronte überlebensgroß auf einem schmächtigen Körper. Jetzt nahm ich auch das Zimmerchen wahr: vier auf vier oder fünf auf fünf Meter, eine Pritsche, ein Spind, ein Bücherregal, ein wackliger Tisch, drei Stühle, in der Ecke ein Atmungsgerät. Er fühle sich hier wohl, er habe alles, was er brauche, es sei sein viertes Domizil, seit er aus der rue St. Jacques ausgezogen sei, seine Frau sei schwer erkrankt und bedürfe der Pflege rund um die Uhr, und er wolle ihr nicht auch noch zur Last fallen, hier sei es ruhig, sein Arzt wohne um die Ecke, und immer noch ginge er in der Woche einmal in seine Wohnung, um nach der Post zu sehen. Freilich, das Gehen fiele ihm immer schwerer, er habe einen kleinen Schlaganfall gehabt, und zurück sei eine erhebliche Zirkulationsstörung geblieben, die sein Gleichgewicht beeinträchtige und das Gehen schwer mache. Unser Gespräch lief anders als sonst, mühsamer, gesuchter; diese Umgebung, dieses Unwirtliche und Unwohnliche bedrückte mich. Was macht der Verlag, fragte er, wie geht es Frisch, lesen die Deutschen noch Hermann Hesse, was schreibt Handke? Ich erzählte ihm von Handkes »Versuch über die Müdigkeit«. Beckett: Ja, das verstünde er gut. Unerwartet Produktives könnte aus Müdigkeit entstehen. Ich fragte ihn, zögernd, vorsichtig, ob er hier arbeiten könne. Er übersetze ins Französische seine jüngste Arbeit, den englisch geschriebenen Text »Stirrings Still«, den sein englischer Verleger John Calder eben, bibliophil aufgemacht, herausgebracht hat. Freilich, es mache ihm Mühe. Er schaffe nicht mehr als täglich ein oder zwei Sätze im Französischen, aber er zwinge sich dazu. Literatur war ja immer »Strafarbeit« für ihn, dies einerseits. Zum anderen aber war es eben doch auch »die eigentlich metaphysische Tätigkeit«, wie Nietzsche dies als Sinn der Kunst formulierte.

Ich erzählte ihm, daß wir eben Alfred Simons Beckett-Buch herausgebracht haben. Ja, die Professoren wissen immer besser Bescheid über ihn als er selbst; er sei ja immer mehr für Schweigen und für Weitermachen gewesen. Ob ich allein in Paris sei, fragte er mich. Nein, mein Sohn sei in dem Salon du Livre, er würde Beckett gerne besuchen; wir vereinbaren einen Termin. Auch meine neue Frau sei in Paris. Warum ich sie nicht mitgebracht hätte? Sie säße um die Ecke, ich könnte sie jederzeit holen. Beckett stimmte dem zu. Ich holte Ulla, führte sie durch den unwirtlichen Bühnenraum, der auch sie ungläubig, staunend, bewegte. Ulla hat ja eben ihr Stück beendet, ein Theaterstück, durchaus dem Geiste Becketts verwandt, doch als sie ihn nun selbst in dieser Nicht-Umgebung sah, war sie überwältigt, sowohl durch das wohnliche Elend wie durch den Mann mit dem so leuchtenden Gesicht. Und sie weinte. Beckett sah sie an, war freundlich, »look, Siegfried, she is crying«, lachte er. Wieder so eine Beckett-Situation: Lachen und Weinen, bei Beckett wird ja immer gelacht und geweint, Tränen ohne Trauer, Lachen ohne Freude. Ich bringe das Gespräch wieder auf das sachliche Thema der Arbeit. Warum sei die Übersetzung von »Stirrings Still« so besonders schwer? Es sei keine Übersetzung, er schriebe es auf französisch ganz neu, und das sei schwer. Dann will er aufstehen, sich erheben, er schafft es nur unter starker Abstützung seiner Hände auf dem Tisch. Er kann sich nur schwer aufrecht halten, schwankt ein wenig, eine spindeldürre Gestalt, Fliegenbeine. Immer aufgestützt geht er ans Bücherregal und holt die bibliophile Ausgabe von »Stirrings Still« und zeigt sie Ulla. Ich lese: »One night or day then as he sat at his table head on hands he saw himself rise and go. First rise and stand clinging to the table. Then sit again. Then rise again and stand clinging to the table again. Then go. Start to go. On unseen feet start to go ...« Später sollte ich diese ganze Stelle lesen, Becketts metaphysische Tätigkeit, seine Beschränkung des »anderen Orts«:

Eines Nachts oder Tags also als er den Kopf auf den Händen am Tisch saß sah er sich aufstehen und gehen. Erst aufstehen und an den Tisch geklammert dastehen. Dann sich wieder hinsetzen. Dann wieder aufstehen und wieder an den Tisch geklammert dastehen. Dann gehen. Losgehen. Ohne die Füße zu sehen losgehen. So langsam daß nur der veränderte Ort ein Zeichen dafür war daß er ging. Wie zu der Zeit als er nur verschwand um später an einem anderen Ort wieder zu erscheinen. Dann wieder nur verschwand um wieder später wieder an einem anderen Ort wieder zu erscheinen. So immer wieder nur verschwand um wieder später wieder an einem anderen Ort wieder zu erscheinen. Einem anderen Ort an dem Ort wo er den Kopf auf den Händen am Tisch saß. Demselben Ort und Tisch wie zum Beispiel als Darly starb und ihn verließ. Wie auch als andere an die Reihe kamen davor und danach. Wie auch wenn andere an die Reihe kommen und ihn verlassen würden bis auch er an die Reihe käme. Den Kopf auf den Händen halb hoffend wenn er wieder verschwand daß er nicht wieder erscheinen werde und halb fürchtend daß nicht. Oder es sich nur fragend. Oder nur wartend. Darauf wartend zu sehen ob oder ob nicht. Ob er wieder allein gelassen würde oder nicht wieder wartend auf nichts.

Der Ort hier hat seine eigene Magie. Ist es nicht so, wie es Beckett immer wieder beschrieben hatte? Die Zahl der Dinge nimmt ab. Die Dinge machen sich überhaupt davon. Die Besitztümer des Menschen lösen sich auf. Der »Namenlose« fragt so, daß seine Frage die Antwort ist, müssen Menschen, müssen Dinge überhaupt sein. Alles wird immer weniger, und am Ende des Weniger steht das Nichts. »Leave him or not alone again waiting for nothing again.« Warten auf Godot, wartend für wieder nichts.
Ich würde bald wiederkommen wollen, sagte ich zu Beckett. Er aber meinte: Siegfried, wir werden uns wahrscheinlich nicht wiedersehen. Er fühle sich zu schwach, there will be an end. Ich denke an die letzten Worte von »Malone stirbt«: »Das ist es niemals / das ist es das ist es / nichts mehr.«
Ich denke auch an das, was John Cage mir sagte, als er mir sein Blatt vom Japanischen Steingarten geschenkt hatte, er zitierte den Abt dieses Zen-Klosters, der über Steine und Sand des Gartens gesagt habe: »Er ist die Ablehnung des ganzen Rests und zugleich ist er die Annahme des ganzen Rests.« Letzte Begegnung? Ich will es nicht glauben. Take care, was kann ich ihm mehr sagen. Und: Der Suhr-

kamp Verlag wird Ihr Werk betreuen, jetzt und in Zukunft. »Siegfried, you are my best publisher.« Er überlegt: »You are the best publisher anyway.« Ulla weint. Wir verabschieden uns, uns umarmend. Beckett schaut uns dann, wie wir unter der Tür stehen, an: »God bless you« und nach einer Pause: »God bless you both«. Am Innengärtchen vorbei durch die dunkle Fernsehstube hinaus ins sogenannte Freie der Rue Rémy Dumoncel. Ins Freie?

11. 9. 1989
dr. u./ze –.

Reisebericht Ost-Berlin 22./23. Dezember 1989

zur vertraulichen Kenntnis an:
Herrn Dr. Joachim Unseld, St. Moritz
Herrn Fellinger, Frankfurt
Herrn Dr. Honnefelder, Nöthen
Herrn Dr. Marré, Frankfurt
Herrn Staudt, Hattersheim bzw. auf Reisen

Ich bitte, die Vertraulichkeit zu beachten; über den Bericht darf außer unter den Beteiligten nicht gesprochen werden!

Ich möchte am Mittwoch, dem 3. Januar 1990, zu einer zu vereinbarenden Zeit mit diesem Kreis ein Telefonat führen.

Ich bin vom 27. 12. 1989 bis Donnerstag, 14. 1. 1990, zu erreichen in Baden-Baden, Brenners Parkhotel: 07221-3530.

Es war eine geradezu hervorragende Regie, daß ich vor meinen Gesprächen mit Elmar Faber und Roland Links am Samstag, dem 23. Dezember, mit dem Kulturminister Dr. Keller und Klaus Höpcke am Vorabend, also am Freitag, dem 22. Dezember, sprechen konnte.

Der Minister berichtete mir von einer möglichen Neuorientierung der Verlage, weg von der Führung und Finanzierung der Partei hin zum Kulturministerium, jedoch ohne Programm-Kontrolle, wobei die Verlage freilich ökonomisch auf eigenen Füßen zu stehen hätten. West-Kooperation ist mehr als erwünscht. Die Idee einer gemeinsamen Taschenbuchreihe Aufbau-Suhrkamp wurde von ihm sehr begrüßt, über das ja geringe Ökonomische hinaus bedeutete dies eine Signalwirkung für den intellektuellen Bereich und mutmaßlich auch darüber hinaus.

Meinen »Anspruch« auf den Insel Verlag Leipzig nahm er ruhig entgegen, notierte sich dieses »Problem«. Ich argumentierte, daß die Regierungen beider Länder sich Fragen zum Vorgang der Restitution, also zur Rück-Erstattung beschlagnahmter Vermögen, stellen müßten. (So gibt es ja ein Bundes-Rückerstattungsgesetz vom 19. 7. 1959!: viele Ansprüche konnten freilich nicht geltend gemacht werden, weil

Schuldner das Deutsche Reich war.) Jedenfalls haben wir Grund, noch einmal den Kaufvertrag für die Insel genau zu studieren. Der Minister sagte mir, daß die Herren Faber und Links für mich gute Gesprächspartner seien, d. h., zumindest vorläufig bleiben sie. Doch es gilt die Unsicherheit, was nach dem 6. Mai 1990 geschieht.
Elmar Faber: Ich gebe nur ein »Ergebnis«-Protokoll.
Wir wollen versuchen, den Plan einer gemeinsamen Taschenbuch-Reihe zu realisieren, die Abrechnung erfolgt auf einer Basis von 50 : 50, d. h., jede Seite trägt an den Kosten und an den Einnahmen einen 50 %igen Anteil.
Ich dachte an zwei Bände im Monat, Faber an zehn. Wir einigten uns darauf, vier Bände im Monat machen zu wollen. Das heißt 48 Bände im Jahr. 24 Bände würden von uns im Westen hergestellt; für die anderen 24 Bände, die Aufbau herstellt, stellen wir Westpapier zur Verfügung. Die Idee ist, buchtechnisch hochqualifizierte Taschenbücher, die es in der DDR noch nicht gegeben hat, also nach dem Modell dtv und Suhrkamp, zu machen: moderne Ästhetik.
Wir wollen kalkulieren mit einer Auflage von 30 000 Exemplaren pro Band, die Grenze nach oben müßte für unsere Vorberechnung 50 000 Ex. betragen (wobei es klar ist, daß es Autoren bzw. Titel gäbe, die man weit über 100 000 in dieser Form verlegen könnte). Herr Faber denkt an Preise zwischen 12,– und 19,80 Mark DDR-Währung. Dringlich läge ihm an »Werkausgaben«, die es in der DDR noch nie gegeben habe, also Hesse, Brecht, Frisch, Johnson, Walser.
Das Programm der Reihe: alles, was neu ist für die DDR. Deutschsprachige Literatur, internationale Literatur. Aber auch »Geisteswissenschaften«, Philosophie, Soziologie, Psychologie, Psychoanalyse.
Ich habe Herrn Faber versprochen, daß er bis spätestens 20. Januar ein Papier in Händen hält, in dem wir unsere ökonomisch-technischen Vorstellungen entwickeln. Unser Problem liegt auf der Hand: unser Einsatz, unsere Beteiligung wären Kosten für die Produktion von 24 Bänden, Kosten für das Papier weiterer 24 Bände, mutmaßlich Honorare in DM-Währung. Noch ist die DDR-Währung nicht zu transferieren, die Einnahmen würden also aufgestockt. Faber rechnet mit Umsätzen bis zum 20 Millionen. Die Beträge, die sich erge-

ben, wären eine Option gegenüber einer Beteiligung beim Aufbau-Verlag (über eine direkte Beteiligung in der Größenordnung bis zu 49 % wollten wir absichtlich zum jetzigen Zeitpunkt nicht sprechen, aber eben über die Option).

Das zweite:

Wie sieht ein solches Programm aus? Ich möchte sogleich nach meiner Rückkehr mit den Lektoren sprechen: welchen Vorschlag für eine Zwei-Jahres-Produktion von dann 48 Titeln wir von uns aus machen wollen. Diese Liste wird dann von Elmar Faber kommentiert, der seinerseits uns 48 Titel, von seiner Warte ausgewählt, schicken wird.

Ich habe Herrn Faber auf seinen Wunsch hin folgendes zugestanden: Er wird 8 oder 14 Tage nach Frankfurt kommen, um Taschenbuch-Management zu studieren, und er möchte einen führenden Mitarbeiter für vier Wochen nach Frankfurt und evtl. nach Baden-Baden schicken.

Wir müßten dann für beides ökonomisch aufkommen, d. h. für beide Herren Unterkunft besorgen und eine Vergütung bezahlen.

Im Hinblick auf die Druckerei Jütte in Leipzig riet Faber: darüber möchte ich mit Herrn Links sprechen, der wahrscheinlich bessere Verbindungen dorthin hätte, aber er hielt das Projekt für dringlich.

Noch dringlicher freilich sei eine Buchhandlung Aufbau-Suhrkamp in Leipzig. Er hätte einen versierten Buchhändler, der das organisieren könnte. Wenn ich also bereit sei, so schiene das jetzt möglich. Es gibt im Augenblick in der DDR 700 Volksbuchhandlungen (die also dem Ministerium unterstehen), 300 private. Herr Faber rechnet damit, daß in der kommenden Zeit verschiedene Neugründungen auf privater Basis erfolgen würden.

Er macht darauf aufmerksam, daß sich am 11. Januar in West-Berlin Vertreter des Börsenvereins West und Ost treffen. Er sei dabei, von westlicher Seite Michaletz und von Kupsch, er wundere sich, daß Herr Schwarz, also der Verlegervertreter, fehle. Bei dieser Sitzung würde gesprochen über den Buch-Geschenk-Schein und die Unseld-Idee, also Verkauf der Bücher nach der Leipziger Buchmesse.

Roland Links: Er ging sofort zur Sache. Er hätte ein Angebot, einen in Berlin neu zu gründenden »Weltbühne«-Verlag zu leiten. Dieser Verlag würde mit westlicher Kapitalunterstützung gegründet, er sei selbständiger Leiter und er würde in Verbindung mit dem Rowohlt-Verlag die historisch-kritische Tucholsky-Ausgabe edieren. Er müsse sich entscheiden, ob er das machen wolle. Er würde dies gerne tun, weil die Tucholsky-Tätigkeit ihm erlaubte, auch über das Alter von 65 Jahren hinaus sinnvoll tätig zu sein. Aber er wisse nicht, ob er eine Wohnung in Berlin bekäme und ob er für sein gehirngeschädigtes Kind dort so sorgen könnte wie in Leipzig. Bliebe er, würde er auch gerne die Gruppe List-Kiepenheuer-Insel weiterbetreuen, ja, er sei dann mein Mann für die Insel.

Auch er nahm meinen »Anspruch« gelassen, d.h. erwartet, entgegen. Die Insel hätte über Jahre hinweg 1,5 Millionen Umsatz gehabt. Die Kiepenheuer-Gruppe 7 bis 10 Millionen, die Gruppe erwirtschafte einen Gewinn von 2 (!) Millionen, den er ja abführen müsse. Die größte Schwierigkeit für die Insel ist ja der Vorzug, der privaten eingeräumt wurde, gewesen, nur 50 % der Produktionskosten zahlen zu müssen. Das aber bedeutete, daß die Druckereien sich ungemein wehrten gegen solche Aufträge, und so hätte er vieles unter dem Signum Kiepenheuer gemacht.

Wenn er ausschiede, würde er als Nachfolger Dr. Berger empfehlen. Er kenne die Situation Insel, sei lange Zeit Lektor (oder Cheflektor) gewesen, gegenwärtig sei Dr. Berger in China, und zwar als Delegierter der DDR beim Fremdsprachenverlag in Peking.

Was sind seine akuten Probleme?

Er hat eine Lizenz Horváth, »Geschichten aus dem Wiener Wald«, erworben. Frau Mosner hat dazu Illustrationen (Kupferstiche?) gemacht. Das von ihm bereitgestellte Papier ist aber völlig ungeeignet für diese Illustrationen, d.h., die Illustrationen versinken in diesem Papier. Ich habe ihm gesagt, daß wir als ersten Einstand ein Papier für eine Auflage von 5000 Ex. zur Verfügung stellen würden. Frage: Kennt Herr Staudt die Illustrationen? Vielleicht ergibt sich ja auch für uns eine Möglichkeit.

Sein zweites Dringliches:

Er hat 1988 ein bibliophiles Buch herausgebracht: Schāhnāme, »Das persische Königsbuch«. Belege hätte er sowohl Staudt als auch mir geschickt (ich habe es nicht mehr hier in der Klettenbergstraße). Ein pekuniär wichtiger Architekturverein in Köln möchte dieses Buch dringend neu auflegen, und dann aber nicht nur in deutscher Sprache, sondern auch in Englisch und Persisch. Das würde finanziert, aber dazu ist Links nicht in der Lage, er will uns Unterlagen schicken.

Und schließlich drittens:

Er wäre entzückt, wenn er insel taschenbücher in der DDR vertreiben könnte. Er könnte hier zu allem bereit sein. Also, wir sollten hier unsere Bestände erforschen und vor allem mit Links sprechen, welche insel taschenbücher wir ihm in größerer Auflage zur Verfügung stellen können.

Der gewiefte Ökonom Links meinte, wir sollten ruhig DDR-Gelder in Millionen-Höhe sammeln. Dann könnten wir z. B. ein wunderschönes Haus kaufen, Goldschmidtstraße 31, Ecke Talstraße. Jetzt diene dieses Haus als Lager für die Verlagsgruppe. Es stünde unter Denkmalschutz, koste wahrscheinlich ca. 5 Millionen. Er würde das in jedem Fall tun und empfehlen.

Ich erzählte ihm, daß Gottfried Honnefelder die verlegerische Leitung der Insel übernommen habe und daß es wohl richtig sei, wenn die beiden bald miteinander sprechen. Nun hat Links aus mehr oder weniger zufälligen Gründen einen vollen Terminplan für Januar, er reist mit Vorträgen über Tucholsky und Ossietzky und ist in seiner »Weltbühne«-Sache tätig; ich hielte einen Besuch von Herrn Honnefelder in Leipzig für sinnvoll. Er könnte am Sonntag, dem 14., Montag, dem 15., und evtl. Dienstag, dem 16. Januar, vormittags Herrn Honnefelder zur Verfügung stehen. Kann Herr Honnefelder sich darauf einrichten?

Links erwärmte sich zusehends an der Insel-Arbeit. Insel sei überhaupt eine »Weltanschauung«. Er hatte keinen Zahnarzt mehr und hatte eine Zahngeschichte. Nirgendwo kam er an, auch nicht bei der Poliklinik, 14 Tage müsse man warten. Als man aber hörte, er sei Insel-Chef, bekam er sofort einen Termin für denselben Tag. – Theaterkarten seien für alle Leute Probleme, nicht für Insel.

Zur Druckerei Jütte:
Hier sei es dringlich, daß Herr Honnefelder oder ich mit dem Direktor, Herrn Spitzner, rede. Er, Links, könne sich vorstellen, daß man dort begeistert sei. Bevor Staudt-Wieland hinreisen, sei aber ein übergeordnetes Gespräch erforderlich. Und man würde natürlich eine Einladung von Facharbeitern nach Sinzheim sehr gerne sehen.
Also: überall Bereitschaft zur Kooperation. Schaffen wir das?!
dr. u./ze. –

27. Dezember 1989

Reisebericht Zürich–Paris–Luxemburg 13.-17. September 1991

13. September, Zürich: Auf dem Flug nach Zürich nochmals letzte Hand an den Johnson-Vortrag angelegt. Adolf und Atsuko Muschg im Hotel. Adolf Muschg hatte einen drei Seiten langen, betroffenen, bewegten, analysierenden, hymnischen Brief an Ulla Berkéwicz geschrieben, nachdem er durch drei Nächte hindurch ihren »langen R« gelesen hatte. Der Brief ist derart, daß wir ihn sogar vor den Vertretern werden gebrauchen können. Im Gespräch kam dann Adolf Muschg auf denselben Bildeindruck, den auch Martin Walser hatte: Chagall.
Interview mit Ignaz Miller: Das Ergebnis – nun ja, aber in jedem Fall keine Häme, sondern ein Bemühtsein um den Gast in Zürich.
Ab 17.30 Zusammensein mit den Mitarbeitern der Buchhandlung Beer, die sich um Herrn Paul Hauser geschart haben.
Der 100. Hausabend; angekündigt: »Siegfried Unseld spricht: Der Verleger und sein Autor am Beispiel Uwe Johnson. Ulla Berkéwicz liest ausgewählte Texte«. »Sie sollten sich den Abend nicht entgehen lassen«, stand auf der Einladung – und in der Tat war der Lavater-Saal bis zum letzten Platz gefüllt – d. h., mindestens 20 Leute mußten die Stunde im wörtlichen Sinne durchstehen. Gespannte Aufmerksamkeit. Anschließend Empfang in der Buchhandlung. Ich mußte immer wieder das Johnson-Buch, aber auch das Goethe-Buch signieren.
Den Abend verbrachten wir dann mit den Züricher Autoren: Silvio Blatter, Reto Hänny, Ilma Rakusa und unserem Proust-Professor Luzius Keller.
1.-4. September: Besuche bei den Buchhandlungen Beer und Renntorweg.
Dann kam der Tag, der Abend und die Nacht von E. Y. Meyer. Er hatte mir ein Manuskript angekündigt – und das brachte er mir dann auch, jedoch nicht das »Naturtheater«; zu meiner Überraschung drückte er mir ein Manuskript mit dem Titel »Das System des Dok-

tor Maillard« in die Hand. Er habe das Manuskript nach meinem Brief (25. August 1989) überarbeitet. Was er im einzelnen überarbeitet habe, könne er nicht sagen, da er das Ganze ständig im Auge und Kopf gehabt habe. Doch der Schluß, den ich seinerzeit attackiert hätte, sei total verändert und um 150 Seiten erweitert. Ich habe jetzt meinen Brief nochmals gelesen und mache mir Sorgen: die Ablehnung war damals total, eine mögliche »Korrektur« schloß ich aus. Das wird also nun abermals ein schwerer Brocken für uns werden. Am »Naturtheater« arbeite er weiter.
Dann übergab er mir eine Art Kindergeschichte: »Baldrian der Saurierhahn«. Er war sich nicht sicher, ob dieses Buch angenommen ist, aber es war ihm jedenfalls ungemein wichtig, diese Geschichte mir vorzutragen. Ich bitte Frau Borchers, den Text zu lesen, ob das als Kinderbuch in Frage kommt.
Dann hatte er für mich aufgezeichnet ein Exposé seines Opernlibrettos »Die Insel«. Dies ist ein Auftrag der Oper Genf; die Pro Helvetia finanziert das mit, der Komponist ist Jean-Luc Darbellay. Ich bin aus diesem Postkartenexposé nicht recht schlau geworden. Titel: »Die Insel« – es ist die Rousseau-Insel, die St. Petersinsel im Bieler See. Der Text ist zusammengesetzt aus der Bilderwelt von »Ein Reisender in Sachen Umsturz«, als zentrale Gestalt ist dann Rousseau eingeführt. Alles sehr kompliziert. Es wird nicht einfach werden mit E. Y.
15. September: In der Frühe fliegt Ulla Berkéwicz zurück nach Frankfurt, ich nach Paris. Im Flugzeug in der Tiefdruckbeilage der »FAZ« Reich-Ranickis Rede über Koeppen und die Erwähnung seines Verlegers – und dann der Verriß von Walsers Roman durch den unsäglichen Werner Fuld. Daß sich das die »FAZ« leistet, einen Roman drei Monate lang abzudrucken und ihn dann durch Werner Fuld abqualifizieren zu lassen, das ist schon ein starkes Stück. Man kann Walsers Roman durchaus konservativ nennen, aber auf so fatal schlechte Art, wie Fuld ihn darstellt und ihn in den Kulturstalinismus einordnet, das ist schon allerhand. Walser beende die Nachkriegsliteratur unwiderruflich: »Er hat sozusagen den letzten Roman des sozialistischen Realismus geschrieben.« Da wird sich Fuld noch wundern.

Peter Handke in Chaville. Seit 19 Tagen wieder Vater. Die Tochter Léocadie hat einen ganz kleinen Kopf, lebendige Augen – jedes Kind verändert die Lebensweise der Eltern. Zum Mittagessen führte Handke den Kinderwagen. Wir waren den ganzen Vormittag zusammen; gingen spazieren, redeten, aßen zusammen Mittag. Dann fuhr er mit mir nach Paris – und wir blieben noch bis in den frühen Abend zusammen.

Die konkreten Gesprächspunkte: [...] Ich konnte ihn aber dann doch überzeugen, daß 20 000 verkaufte Exemplare vom »Versuch über den geglückten Tag« einen wirklichen Erfolg darstellen, daß es weitergehen wird, daß das Buch den Platz 1 der SWF-Bestenliste einnähme und daß wahrscheinlich dieses Buch allein an Buchhonoraren DM 100 000,– erreichen würde. Er will im Herbst des nächsten Jahres einen langen Roman (oder eine lange Erzählung) schreiben, an dem er wahrscheilich ein bis eineinhalb Jahre sitzen würde – und dazu brauche er Geld, denn er müsse jetzt ja eine vierköpfige Familie finanzieren. Ich schlug ihm vor, seine Tantiemen in Form einer festen monatlichen Zahlung zu beziehen, und daß ihm diese Zahlung auch geleistet würde, wenn überraschenderweise in den nächsten fünf Jahren seine Honorareinnahmen zurückgehen sollten.

Dringlich bittet er, bei Vergaben von Übersetzungsrechten in romanische Sprachen, eine höhere Vorauszahlung zu verlangen. Er sei jetzt auch in Frankreich und Spanien auf den Bestsellerlisten, und wir könnten ihn »teurer verkaufen«.

Dann sprachen wir über die konkreten Arbeitspunkte: Jetzt wird er noch einmal ein Buch von Georges-Arthur Goldschmidt übersetzen.

Mit Peymann können wir verhandeln; ich soll Peymann jedoch schreiben, daß das Auftragshonorar mindestens so groß sein müßte wie beim »Spiel vom Fragen«. [...]

Sein Slowenientext, wenn die Slowenen wollen, sollte bald erscheinen, zur Buchmesse vorliegen; es muß nicht in der Kleinen Reihe sein, ja, ihm sei sogar eine kartonierte Ausgabe lieber.

Wir könnten selber die Form vorschlagen, in der wir sein stummes Stück »Die Stunde da wir nichts voneinander wußten« bringen. Er

betonte noch einmal Satzspiegel und Format der Kleinen Reihe, nicht jedoch unbedingt diese Ausstattung. (Bild für Umschlag gab er mir mit.)
Sein 50. Geburtstag am 6. Dezember 1992: Er ist sehr angetan von der Idee, zu diesem Geburtstag eine Faksimile-Ausgabe der drei handschriftlichen Manuskripte der drei »Versuche« zu bringen. Die Form müssen wir uns ausdenken. Wir erhalten bei guter Gelegenheit, bis spätestens Anfang nächsten Jahres, das Manuskript von Sophie, der das Stück »Vom Plateau von Vélizy« gewidmet ist. Mit dem Vorhaben seiner »Stücke in einem Band« ist er, wenn auch nicht sehr enthusiastisch, einverstanden. Über Fellingers Vorschlag, der einen Band »Hommage à Peter Handke« edieren möchte, haben wir nicht gesprochen.
Zwei Hauptgegenstände des Gesprächs und Interesses: mein Goethe-Buch und die Situation in Jugoslawien, speziell Slowenien. Zornig reagierte er auf die slowenischen Unabhängigkeitsforderungen; und er war nicht davon zu überzeugen, daß er sich mit seiner Einstellung isoliere.
Frank Schirrmacher hatte mich gebeten, Handke zu bitten, er möge sich von einem »FAZ«-Fotografen fotografieren lassen. Handke hatte da schlechte Erinnerungen. Einmal habe ihm der Fotograf Haupt geschrieben, er habe von Reich-Ranicki die dringliche Bitte, ihn zu fotografieren – und das Foto wurde dann veröffentlicht, jedoch mit einer schlechten Besprechung.
Zu Walsers Roman äußerte er sich insgesamt positiv; was ihn störe, sei eben nur, daß Walser keine Gelegenheit ausließe, Pointen anzubringen – das sei für den Leser manchmal geradezu erstickend.
Alles in allem eine sehr herzliche, freundschaftliche Begegnung, der sich einige Telefonate anschlossen. Wir haben in Peter Handke einen produktiven Schriftsteller – und von seinem Rang leider nur sehr wenige.
Abends dann Paul Nizon. Er war wie immer: leicht mürrisch. Auch hier die Situation des Kindes, das in sein Leben »einschneide«; er könne sich nicht mehr so frei bewegen, da ja seine Frau arbeite, um Geld zu verdienen. Und dann war er wieder bei seinem Thema: er

versteht nicht, daß er aus Deutschland so wenig Honorare erhält. In Frankreich sei er eine gefeierte Größe – freilich sein Verlag Actes Sud verkauft seine Bücher auch nicht so gut.
Er ginge immer noch mit dem Problem um, wie er aus den Bergen seiner Aufzeichnungen Manuskripte »abfüllen« könne. Er habe jetzt einen jungen Genfer Germanisten gefunden, der interessiert sei, solche Arbeit zu leisten, aber ich habe mich da nicht übermäßig begeistert geäußert.
Er glaubt, im nächsten Jahr eine neue Erzählung beginnen zu können.
16. September: Versuchtes Telefonat mit Jorge Semprún. Er war doch nicht in Paris, sondern in Madrid. Er würde am Mittwoch zurückkehren und sich dann auf seine Rede György Konrád konzentrieren. Er hätte mich gerne in der Sache des Friedenspreises gesprochen.
Dann telefonische Verabredung mit Cioran. Er kam ins Café Deux Magots. Wir unterhielten uns fast zwei Stunden. Er selber würde nicht an einer neuen Arbeit sitzen, aber natürlich schriebe er immer; was es werden würde, könne er noch nicht sagen. Er hat natürlich immer das eine Thema: Die Franzosen seien ein untergehendes Volk; sie glauben nicht mehr an die eigene Zukunft. Es gibt immer weniger Franzosen in Frankreich, immer weniger Pariser in Paris. Die Vorstädte seien grauenhaft, reine Ausländerquartiere. Ich widersprach ihm im Hinblick auf Chaville, das mir ganz französisch kleinstädtisch vorgekommen war, aber das wollte er nicht gelten lassen, sondern er sah darin die Ausnahme, die die Regel bestätige. England sei eine zweitklassige Nation; die Engländer würden ihre Zukunft auch nicht schaffen. Die beiden wichtigsten Mächte in Europa, das sei gar keine Frage, seien die Deutschen und die Russen.
In Rumänien sei die Situation fast so schlecht wie vorher. Es gäbe Lebensmittelmangel – überhaupt der ganze Lebensstandard hätte sich nicht geändert. Im übrigen sei sein Bruder jetzt ein reicher Mann geworden; er war vierzehn Jahre unter Ceauşescu im Gefängnis – eben weil er der Bruder von Cioran war. Jetzt hat ihm Cioran Rechte und Erlöse aus seinen Büchern in Rumänien gegeben, und plötzlich würden diese Bücher, soweit Papiervorrat reiche, wie »warme Sem-

meln« verkauft – und so würde der Bruder an seinen Büchern reich werden.
Er war begeistert von meinem Goethe-Buch. Für das Thema sei in Frankreich durchaus ein Interesse vorhanden – freilich müsse ich es kürzen; für die Franzosen sei es einfach zu ernst.
Mittagessen mit Antoine Gallimard. Er kam eben aus den Ferien zurück, hatte seinen ersten Vormittag im Verlag und kam aus einer Sitzung des Comité des Lecteurs. Die Situation der neueren französischen Literatur sei im Grunde genommen miserabel. Es gäbe keinen großen Nachwuchs, und er sähe auch keine jüngeren Autoren, die man ins Deutsche übersetzen könnte. Nach wie vor seien für ihn die wichtigsten Autoren: Duras und Le Clézio. Ob wir Le Clézio nicht machen wollten? Ein vergleichsweise junger Mann, 1940 geboren, sein früher Roman »Das Protokoll« mit dem Prix Renaudot ausgezeichnet, die beiden Romane »Die Sintflut« und »Terra amata« würden nach wie vor gut verkauft werden. Er glaubte, daß Piper den Autor nicht weitermachen würde. Ich sprach ihn auf Joyce Mansour an. Bei Actes Sud ist eben ein Band Prosa und Poesie von ihr erschienen. Sie lag in allen Buchhandlungen aus, aber Antoine Gallimard räumte ihr keine Bedeutung ein.
Er habe das Goethe-Buch erhalten und es an Herrn Lortholary weitergegeben. Frau Oepping möchte bitte nachfassen und ihm mitteilen, daß, wenn überhaupt an eine französische Ausgabe gedacht wird, natürlich Kürzungen in Frage kämen.
Antoine Gallimard hat wieder Schwierigkeiten und muß neue Anteilseigner suchen. Er würde es gerne sehen, wenn wir uns mit 5 % beteiligen, aber wir müßten eine Unsumme Geldes dafür hinlegen – und das steht für mich nicht dafür. Andererseits wäre natürlich eine Zusammenarbeit mit Gallimard auf vielen Gebieten wichtig: auf den Gebieten ausländischer Literatur und auch den Gebieten Buchhandlungen. Gallimard hat soeben eine Buchhandlung in Washington eröffnet.
Rückflug nach Frankfurt.
Im Literaturhaus Feier des 70. Geburtstags von Walter Boehlich. Eine merkwürdige Gesellschaft war da versammelt. Ich hatte den Eindruck

lauter »Ehemalige«; Leute, die durch den Suhrkamp Verlag »hindurchgegangen« waren, dort auch einmal eine wirkliche Rolle spielten, und nun sind viele von ihnen zu meinen Gegnern, ja Feinden, geworden – zumindest versorgen sie die Gerüchteküche Frankfurts. Auf diesem Hintergrund nahmen sich selbst meine Freunde und die heutigen Mitarbeiter des Verlages, die anwesend waren, merkwürdig aus.

17. September: Mit einer Zweipropellermaschine Flug nach Luxemburg. Dort mit dem Taxi an die l'Ambassade de l'URSS im Château de Beggen. Der Meister Aitmatow erinnerte sich nicht mehr daran, daß wir uns schon begegnet sind – und das war gut so, denn damals hatte Herr Hitzer eine sehr schlechte Rolle gespielt und aus diesem Gespräch in Frau Borchers' Lektoratszimmer entwickelte sich das Zerwürfnis. Wir sprachen erst allgemein. Der kirgisische Bauer spricht keine andere Sprache als sein Kirgisisch; so mußte also alles übersetzt werden. Er ist Botschafter eines Staates, den es nicht mehr gibt, er ist von der Sowjetunion bestellt für ein Gesamtrußland, das es nicht mehr gibt – er selber ist kein Russe, sondern Kirgise. Ich las auf dem Flug nach Luxemburg über Kirgisien; mit vier anderen Republiken ein riesiges Gebiet mit einer Bevölkerung von 50 Millionen, zwischen Rußland und China gelegen, mit wechselvoller Geschichte, seit 1923 gibt es eine Literatursprache, eine kirgisisch-kiptschakische Turksprache, das Land ist reich an Bodenschätzen und hat durchaus eine Chance, autark existieren zu können. Aber was nun wird, weiß er nicht; wie lange er Botschafter sein wird, weiß er nicht. Er glaubt, daß er jedenfalls nun dringlichst auf seine Einnahmen als Schriftsteller angewiesen ist. Es war aus ihm nicht herauszubringen, wie sein Vertragsverhältnis zum Union Verlag ist. Es sei alles einzeln geregelt, versicherte er immer wieder, aber was da geregelt ist, wollte er nicht sagen. Wir sollten prüfen – und ich bitte Elisabeth Borchers darum –, welche Rechte der Verlag Volk und Welt an den Union Verlag gegeben hat. Nach Aussage von Aitmatow hätte der Union Verlag sich nicht an allen Werken interessiert gezeigt. Jetzt schriebe er an einer neuen Arbeit zusammen mit einem japanischen Soziologen, Ikeda. Darüber wüßte Herr Hitzer Bescheid, der dieses Buch übersetzen würde. Aitmatow weiß, daß Hitzer ein Sachbuch-

übersetzer ist und keinesfalls ein Übersetzer für Poesie oder poetische Prosa. Dann kamen wir immer klarer zum Punkt der Punkte: Ich sagte ihm, daß ich ihm einen Vertrag anbieten würde – und er sagte: »Ich höre.« Er hatte eine ungefähre Vorstellung, wie viele Exemplare wir verkauft haben. Ich half ihm da nach:

»Dshamilja« – BS – 243 400 Exemplare
»Dshamilja« – st – 426 900 Exemplare
»Dshamilja« – IB – 10 000 Exemplare vergriffen
»Dshamilja« – it – 10 000 Exemplare Großdruck
»Der weiße Dampfer« – BS – 11 500 Exemplare
»Der weiße Dampfer« – st – 179 300 Exemplare

Herr Schneider hat ausgerechnet, daß dies ein Honorar von ca. DM 600 000,– ergeben würde.

Ich antwortete wiederum nicht auf seine Frage, um welches Gesamthonorar es sich hätte handeln können, sondern ich sagte ihm, ich schlüge ihm vor, vom 1. Januar 1992 an, ihm die regulären Honorare zu zahlen und als Vorauszahlung DM 50 000,–.

Er bat darum, dies nicht als Vorauszahlung anzusehen, sondern als Zahlung für die Jahre 1989, 1990 und 1991, Ende des Jahres, abzurechnen. Er fragte mich, mit welchem Höchsthonorar er jetzt pro Jahr rechnen könne. Ich sagte, daß das ein Betrag sei von DM 20 000 bis DM 25 000,–, nachdem ich auf der Titelstammliste die jährlichen Absätze gesehen hatte.

Dann stand er auf, ging hinaus. Nach einer Weile kam er wieder zurück und sagte: »So, Sie nennen eine Summe von DM 75 000,–«, er bäte darum, daß man das auf DM 100 000,– erhöhen würde – und dann sei wieder Freundschaft geschlossen; er würde jeden Vertrag unterschreiben, was diese beiden Titel beträfe, und er sei bereit, was neue Werke beträfe, oder solche, die noch nicht bei Union seien, mit uns abzuschließen.

Ich werde ihm einen Vertrag anbieten, der die Rechte an diesen beiden Texten definitiv und für alle Zeiten dem Suhrkamp Verlag einräumt – und ich finde, daß mit den vorangegangenen Umsätzen und Absätzen die jetzige nachgezahlte Summe von DM 100 000,– (bis einschließlich 31. 12. 91) ein faires Äquivalent ist.

Dann taute er auf, sprach nochmals von der politischen Gesamtlage. Er käme auch gerne nach Frankfurt. Warum nicht zur Buchmesse? Ich habe ihm gesagt, in Frankfurt sei es immer schön, aber nicht gerade an den Tagen der Buchmesse. »Ja«, sagte er, er wisse das – das sei wie ein östlicher Bazar, und er käme gerne auch zu einem anderen Zeitpunkt.

Wir könnten alle Ausgaben, die wir machen wollen, veranstalten – auch eine Geschenkausgabe. Und dann brachte er mir Fotokopien von Illustrationen, die mir allerdings doch sehr sozialistisch-realistisch erschienen – das werden wir nicht machen können. Andererseits »Dshamilja« ist natürlich irgendwie so.

Nun stand mir auch der Wagen der Botschaft zur Fahrt zu dem Flughafen zur Verfügung. Dort traf ich Herrn Michel Raus von CLT Multi Media Luxembourg, der mich dringend zu einer Vortragsveranstaltung Suhrkamp einladen möchte.

dr. u./wer.

18. September 1991

Reisebericht Israel
9.-13. Januar 1992

9. Januar: Am Flughafen penible Durchsuchung des Gepäcks; jedes elektrische Gerät wird angeschlossen, Bücher aufgeblättert (damit sie nicht ausgehöhlt Raum für Bomben böten). Die Verspätung ist nicht einzuholen; die Lufthansa darf nicht über Jugoslawien fliegen, sondern wählt den Weg über Italien und Griechenland. Ich habe in den viereinhalb Stunden Zeit, die beiden Bände »Jüdische Lebenswelten« zu studieren. Einerseits ist das Ganze doch sehr eindrucksvoll, für DM 60,– auch wirklich nicht zu teuer, andererseits merkt man dann doch, daß die Sache etwas rasch gestrickt wurde, aber beide Kataloge bieten enormes Material. Man müßte unter dem Titel »Jüdische Lebenswelten« zwei, drei Taschenbücher edieren können. Abbildungen findet man genügend in der Rubrik 20.1 »Das religiöse Wort«. Auch einzelne Essays sind hochinteressant; insbesondere die von Levinson, James Young, Norman Stillman.
Vom Flughafen Ben Gurion Fahrt nach Jerusalem. Der Taxi-Fahrer zeigt uns überall Spuren jenes Schneesturms, der drei Tage vorher zwischen Tel Aviv und Jerusalem und auch in Jerusalem großen Schaden dadurch anrichtete, daß Bäume unter der Last des Sturmes bzw. des Schnees über Straßen stürzten, elektrische Leitungsmasten brachen – Jerusalem war zwei Tage und zwei Nächte ohne Strom.

Am Spätnachmittag Treffen mit Fanja Scholem. Es ging ihr besser, als wir sie das letzte Mal vor etwa zwei Jahren sahen; damals hatte die schmerzhafte Krankheit Herpes das halbe Gesicht gelähmt und die Bewegungsmöglichkeit stark eingeschränkt. Jetzt kann sie mit Stock wieder gehen; freilich auf einem Ohr ist sie taub, und ein Augenlid folgt nicht mehr ihrem Willen. Ich übergab ihr die Aushängebogen von Scholems »Sabbatai Zwi«. Ich dachte, das würde ihre ganze Begeisterung auslösen, da es ja der Hauptwunsch von Scholem war, von seinem chef d'œuvre eine deutsche Ausgabe zu haben. Sie nahm es gelassen hin, nicht ohne zu erwähnen, wir hätten dafür auch lange gebraucht, und irgendwie hatte ich den Eindruck, sie gönnt den Deutschen diese Ausgabe nicht, weil sie davon doch nichts verstünden. Wir sprachen über den Jüdischen Verlag und seine Eröffnung am 19. Februar. Sie sei in diesen Tagen in Berlin bei dem Scholem-Symposion, welches Gary Smith veranstalte. Man frage sie immer an, ob sie käme – sie habe zugesagt. Ob es ihr möglich ist, von Berlin nach Frankfurt zu kommen, ließ sie offen. Sie wüßte auch nicht, wo sie am 21. Februar sei, dem Tag, an dem sich der Todestag von Gershom Scholem zum 10. Male jährt.

Dann kamen wir auf die Vertragsfrage zu sprechen. Wir sprachen über unsere beiden Briefe vom 22. Mai und 19. Juni 1990. Sie erwähnte, daß Gershom Scholem die hebräischen Rechte von sich aus disponiert habe und dies ebenso bei den amerikanischen getan hat. Ich wies sie darauf hin, daß wir mit ihrem Anwalt besprochen hätten, daß sie die amerikanischen Gelder voll bekäme, wir lediglich die Rechtsfragen abwickeln sollten, aber daran erinnert sie sich nicht mehr. Ich habe ihr versprochen, daß wir ihr ausdrücklich erklären, sie kann, soweit keine Verträge von uns abgeschlossen sind, in Israel und in Amerika frei verfügen. Ich werde ihr dies schreiben; dabei gibt es freilich ein Problem: es geht um die Tagebücher, die wir jetzt in den Frühschriften bringen; hier ist natürlich Herausgeberarbeit zu berücksichtigen und die Kommentare, die die Herren Gründer und Niewöhner geschrieben haben und die nicht so ohne weiteres für Amerika übernommen werden können.

Fanja Scholem übergab mir den Brief von Bonny Fetterman, dem Senior Editor bei Schocken, in dem er sich über Suhrkamp beklagt: wir haben nicht zugestimmt, daß sie bei der Übernahme von 250 (!) Exemplaren an den jüdischen Buchclub ein geringeres Honorar zahlen sollten.

Im übrigen arbeite man kräftig an einer Scholem-Ausgabe in Israel. Sie würde ständig von den Editoren gefragt, sie nehme an, daß in ein paar Jahren eine hebräische Gesamtausgabe beginnen würde.

Im Hotel trafen wir vollkommen zufällig Hans Jonas und seine Frau. Er war nach Jerusalem gekommen, weil die Hebrew University als ungewöhnliche Ehrung für einen Lebenden ein dreitägiges Hans-

Jonas-Symposion veranstaltet, auf dem internationale Gelehrte, auch aus Deutschland, Vorträge hielten und Jonas am dritten Tag antworten würde. Jonas war zwar sehr gehbehindert, aber sonst der alte – neugierig, allem aufgeschlossen –, auch den Speisen des Frühstücksbuffets. Im Anschluß an das Symposion wird er drei Tage nach Elath reisen, um sich zu erholen, danach wieder zurück nach New York, und dann würde er sich auf seine letzte große Denkanstrengung konzentrieren. Er ist aufgefordert worden, im Rahmen der Münchner Vorträge (Bertelsmann?) einen der drei Vorträge zu halten, die sich mit Leben und Bewußtsein des 21. Jahrhunderts beschäftigen; die beiden anderen Redner sind Carl Friedrich von Weizsäcker und Henry Kissinger.

10. Januar: Fahrt nach Arad. Da das Gebiet um Hebron jetzt noch unsicherer ist als früher, fuhren wir von Jerusalem aus Richtung Jericho, entlang des Toten Meers, vorbei an Qumran, Ein Gedi, Massada, Bokek nach Arad. Amos Oz empfing uns sehr herzlich, führte uns noch einmal durch sein Haus, um uns einzuladen, dort längere Zeit zu verbringen. In seinem bescheidenst eingerichteten Arbeitsraum berichtete er uns von seiner neuen Prosaarbeit; er zeigte uns die handschriftlichen hebräischen Texte, die meist an einem Schreibpult, das jedoch mehr die Gestalt eines Notenständers hat, entstehen. Er wisse nicht, ob er die Berliner Einladung annehmen könne – das hänge von der Arbeit ab. Wenn er sie nicht bis dahin sinnvoll abgeschlossen habe, würde er nicht nach Berlin kommen, aber er gibt uns Bescheid. Wieder tour d'horizon durch israelische Politik, die jetzt natürlich durch die vielen russischen Neuzugänge und auch durch die Vorgänge innerhalb des islamischen Fundamentalismus, wie er sich in Algerien neu zeige, immer komplizierter werde. Man müsse große Geduld mit der Lösung der Probleme haben und immer wieder rechnen, daß die jetzigen Nahost-Verhandlungen zusammenbrächen. Er sei aber doch guten Mutes, daß letztlich ein Resultat erzielt werden könnte. Das Resultat steht wahrscheinlich für beide Seiten schon fest: Israel wird einiges besetztes Land zurückgeben, dafür braucht es aber keinen Quadratzentimeter von Jerusalem herzugeben, und Jerusalem wird dann endlich unangefochten und wie

seit dreitausend Jahren die Hauptstadt Israels werden (übrigens: in der Bibel wird Jerusalem etwa vierhundertmal als Hauptstadt der Juden erwähnt; im Koran kommt der Name Jerusalem nicht vor).
Mittagessen in einem chinesischen (!) Restaurant in Arad – mit einem Wirt, der sicherlich andere Zeiten gesehen hat und der uns in perfektem Deutsch ansprach und auch sein Herz in Heidelberg verloren hatte, wobei er es nun doch wiedergefunden hatte und jener Person gab, die schweigsam mit blondem Haar und schwarzem Anzug die Speisen auftrug: einer Russin, die erst kürzlich eingewandert war.
Wir haben nur kurz über seine Absatzzahlen gesprochen. Er ist glücklich, Autor von Insel und Suhrkamp zu sein. So streiften wir auch nur kurz die Forderung von Deborah Owen; ich glaube, wir sollten hier einfach auf unseren üblichen Bedingungen bestehen.
Rückfahrt wieder auf demselben Weg. Man sollte vor Einbruch der Nacht wieder im jüdischen Teil Jerusalems sein; das haben wir nicht geschafft – und so fuhren wir mit einiger Beklemmung durch die arabischen Vorstädte, aber alles war ruhig und freundlich.
Noch mal Zusammensein mit Hans Jonas. Wir erzählten ihm von unserem Besuch in Arad, der Stadt in der Wüste, wo Amos Oz in der Dämmerung Wölfe und Schakale hören kann und wo Leoparden sich fast zudringlich zeigen. Die Wüstentiere, meinte Oz, seien nicht gefährlich, nur die Wüstenmenschen.
Israel rüstet sich zur neuen Wahl. Niemand weiß, wie sie ausgehen wird; die Stimmung ist gegen den Likud. Die neuen Einwanderer, die sofort wählen können, gehen auf Nummer Sicher und wählen eben rechts. Es ist erstaunlich, wieviel russische Einwanderer es in Israel gibt. Auf den Straßen von Jaffa etwa hört man fast mehr Russisch als Hebräisch. Oz erzählte uns, es seien achttausend russische Professoren im Land, die in Rußland Marxismus gelehrt hätten. Das sei ein Problem, was man jetzt mit ihnen machen sollte. Das andere: es befänden sich auch achttausend Leute, frühere Angestellte des KGB, im Land. Was mit ihnen machen? Man kam auf die brillante Idee, diese KGB-Leute auf die Professoren anzusetzen, um zu verhindern, daß die Professoren die Israelis marxistisch infiltrieren.
Es war an diesem Freitag abend schon Sabbat. Das hebräische Verb

»schabbat« bedeutet aufhören von etwas, ruhen, den Sabbat halten – also nichts arbeiten, ein Tag heiliger Ruhe. Ausdrücklich verboten war bei Moses, das Feuer anzuzünden; das für den Sabbat nötige Essen sollte am Tag vorher, dem Rüsttag, zubereitet werden. Man darf auch nicht fahren – und so waren an diesem Tag die Jerusalemer Juden im Feiertagsanzug zu Fuß unterwegs. King David, als frommes Hotel, hielt sich natürlich streng an die Regeln, und so gab es am Freitag abend keine warme Küche bzw. nur ein, zwei aufgewärmte Speisen. Am Samstag morgen wurde selbst der Kaffee aus Thermosflaschen lauwarm serviert; es gab kein Rührei, sondern, wenn man es wollte, kalte, harte Eier. Ein Merkwürdiges: Jedes größere Hotel hat einen Lift mit Sabbat Control. Hier brauchen die Benutzer den Stockwerkanzeiger nicht zu bedienen, denn dieser Lift geht nur immer von einem Stockwerk zum anderen. In Tel Aviv wohnten wir im 18. Stock; das ist dann mit dem Sabbat-Lift schon eine Unternehmung.
11. Januar: Frau Anna Maria Jokl habe ich nicht telefonisch erreicht, dagegen hatte ich ein Gespräch mit Stéphane Mosès, dem Leiter des Franz Rosenzweig Zentrums für deutsch-jüdische Literatur und Kulturgeschichte; gegenwärtig verbringt Klaus Reichert in diesem Zentrum vier Wochen zum freien Studium. Herr Mosès wird im Februar nach Frankreich kommen; dort erscheint sein neues Buch, »Rosenzweig. Benjamin. Scholem«. Sein Rosenzweig-Buch ist 1985 bei Fink erschienen. Es gibt keine Taschenbuchausgabe; er wäre sehr erfreut, wenn sich Suhrkamp dafür interessieren würde. Ich sprach mit ihm auch über die Idee, die zwei Bände »Kleinere Schriften« von Rosenzweig, gewissermaßen in Faksimile, herauszubringen – sie erschienen 1937 bei Schocken, jedoch ist die Rechtslage kompliziert. Er freut sich außerordentlich über die Weiterführung des Jüdischen Verlages und daß darin sein Buch »Spuren der Schrift« wieder erscheint; es schildert in genauen Textanalysen »Von Goethe bis Celan« den biblischen Hintergrund einiger Werke der deutschen Literatur. Er wäre natürlich sehr froh, wenn wir uns auch für sein neues Buch interessieren würden.
Fahrt nach Tel Aviv. Dort trafen sich Bekannte und Freunde von Ignatz Bubis, um dessen 65. Geburtstag zu feiern.

Am nächsten Tag (12. Januar) lud Ignatz Bubis seine Gäste nach Jerusalem ein. Dort empfing uns in der City-Hall Teddy Kollek; er berichtete eine halbe Stunde über Erreichtes und Problematisches und beantwortete dann Fragen. Sein Hauptproblem ist sicherlich das Finanzielle. Unter den vierzig Städten Israels stünde dem Budget nach Jerusalem an 28. Stelle. Der Finanzrahmen sei deshalb so kompliziert, weil es keine städtischen Steuern gäbe, sondern nur eine Grundstücksteuer, aber Jerusalem, wo es über 1200 religiöse Kultstätten gäbe, sehr viele weltliche Bildungseinrichtungen, Universitäten, Museen, Krankenhäuser etc., die alle von dieser Steuer befreit seien, sei eben arm. Das ist ein Problem. Das andere: hier müssen – ganz anders als in anderen Städten Israels – Araber und Juden zusammenarbeiten – und das wird immer schwieriger. Von den 5000 städtischen Bediensteten sind 1500 Araber, aber diese müßten mehr und mehr, von ihren Gesinnungsgenossen gedrängt, die Arbeit aufgeben. Er wollte 120 arabische Angestellte, die sich bei der Bewältigung des Schneesturms besonders ausgezeichnet hatten, empfangen; die seien aber nur unter der Bedingung gekommen, daß kein Fotograf da wäre und ihre Namen nicht genannt würden. Im letzten Jahr sollen 400 Araber von den eigenen Leuten ermordet worden sein, weil sie mit den Juden konspiriert hätten oder zumindest einer Konspiration verdächtig waren.

Dann Besuch des neu eingerichteten Museums der Geschichte von Jerusalem im Davids-Turm. Unmittelbar am Jaffa-Tor befindet sich die berühmte Zitadelle, einst Festung der Makkabäer, der Palast Herodes' des Großen, Kreuzfahrerburg, mameluckisch-türkisches Bollwerk – heute als eines der ältesten Teile Jerusalems hochinteressante Ausgrabungsstätte. Mit dem König David hat freilich der Davids-Turm nichts zu tun. Der jetzige Bau El-qal'a (»Die Burg«) stammt aus dem frühen 14. Jahrhundert, aber die Wehranlage wurde, nachdem Herodes König geworden war, zu einer mächtigen und zugleich luxuriös ausgestatteten Stadtburg. Herodes errichtete zwei Türme; den zweiten benannte er nach seinem Bruder Phasael – der Turm war besonders luxuriös eingerichtet. Der dritte Turm hieß nach Herodes' Lieblingsfrau Mariamne (die er sechs Jahre vor dem Bau hatte hinrichten lassen!). Der Turm Phasael heißt heute Davids-Turm. Wie gesagt, eine herrlich uralte Anlage. Beim Sturm auf Jerusalem im Jahre 70 n. Chr. zerstörte Titus die Zitadelle bis auf die Grundmauern – und nur die drei Türme ließ er als »Denkmäler seines Glücks« stehen.

In dieser Zitadelle ist heute ein ganz neues Museum eingerichtet, das mit modernen, didaktischen Methoden die Geschichte Israels erzählt – und zwar von der frühen kanaanitischen Periode bis zur Gegenwart. Man bräuchte dann natürlich Stunden, um hier durchzukommen. Wir mußten also die 3000 Jahre in 60 Minuten nehmen – ein Ort zum Wiederkehren.

Anschließend Mittagessen bei der Jewish Agency in Jerusalem. Dann ebenfalls eine etwas hektische Tour durch das Israel-Museum; eine wunderbare Anlage mit mehreren riesigen Gebäuden, die durch Skulpturen-Gärten verbunden sind. Fünf Terrassen mit Werken von Freundlich, Henry Moore, Picasso, Beuys, Barlach – alles, was Rang und Namen hat, ist versammelt. Das Museum ist sicherlich die ehrgeizigste Gründung des Staates; es steht im Dienst der großen Epochen und der verschiedenen Kulturen des jüdischen Volkes. Fünf in sich geschlossene Abteilungen sind den großen geschichtlichen und kulturellen Epochen des Volkes gewidmet: der biblischen Zeit, der 2000 Jahre Diaspora und dem heutigen Israel. Besonders interessant der Schrein des Buches, das Zentrum für biblische Handschriften – und im Mittelpunkt die bekannten, nach dem Zweiten Weltkrieg entdeckten Schriftrollen vom Toten Meer, die dort im Original und in Faksimile aufgebaut sind. Kultische und ethnographische Objekte zeigen die 2000 Jahre der Diaspora und archäologische Gegenstände, die jetzt gefunden wurden, so eine Maske, die 6000 Jahre alt ist. Eine Abteilung ist den Schönen Künsten gewidmet – auch hier könnte man Stunden verweilen, weil hier Künstler des 17. bis 20. Jahrhunderts in großartigen Zeugnissen vertreten sind. Bei den Skulpturen kann man Rodin und Maillol sehen; besonders gepflegt werden israelische Plastiker wie Agam, Danziger und Efrat. Es gibt einen Jacques Lipchitz-Pavillon, der eine einzigartige Sammlung der Lipchitzschen Werke enthält. Der Leiter des Museums erwähnt auch, daß er eben ein

Walter-Benjamin-Seminar durchführe. Sehr bewundert sei in seiner Sammlung Klees »Angelus Novus«, ein Bild, das zur Zeit für die Berliner Ausstellung »Jüdische Lebenswelten« ausgeliehen ist.
Ziemlich erschöpft fuhren wir nach Tel Aviv zurück. Am Abend ein Abendessen, an dem der deutsche Botschafter und der Oberbürgermeister von Jerusalem teilnahmen sowie auch einige jüdische Gelehrte. Gesprächsthemen waren die Ausstellung »Jüdische Lebenswelten«, durchaus auch der Katalog, von Reichert eingeführt das Rosenzweig-Zentrum, großes Interesse am Jüdischen Verlag.
Noch einmal der Hinweis: Die zwei Bände Rosenzweig »Kleinere Schriften«, Schocken 1937. Dann die Übersetzung der »Sechzig Hymnen« von Yehuda ha-Levi mit einer Theorie des Übersetzens, 1924 bei Lambert Schneider erschienen. Wir sollten auch einmal prüfen, ob wir die Psalmen-Übersetzung von Moses Mendelssohn herausbringen sollten. Unbekannt war mir eine dringende Empfehlung für Joan Peters' »From Time Immemorial«.
Montag vormittag (13. Januar) Spaziergang in Tel Aviv. Entdeckung des Landsberger Bookshops. Im Fenster die deutsche Ausgabe von Amos Oz' »Eine Frau erkennen«! Ich war überrascht. Wirklich eine deutsche Buchhandlung in der Hauptstraße, nämlich Ben Yehuda Road, zu finden. Die Inhaberin, Esther Parnes, war über Suhrkamp wohl informiert, aber eine Freude war der Antiquar Ernst Laske; er hatte eine präzise Kenntnis des Suhrkamp Verlages, der Suhrkamp-Kultur, der jüdischen Autoren des Verlages – es war eine reine Freude, sich mit dem Mann zu unterhalten. Und ich fand auch zwei Erstausgaben, nämlich Franz Kafkas »Briefe 1902-1924«, im Jahre 1958 bei Schocken zum ersten Mal erschienen, und eine sehr schöne Ausgabe Franz Rosenzweig, »Briefe«, herausgegeben von Ernst Simon und Edith Rosenzweig im Schocken Verlag, Berlin, 1935 (!). Man kann also immer noch in den israelischen Antiquariaten Entdeckungen machen. Ich versprach, daß wir Herrn Laske besonders über den Jüdischen Verlag informieren würden, und er interessiert sich, in Verbindung mit dem Antiquariat der Frankfurter Bücherstube zu kommen.
Rückflug nach Frankfurt. Herr Bubis schleuste die Gesellschaft durch

den VIP-Raum, so daß wir uns keiner peinlichen Gepäckuntersuchung zu unterziehen hatten. Ich las einige der Briefe Rosenzweigs an seine Eltern, wurde dann aber doch durch »Spiegel«, »FAZ« und »Zeit« in die deutsche Problematik Staatssicherheitsdienst der früheren DDR eingeführt und wie sie nun mit Rainer Schedlinski auch Suhrkamp erreicht.

dr. u./wer.

15. Januar 1992

Reisebericht Bonn–Berlin
14.-16. Januar 1993

Bonn, 14. Januar: Zugfahrt mit Raimund Fellinger. Das Programm der es durchaus im Aufwind. Die bisher erschienenen Bände, »Europa im Krieg«, Klaus Lüderssen, die Bände zum Projekt »Deutschland« und zum Projekt »Europa« – darunter Bände von Rüdiger Bubner, Friedrich Dieckmann und Cees Nooteboom; zwei wichtige Bände: »Riskante Freiheiten« von Ulrich Beck und die Ankündigung eines neuen Peter Sloterdijk.
In der Landesvertretung Baden-Württemberg Präsentation des Buches von Erhard Eppler »Kavalleriepferde beim Hornsignal. Die Krise der Politik im Spiegel der Sprache«. Die zweihundert angemeldeten Gäste waren nicht vollständig versammelt – irgendeine Abgeordnetensitzung kam dazwischen; immerhin Ministerpräsident Rau, Fraktionsvorsitzender Klose, der Sprecher der Bundesregierung Vogel, zahlreiche Ministeriale und Abgeordnete waren anwesend – das Ganze also wirklich gut besucht. Minister Dr. Dieter Spöri begrüßte, meine etwa 15minütige Rede wurde gut aufgenommen, und dann sprach Eppler, teilweise frei, etwas zu nüchtern, zu sachlich, aber so ist er eben. Bei Wein und Bier, Kartoffelsalat und Leberkäs wurden die Reden diskutiert; die hundert Exemplare des Eppler-Buchs waren im Nu vergeben und verschwunden. Eines der beachtlichen Kapitel des Buches ist überschrieben »Carl Jochmann und die stummen Deutschen«. Jochmann war ja wirklich der erste, der erklärt hatte, daß die wichtigste aller Öffentlichkeiten eben die verständliche Sprache sei – doch die Deutschen blieben stumm und reagierten nicht auf ihn (übrigens ist Jochmann bis heute unrezipiert; der Band in der sammlung insel blieb damals, 1967, ohne wesentliches Echo, und man muß auch bedauernd feststellen, daß Jürgen Habermas in seinem Buch »Strukturwandel der Öffentlichkeit« alle möglichen Autoren erwähnt, von Alexis de Tocqueville und John Stuart Mill über Carl Schmitt, Max Weber bis zu Koselleck, aber nicht Jochmann – nicht einmal im Literaturverzeichnis).

Gespräche mit Herrn Gustav Wabro, Staatssekretär und Bevollmächtigter des Landes Baden-Württemberg beim Bund; er war begeistert von der Veranstaltung und deren »hohem intellektuellen Niveau«, und er regte an, wir könnten jederzeit eine solche Veranstaltung bei ihm durchführen.

Ingelore M. Winter, eine Bonner Journalistin, mit Büchern über Bismarck und Katharina von Bora, hat jetzt bei Droste »Goethes Charlotte von Stein« veröffentlicht.

Ministerpräsident Rau erkundigte sich über den Stand der Diskussion über den festen Ladenpreis. Er wäre natürlich auch interessiert, in seiner Landesvertretung eine solche Veranstaltung durchzuführen.

Prof. Oellers: Editor im Deutschen Klassiker Verlag, seine zwei Bände Schiller will er 1995 abliefern. Er hat von der »Faust«-Verzögerung gehört und nannte es »unfaßlich«, aber auch auf Schöne sei kein Verlaß mehr, was Termine beträfe.

Sein wichtigstes Anliegen: Das Rosenzweig-Institut in Jerusalem, das Kultusministerium in Nordrhein-Westfalen und Marbach erarbeiten eine kritische Ausgabe Else Lasker-Schüler in neun Bänden.

An dieser neunbändigen Ausgabe, deren Editionskosten, wie gesagt, von den drei Instituten getragen sind, ist der S. Fischer Verlag sehr interessiert; er würde es sofort, ohne jede Bedingungen, bringen, aber Oellers meint, die Ausgabe sei im Jüdischen Verlag besser aufgehoben. Wir sollten das dringlich erwägen und ihm schreiben.

Flug nach Berlin. Lektüre von Tankred Dorsts wirklich gelungenem Stück »Herr Paul«. Ich konnte Tankred Dorst und Ursula Ehler am Abend meinen guten Leseeindruck mitteilen – und das ist natürlich immer das Beste zur Eröffnung eines Gespräches mit einem Autor.

Tankred Dorst fühlt sich in bester Form. Er ist ja auch der am meisten gespielte deutsche Autor. Seine Stücke würden ihm förmlich aus der Hand gerissen.

Wir vereinbarten, daß »Herr Paul« im Herbstprogramm des Verlages als gebundenes Buch erscheint. Sein zweites Stück, »Nach Jerusalem«, soll im Zusammenhang des Korbes-Stückes im insel taschen-

buch erscheinen, ebenfalls mit Zeichnungen von Johannes Grützke. Er wollte am nächsten Tag Grützke treffen und mit ihm darüber sprechen.
Dann unternahm ich etwas, was ich einem Autor gegenüber noch nie getan habe: Ich versuchte, in einer einstündigen Rede ihn zu überzeugen, ein Stück mit einem bestimmten Gegenstand zu schreiben. Der Gegenstand sei hier nicht genannt; das Thema ist zu heiß, und Dorst und Ursula Ehler schienen in wirkliche Überlegungsnöte zu kommen.
15. Januar: Frühstück mit Thomas Brasch. Ich war von Rainer Weiss und Hans-Jürgen Drescher gut auf dieses Gespräch eingestellt und hatte alles erwartet, nur nicht das, was mich erwartete: einen verständnisvollen, hochrationalen, liebenswürdigen Autor, der sich mit einem Merkzettel auf das Gespräch mit dem Verleger vorbereitet hatte und seine Kritik entschieden, aber freundlich und immer rational begründet, vortrug.
Das Manuskript »Brunke wohnt. Brunke weint. Brunke will was« sei viel zu lange im Suhrkamp Verlag gelegen, und er habe keine Reaktion gehört. Thomas Brasch hat uns am 2. Dezember mitgeteilt, daß er nach der 5. Absage eines Gesprächs über das Manuskript, dieses jetzt zurückziehen würde; er sei überrascht gewesen, daß es angekündigt wurde. Ich erklärte ihm, daß seine Absage zu spät gekommen sei, aber ich konnte nicht seine Klage entkräften, daß der Ankündigungstext mit ihm nicht abgesprochen sei. Er erzählte mir ausführlich, was er mit der Gestalt des Brunke beabsichtige. Er hätte den Stoff schon in seinem Stück »Lieber Georg« erwähnt – ein Kleist-Schicksal: Ein 18jähriger, der sich als Schriftsteller gescheitert fühlt, erschießt zwei Töchter, die nicht weiterleben wollen, und hat dann doch nicht die Kraft, sich selbst zu erschießen. Ein Schriftsteller wird also zum Mörder. Das ist das Thema eines bestimmten Teils der Gedichte, und das ist das Thema des Kurzromanes oder der Novelle, an der er im Augenblick scheibt. Es würde ein kühl, Lenz-haft, geschriebener Text, und der läge uns bis zum 30. März vor.
Er will uns für die Gedichte und für die Novelle einen Ankündigungstext zukommen lassen. Ich sagte ihm, daß wir das dann dem

Sortiment, der Presse schicken werden, damit die Sache klargestellt wird.
Er gab mir den Eindruck, daß er selbst vollkommen sicher sei, den Prosatext bis zum 30. März geschrieben zu haben.
Er wisse, daß ein Teil der Gedichte »problematisch« sei. Es handelt sich um jene Gedichte, die auch vom Tod seines Bruders handeln; er habe diese jetzt eliminiert bzw. umgeschrieben.
Ich habe ihm erklärt, daß seine Idee des Schubers mit dem Gedichtbuch und dem Prosabuch marktungerecht sei. Er verstand das sofort und zog diese »Erwartung« zurück. Ich sagte ihm aber, daß wir was anderes machen können: Wenn die Prosa wirklich das von ihm angedeutete Sprachniveau erhielte, könnten wir in einer Art bibliophilen Ausgabe, in tausend numerierten Exemplaren, die beiden Texte in einem Schuber bringen mit einem Blatt, das er dann signieren wird. Aber ich sagte ihm, daß wir das sehr sorgfältig prüfen würden.
Er habe vor längerer Zeit dem Verlag (er wußte nicht mehr, wem) einen Vorschlag gemacht: ein Literaturkalender mit zwölf Kalendergeschichten, die er schreiben würde – also ein Roman in zwölf Einzelerzählungen. Ich sagte ihm, daß der Luchterhand Verlag regelmäßig einen solchen Literaturkalender herausbringe – zwar nicht mit solchen Kalendergeschichten, aber doch mit klaren Daten und Fakten aus dem Literaturbereich, aber auch dies wollte ich mit meinem Mitarbeitern besprechen und ihm Nachricht geben.
Nun zum Theaterverlag: Natürlich fühle er sich nicht fair behandelt in Sachen des Kotzebue/Sand-Stücks. Er habe seine Version des Kotzebue/Sand-Themas Herrn Brieger ausführlich mitgeteilt und habe ihm auch den Grund der Verzögerung genannt. Keinesfalls wollte er das Thema definitiv aufgeben, aber in seiner Sicht ist die wichtigere Figur Kotzebue und nicht so sehr Sand. Kotzebue aber habe sich damals, zu Beginn des 19. Jahrhunderts, gegen eine Vereinigung der verschiedenen Staaten Deutschlands ausgesprochen: er habe angegeben, daß Deutschland zu einem Ort wie Sodom würde, wenn es vereinigt sei. Für Thomas Brasch sei es dann unmöglich geworden, nach den Entwicklungen 1989/90 mit einem solchen Text herauszukommen. Das war sein Grund, die Sache nicht weiterzuverfolgen,

jetzt aber habe sich die Situation wieder anders entwickelt, und er glaube, daß er seine Kotzebue-Figur nun realisieren könne. Er findet sich, wie gesagt, unfair von uns behandelt. Wir hätten den Autor Lukas B. Suter noch deutlicher darauf hinweisen müssen, daß er an einem solchen Stück arbeite. Wahrscheinlich seien die Konzeptionen vollkommen verschieden, denn was er von Suter gehört habe, ginge es diesem eher um den fanatischen Jenaer Burschenschaftler K. L. Sand, der Kotzebue erdolcht hatte. Ich nannte die ganze Sache ein Mißverständnis – und darauf verständigten wir uns.
Zadek habe ihn ins BE bestellt und ihn gebeten, er möchte für ihn und für das BE ein Stück schreiben – und Zadek sei begeistert gewesen, als er ihm seine Kotzebue-Variation vorgeschlagen habe. Das brachte mich nun auf das Thema der lukrativen Erstverwertung, die Thomas Brasch selbst abschließt, obschon mein Brief vom 1. Dezember 1986 die monatliche Zahlung an die Bedingung knüpft, daß wir in Zukunft Uraufführungsverträge abschließen können. Das war verständlicherweise ein weiterer heikler Punkt des Gesprächs, aber binnen Sekunden war das Ganze aus der Welt geschafft: Wir schließen in Zukunft die Uraufführungsverträge ab, Brasch verhandelt weiterhin direkt mit den Theatern, er wird aber von seinem Auftrags- oder Sonderhonorar dem Verlag 5 % zur Verfügung stellen, an den Aufführungstantiemen sind wir dann ganz normal beteiligt. Ich werde ihm das im Brief bestätigen, und wir werden sehen, wieweit er sich an seine Zusage hält.
»Liebe Macht Tod« (er weiß: keine weiteren Aufführungen, schlechte Kritiken) erscheint im »Spectaculum«.
Thomas Brasch legt Wert auf eine gute Verbindung mit dem Verlag und dem Theaterverlag. Er weiß, er kann und darf niemand »überfordern« und will dies auch beim Verleger nicht tun. Er möchte weiterhin mit Rainer Weiss und Hans-Jürgen Drescher zusammenarbeiten. Ich werde die beiden Herren bitten, die Verbindung ganz unverkrampft wiederaufzunehmen. Er ist voller Pläne, guten Muts, in einer hervorragenden psychischen Verfassung. Er erkundigte sich nach Verlagsdingen. Ich erzählte ihm unsere Erfordernis, Titel aus der Backlist zu streichen. Er schätzte die lebenden jüngeren deutschen Auto-

ren auf 30 – also nicht auf 67 und gab uns den Rat, skrupulöser und selektiver zu sein. Wie auch immer, wir sollten eine neue Verbindung beginnen – locker und unverkrampft.
Thomas Brasch »dankte« mir noch für mein Eintreten für die Existenz der Heinrich-Heine-Buchhandlung im Bahnhof Zoo bei Herrn Dürr. Das sei alles »prima« gelaufen, die Buchhandlung sei »gesichert«. Ich erzählte Brasch, daß ich Herrn Brockmann am Nachmittag oder morgen, Sonnabend, treffen werde; er habe mich darum in einem Telefonat vor ein paar Tagen gebeten. Das sei wohl nicht mehr möglich, Brockmann sei gestern ins Krankenhaus aufgenommen worden – Aids – und er habe nur noch eine minimale Lebenserwartung. Brasch kennt die »Geschichte« seit langem, er sei ein enger Freund von Brockmann.
Ulrich Plenzdorf: Wir sprachen in der Bierstube von Aschinger. Er war durch sein Nuscheln sehr schwer zu verstehen, und sein Löffeln der Erbsensuppe förderte auch nicht die Verständlichkeit.
Frau Walter sei untergetaucht; er habe nie mehr was über die Verfilmung der »Jahrestage« Johnsons gehört, dabei hätte er sich wirklich gerne für das Drehbuch zur Verfügung gestellt.
Jetzt liege er in den Nöten der dreizehn Folgen von »Liebling Kreuzberg«. Natürlich hieße die Sendung weiterhin »Liebling Kreuzberg« und nicht »Liebling Prenzlauer Berg«. Im übrigen sei das auch ganz falsch; sicher, er habe die Szene mehr nach Osten verlegt, aber wenn es eine bestimmte Lokalität gäbe, dann sei es mehr das Scheunenviertel als der Prenzlauer Berg. Er habe acht Folgen geschrieben und müsse noch weitere fünf Folgen schreiben.
Und nun kam er sofort zu seinem Punkt: Jurek Becker habe das Taschenbuch »Liebling Kreuzberg«, das als Roman bei Droemer erschienen ist, auch nicht selbst geschrieben; es sei von einem Ghostwriter aufgrund seines Dialogszenarios geschrieben worden. Der Verlag habe das Honorar für Becker nie mehr eingespielt – und so sei das Ganze für den Verlag ein Flop geworden –, und wohl deswegen habe Droemer sich nicht an ihn gewandt. Doch Rowohlt habe das getan; Rowohlt würde einen Ghostwriter bestimmen, der dann den Text schriebe.

Bei Jurek Becker war der Vorgang so: Ein Literaturagent, von dem Knesebeck, habe ihn angerufen und ihn gefragt, ob er den Stoff verkaufen wolle – erst für DM 150 000,–, danach für DM 200 000,–. Das hat Jurek Becker gemacht und hat ihm die Drehbücher ausgeliefert. Bei Droemer Knaur erschienen drei Taschenbücher: »Liebling Kreuzberg«, »Neue Geschichten von Liebling Kreuzberg«, »Ein Fall für Liebling Kreuzberg« – ohne besonderen Erfolg.
Plenzdorf hat Rowohlt hingehalten, sein Verlag sei Suhrkamp, aber andererseits verstünde er, daß wir »so etwas« nicht machen wollten. Dreizehn Folgen, die Dialogpartien betragen je 80 machinengeschriebene Seiten. Ich fragte, zu welchen Bedingungen er bereit sein könnte, die verbindenden Texte zu schreiben. Er sagte, der Druck des Schreibenmüssens mache ihn so verrückt – er brauche noch bis zum März –, daß er sich nicht denken könnte, daß er danach noch »rasch« die verbindenden Prosatexte schreiben könnte; er würde sich ja wieder in einen solchen Zwang begeben. Ich sagte ihm, daß das für uns wahrscheinlich doch eine Bedingung sei. Wir vereinbarten, daß ich ihm in dieser Sache in zehn Tagen schreiben werde. Wollen wir das – mehrere Taschenbücher? Welche Bedingungen stellen wir? Es kommt noch eine Sache hinzu: Plenzdorf hat einen ganz schlechten Vertrag und einen sehr schwachen Stand; in der Produktion bestimmt ausschließlich Manfred Krug, der natürlich für die Ostneigung von Plenzdorf wenig Verständnis hat. Es könnte sogar möglich sein, daß sie ihn ganz aus dem Projekt hinaustreiben.
Dann erzählte er mir von einem anderen, sehr bezeichnenden Projekt: Vor fünfzehn Jahren hätten er und der Autor Schlesinger einen Band »Berliner Geschichten« initiieren wollen und auch tatsächlich initiiert. Berliner Autoren sollten neue Geschichten schreiben, die Autoren wollten das selbst lektorieren, dann sollte es einem Verlag angeboten werden, der jedoch in den Text nicht mehr eingreifen durfte – und wenn es nicht gelänge, einen Verlag zu finden, so wolle man einen Selbstverlag machen. Erstaunlich war, daß alle Verlage, denen das Manuskript zugeschickt wurde, vor einer Lektüre es sogleich ablehnten. Es stellte sich heraus, irgendeiner der Autoren hatte den Staatssicherheitsdienst informiert – und zwar bestens infor-

miert – einschließlich mit den Texten versorgt, in den Stasiakten liegen Textanalysen, teilweise sehr kapriziöser literaturkritischer Art! Der Selbstverlag wurde als eine kleine Revolution bezeichnet. Plenzdorf hat die Akten für diesen Band jetzt erhalten und denkt daran, den Band jetzt zu edieren und im Anhang die Stasiakten zu bringen. Das wäre natürlich ein interessantes Taschenbuch. Man hatte vor, es dem Aufbau-Verlag anzubieten, er wolle aber die Autoren versuchen zu überzeugen, daß uns zuerst der Band angeboten wird.
Mittagessen mit Barbara Brecht-Schall. Es war das erstaunlichste, liebenswürdigste, verständnisvollste Gespräch, das ich je mit ihr hatte. Mit Recht wollte sie informiert sein über Abrechnungen; es geht aus der Abrechnung nur indirekt hervor, welche Titel vergriffen sind. Bleiben diese Titel vergriffen?
Und dann wollte sie dringlichst wissen, wie die Herausgeber der neuen Ausgabe honoriert werden und welchen Anteil die Brecht-Erben daran haben. Sie hat mir eine genaue Aufstellung ihrer Fragen gegeben. Wie gesagt, ein sehr verständnisvolles Gespräch. Sie war auf dem Wege nach England.
Abends in der Komischen Oper Uraufführung der Inszenierung von »Hoffmanns Erzählungen« durch Harry Kupfer. Fast auf den Tag genau 35 Jahre nach Walter Felsensteins legendärer Inszenierung von Offenbachs Phantastischer Oper jetzt die Neuproduktion. Ulla Berkéwicz war zwei Jahre bei Felsenstein als Hospitantin und Assistentin – dies mit Unterbrechungen in den Jahren 1972-1975. Sie kannte durch diese Tätigkeit das Stück natürlich in- und auswendig – und sie war ziemlich entsetzt. Ich selbst sah die Oper zum ersten Mal. Kupfer hat ein ganz anderes Konzept als Felsenstein; während dieser eben auf Poesie und auch auf die phantastische Romantik abgezielt hatte, wollte Kupfer Entlarvung, Distanzierung. Während Felsenstein und andere Inszenatoren am Schluß das Positive des Künstlerischen bei Hoffmann darstellen ließen, seine Befreiung zum Reinen, Künstlerischen, endet bei Kupfer Hoffmann als menschlich und künstlerisch Gescheiterter in der Gosse. Vielleicht hat Kupfer das wörtlich genommen, was Theodor W. Adorno schrieb: »Die Geister – in welche hier die Dinge der Bürgerwelt allesamt sich verzau-

bern –, sie sind es zugleich auch, die die Dinge sprengen, indem sie aus ihnen hervorbrechen. Die Katastrophe, die in ›Hoffmanns Erzählungen‹ geistert, ist nicht bloß die des Menschen zwischen den Dingen. Es ist auch die der Dinge selber im Umschlag.« Das sind natürlich verschiedene Auffassungen – und entsprechend hatte Kupfer auch die Personen besetzt: Hoffmann durch Neil Wilson, einen amerikanischen Schauspieler, zeigte einen Naivling, der zu Recht scheitern mußte, und den Mann, den die Schreiber des Librettos als »Muse« bezeichnet haben und der bei Offenbach von einer Frau gesungen wird, als bösen Mephisto. Herausragend war aber die Sängerin Dagmar Schellenberger, die die vier Frauengestalten, Stella, Olympia, Giulietta und Antonia nicht nur stimmlich hervorragend bewältigte, sondern auch schauspielerisch überzeugend darstellte. Die Aufführung erhielt viel Beifall, aber freilich auch viel Buhs für Kupfer und seinen Ausstatter Hans Schavernoch.
Anschließend Zusammensein mit Peter Wapnewski. Langes Gespräch über Muschgs »Roten Ritter«. Frau Wapnewski geradezu begeistert, sieht einen Riesenerfolg voraus. Peter Wapnewski arbeitet an einer Rezension. Er regt an, wir sollten Professor Volker Mertens, von der Freien Universität, Professor Ulrich Müller, Salzburg, und Professor Rüdiger Krohn (Richard-Wagner-Str. 8, Karlsruhe 21) zu einer Besprechung anregen; dies seien Altgermanisten bzw. Leute, die sich bei Wolfram sehr gut auskennen und in der Lage seien, aus dem Hintergrund von Muschgs Roman heraus schreiben zu können.
16. Januar: Frühstück mit Winfried Menninghaus. Gespräch über die Insel-Reihe »Kosmologie«, Noch einmal sein dringlicher Hinweis auf Helmut Lethens »Verhaltenslehren der Kälte. Lebensversuche zwischen den Kriegen«.
Fahrt zu Prof. Elmar Jansen. Die Brehmstraße war früher die erste Parallelstraße nach der Mauer. In der Mitte, dies ist heute noch zu sehen, verlief ein Zaun; niemand durfte ohne besonderen Ausweis durch diesen Zaun in die gegenüberliegenden Häuser gehen – nur Kindern unter 14 Jahren war dies erlaubt. Man habe die gegenüberliegenden Häuser auf ihrer Rückseite, die zum Westen wies, renoviert und schön gemacht – also Fassaden errichtet –, während auf der Ost-

seite die Häuser verwahrlosten. Jansen ist aus dem Barlach-Dienst der DDR-Akademie entlassen worden. Ich hatte mich bei Walter Jens verwandt – und Walter Jens und Herr Momin haben Jansen der Kultusministerin von Mecklenburg-Vorpommern angelobt, aber diese hat im Hinblick auf den Einigungsvertrag die Bewerbung nach Berlin zurückgegeben. Jansen will gegen diese Entscheidung klagen. Er bezieht jetzt eine Arbeitslosenunterstützung von ca. DM 2000,–, seine Miete wurde von DM 150,– auf DM 800,– hochgesetzt.
Er hat auch bei der Deutschen Forschungsgemeinschaft einen Antrag für ein Stipedium gestellt, um weiterhin an Barlach arbeiten zu können. Er wollte mir nach Rücksprache mit seinem Anwalt einen Hinweis geben, ob wir uns, Honnefelder oder ich, in dieser Sache an Professor Frühwald wenden sollen.
Ich sagte Herrn Jansen, daß er jederzeit vom Insel Verlag einen Vertrag über eine Barlach-Biographie bekommen könnte – zwölf Monate, je DM 2000,–; er wollte dies aber erst mit seinem Anwalt besprechen. Er ist sehr ängstlich, durch irgendeine Aktion auch sein Arbeitslosengeld zu verlieren.
Dann Uwe Johnson: Er zeigte mir Uwe Johnsons Diplom-Arbeit aus dem Jahre 1956 – ein Durchschlag, zwei dünne Kartonblätter mit einem Gummiband geheftet. Fraglos ein authentischer Text mit wenigen Korrekturen in Johnsons Handschrift.
Jansen versprach nun definitiv, im Beisein seiner Frau, uns Text und seinen Kommentar wie auch Vor- bzw. Nachwort bis zum 30. März 1993 zuzuschicken. Er wollte uns in den nächsten vier Wochen einen Ankündigungstext schicken, so daß wir für das zweite Halbjahr diese wichtige Sache ankündigen können.
Ein wirkliches ungerechtes, durch die Vereinigung beeinträchtigtes Schicksal. Da er 62 Jahre ist, besteht kaum Hoffnung für irgendeine offizielle Stelle. Die liebenswürdige Frau Jansen, die mir verschiedene Geschenke zeigte, die Johnson ihr gemacht hatte, zeigte sich zum ersten Mal für die Zukunft sehr ängstlich. Wir sollten Verbindung halten, alles Johnson Betreffende Jansen schicken und den beiden Mut machen!
Fahrt zum Flughafen Tegel. Es gibt Taxi-Probleme in Berlin: Taxifah-

rer, die die Komische Oper nicht kennen, Taxifahrer, die nicht in den »Osten« wollen, und natürlich Ost-Taxifahrer, die sich im Westen nicht auskennen, denen man Grunewald erklären muß.
Vom Flughafen aus habe ich Karin Kiwus angerufen. Sie war verzweifelt, deprimiert über den Tod ihrer Mutter. Wir vereinbarten, in den nächsten Tagen miteinander zu telefonieren.
Mit all meinen Gesprächspartnern wurden drei Themen lebhaft besprochen: Honecker, Heiner Müller, das Scheunenviertel. Honecker – geteilte Meinung. Man hätte ihn weiter im Prozeß lassen sollen, zumal ja auch die medizinischen Gutachten nicht so eindeutig seien. Die andere Meinung: Es ist besser, er stirbt in Chile; es wäre eine schreckliche Legendenbildung, wenn Honecker in einem deutschen Gefängnis sterben würde.
Heiner Müller: Auch hier sind die Autoren gespalten. Thomas Brasch will sehr sorgsam seine Akten durchsehen, ob vielleicht Heiner Müller die Stasi so beraten habe, daß er gezwungen wurde, die DDR zu verlassen.
Barbara Brecht-Schall: Sie hat schon immer gewußt, daß Heiner Müller irgendwie »zum Dienst« gehörte. Sie fungiert übrigens in den Stasiakten als »unzuverlässige Person«.
Plenzdorf: Er glaubt sicher zu sein, daß Heiner Müllers »Beratung« aus ebenso naivem wie zynischem Motiv erfolgt sei, doch meinte er sicher zu sein, daß Heiner Müller niemandem direkt geschadet habe.
Niemand verstand, warum Heiner Müller in seiner Autobiographie seine Kontakte nicht entsprechend dargestellt habe. Noch gibt es keine definitiven Dokumente, noch weiß man nichts Konkretes, aber alle Angesprochenen sind irgendwie schockiert. Wenn sich hier ein Verdacht erhärten sollte, sei dies ein großer Schlag gegen die Reputation der früheren DDR. Heiner Müller ist kein x-beliebiger, sondern er repräsentierte sowohl ein Eintreten für die DDR als auch einen Widerstand dagegen. Heiner Müller muß jetzt alles tun, um seinen »Fall« aufzuklären. Noch ist er nicht vorverurteilt, noch hält man seine Integrität doch für möglich.
Das Scheunenviertel zwischen Friedrichstraße und Alexanderplatz ist jetzt der Ort der jungen Linken, Intellektuellen, Schriftsteller,

Künstler, Filmemacher, Galeristen und Theaterleute, wie ehedem der Prenzlauer Berg. Das Viertel ist stark geprägt von der »Jüdischkeit« des Ortes. Es ist gruppiert um die vor kurzem wiederaufgebaute Synagoge und eine Gedenkstätte, die den früheren Sammelplatz für die Abtransporte der Berliner Juden in die Konzentrationslager markiert. Aus riesigen schwarzen Ruinen-Löchern wehen Theatervorhänge, »Tacheles« steht an dem Ruinenblock. Hinter den Mauerresten verbergen sich Kinos, Theater, Cafés. Irgend etwas Neues bereitet sich hier vor. Sturm und Drang? Selbst ein New Yorker stand staunend und meinte, den Ausbruch einer neuen Zeit zu empfinden, den Sprengstoff zu riechen und die Kraft zu spüren.
dr. u./wer.
18. Januar 1993

Begegnung mit Anatoli Karpov

Der Präsident des Deutschen Schachbundes, Herr Egon Ditt, hatte mich zu einer Schachsimultan-Veranstaltung mit Schachweltmeister Anatoli Karpov für den 18. August 1995 ins Kurhaus nach Baden-Baden eingeladen (Ditt hat im Insel-Buch »Als der Krieg zu Ende war« meine Schach-Anekdote gelesen).
Ich bin ja kein Schach-Theoretiker, aber merkwürdigerweise hat mich Karpov immer interessiert. Und so hatte ich doch manches von diesem ungewöhnlichen Genie gelesen, das 1975 (weil der bisherige Weltmeister Bobby Fischer nicht antrat) im Alter von 14 Jahren Weltmeister wurde, und ich hatte im rororo-Sachbuch »Schach mit Karpov« einige seiner Partien, die er nachträglich auch noch kommentiert hatte, nachgespielt. Jetzt zur Vorbereitung spielte ich nochmals seine berühmte Partie von 1971 mit Großmeister D. Bronstein nach, doch das brachte mir leider nichts, denn Karpov begann die Partie mit mir nicht »normal« e2-e4, sondern mit einem Damengambit. d2-d4. In einem sehr großen Saal im ersten Stock des Kurhauses, ungelüftet und in ziemlich brütender Hitze waren 24 Tische aufgestellt, es sollen zwei Meister, ein früherer Großmeister und die deutsche Jugendmeisterin, mit von der Partie gewesen sein; man kam nicht miteinander ins Gespräch, es wurde auch nur eher beiläufig erwähnt, daß Karpov zweimal dann doch verloren hatte und daß sich die Jugendmeisterin ein Remis herausgeholt hatte; nach dreistündigem Spiel waren wir dann alle »besiegt«, ich hatte ihm immerhin über 28 Züge hinweg standgehalten.
Karpov ging von Tisch zu Tisch, gelassen, ruhig, elegant, flanellgekleidet, aber doch in der drückenden Hitze des Saales (hinter den Spielern zwei, drei Reihen Publikum) leicht transpirierend. Jeder Spieler mußte seinen Zug ziehen, sobald Karpov ans Brett trat, damit war er dann über den letzten Stand orientiert. Auffallend seine Gelassenheit. Nun, es ging für ihn ja um nichts, unbezweifelter und anerkannter Weltmeister ist er ja. Ich hatte nicht gesehen, daß mein Nachbar das Spiel schon aufgegeben hatte.

Plötzlich – ich dachte, er würde noch über die Neben-Partie nachdenken – stand er vor mir, er sah meine Verwirrung und ging lächelnd vorbei, mir eine weitere Runde zur Überlegung Zeit lassend. Bis zum zweiten Drittel, also bis zum Endspiel, hielt ich ganz gut durch, da ich vollkommen defensiv und mich, d. h. meinen König, einmauernd gespielt habe; und er hatte seine Dame fast ins Abseits manövriert. Aber es stellte sich halt heraus: er war doch der bessere Spieler! Eine Falle, die ich ihm stellte, durchschaute er sofort. Doch immerhin mußte er sich bei mir manchmal aufhalten. Ich beobachtete ihn, was er beobachtete; es schien, als habe er immer alles »im Griff«, denn während seiner Reflexion spielte er mit den zwei von mir geschlagenen schwarzen Bauernfiguren so, als zöge er aus diesen schwarzen Köpfen irgendwelche Ideen. Manchmal nickte er, manchmal schüttelte er seinen Kopf. Bei der »Falle« lächelte er mir zu. Doch es fiel mir auf: er konzentrierte sich erst auf seine Stellung, erst dann auf die meine. Aufgrund seiner Stellung entwickelte er seine Ideen. Er liebt offensichtlich klare Stellungen, weil er in ihnen nur das entfalten kann, was ihm das wichtigste beim Schachspiel ist: Intuition.
Deshalb ist für ihn die Stellung so wichtig, Stellungsvorteile sind für ihn besser als rasche Figurengewinne. Wichtig die vollständige Entwicklung seiner Figuren (i. e. Offiziere). Im Nu hatte er das bei sich geschafft, rochierte und ließ die beiden Türme miteinander spielen (die ja ohnehin in einer Zusammenwirkung stärker sind als die Dame). Karpov spielt mit allen Figuren, einschließlich des Königs, er sei der Großmeister, der am meisten mit dem König spiele (bei mir freilich hatte er seinen König nur bei der Rochade zu berühren).
Aber er sagte auch, nur wenn der eigene König gut gesichert aufgehoben ist, darf man sich an den gegnerischen wenden. Besser die Entwicklung der Figuren als rasche Manöver zu Beginn des Mittelspiels.
Überhaupt, überlegenes Endspiel ist wichtiger als überlegenes Mittelspiel. Dann ist alles übersichtlich. Kaum ein Risiko mehr für nicht zu erkennende Verlustgefahren.

Dieser Mann ist so gut, daß er überhaupt nur gute Züge macht; er braucht sich nicht aufzuhalten, »bessere« oder gar den »besten« zu suchen, alles ist gut.

Während die ersten beiden Stunden eher gemächlich verliefen, änderten sich plötzlich Psychologie und Tempo des Spiels. Überhaupt: das Spiel verwandelte sich nun zum Kampf. Seine Endspiele an den verschiedenen Brettern waren im wahrsten Sinne des Wortes hart, klar, schlagend. Und er eilte von Brett zu Brett, spielte sich aus, schlug mitleidlos zu, ganz überraschend für den so zarten, fast melancholisch wirkenden Mann. Und dann wurde seine Devise deutlich: man muß viel gewinnen und wenig verlieren.
Nach den drei Stunden war er verschwunden. Warum sollte er auch das jämmerliche Buffet und das lahme Bier zu sich nehmen, zu dem die das Turnier ausrichtende Bank Hofmann eingeladen hatte?
dr. u./ze. –
21. August 1995

»... ich bin wieder hier in Breslau, nachdem wir von einer Reise nach Tarnowitz, Krakau, Wilitzka, Czenstochowa glücklich gestern zurückgekommen sind. Ich habe in diesen acht Tagen viel Merkwürdiges, wenn es auch nur meist negativ merkwürdig gewesen wäre, gesehen.«

J.W. Goethe am 11. 9. 1790 an das Ehepaar Herder

Bericht Reise Krakau 6./7. November 1996

Grund der Reise:
Begegnung mit Stanisław Lem und Wisława Szymborska
In Anwesenheit von Karl Dedecius, der, in angekündigter Anwesenheit des polnischen Staatspräsidenten, eine Medaille erhalten sollte.
Karl Dedecius nahm den einzigen Direktflug Frankfurt–Krakau mit Lot, der abends um 20 Uhr eintraf. Ich hatte eben noch anderes vor und flog in der Frühe nach Dresden und von dort mit einem Propellerflugzeug der *eurowings* nach Krakau.
In Dresden hatte ich mir noch einen Sprachführer »Marco Polo – Polnisch. Sprechen und verstehen – ganz einfach« gekauft. Was lernt man da? Am Anfang einen »Auftakt«: Was reden und fragen die Polen: »Chciałbym się z tobą przespać! Czy mogę odprowadzić panado domu?« »Czy masz kondomy?« Ich muß schon sagen: Welch ein Auftakt!
Aber es ist auch etwas Eigenes mit dieser polnischen Sprache. Das häufigste Wort »tak« heißt »ja« – eine Lebensbejahung. Eine poetische Sprache. Die Monate werden nicht nach dem Lateinischen angegeben, also November, sondern »jetzt fallen Blätter«, und Polen lieben Untertreibungen und Verkleinerungen, schätzen Diminutive, »woda« heißt Wasser, »wódka« Wässerchen.
Im Hotel Francuski in Krakau angekommen, das mitten in der Altstadt liegt, eine honorige Adresse, die Tapeten mit einer Art Seidenüberzug, altmodisch angenehm.

Stanisław Lem: Er fing sogleich mit seiner Situation an. Ich hatte im Flugzeug das Gutachten gelesen, das Herr Schneider bei Dr. Monika Skibicki angefordert hatte, ein intelligentes Gutachten. Es ging um die beiden Essay-Bände »Operation Sex Wars« und »Das Geheimnis des chinesischen Zimmers«. Frau Skibicki hatte das erstere ganz negativ beurteilt, zuviel polnische Zustände, zuviel Wiederholungen über die Entstehungsgeschichte des Menschen, über Erforschung der Naturgesetze. Der zweite Band sei ihr zu computertechnisch. Lem wiederhole und wiederhole sich, er schriebe wenig Neues und rühme sich stets früherer Prognosen, die sich mittlerweile bewahrheitet hätten.

Lem war überrascht. Er verstand nicht, warum sein Agent in Hannover, Wolfgang Thadewald, diesen Band »Operation Sex Wars« überhaupt angeboten hätte. Der sei nicht für Deutschland. Aber er glaube, daß die Texte »Das Geheimnis des chinesischen Zimmers« doch wichtig seien, und nur um diesen Band ginge es. Man könne unter Umständen auch den einen oder anderen Text aus diesem Buch weglassen, aber er glaube, daß er hier einen Schlüsseltext für die Zukunft geschrieben habe: eine mögliche Verbindung des Computers mit dem menschlichen Gehirn, und nur wenn das gelänge, könnten Katastrophen vermieden werden. (Wir sollten das also noch einmal prüfen. Wie gesagt, das Gutachten von Frau Skibicki ist nicht schlecht, aber Lem ist schließlich Lem, und er verdient nochmals eine Prüfung.) Freilich, die Übersetzung sei »sehr, sehr kompliziert«.

Dann war dies Thema erledigt. Wir sprachen über Gott und die polnische Welt; die letztere ist so gar nicht nach seinem gusto, die große Dummheit überall, die Regierenden verstehen nichts. Er glaube, daß das nächste Jahrtausend sehr viele Kriege, Fundamentalismus-Kriege, brächte und vielleicht auch die Vernichtung der Menschheit. Als ich auf eine psychohistorische Einsicht verwies, daß die Menschheit doch immer für Katastrophen irgendeine Lösung hatte, sagte er, die neuen Katastrophen seien furchtbarer, und er lachte: Nur wenn es gelingt, den Computer mit dem Gehirn, mit dem menschlichen Gehirn, zu verbinden, kann man diese Katastrophen vielleicht vermeiden.

Zbigniew Herberts Dilemma wegen des Nobelpreises, aber auch er hält sich natürlich für einen möglichen Kandidaten, aber für ihn sei es einfach zu spät, die von ihm vorausgesagten Ereignisse hätten ihn überholt. Ich konnte ihn trösten mit Max Weber, der kurz vor seinem Tod ein Fazit seines 30jährigen Gelehrtenlebens zog: »Jeder von uns in der Wissenschaft weiß, daß das, was er gearbeitet hat, in zehn, in 20 Jahren veraltet ist ... Das ist das Schicksal, ja der Sinn der wissenschaftlichen Arbeit ... Jede wissenschaftliche Erfüllung bedeutet neue Fragen und will ›überboten‹ werden ... Wissenschaftlich überholt zu werden ist unser aller Zweck.«

Furchtbar sei die verlegerische Sitation in Polen. Es gebe zweitausend Verleger, zweitausend, die sich als solche bezeichnen. Fast alle bestünden aus Mann und Frau und Computer in einem Zimmer, dies in der Regel ohne Geld. Eine Buchkultur, wie sie früher Polen eigen war, gebe es nicht mehr. Wenn man auf gutem Papier und mit Farben drucken möchte, müsse man Papier und Farben einführen, und das verhindere der Zoll, dessen Aufgabe es sei, die maroden Staatsdruckereien zu schützen. Die Deutschen sind reich, aber gleichzeitig dumm, weil sie ihre Kulturlandschaft jetzt zerstören. Die Krakauer lassen ihre Kulturlandschaft noch leben, aber sie wüßten ja nicht, was tun mit all den neuen Instituten – in zehn Jahren könnten sie diese nicht mehr bezahlen.

Also ein Pessimist reinsten Wassers, aber er war nicht unfreundlich, nicht unhöflich, ja, er sagte sogar: »Sie, Suhrkamp, haben mich mit 2 Millionen Exemplaren, die Sie verkauft haben, in Europa präsent gemacht.«

Wir sprachen bis 15 Uhr, dann sagte er: »So. Was machen Sie jetzt? Sie legen sich hoffentlich hin und ruhen aus.« Ich sagte zu ihm, nein, ich führe jetzt mit einem Taxi nach Auschwitz. Auschwitz – seine Augen blitzten: »Das Schicksal hat mich vor diesem Horror bewahrt, sonst lebte ich ja nicht mehr, aber ich war nie dort und kann nicht hingehen.«

Am Abend Abendessen mit Wisława Szymborska und der Polonistin an der Krakauer Universität Teresa Walas und Karl Dedecius.

Ihr Leben sei seit der Verkündung des Nobelpreises schwer beeinflußt. Sie könne ihr bisheriges Leben in der gewohnten Weise gar nicht weiterführen. Briefe, Einladungen, Anrufe, Aufforderungen, Ehrungen – wie solle sie das alles bewältigen? Selbst in Stockholm sollte sie schon vier Tage vor der Verleihung Lesungen halten. Die Stadt Krakau möchte sie unmittelbar nach der Verleihung des Preises ehren. Auch die Stadt Warschau. Aber hier ist eine heikle politische Situation: Die Krakauer sind Konservative. Der neue Staatspräsident, Kwaśniewski, war vor 1989 stalinistischer Kommunist, das verzeihen ihm die Krakauer nicht; nach 1989 war er »Wendehals«! – und das verzeihen ihm die Krakauer schon gar nicht. Die Hauptstadt ist zwar Warschau, aber die Kulturhauptstadt ist Krakau.

Merkwürdig: die meisten Berichte über die Nobelpreisverleihung sind in deutschen Zeitungen und Zeitschriften erschienen, und sie sagte mir, die meisten Zuschriften, die sie nach der Ankündigung bekommen habe, stammten aus Deutschland. Sie wisse, Suhrkamp sei der einzige Verlag außerhalb Polens, der vier Bände von ihr gebracht habe, und – sie sagte es immer wieder – sie verdanke dem Suhrkamp Verlag, daß er durch seine Ausgaben sie auch europäisch bekannt gemacht habe.

Sie nahm sehr bewegt die Ziffern auf: Von den vier Bänden wurden im Zeitraum 1973 bis September 1996 insgesamt 13 206 Exemplare verkauft, im Oktober 1996 allein 30 069.

Es war danach relativ einfach, sie zu überzeugen, zu einer Lesung nach Frankfurt zu kommen. Ich konnte ihr in diesem Sinne ja auch den Brief der Oberbürgermeisterin übergeben. Wir haben vereinbart, daß die Lesung in Frankfurt in der Zeit von Sonntag, den 13., bis Sonntag, den 20. April, stattfinden kann. Der Termin muß jetzt mit der Stadt Frankfurt, die ja eine Veranstaltung im Römer vorsieht, abgestimmt werden.

Dedecius brachte noch eine Einladung der Bosch Stiftung für eine Lesung in Stuttgart. Verständlicherweise konnte Frau Szymborska hier nicht nein sagen, doch bei einem späteren Gespräch stellte sich heraus, daß Leipzig Partnerstadt von Krakau ist und daß Frau Szymborska eine zugesagte Lesung dort einmal abgesagt hat. Nun möchte Dedecius doch versuchen, sie zu bitten, anstelle von Stuttgart nach Leipzig zu fahren. Solche Änderungen sind schwierige Unternehmungen.

Ich werde Herrn Prolingheuer schreiben, daß eine Lesung von ihr bei der Leipziger Buchmesse 20./23.9. 1997 nicht machbar ist. Vielleicht sollte man doch auch ihre erste Reaktion festhalten: Als wir von Leipzig sprachen und ich ihr sagte, man hätte sie dort doch sehr gern gehört, sie habe ursprünglich zugesagt und dann, als die Stadt Leipzig nicht eine, sondern drei Lesungen angesetzt habe, abgesagt, erwiderte sie: ja, das sei so gewesen, aber sie könne in dieser Stadt, die sie nicht kenne, nicht lesen, sie müsse vielleicht erst privatim nach Leipzig, und erst dann entschiede es sich, ob sie kommen könnte. Zu Frankfurt aber hätte sie große Sympathien.

Frau Szymborska ist scheu, schüchtern, zurückhaltend. Sie lebt in einer ganz kleinen Eineinhalbzimmer-Wohnung, und sie kann eigentlich ohne Frau Walas überhaupt die Belastungen nicht mehr tragen.

Wir sprachen dann noch über die Anlage des neuen Gedichtbandes, der selbstverständlich zu diesem April-Termin im Buchhandel vorliegen muß. Sie bat um eine wirkliche Sammlung ihrer Gedichte, die chronologisch angeordnet werden sollten, und im übrigen gibt sie Dedecius jegliche Freiheit. Dedecius will vor der Abreise nach Stockholm zum 10. Dezember das Manuskript abgeben. Frau Szymborska lud ihn und mich sehr herzlich ein, an der Verleihung des Nobelpreises teilzunehmen.

Am nächsten Morgen, als ich in den Frühstücksraum kam, war Herr Dedecius bereits mit den Leuten vom Verlag Wydawnictwo Literackie zugegen, er hielt gewissermaßen Hofstaat. Anwesend waren Herr Janusz Adamczyk, eine Dame und vier Lektoren, die den Verlag beraten, der als Parallele zur Polnischen Bibliothek im Suhrkamp Verlag eine Deutsche Bibliothek machen möchte. Die Beratung hat ebenfalls Dedecius.

Und selbstverständlich wünschte der Verleger gute Verbindung zum Suhrkamp Verlag, er sei sehr aufgeschlossen für alle Vorschläge, die wir ihm für deutsche Autoren machen würden. In diesem Zusammenhang: Die Verlage haben in der Tat Schwierigkeiten, sie müssen bessere Papiere einführen, und wenn sie mit Farben drucken, diese ebenfalls. Aber irgendwie sind die Verlagsleute zuversichtlich, und sie sind zuversichtlich im Hinblick auf die Veröffentlichung deutsch-

sprachiger Literatur. Hier habe sich in den letzten Jahren etwas geändert.
Vielleicht bin ich auch nur in den Zirkel deutschfreundlicher Leute geraten, doch Professor Dr. Jacek Purchla, Direktor des International Cultural Center in Krakau, eines Staatsinstituts, bestätigte mir das große Interesse an deutschsprachiger Literatur. Er gab mir Informationen über die Tätigkeit seines Cultural Center. Er bringt dort Bücher auch in deutscher Sprache, und er regt an, ob nicht Kooperation möglich wäre. Er drückte mir in einer Plastiktüte eine Reihe von Publikationen in die Hand (die ich an Herrn Irlenkäuser weiterleite. Herr Irlenkäuser möchte mit mir Verbindung aufnehmen.)
Mittagessen mit dem Krakauer Stadtpräsidenten
Der Stadtpräsident Krakaus Józef Lassota lud im Anschluß an die Session der Akademie für Musik, die Dedecius ausgezeichnet hatte, zu einem Mittagessen. Eigentlich hätte an ihm und an der vorangegangenen Sitzung auch der polnische Staatspräsident teilnehmen sollen, aber er hatte gehört, daß Krakauer eine Demonstration gegen ihn machen wollten. In der Tat sah ich bei meinen Streifzügen durch die Stadt ein Plakat, das zu einem solchen »Happening« aufforderte, und der Staatspräsident war abgebildet mit dem aufgedunsenen Gesicht eines Trinkers und auf dem Plakat ein Wortspiel von Worte und Wodka, und so hatte er wohl auch aus diesem Grund abgesagt. Anwesend waren der Präsident der Akademie, der Kulturreferent der Stadt Krakau und unser Autor Stanisław Wyspiański. Wir saßen zu zehnt an diesem Tisch; Dedecius wurde gefeiert, und zwar für die Einrichtung der Villa Decius, die ich auf dem Wege zum Flughafen auch noch besuchen sollte.
Dedecius seinerseits stellte mich vor und den Suhrkamp Verlag, er sagte: kein Verlag in der Welt habe so viele Krakauer Autoren veröffentlicht wie der Suhrkamp Verlag – Lem, Szymborska, Filipowicz, Markiewicz, Wyspiański, Szczepański, der Band »Das junge Polen« in der Polnischen Bibliothek faßt alle jungen Autoren Krakaus zusammen. Schließlich erwähnte er, daß Zbigniew Herbert, der lange Jahre seiner Jugend in Krakau verbracht habe, und daß der große

Klassiker Adam Bernard Mickiewicz, der auf dem Marktplatz mit einem riesigen Denkmal geehrt wird, auch im Suhrkamp Verlag erschienen seien. Unser Autor Jacek Woźniakowski sprach ebenfalls in dieser Essensrunde: er sei so glücklich, daß sein wissenschaftliches Werk »Die Wildnis. Zur Deutungsgeschichte des Berges in der europäischen Neuzeit« vom Suhrkamp Verlag herausgebracht würde, und er frage sich, warum der Suhrkamp Verlag ausgerechnet dieses Buch gebracht habe. Er habe sich Sorgen um den Suhrkamp Verlag gemacht, aber nun, da er mich sehe, wisse er, der Suhrkamp Verlag sei an diesem Buch nicht pleite gegangen. (Herzliche Grüße an Frau Mersmann und an Herrn Herborth.)

Herr Lempp hat in dreijähriger Arbeit an der Vollendung und Einweihung der Villa Decius gearbeitet, und er bereitet nun bis zum 10. November »Polnische Literatur und Gespräch. Eine Tagung für Verleger, Kritiker und Schriftsteller« vor. Er hat auch einen Materialienband dazu vorgelegt. (Das müßte man nun prüfen, inwiefern das wirklich ergiebige Texte für Verlage sind.)

Herr Lempp wies dann auch auf diese Anthologie polnischer Werke »Zwischen den Linien« hin, der im Postskriptum Verlag erschienen ist. Hier sei der weitaus beste Autor, ein eigentlich nicht literarischer Autor: Kazimierz Kutz. Er ist Filmregisseur und habe hier eine Autobiographie angefangen, deren erste Seiten in dieser Anthologie veröffentlicht seien. Er, Lempp, hält diesen Text für einen unheimlich wichtigen und interessanten Text, weil er eine Zeit und einen Ort in Schlesien beschreibt, der nicht unwichtig ist. Der Autor hat den Schlesien-Literatur-Preis des Landes Niedersachsen erhalten. (Herr Irlenkäuser möchte sich doch bitte damit beschäftigen und versuchen, mit diesem Autor Verbindung aufzunehmen.)

Villa Decius

Letzte Aktivität auf der Fahrt zum Flughafen:

Zwischenstop in der Villa Decius, etwa 10 Minuten Autofahrt außerhalb Krakaus. Im Dienstwagen der Akademie der Musik, einem funkelnagelneuen Mercedes (der gerade noch einem Zusammenstoß entging), fuhren Dedecius und ich zum Flughafen, um auf dem Weg dorthin die Villa Decius zu besichtigen.

Vor 15 Jahren standen Dedecius und Szymborska vor diesem völlig verwahrlosten Haus.
Die Restaurierung des Hauses kostete 3 Millionen DM, und diese wurden von der Stadt Krakau aufgebracht. Glückliches Krakau! Hier entstehen noch Kulturbauten, während bei uns der Kulturkahlschlag vorherrscht. Das große Problem ist die weitere Finanzierung, denn das sollte eigentlich von deutscher Seite unternommen werden, aber Bund und Länder haben sich bislang zurückgehalten. Ein anderes Problem wird sein, wie man dieses Riesenhaus sinnvoll betreibt. Es braucht Verwaltungskräfte, Sekretariat, Reinigungsleute und Gärtner für das riesige Parkareal.
Bei dem Namen des Hauses, »Villa Decius«, sollten wir nicht an Herrn Dedecius denken. Es ist eine von italienischen Meistern für den Elsässer Justus Decius, den Sekretär des polnischen Königs Sigismund des Alten, gebaute Villa. Freilich, bei ihrer Installation als Europa-Akademie hatte Dedecius großen Anteil, denn er hat 1991 auf einem Kultursymposion der KSZE in Krakau vorgeschlagen, in dieser Villa eine europäische Akademie zu gründen. Eine Einrichtung für Wissenschaftler, Künstler, Schriftsteller und Übersetzer. Menschen aus verschiedenen Fachrichtungen, gleich welcher Nationalität, sollten hier Meinungen austauschen und sich in ihrer Arbeit gegenseitig befruchten. Direktoren des internationalen Komitees der Europa-Akademie Villa Decius sind Professor Dr. Jacek Woźniakowski und Karl Dedecius. Schwerpunkt soll auf Osteuropa gelegt werden.
Es werden noch zwei Hotelbauten errichtet, so daß bis zu 60 Personen hier Unterkunft finden können. Ich war vollkommen überrascht und erstaunt über Größe und Schönheit dieses Hauses, wundervolle Räume, Ecken, Wandbemalungen, Mosaiken, riesige Räume für Konferenzen oder Kamingespräche, und wie fast überall in Krakau: reichhaltiges Kellergewölbe.
Dedecius sieht das Ganze als sein Werk an, gewissermaßen als eine Nebenstelle des Polen-Instituts in Darmstadt. Wie wird der Beginn der Aktivität sein, und wie ist es durchzuhalten? Das ist eine große Frage. Der jetzige Geschäftsführer ist Herr Dr. Albrecht Lempp, ein sehr guter Mann, der in dreijähriger Arbeit das Haus wieder be-

nutzbar gemacht hat, aber er muß nach den Statuten der Bosch Stiftung wieder nach Darmstadt zurück (was er höchst ungern tut, denn er ist mit einer Krakauerin verheiratet, hat ein zweijähriges Kind, eine Eigentumswohnung), und wer will sich schon von Krakau für Darmstadt trennen? Aber wer will jetzt dieses ungeheure Institut mit Hotelunterbringungen und Gastronomie für etwa 50 Stipendiaten realisieren? Wer kann das finanzieren, denken, machen, schaffen?

Immerhin, es war die Idee von Dedecius. Er hat die Krakauer Behörden zu seiner Idee eines Kulturinstituts, das von Deutschland aus nach Osteuropa ausstrahlen sollte, überzeugt. Die polnischen Behörden haben die Restaurierung finanziert, und das Resultat ist wirklich ungewöhnlich, einzigartig, aber es muß nun mit Leben erfüllt werden.

Es ist merkwürdig, daß sich durch diesen Krakau-Besuch auch mein Bild von Dedecius geändert hat. Ich kannte ihn als jemanden, der die Förderung polnischer Literatur zu seiner Sache, und zwar zu seiner persönlichen Sache, gemacht hat. Er hat es aufgrund seines persönlichen Engagements geschafft, das Polen-Institut in Darmstadt aufzubauen: daß Leute wie Weizsäcker und Altbundeskanzler Schmidt dieses Institut förderten und die Bosch Stiftung es voll finanziert. Aber Dedecius hat mehr gemacht. Er, der hier für polnische Literatur warb, hat sich in Polen gleichzeitig für deutsche Literatur stark gemacht, und das heißt, in einem Land, das durch die Deutschen geschädigt wurde und wo, wie in keinem anderen Land, in deutschem Namen Verbrechen verübt wurden, dort hat er eben durch Kultur und Kulturvermittlung Klimaänderungen geschaffen. Es gibt mit einem Recht in Krakau diese Villa Decius, und es gibt mit Recht diese Auszeichnung, die Dedecius als Förderer deutsch-polnischer Beziehungen erhielt. Es ist für mich auch erstaunlich, daß heutzutage solche Förderungen von Kultur möglich sind, im Ausland, im geschundenen Polen, während wir, in unserem Land, die Kultur totsparen.

Fahrt nach Auschwitz

Vor etwa fünf Jahren hatte mich Ignatz Bubis gefragt: »Waren Sie in Auschwitz?« Ich mußte verneinen, aber Frage und Antwort blieben als Stachel zurück.

Jetzt also ein Besuch in Krakau. Ich flog früher als vorgesehen, um Auschwitz zu erfahren. Taxi nach dem »Muzeum Auschwitz«, eineinhalb Stunden Fahrt.

Natürlich, »man« weiß alles über Auschwitz: die Bahngleise, das Tor »Arbeit macht frei«, die Wachtürme, die Elektrozäune, die Baracken, das Strohlager, die Latrinen, die Villa des Kommandanten Rudolf Höß am Rande des Lagers. Man kennt auch den kleinen Platz neben der Lagerküche, auf dem das Lagerorchester Märsche spielte, durch die der Durchmarsch der Tausende von Häftlingen und deren Zählung durch SS-Männer erleichtert wurde.

Natürlich »weiß man«, ein oder eineinhalb Millionen Menschen sind hier »umgekommen«, durch Erschöpfung, durch Gas, durch Hinrichtungen. Das unwirklich Wirkliche ist stärker als dieses Vor-Wissen.

Jetzt also stehe ich in jenem Muzeum in Oświęcim, einer jetzt polnisch-staatlichen Einrichtung. Ich komme spät an. Ein Teil des Museums ist geschlossen, aber ich kann die Anlagen des größten Nazi-Konzentrationslagers doch noch sehen, diese allmähliche Vernichtung durch Hunger, schwere Arbeit, Experimente, den Tod durch Einzel- und Sammelhinrichtungen ahnen.

Ich stehe in Block 11, dem »Todesblock«. Allein in diesem Block waren 400 000 männliche und weibliche Häftlinge verschiedener Nationalität untergebracht, sowjetische Kriegsgefangene, Zigeuner, Juden aus Polen und dem Osten. Und, unvorstellbar, Kinder, russische, polnische, jüdische; sie kamen, sofort nach dem Eintreffen, in die Gaskammern des Blocks 11.

Hier hat man Männer durch Prügelstrafe, durch Pfahlbindung – das heißt, daß man Häftlinge durch den nach hinten ausgedrehten Arm aufhängte – ermordet. Ich stehe im Krematorium Nr. 1 und in der Gaskammer. Man hat die Krematoriumsöfen restauriert, in denen im Laufe eines Tages 350 Leichen verbrannt wurden. Es wird angegeben, daß insgesamt 70 000 Leichen allein hier verbrannt wurden.

Alles ist schaurig, alles wirklich, alles unwirklich. Der »Tod, ein Meister aus Deutschland«. Der Besucher dieses »Muzeums« ist von Entsetzen gepackt, daß solches möglich war.

Blumen an den Verbrennungsöfen, am Galgen, am Lagerplatz, auf dem so viele in stundenlanger qualvoller Erschöpfung starben.
Es wurde Nacht, als ich das Areal verließ. Ein ungeheurer Sonnenuntergang färbte den Himmel rot ein, Flammenschrift über Verbrennungsöfen. Hier gibt es kein »Rettendes« mehr, nur die zu übende Hoffnung auf ein »Nie wieder«.

Impressionen aus Krakau

Schon vor Jahrhunderten nannte man die an der Weichsel gelegene Stadt Krakau »totius poloniae urbs celeberrima«, die berühmteste Stadt Polens. Irgendwie ist es so geblieben, Krakau verdankt seine Berühmtheit der reichen Vergangenheit, der wir in den Mauern dieser alten Königsstadt auf Schritt und Tritt begegnen, und der Tatsache, daß es den Deutschen nicht gelungen ist, bei ihrem Abzug ihr Vorhaben zu verwirklichen, die Stadt zu sprengen. Während fast alle Städte Polens nach dem Zweiten Weltkrieg zerstört waren, behielt Krakau seine Strukturen, auch in der Bevölkerung. Es gibt noch Familien, die seit 500 Jahren in Krakau wohnen. Zum Konservativen gehört seit der Habsburgerzeit die bevorzugte Anrede mit dem akademischen Grad. Ein Professor ist dort etwas, wenn er auch nur monatlich 500 DM verdient; durchaus üblich die Anrede »Herr Magister«, doch eher witzig die Anrede »Frau Magister«. Der Krakauer Konservatismus grenzt sich gegenüber Warschau ab, Warschau eben nur die Hauptstadt, Krakau die Kulturhauptstadt. Sie wird übrigens im Jahre 2000 Kulturhauptstadt Europas.
Ich war 28 Stunden in Krakau – außer den Begegnungen mit Stanisław Lem und Wisława Szymborska, dem Mittagessen mit dem Stadtpräsidenten Józef Lassota, dem Besuch der Villa Decius, und, kaum in einem Atemzug zu nennen, eben Auschwitz.
Hatte ich nichts zu tun, erwanderte ich die Stadt, mit ihren 800 000 Einwohnern so groß wie Frankfurt. Mit meiner Karte fand ich den Weg von meinem Hotel Francuski durch die Floriánskastraße zum berühmtem Krakauer Marktplatz. Absolut vorherrschender Eindruck: die jungen Leute. Ich hatte das schon einmal in Dublin erlebt, aber in Krakau war dies doppelt so stark. Als ich Lem fragte, woher die vielen jungen Leute, Schüler, Studenten, die zahllosen Schulklassen mit Kin-

dern herkämen, lachte er nur. »Sie wissen doch, die Krakauer haben nichts zu tun, als miteinander zu schlafen, und so zeugen sie zufällig dann auch Kinder. Die Bevölkerung explodiert hier.«
Zweiter Eindruck: Die Stadt hat ungewöhnlichen Charme. Der Glitzerglanz und die Wohlstandsexzesse des Kapitalismus haben Krakau nicht erreicht. Wie lange wohl noch? Herrlich die kleinen »Tante-Emma-Läden«, die Waren führen und Dienstleistungen anbieten, die wir überhaupt nicht mehr kennen. Sicher gibt es auch teure Läden und teure Restaurants, aber die Mehrzahl ist so, wie es immer war. Wie gesagt, der Charme des Kleinen, des Erschwinglichen. Das Taxifahren ist zwei Drittel billiger als bei uns. Eine Krawatte habe ich für 15 Złoty erworben, das sind 8 Mark. In den Lokalen ißt man für 25 Złoty ein mehrgängiges Essen. Die Preise in einem Nobelhotel sind um die Hälfte niedriger als bei uns. Und überall Musikkapellen, vorwiegend Geiger, die aus und in allen Positionen spielen, der beinamputierte Mann im Rollstuhl – ein Mann hoch über der Weichsel –, farbig kostümierte Musikanten auf dem Marktplatz. Man braucht allenthalben Kleingeld, nicht für Bettler, die ich nicht sah, sondern für die, die irgendwie diese Stadt verschönern. Wie durch ein Wunder, wohl ein Wunder des heiligen Stanislaus, des Schutzpatrons Polens, blieben viele alte Häuser unzerstört, freilich auch ungepflegt. Man hat in den letzten Jahren Gewaltiges an Sanierung geleistet. Das Bild ist oft so: zwei restaurierte Häuser, fein rekonstruiert im Stil des Ursprünglichen, der Renaissance oder des Barock, dann wieder ein Haus, das verfallen ist, mit blinden oder zerschlagenen Fenstern. Man sieht Palais im Stil der Renaissance, gotische Kirchen, barocke Klöster und davor Ruinen.
Alle Boulevards strömen auf den weitläufigen Renaissance-Marktplatz zu. Ich hatte einen wunderbaren Morgen, ein Seidenhimmel über den Blumenfrauen vom Lande und ihre Gladiolengebinde in Silberfolie; die Liliensträuße mit propellergroßen Schleifen, die Arrangements aus Rosen und Nelken und allerlei Grün. Flaneure sitzen noch vor den Straßencafés, in dem Teppich zahmer Tauben stehen Kinder, streuen Kerne, bis dann, jeweils zur vollen Stunde, der Turmbläser der Marienkirche ertönt und die Tauben mit überlautem

Geräusch davonfliegen. Es ist eine faszinierende Melodie, die man da hört, ein Weckruf mit einer plötzlich abbrechenden Melodie, das musikalische Symbol Krakaus. Dr. Lempp erzählte mir, daß die Melodie abbräche, um an den angeblich plötzlichen Tod des Wachpostens zu erinnern, der, als er zum Alarm blies und seine Landsleute weckte, von einem Tatarenpfeil getroffen wurde.

Wunderschön die Marienkirche, die dreischiffige gotische Basilika mit dem Altar von Veit Stoß. Auf dem Marktplatz Adam Mickiewicz.

Als ich nach der Rückkehr Hans Mayer anrief, um ihm zu seinem Manuskript »Reisen nach Jerusalem« zu gratulieren, erzählte er mir eine Anekdote von Ernst Bloch. Bloch und Mayer standen auf dem Marktplatz (Renaissance) und neben der Marienkirche (Gotik). Bloch berichtet: Da kam der Professor Schorsch Mayer aus Leipzig und rief aus: »Barock, Barock!«

Von 11.00 h bis 13.00 h spaziere ich mit Dr. Lempp auf dem Wawelberg hoch über der Weichsel. Seit alters her haben hier die geistlichen und weltlichen Fürsten und Könige Logis genommen, auch der deutsche Generalgouverneur. Merkwürdiger Kontrast, in der Sonne glänzen die vergoldeten Kuppeln der Kathedrale und stechen von dem Grau der Mauern ab, in denen früher Soldaten kaserniert waren.

Noch ein Eindruck: In den Kirchen, die ich besucht habe, erstaunte mich die so vollkommen erscheinende Frömmigkeit der Polen, und zwar nicht nur die älterer Leute. Die katholische Kirche war ja für die freiheitsliebenden Polen immer auch ein Hort der Auflehnung gegen das versteinerte kommunistische System gewesen. Der Dom hat 18 Kapellen in dem landestypischen Stilmix, der Papst hat hier als Vikar seine Karriere begonnen, und hier ruht auch der legendäre König Kasimir, der Wohltäter Krakaus, in einer Krypta. Wenn man hier auf den Wawelberg geht, so lassen Italien und Österreich grüßen. Römische Baumeister waren in Krakau tätig, und Habsburger Charme verbrüderte sich mit polnischer Nonchalance, auch Deutsche hinterließen Spuren: Veit Stoß, der Bruder von Dürer, aber auch berühmte Krakauer Künstler, wie Roman Polański, Andrzej Wajda, Krzysztof Penderecki, Czesław Miłosz, wirkten, und ihre Wirkung ist durchaus gegenwärtig.

Ich sah auch die Kuriosität der Drachenskulptur vor der Drachenhöhle; die Sage berichtet, daß dieser Drache, der terrorisierte, vom legendären Herrscher Krakaus, Fürst Krak, geschlagen wurde.
Ich legte Wert darauf, den als Judenstadt bekannten Stadtteil Kazimierz zu sehen. Es stellte sich heraus, daß die Stadt durchaus eine christliche Gründung war, durch einen Weichselarm von Krakau getrennt, und daß es sich eigentlich nicht so sehr um eine Judenstadt, sondern vielmehr um eine Stadt handelt, in der es ein größeres jüdisches Ghetto gab. Dr. Lempp hatte früher hier gewohnt, und so kannte er sich sehr gut aus. Wir besuchten die kleine Remuh-Synagoge, die einzige in ganz Krakau, die noch sakralen Zwecken dient, und den angrenzenden Friedhof, den ältesten jüdischen Friedhof Polens, wo der in aller Welt verehrte Rabbiner Moshe Isserles, genannt Remuh, 1572 bestattet wurde. 68 000 Juden lebten bis zum Holocaust in Kazimierz, heute zählt die jüdische Gemeinde noch 180 Mitglieder, das jüngste ist 60 Jahre alt.
Es waren auch die Orte, auf denen die Nazis ein Blutbad angerichtet hatten. Die Juden wurden an Ort und Stelle ermordet oder in Konzentrationslager verschickt, wo sie den Tod fanden. Jüdische Kunstwerke wurden vernichtet, Synagogen zerstört, Friedhöfe umgegraben. Das Grab von Remuh sollte gesprengt werden, aber der Soldat, der dies tun wollte, wurde gewarnt. Er hob sein Beil, schlug auf den Grabstein, es löste sich ein Steinsplitter und traf ihn in die Augen, er war auf der Stelle blind.
Dann wieder zu Fuß durch die Floriánskastraße, wieder die Kapellen, die jiddischen Klänge sind mit Elementen aus Jazz und Tango versetzt, schräg und schluchzend, virtuos und meschugge, irgendwie ist das anheimelnd, und dann wieder die frohe Masse der jungen Leute, die gestikulieren, singen. Immer noch erfüllen die polnischen Mädchen das Urteil, die schönsten zu sein. Bizarre Kleider, die kürzesten Miniröcke, die ich je sah, lange Mäntel bis zu den Schuhen, die meist Stiefeletten waren. Der Rucksack hat sich noch nicht bis Krakau herumgesprochen. Ein Bild wird mir in Erinnerung bleiben: eine junge Blondine mit wallendem Haar, weißer kürzester Minirock und pechschwarzer langer Mantel, ihre Stiefel hatten die höchsten

dünnen Absätze; wie sie über den Asphalt gehen konnte, ist mir ein Rätsel, aber sie ging.
Dr. Lempp erzählte mir, daß die Krakauer doch Auschwitz zu verdrängen suchten. Es ist eine kleine politische Gruppe, die das »Museum Auschwitz« in Erinnerung hält. Niemand, mit dem ich sprach, ging auf Auschwitz ein, aber immer wieder wurde ich gefragt, ob ich die schwarze Madonna in Tschenstochau gesehen hätte mit ihren sieben Festgewändern und einem mit Gold und Silber übersäten Altar. Sie könne doch Wunder bewirken und Blinde sehend machen. Ich war nicht dort.
Aber ich habe viel gesehen, natürlich nur einen Bruchteil dessen, was es zu sehen gibt, keines der Museen und Theater und keines der schönen Klöster – aber immerhin: die »Glocke des Zygmunt/Sigismund«, den Sarkophag des Königs Kasimir des Großen, die romanische Krypta St. Leonhard mit den Königsgräbern, das Grabmal des Königs Kazimierz Jagiellończyk von Veit Stoß, den Senatorensaal mit Arrazzi von Sigismund August, das Denkmal des Königs Władysław Jagiełło, das den Sieg über den Kreuzritterorden feiert, und das interessanteste Denkmal der Fortifikationsarchitektur, die Barbakane, ein runder gotischer Bau, von sieben Türmen gekrönt. Es sind viele der Befestigungsmauern abgetragen worden, und so umgibt Krakau ein großer Grünstreifen, der immer auch auf den Marktplatz zuläuft. Dort werden die polnischen Helden gefeiert. Ein spätbarockes Relief zeigt den heiligen Florian. Aber den Marktplatz Nr. 36 ehrt auch eine Plakette: Hier wohnte Goethe 1790.
Rückflug mit Dedecius
Flug nach Frankfurt mit der polnischen Airline Lot: Dort war ein Lot-Magazin »Kaleidoscope«, November 1996, ausgelegt mit einem schönen Artikel über Szymborska, einem Kurzporträt, dessen englische Fassung mit dem Satz endet: »Let's read Szymborska, we'll be richer.«
Krakau war, Krakau ist eine Reise wert.
Dr. S. U./sb
11. November 1996

Wien
8./9. Februar 1997

Die Reise galt der Uraufführung von Peter Handkes neuem Stück »Zurüstungen für die Unsterblichkeit«. Handke hat das Stück vom Januar bis September 1995 geschrieben, also vor der ersten Serbien-Reise. Peymann sollte es uraufführen, er hatte aber keinen früheren Termin als diesen 8. Februar. Ich las auf dem Flug noch einmal den Text dieses »Königsdramas«, wie Handke den Untertitel bestimmt hatte. Ich stellte mir vor, wie Peymann diesen Königsweg zu einer neuen Ordnung wohl inszenieren würde. Das Stück Menschheitsdrama, der Versuch, zu einer neuen, gewaltlosen Gesellschaft zu kommen. Die Frage war für mich auch, wie das manchmal bloß Rhetorische, bloß Pathetische auf der Bühne gezeigt werden kann. Überhaupt, es wird sehr viel geredet (Handlungen nur hinter der Bühne).
Die Burg war ausverkauft, Intendanten vieler Theater, Kritiker aller Zeitungen waren anwesend und auch die Regisseure, die in Kürze die Aufführungen in Frankfurt und Hamburg inszenieren werden, Hans Hollmann und vom Thalia-Theater Herr Gosch. Aufführungsdauer dreieinviertel Stunden, dazwischen eine Pause nach zwei Stunden. Bis zur Pause war die Aufführung spannend und durchaus kurzweilig. Handkes neuer epischer, nicht dramatischer Form entsprach die liebevolle, ins Detail gehende Inszenierung: das bestechende Bühnenbild von Achim Freyer, die Kostüme von Maria-Elena Amos, ein riesiger Aufwand an Schauspielern, Fabeltieren und viel Beiwerk. Sterne segeln durch die Luft, Vögel fliegen über die Bühne, Flaggen brennen, Kinderschiffe entstehen und verfallen, Weizen wächst aus schwarzem Boden und geht wieder ein. Quer über die Bühne werden Opfer von Tätern gejagt, und noch am Schluß erscheint die »Raumverdrängerrotte« als drohende und mahnende Erscheinung: Gewalt wird kommen, wenn unter den Menschen nicht eine andere Ordnung aufkommt. Unter den Schauspielern ragten heraus der Großvater: Wolfgang Gasser, das Volk: Martin Schwab, der Idiot: Urs Hefti, Felipe Vega: Johann Adam Oest und Pablo Vega: Gert Voss. Wie gesagt,

bis zur Pause eine spannende Aufführung, in der zweiten Hälfte zeigten sich Längen und Wiederholungen.
Am Schluß aber großer Beifall. Als nach unzähligen Verbeugungen der Schauspieler Peymann mit seiner Regiemannschaft auf die Bühne kam, Ovationen, und als schließlich Handke doch auf der Bühne erschien, Jubel.
Das Stück wurde also vom Publikum sehr gut aufgenommen, und Peymann berichtete, daß die folgenden drei Aufführungen ausverkauft seien, die Burg also das Stück wohl lange spielen würde.
Die anwesenden Kritiker tranken in der Pause ihre Getränke im vertrauten Gespräch. Man hatte den Eindruck, hier braue sich eine negative Stimmung zusammen. Stadelmaier zu Drescher: »Sie müssen ja das Stück gut finden, aber Sie sind doch ein Demokrat.« Anspielung auf das Reich der Ordnung, auf den König dieser Ordnung. Gert Voss spielte ihn unköniglich, gelassen, am Schluß als ein Harlekin, als weiser Narr.
Insgesamt ein großer Erfolg für Peter Handke. Tausend Leute, die Sympathie für ihn empfanden, keine Häme, keine Bitterkeit, wieder daheim in Österreich.
Anschließend Empfang im kleinen Kreis in Peymanns Büro. Der neue österreichische Bundeskanzler Klima war anwesend, und der kleine junge Staatssekretär, der von nun an für die Kultur verantwortlich sein wird. Ich konnte es gegenüber Herrn Klima nicht unterdrücken, ihm zu sagen, daß zum ersten Mal die auf Kunst und Kultur bauende Republik keinen Kulturminister habe. »Wieso?« sagte er, »jetzt haben wir einen Bundeskanzler, der dafür zuständig ist.« Wieviel Zeit wird er wohl haben?
Premierenfeier im ersten Stock der Burg. Ein glücklicher, gelöster Handke und ebenso ein glücklicher Peymann. Die Feier währte lange. Ich verabschiedete mich um Mitternacht.
9. Februar
Frühstück mit Friederike Mayröcker. Sie frühstückte aber nicht, weil sie bereits morgens um 6.00 Uhr gefrühstückt habe und keine Frühstückerin sei. Sie war rührend und liebenswürdig, brachte ein Geschenk für Ulla und für mich, das Mayröcker-»du«-Heft und ein

Mayröcker-Hörbuch, »Umarmungen« mit zwei CDs. Sie bedauerte, daß sie mich nicht zu sich einladen konnte, aber ich fände im »du«-Heft ein Foto ihres Arbeitszimmers. Es gebe dort keinen Zentimeter freien Platz. Sie könne sich auch keinen Hund halten, obwohl sie Hunde über alles liebe. »Am liebsten möchte ich ein Hund sein.« Dann aber ging es um ihr Werk, und hier zeigte sie eine sanfte Genauigkeit. Sie ist glücklich über die Publikation in der Kleinen Reihe, »das zu Sehende, das zu Hörende«. Es sei ein ORF-Auftrag. Das Manuskript liege bei Frau Borchers. Es gebe dazu eine Musik von Ernst Kölz. Er gehöre der Wiener Gruppe an, sei so alt wie sie. Nun ihre Überlegung: Dieses Hörspiel sei ja mehr eine Oper als ein Hörspiel, eine Kammeroper. Ob man keine Opernaufführung zustande brächte?

Sie hat ihre neue Prosa fertig und sitzt jetzt an der Reinschrift. Das Manuskript würde fertig im Mai 1997, umfasse etwa 350 bis 400 Seiten. Titel: »Die Korrespondenzen« (den Titel »brütt« konnte ich ihr ausreden; sie wünscht sich ein Titelbild von Óscar Domínguez, jenem spanischen Maler des Surrealismus 1924-1939). Sie hat schon das Bild, ein kleines Objekt, »Die Reisen von Georges Hugnet«. Nach ihrer Vorstellung soll dieses Opus magnum im Herbst 1998 erscheinen.

Kann man das Hörspiel »Das zu Sehende, das zu Hörende« nicht in Hörverlag übernehmen und eine CD daraus machen?

Mit Elisabeth Borchers habe sie schon des öfteren gesprochen. »Gesammelte Gedichte«, das wäre natürlich eine wichtige Sache, ob im Dünndruck oder nicht, könne sie nicht entscheiden. Nur müßte die Ausgabe sehr sorgfältig vorbereitet sein.

Es entstünde auch wieder kurze Prosa für den Bereich »Magische Blätter«. Wenn in zwei Jahren fünf Bände der »Magischen Blätter« fertig seien, wünscht sie sich eine Kassette mit diesen fünf Büchern.

Überhaupt: ihr »Gesammeltes Werk«, wann soll das erscheinen? Vielleicht zu ihrem 80. Geburtstag. Sie hat selbst die Vorstellung, daß das von ihren Leuten, die sie für den Nachlaß bestimmt hat, bearbeitet werden müsse. Sie hinterließe ihnen ein Donatum, und außerdem könnten sie ja an den Honoraren beteiligt sein oder die Honorare überhaupt erhalten.

Mit Anläufen kam sie zum Schwierigsten und Bittersten. Sie dankt für die zweite Auflage »Notizen auf einem Kamel«. Aber wie viele Bücher von ihr seien nicht lieferbar! Genau genommen fehlt von den 23 Titeln laut Gesamtverzeichnis eigentlich kaum ein Titel, aber sie kennt die Bestände von manchmal zwei oder drei Exemplaren, so daß ihr klar ist, daß gewisse Bücher doch fehlen. Wenn sie fehlen, habe sie, so meinte sie, »Jahre vergeblich gearbeitet«. Es fehlen »Reise durch die Nacht«, »Das Herzzerreißende der Dinge«, »Heiligenanstalt«, »Winterglück«, »Gute Nacht, guten Morgen«. Es fehle das »Lesebuch«, aber das sei von Frau Lindemann vielleicht zu kompliziert gestaltet. Herr Schafroth würde gerne ein neues, verständliches Lesebuch zusammenstellen. Jetzt würden ihre Bücher in mehrere Sprachen übersetzt, auch ins Italienische und Ungarische. Und deshalb: »Es sollten alle Bücher lieferbar sein.« In diesem Punkt blieb sie ganz definitiv. Ich sagte ihr, daß die »Reise durch die Nacht« doch auch als Bibliothek-Suhrkamp-Band vorliege. Auch der Titel »Das Herzzerreißende der Dinge« und die Prosa »Das Licht in der Landschaft«. Sie nahm dies letztere etwas ungläubig auf, ich versprach ihr aber eine Benachrichtigung zum Stand der Lieferbarkeit.

Dann ihr Nachlaß. Hier komme sie nicht weiter, seit Jahren nicht bestimmt seien nur die Personen, die ihr Werk betreuen sollten, aber es gebe keinen Vertrag, und ihr Anwalt, Dr. Vallenda, bringe nichts zustande. Ob wir ihr nicht einen Modellvertrag schicken könnten? Oder zumindest eine Auflistung jener Punkte, die bei einem Nachlaßvertrag berücksichtigt werden müssen. Ich versprach ihr das.

Sie äußerte sich sehr beglückt über den Nobelpreis an Szymborska. Das sei eine große Tat der Schwedischen Akademie. Freilich habe sie ganz wenig von ihr gelesen, jetzt eben unsere Bände. Das habe sie beeindruckt. Dann fragte sie nach Details der Preisverleihung. Ich spürte, daß auch sie sich wohl als Kandidatin sieht.

Das wagte sie nicht schriftlich zu formulieren. Aber auf ihrer Vorlage für das Gespräch mit mir stand in der Mitte ein einziges Wort: »Büchner-Preis«. Der würde ihr doch nun wirklich gebühren. Großartig sei es, daß so bedeutende junge Leute wie Grünbein den Preis hätten, doch nun nach Sarah Kirsch müßte sie den Büchner-Preis bekommen.

Das war alles in freundlichem, nie anklagendem Ton gesprochen. Immer wieder lobte sie den Verlag, freute sich, zu diesen bedeutenden Autoren zu gehören. Es sei ein einzigartiger Verlag. Sie freue sich, daß wir immer wieder junge Autoren brächten, und den Cavelty, »Quifezit«, möchte sie unbedingt lesen.
Auf dem Flug nach Frankfurt konnte ich das ihr und Jandl gewidmete »du«-Heft vom Mai 1995 lesen und anschauen. In der Tat, Mayröcker-Jandl: »ein ineinander verschränktes Nervensystem«. Auf den Seiten 28/29 ein Foto von ihrem Arbeitszimmer. In der Tat, hier gibt es keinen freien Platz mehr. Aber sie schrieb eine Widmung auf diese Seite: »Meinem lieben, hochverehrten Siegfried Unseld mit Dank und guten Wünschen. Hoffentlich nächstes Mal in der Zentagasse.«
Treffen mit Brigitte Mayer vor ihrem Abfluggate B2. Überraschenderweise trafen wir uns da und gingen dann in die Senatorlounge B. Wir hatten eine Dreiviertelstunde und füllten sie mit einem guten Gespräch aus. In der Tat habe es nur wenige Gedichte gegeben, die man bisher nicht erfaßt habe. Es war also eine zu schnelle Drohung oder Warnung. Sie war sehr freundlich, war sehr zufrieden mit dem Gang der Dinge um den Band »Die Gedichte«. Jetzt kämen zwei schwierige Bände mit Prosa. Und dann bat sie mich, ich möge das Honorar für Frau Schulz erhöhen. Sie habe weit mehr Arbeit geleistet, als ich das je habe denken können. Ich sagte ihr, daß das natürlich Folgen für die weitere Arbeit habe und wir ja ausgemacht haben, welches Honorar ich zusätzlich für die Editoren bezahlen könne. Sie betonte ihren besonderen Aufwand, den sie mit Hilfskräften und Fotokopien habe. Dies wolle sie mir beim nächsten Berlin-Besuch, den sie sich für bald wünsche, zeigen.
Stand des Prozesses mit der Europäischen Verlagsanstalt, d.h., der Prozeß geht weiter. Ich berichtete ihr von dem kommenden Brecht-Buch Fuegis und ebenfalls von einem möglichen Prozeß.
Dr. U./cf.
10. Februar 1997

Reisebericht Prag
11./12. Februar 1997

Dienstag, 11. Februar
Im Hotel (mit Schwimmbad und einer riesigen Fitneßanlage) erhalte ich »The Prague Post«. Auf der Vorderseite ein großes Farbporträt von Hrabal, aufgenommen in seiner Lieblingskneipe »U Zlatého tygra« (»Zum Goldenen Tiger«) im Dezember 1996. Die Überschrift (in der so typisch anglo-semantischen Kürze) enthält die Frage, die alle hier gestellt haben und die am häufigsten diskutiert wurde: »Did Hrabal jump?« Die Meinungen, auch der Freunde, sind geteilt. Die einen glauben an einen Unfall beim Taubenfüttern, die anderen verweisen auf seine beständige Lebenslust und Lebensliebe. War seine Arthritis heilbar, oder hätte sie ihn an den Rollstuhl gefesselt? War seine Depression, die ihn zweifellos in diesen Krankenhaustagen überfallen hat, auslösendes Moment für einen Selbstmord? Und jeder zitierte wohl jene Stelle aus seiner Erzählung »Die Zauberflöte«: »So oft wollte ich aus dem Fenster meines fünften Stockes springen, nicht wegen all dem, was ich erzählt habe ... Als ich dann aber las, daß Franz Kafka aus dem fünften Stock hatte springen wollen, dort, wo er gewohnt hatte ... und als ich las, daß auch Malte Laurids Brigge in Paris im fünften Stock gewohnt hatte, als ich das von diesen Stockwerken erfuhr, da verschob ich meinen Sprung aus dem Fenster.« Er hätte immer Schutzengel gehabt, die ihn dann letztlich doch abgehalten hätten. Hrabals Doktor, Pavel Dungl, Freund seit acht Jahren, sagte, Hrabal hätte nicht um ein Zimmer im fünften Stock im Bulovka-Hospital gebeten.
Wir hatten Zeit zu einem Spaziergang auf dem Altstädter Ring, dem »Herzen der Stadt«. Ich glaube, es gibt kein großes Ereignis in der Geschichte Prags, das diesen Ort nicht berührt hätte: Feierlichkeiten, Krönungszüge, Paraden, aber der Ring war auch Stätte grausamer Blutgerichte. Die herrlichen Villen und das schöne Rathaus mit der astronomischen Uhr, die ja schon fast 600 Jahre lang schlägt und die Apostel zeigt. Das Hus-Denkmal ist unübersehbar. Dann

gingen wir ein kleines Stückchen den Königsweg, Pulverturm, die Brücken, die Kleinseitner Brückengasse, herrliche kleine Gäßchen mit Häusern, die mit Zeichen und Namen versehen sind. Berühmte Architekten haben hier gewirkt. Die Nerudagasse, in der Mozart wohnte und schrieb. Natürlich konnte uns die tschechische Küche nicht entgehen, die ja noch massiver als die österreichische ist: saftige Braten, Gänse- und Entengerichte, die böhmischen Knödel und das Sauerkraut. Ich konnte beim Biertrinken ertappt werden.
Es war gut, daß Frau Susanna Roth mir die Telefonnummer von Herrn Claudio Poeta gegeben hatte (Prag 53 80 61). Ich rief ihn an. Er war äußerst liebenswürdig, gab mir Tips und sagte mir auch, daß wir am Morgen zur Krematoriumsfeier einen bestimmten Seitenweg einschlagen müßten, um überhaupt hineinzukommen.
An diesem Dienstag strahlte Prag in einem fast überirdischen blauen Himmel. Die Dachzinnen der schönen Häuser stachen scharf gegen diesen Himmel ab.
Aschermittwoch.
Es regnete. In den Zeitungen ein Hinweis auf Ort und Datum der Einäscherung: 11 Uhr Great Funeral Home, Krematorium Strašnice, Vinohradská 2254, Praha 10.
Als wir ankamen, stand eine große Menschenmenge vor der Tür des ziemlich scheußlichen Gebäudes. Wir kamen dann auf einem Seitenpfad in das Krematorium und fanden auch noch einen Platz. Hrabal hatte ja nur noch eine Schwägerin als Verwandte, die Frau eines früh verstorbenen Stiefbruders. So waren eigentlich nur Freunde vertreten. Kurz vor 11 Uhr wurden dann die Tore geöffnet, und die Leute, sprich die Besucher des »Goldenen Tigers«, strömten herein. Es war bewegend. Es war schon ein Blumenmeer und ein Meer von Kränzen da, und nun kamen die alten wie jungen Leute und legten noch eine kleine Blume nieder. Nach einiger Zeit öffnete sich der Vorhang. Eine Balustrade, wieder mit vielen Kränzen. Darunter zwei auffallende, große Kränze, hinter denen sich der Sarg verbarg. Ich konnte es nicht entdecken; waren es Rosen, waren es rosa Nelken? Die Kränze stammten vom Staatsoberhaupt Havel und vom Freund und Schriftstellerkollegen Havel, eine bedeutende Geste. Havel hat Hra-

bal mehrfach gewürdigt. Man hätte ihm auch »für unser Land« den Nobelpreis gegönnt. Dann aber kam das ziemlich Ungewöhnliche: ein kurzes Orgelspiel, und dann lief eine Kassette ab. Ich erfuhr, daß es eine Kassette aus dem Hause von Hrabal war, die man gefunden hat und die man jetzt Susanna Roth zur Erinnerung schenken möchte. Die Musik machte ich als Dvořák aus, wahrscheinlich war es aber doch Mahler. Das ging zwanzig Minuten, dann sprach einer der engen Freunde von Hrabal: František Dvořák, ganz kurz: sein Redemanuskript umfaßte eineinhalb Seiten. Ich habe leider kein Wort verstanden, aber das Ganze wirkte sympathisch. Hier starb einer, den man liebte. Und dann das Sonderbare: Aus einer Ecke kamen drei Musikanten heraus, eine Band aus der Straße oder aus dem »Goldenen Tiger«. Waren es Zigeuner? Und sie spielten aus Billy Wilders Film »Love in the Afternoon« den Text »Fascination«, der irgendwie von den Musikanten mit der »Lustigen Witwe« verbunden wurde. Für mich war es so, als erklängen hier die Melodien der »Lustigen Witwe«: »Ich habe heut' nacht getanzt, ich hab heut' nacht geliebt...« Die Band spielte noch, als der Sarg sich auf Schienen in Bewegung setzte. Unter den Klängen der »Lustigen Witwe« verschwand der Sarg im Hintergrund, und ein goldenes Tor schloß sich.
Es war alles ergreifend, traurig. Irgendwie veränderte sich in Prag etwas. Die Trauerveranstaltung im Krematorium war Sache der Schwägerin Hrabals und der Freunde. Danach lud das tschechische Kulturministerium in den »Goldenen Tiger« ein, und so betrat ich also wieder diesen Raum, von dem ich der Meinung war, es gebe ihn gar nicht mehr, und wo ich doch Hrabal zwei-, dreimal begegnet bin. Da er sich sofort füllte mit vorwiegend älteren Leuten, die alle Bier tranken, war wieder eine solche Baflerstimmung da. Das große Hrabal-Bild war mit schwarzen Fahnen umhangen. Immer wieder wurden die Hände zu ihm gehoben. Man stand auf, trank stehend das Bier, und doch war Hrabal nicht mehr da, der sonst die Wörter festgehalten hat, die in dieser feuchtwarmen Bierhöhle über den Krügen schweben.
Herr Poeta kam dann zu uns an den Tisch. So konnte er uns doch einiges übersetzen. Poeta ist seit vier Jahren Freund von Hrabal. Er

lehrt an der Universität Prag Italienisch. Mit ihm konnte man sich auf englisch unterhalten. Nicht über die Frage »Did Hrabal jump?«, das kann man wohl nie aufklären, und vielleicht soll man es auch gar nicht. Viel schwieriger die Frage, wer wird den Nachlaß verwalten, wer wird die Rechte innehaben? Ich erzählte Poeta, Hrabal habe mir gesagt, alle seine Rechte lägen bei Susanna Roth, alle, nicht nur die deutschen. Poeta meinte, das sei das beste. Aber es komme auf das letzte Telegramm von Hrabal an. Die spannendste Geschichte, die Hrabal je geschrieben habe, sei die Sammlung seiner Testamente! Es gebe unzählige. Wenn aber kein Erbe namentlich genannt sei, gingen die Rechte an den tschechischen Staat.

Herr Poeta stellte mir auch den tschechischen Verleger Hrabals vor, Herrn Václav Kadlec, ein Typ wie Harry Rowohlt, innerlich wie äußerlich, ein Unikum. Er macht seinen Verlag Pražská imaginace allein. Er wolle nur noch die Gesamtausgabe Hrabal mit zwölf Bänden abschließen, der letzte Band erschiene jetzt im März, dann höre er auf, und er schließe seinen Ein-Mann-Verlag. Ich wollte bei ihm eine solche Ausgabe bestellen, aber das ging nicht. Er murmelte etwas von Zoll und Kosten, das sei alles teurer als die einzelnen Bände. Herr Poeta will sich bemühen, mir die Ausgabe zu besorgen. Poeta sagte mir auch, daß nach 1978 die tschechischen Verlage Hrabal zensuriert haben, daß aber immer parallel auch unzensiert in Samisdatdrucken Hrabals Werk verbreitet wurde und: Herr Kadlec hätte nur Samisdatdrucke gebracht.

Nach zwei Stunden hielt ich Rauch und Bierdunst nicht mehr aus. Wir machten noch einen kleinen Spaziergang, schauten die Zeitung durch.

»The Prague Post« hatte interessante Artikel, so zum Beispiel, daß jetzt die amerikanische Außenministerin Albright endlich ihre jüdischen Wurzeln akzeptiere. Sie ist in der Nähe von Prag geboren und war von ihren Eltern als Katholikin erzogen worden. Als wir den Jüdischen Friedhof besuchten, sahen wir die »Memorial Wall« in der Synagoge. In der Mauer sind alle Namen jener Tausenden von tschechischen Juden eingraviert, die umgekommen sind. Es findet sich auch Albrights Großvater Korbel darunter.

Inoffiziell war von Deutschfeindlichkeit nichts zu spüren, aber es gab in diesen Tagen einen Gewaltangriff auf den sozialdemokratischen Abgeordneten Dostál, der die deutsch-tschechische Erklärung befürwortet. Klaus hat alle Hände voll zu tun, diese Erkärung zu verteidigen.

Zum ersten Mal ist »Playboy« an den Kiosken Prags. Sofort wurden alle 12 000 Exemplare verkauft. Auf der Gesundheitsseite konnte man die Hände jenes Chirurgen sehen, Dr. Pavel Pavko, der Havels Tumor in der rechten Lunge im Dezember operiert hatte.

Die vergebliche Deutschlandreise von Miloš Zeman wurde ausführlich kommentiert. Die Deutschen seien sehr höflich gewesen, aber keinen Zentimeter zurückgegangen. Gegen Abend fuhren wir dann zum Flughafen Na Shledanou, Praho, um noch zu einer richtigen Stunde zum Empfang Sarah Kirsch im Literaturhaus zu kommen.

Dr. U./cf

13. Februar 1997

Reisebericht Moskau
31. August bis 4. September 1997

I. Der Staatsbesuch

Sonntag, 31. August

Um 13.30 h treffen sich die Moskaureisenden im Kasino des militärischen Teils des Flughafens Berlin-Tegel. Anwesend: Mitarbeiter der Präsidialkanzlei unter Leitung von Herrn Staatssekretär Staudacher, Mitglieder des Protokolls, Bundesminister Kinkel, Waffenschmidt (später Rexroth), sechs »Sondergäste« und fünf Personen, die zur intellellektuellen Begleitung gezählt werden: der Berliner Publizist und Historiker Professor Karl Schlögel, Intendant Günther von Lojewski, Durs Grünbein, Friedrich Hitzer und ich. Der Unterschied ist, daß die Sondergäste einen Teil der Kosten trugen, während wir vom Bundespräsidialamt für Reise und Unterkunft eingeladen waren. Der Bundespräsident erklärte den Sinn des Staatsbesuches. Er wolle die schon bestehenden engen bilateralen Beziehungen und Kooperationen fortsetzen. Er wolle die Partnerschaft mit Rußland als integrierter Teil Europas fördern. Rußland habe zweifellos eine Brückenfunktion, und er wolle sich mit eigenen Augen ein Bild von den Fortschritten und Schwierigkeiten von jenem beispiellosen Umbruchprozeß machen, in dem sich Rußland befinde. Immer wieder in diesen Tager die Äußerung von Bundespräsident Herzog, Rußland sei »ein Hauptakteur auf der internationalen Bühne« und bleibe es auch. »Die Probleme der Zukunft werden wir ohne oder gar gegen diese Weltmacht nicht meistern können.«

Ich saß im Flugzeug neben dem Berliner Publizisten und Historiker Karl Schlögel. Schlögel hat ein Buch über Moskau und ein Buch über Petersburg geschrieben. Unter Kennern gelten diese beiden Bücher als exemplarische Aufklärung. Sie sind Mitte der achtziger Jahre entstanden, im Taschenbuch bei dtv. Freilich sind sie jetzt nicht mehr up to date. Schlögel ist eine sympathische, gescheite Person. Ich war mit ihm in Moskau mehrfach zusammen.

Flugdauer: zwei Stunden, zehn Minuten. Ankunft auf dem Moskauer

Militärflughafen Wnukowo-2. Begrüßungszeremonie im Flughafen. Herzog schritt mit Ministerpräsident Tschernomyrdin, der ihn empfing, die Ehrenkompanie der Luftwaffe, der Marine und des Heeres ab. Nationalhymnen. Anschließend paradierte die Ehrenkompanie vor uns Ehrengästen.
In ziemlich rasender Fahrt fuhr die Kolonne von zehn Wagen vom Flughafen in das Zentrum Moskaus. Da alle Zufahrtsstraßen und insbesondere Brücken gesperrt waren, bedeutete dies einen erheblichen Verkehrsstau für alle Verkehrsteilnehmer in Moskau.
Der Bundespräsident wohnte im Kreml, wir anderen im Hotel Baltschug Kempinski.
Montag, 1. September
Kranzniederlegungen, offizielle Begrüßung durch Jelzin. Vier-Augen-Gespräch Jelzin-Herzog. Pressetermin. Gespräche mit dem Vorsitzenden der Russischen Föderation. Nachmittags Besichtigung der Mariä-Entschlafens-Kathedrale im Kreml.
19.00 h offizielles Essen, gegeben von dem Präsidenten der Russischen Föderation zu Ehren von Roman Herzog im Georgs-Saal des großen Kreml-Palastes. Zum ersten Mal sah ich das Riesenareal, den Platz Roter Stern, die Kremlbauten, die ja charakteristisch sind für alle anderen in Rußland nachgebildeten Bauwerke. Im Erdgeschoß sammelten sich die Gäste, etwa 100 fast ausschließlich männliche Personen. Nach einer halben Stunde ging man an Soldaten, in alten, farbigen Uniformen und mit einem aufgepflanzten Bajonett ausgerüstet, vorbei die Treppe hoch zum ersten Stock. Dort begrüßten Roman Herzog und Boris Jelzin per Handschlag die Gäste. Der Georgs-Saal ist riesig, benannt nach dem höchsten Militärorden des zaristischen Rußland, dem Orden des heiligen Georg, den Katharina die Große 1769 stiftete. Verliehen wurde er »für den Dienst und die Tapferkeit«, die Namen der Träger sind in Goldschrift verewigt. An der Stirnseite des Saals auf meterhohem Relief der russische Nationalheilige Georg der Drachentöter.
Merkwürdige Sitzanordnung: In der Mitte ein Tisch für die Prominenz, die Präsidenten, die Außenminister, der Ministerpräsident und die Präsidenten der Volkskammern. Sechzehn Tische, an denen

die handverlesenen Gäste des Abends saßen, waren diagonal auf die Tafel der beiden Präsidenten ausgerichtet, also auf die Staatsführung hin zentriert. Die wenigen Frauen waren an den hintersten Tischen situiert. Man saß nur an einer Seite der Tische, so daß man einerseits keinen Gesprächsnachbarn hatte, andererseits aber eben Gelegenheit, die Prominenz zu beobachten. Wie verhalten sich die Politiker untereinander? Und es war eigentlich beruhigend, daß sehr oft ein Lachen erkennbar war. Von russischer Seite aus waren die Gäste durchaus prominent: der Ministerpräsident und seine beiden jungen Stellvertreter, der Verteidigungsminister, der berühmte Bürgermeister der Hauptstadt, Luschkow, und Mitglieder des Kabinetts.
Der Abend dauerte exakt 55 Minuten. Die beiden Präsidenten hielten ihre Reden, die übersetzt und gedruckt vorlagen, und von da an gab es hauptsächlich Toasts auf das Wohlergehen des jeweils anderen Landes. Man trank Wodka, das Glas wurde sofort bei jedem Toast nachgefüllt. Achtgängiges Menü. Die Hofkapelle des Kreml, die an eine Wiener Heurigenkapelle erinnerte, spielte Potpourri, abwechselnd russisch-deutsche Stücke, slawische Tänze, dann aber auch »Am Brunnen vor dem Tore«, »Ein Jäger aus Kurpfalz« und das »Ave Maria«. Noch bevor der Kaffee serviert wurde, standen die Präsidenten unerwartet auf, wechselten ein paar Sätze mit dem Dirigenten und verließen den Saal.
Trotz der Sitzordnung, die kein Gespräch mit einem Gegenüber ermöglichte, kam dann doch ein kleines Tischgespräch auf. Rechts von mir saß einer der Vizepräsidenten der Duma. Er erklärte mir sogleich, er sei kein Kommunist, aber ich habe die Partei, die er vertritt, nicht verstanden. Er fragte mich, wie ich über das Krenz-Urteil denke. Ich sah keine Veranlassung, meine wirkliche Meinung im Ausland dazu zu sagen, sondern betonte den Versuch des Gerichts, objektiv zu sein. Der Richter habe eine kluge Begründung gegeben. Dann fragte ich ihn, ob es ihm wohl recht wäre, wenn man die Verteidigungslinie von Krenz anerkannt hätte. Er verstand das nicht, denn darüber wurde in den Moskauer Zeitungen und im russischen Fernsehen nicht gesprochen. Ich fragte ihn, ob es Rußland recht sei, wenn man Krenz' These akzeptieren würde, daß der Schießbefehl letztend-

lich nicht von der DDR, sondern von Moskau ausgegangen sei. Er fand das ungeheuerlich.

Dienstag, 2. September

Kranzniederlegung. Gespräche mit dem Verfassungsgericht. Eröffnung des Deutschen Hauses im Deutschen Handels- und Industriezentrum. Gespräch mit Wirtschaftlern.

Nachmittags die Diskussion, die angekündigt war: Neue Impulse und neue Perspektiven der deutsch-russischen Kulturbeziehungen. Russische Teilnehmer: Andrej Georgewitsch Bitow, Anatoli Ignatjewitsch Pristawkin, Lew Rubinstein, Maja Turowskaja und Sergej Iwanowitsch Tschuprinin.

Die Teilnehmer hatten sich am Tage zuvor in der deutschen Botschaft getroffen und erste Gedanken für dieses Gespräch ausgetauscht, aber es war dann doch, als die Scheinwerfer kamen und die Kameras liefen, etwas anders als vorgesehen. Der Bundespräsident begrüßte, er wolle zuhören und lernen. Der eitle und selbstgefällige Moderator Günther von Lojewski, Intendant des Rundfunks Berlin, ließ zunächst die russischen Teilnehmer sprechen. Die redeten viel zu lange, jammerten und klagten, hoben hervor, daß sie noch nie den russischen Präsidenten gesehen hätten, der mit Schriftstellern spreche. Die Gesprächsrunde stellte jedoch einhellig das besondere Interesse Deutschlands an Rußland und Rußlands an Deutschland fest. Es gebe ein gemeinsames historisches Schicksal als »verspätete Nationen« mit den Erfahrungen von Krieg und Totalitarismen. Eindeutig wurde festgestellt, daß das Interesse am Deutschen und an der deutschen Sprache zurückgegangen ist. Englisch sei jetzt die erste Sprache. Man war sich aber auch darüber im klaren, daß sich das u. U. wieder ändern würde. Mein Monitum: wir wollen ja keinen Einfluß der Politik auf Kultur, aber es sei ungeheuer wichtig, Sprachen zu lernen, und das könnte nun eine Aufgabe der Politiker sein, Rahmenbedingungen zu schaffen, daß Sprachen gelehrt werden können. Also Förderung der Goethe-Institute.

In einer zweiten Gesprächsrunde machten die deutschen Teilnehmer dann kurze Vorschläge. Friedrich Hitzer möchte einen Preis für Lew Kopelew gründen, der das Bewußtsein für die historischen

Kontakte mit Rußland wiederbelebe. Günther von Lojewski wandte sich an mich: er nähme doch an, daß das Suhrkamp finanziere. Und dann schlug Herr Hitzer vor, ein Denkmal zu errichten für den Dichter und Diplomaten Fjodor Tjutschew, der lange Jahre in München gelebt habe. Bitow drückte die Hoffnung aus, Rußland möge von der deutschen Erfahrung mit der Vergangenheitsbewältigung lernen, welche in Rußland vermieden wird. »Unsere Schwierigkeiten und unser Schmerz dienen als Rechtfertigung für alles«, sagte Bitow, »doch es ist klar, daß diese Haltung in eine Sackgasse führt.«
Ich machte meinen Vorschlag für einen Weg aus der ganz allgemein empfundenen Unübersichtlichkeit der Produktion in Rußland und der Produktion in der Bundesrepublik. Wir wissen nicht, welche wichtigen neuen Autoren und Bücher erscheinen, und die Russen erfahren nicht, was die deutsche und deutschsprachige Literatur an Wichtigem aufzuweisen hat. Deswegen schlug ich die Einrichtung eines kleinen Dreiergremiums von beiden Seiten vor. Man sollte von beiden Seiten zehn Titel vorschlagen, das deutsche Gremium könnte vielleicht in der Berliner Akademie angesiedelt sein (ich habe darüber mit György Konrád telefoniert). Wir müßten dann sichern, daß Inter Nationes die Finanzierung der Übersetzung übernimmt, und dann sollten wir hergehen und Sponsoren für eine erste Auflage von 5000 Exemplaren finden (Herstellungskosten äußerst niedrig, für einen 300-Seiten-Roman ca. DM 2,–).
Der Vorschlag wurde sowohl vom Bundespräsidenten als auch von dem russischen Kritiker und Schriftsteller Tschuprinin wohlwollend aufgenommen. Der Bundespräsident wünschte, daß die Gespräche fixiert werden sollen; das will Herr von Lojewski übernehmen. Und dann kam er auf mich zu und bat mich, daß ich den Druck übernehmen sollte.
Anschließend Empfang an der deutschen Botschaft.
Das gab Gelegenheit, mit Andrej Georgewitsch Bitow zu sprechen. Es liegt uns ja ein Manuskript von ihm vor, seine Puschkin-Essays. Er überläßt uns die Titelformulierung, weil ich gewisse Bedenken gegen den Titel »Puschkin und Hase« hatte. Wir könnten aber auch »Das Lachen von Puschkin« als Titel wählen. Was ihm wichtig war:

er besteht auf Illustrationen des Malers Reso Gabriadse, und er möchte auch eine bestimmte Buchform haben. Ich bat ihn, er möge mir einen Brief schreiben, in dem er seine Wünsche dezidiert vorträgt. Immer wieder kam er darauf zurück, welches Honorar wir seinem Agenten gezahlt hätten. Er berichtete auch, daß »Nowy Mir« sein Buch über Puschkin als das »beste Buch über diesen Autor« bezeichnet habe. Er besteht auch auf der Übersetzerin Rosemarie Tietze.
Maja I. Turowskaja, eine der bekanntesten Film- und Theaterexperten in Rußland. Darstellung der Analyse der deutsch-russischen Geschichte, die in Form der Ausstellung »Berlin–Moskau« präsentiert wurde. 1995: Alexander-von-Humboldt-Preis, 1997: Preisträgerin des Deutsch-Russischen Forums in Moskau. Sie erzählte mir, daß neue Briefe Lenins gefunden wurden: Das hat sie auch Herrn Hitzer erzählt. Herr Hitzer wird mir in dieser Sache schreiben. Das Anliegen von Frau Turowskaja: sie regt eine Familiensaga Tchechow an. Es käme ja bald im Jahre 2004 der 100. Todestag von Tschechow, und es seien nun neue Dokumente gefunden worden von Olga Tschechowa, geborene Knipper. Sie schlägt vier Werkbereiche vor:
1. ein Buch über die Familie Tschechow,
2. ein Buch über Tschechow und Knipper, das würde sie selber schreiben,
3. Briefwechsel Tschechow–Knipper,
4. Briefwechsel Maria Tschechowa und Knipper.
Das könnten internationale Lesebücher werden. Es wäre die Geschichte der größten russisch-deutschen Familie.
Gespräch mit Jewgeni Pasternak, Sohn des Schriftstellers. Er habe vor sieben Jahren an den Suhrkamp Verlag, zu Händen von Dr. Martini-Wonde, ein Manuskript über Pasternak geschickt. Die Rechte lägen bei Gallimard, dort seien auch die Memoiren erschienen. Ich möchte doch bitte nachsehen, was aus diesem Manuskript geworden ist. Herr Pasternak gab mir seine Adresse.
Gespräch mit Tschuprinin. Er fand meine Anregung der Gründung eines kleinen Komitees für sehr wichtig, denn es sei erstaunlich. Es würden meist die falschen russischen Bücher in Deutschland übersetzt und veröffentlicht. Tschuprinin ist der Chefredakteur der Lite-

raturzeitschrift »Snamja«. Alles, was in Deutschland erschiene, sei »zufällig«. Diese Autoren genössen in der Heimat keinesfalls Autorität. Anbei die Adresse von Tschuprinin.
Langes Gespräch mit Kahn-Ackermann, Leiter des Goethe-Instituts Moskau. Er erwähnte eine große Möglichkeit, deutsch-russische Kulturbeziehungen zu feiern. Das sei 1999, Goethes 250. Geburtstag und Puschkins 200. Geburtstag. Er hatte beim Vorgespräch beklagt, daß die deutschen Verleger keine Ahnung von der Bedeutung Puschkins hätten. Ich warf hier ein: »read and see.« Darüber sprachen wir dann am Abend in der Botschaft. Ich erzählte ihm, daß wir im Insel Verlag eine Ausgabe sämtlicher Gedichte von Puschkin in der Übertragung von Michael Engelhard planen. Er fragte sofort »Einsprachig oder zweisprachig?« Ich habe die Entscheidung, diesen 1000-Seiten-Band einsprachig zu bringen, ja vor meiner Reise nach Moskau getroffen. In Moskau, nach den Gesprächen mit Kahn-Ackermann und den anderen russischen Schriftstellern bin ich in meiner Entscheidung wankend geworden. Vielleicht sollten wir doch ein Zeichen setzen (natürlich wäre dieses Zeichen hoch zu bezahlen) und den Versuch machen, die Ausgabe zweisprachig zu bringen. Das wird nicht nur ein technisches Problem sein, wie man einen kyrillischen Text in Deutschland druckt; vor allen Dingen gibt es ja keine Ausgabe mit dem gesicherten originalen russischen Text. Ich meine, das müßten wir nun doch neu bedenken und neu untersuchen.
Am letzten Morgen Gespräch mit Olgert Libkin, dem Verleger von Tekst Publishers. Er erzählte mir den Grund für die katastrophale Lage des russischen Verlagswesens: Übergang von den großen Staatsverlagen zu Privatverlagen. Es gebe 10 000 neue Verlagsgründungen, aber die Hälfte dieser Gründungen würden nach einem Jahr eingehen, oder man schließe Verträge ab und erfülle sie nicht. Das Hauptproblem: alle literarischen Bücher dürfen nicht über 10 000 Rubel, das sind DM 3,–, kosten (Ausnahme: Coffee-Table-Book). Das sei so in Rußland, und dies könne man nicht ändern. Auch Theater und Film seien so billig. Man müsse an den Buchhandel 33 1/3 Prozent Rabatt geben, also der Verleger erhielte einen Nettopreis von DM 2,–, und das sind nun exakt die Produktionskosten.

Wie sollen da die anderen Kosten, Honorar, Übersetzung, Vertriebskosten, Gehälter, Steuern, zu bezahlen sein? Also ist praktisch jedes Buch ein Verlustbringer.
Herr Libkin wies mich auf ein, wie er sagte, wichtiges Buch für den Jüdischen Verlag hin: Irina Grekowa, 90 Jahre alt, »Geschichte einer russischen Familie« von 1915 bis zu Stalins Tod. Es seien etwa 250 Seiten, die Rechte lägen bei ihm. Er will mir ein Exemplar schikken.
Ich sprach ihn dann auf ein Problem an. Seit 1973 müssen die russischen Verleger Tantiemen bezahlen. Ausgenommen und in public domain befindlich alle Werke bzw. Übersetzungen, die vor 1973 erschienen sind. Aber ich habe den Eindruck, und dieser Eindruck wurde mir auch bestätigt, daß die russischen Verlage ungeachtet dieses Datums unerlaubt Hesse drucken. Wir sollten versuchen, eine Liste der Hesse-Publikationen zu erreichen. Dies ginge durch die Russische Nationalbibliothek. Dem Problem müssen wir unbedingt nachgehen.
Der Bundespräsident fuhr dann mit seiner Delegation am Mittwoch, dem 3. September, nach Samara. Ich machte diesen Teil der Reise dann nicht mehr mit.
Insgesamt meine ich, daß der Bundespräsident mit diesem Staatsbesuch zufrieden sein kann. Er fand in herzlicher Atmosphäre statt, und die beiden Präsidenten, immer eingedenk der Mitwirkung von Helmut Kohl, waren sich sicher, daß die beiden Staaten eine gute Zukunft hätten.
Beim Abflug auf dem Moskauer Internationalen Flughafen kam ich in Schwierigkeiten. Polizisten forderten meine Brieftasche und entdeckten DM 1200,–. Nun war das Problem, daß ich dieses Geld bei der Einreise nicht angegeben hatte, weil wir ja zeremoniell empfangen wurden und unsere Pässe pauschal abgestempelt wurden. Ich verstieße gegen die russischen Gesetze, sagte mir der Polizist, und hielt mich zehn Minuten fest. Ich traute mich nicht, ihm DM 100,– als Bestechung anzubieten. Schließlich rettete mich aber die in ausschließlich russischer Sprache abgefaßte Eintrittskarte zu dem Abendessen mit Boris Jelzin im Kreml. Als letzter betrat ich das Flugzeug.

II. Die Stadt Moskau

Ich müßte jetzt einen ganz neuen Bericht schreiben. Diese Stadt hat mich sehr beeindruckt, und ich teile die Meinung derer, die sagen, in fünf, in jedem Fall in zehn Jahren sei Moskau die Metropole der Welt. Es würde das New York für die kommende Generation. Imponierend der Kreml mit seinen Museen, Kathedralen, Türmen. Alles ist ja repräsentativ für Rußland. Interessant die staatliche Rüstkammer im Kreml, der große Kremlplatz, der Kathedralenpalast. Besondere Besichtigung der Mariä-Entschlafens-Kathedrale, der größten und geschichtsträchtigsten unter den Kreml- Kathedralen. Hier wurden Fürsten, Großfürsten und Zaren gekrönt, Metropoliten und Patriarchen inthronisiert und beigesetzt. Vorbild für alle Kathedralenbauten in Rußland. Der Name Entschlafens-Kathedrale bezieht sich auf das am 15. August gefeierte Fest »Entschlafen unserer aller heiligen Herrin, der gottesgebärenden und immerwährenden Jungfrau Maria«. Dem entspricht in der katholischen Kirche das Fest Mariä Himmelfahrt.

Ich bin zweimal mit einer kleinen Gruppe zu Fuß unterwegs gewesen Das war nicht immer ganz einfach, weil Teile insbesondere des Kremls und seiner Umgebung zur Vorbereitung der 850-Jahr-Feier abgesperrt waren. Was wir aber sahen, in der Einkaufsstraße, in einer kurzen Fahrt in der Metro, beim Besuch des Gum-Kaufhauses, war ungeheuer beeindruckend. Der Oberbürgermeister Luschkow ist eine ungemein dynamische Persönlichkeit. Natürlich rechnet er sich Chancen auf ein anderes Amt, im Kreml, aus. Er will jetzt mit einer pompösen Schau den Aufstieg der Stadt zur Weltstadt dokumentieren und feiern. Ein Kritiker schrieb: »Moskau ist die Lokomotive des Landes, und der Lokomotivführer heißt Luschkow.« Moskau boomt, das ist keine Frage. Und Luschkow macht Ungewöhnliches. Stalin hatte die Christ-Erlöser-Kathedrale abreißen lassen, weil sie ihn zu sehr an die Zaren erinnerte. Er wollte hier einen monströsen Parteiturm errichten, doch es stellte sich heraus, daß die Statik an der Moskwa dies nicht zuließ. Also errichtete er dort ein Schwimmbad für die Moskauer Bevölkerung. Jetzt ließ Luschkow das Bad schließen und errichtete wieder neu und maßstabs- und material-

getreu die alte Christ-Erlöser-Kathedrale. Sie soll zur 850-Jahr-Feier fertig sein.
»Der Spiegel« brachte einen Bericht zur Feier und überschrieb dies mit »Hauptstadt der Ellenbogen«. Daran ist etwas Wahres, schon allein der Verkehr ist wirklich catch as catch can. Luschkow hat ein eigenartiges Prinzip der Finanzierung seiner Vorhaben eingerichtet. Ausländische Firmen reißen sich um Sponsorenverträge mit der Stadt, und wer ein Haus kaufen möchte, erhält ein zweites dazu geschenkt mit der Bedingung, dies zu renovieren und der Stadt zur Verfügung zu stellen. Schwer zu entscheiden: sind die Wirtschaftsbosse Wirtschaftsbosse, oder gehören sie der Mafia an. Jedenfalls hat Mercedes seinen gepanzerten 500er Wagen nach Moskau in der Zahl verkauft, in der dieser Wagen in ganz Europa aufgenommen wird.
Jedenfalls: Moskau boomt, Moskau entwickelt sich. Hier wächst etwas Neues heran. Es war also gut, Anton Tschechows Aufruf zu folgen, mit dem er den zweiten Akt seines Theaterstücks »Drei Schwestern« enden läßt: »Nach Moskau! Nach Moskau!«
Dr. U./cf
8. September 1997

Reiseberickt Moskau 14.-18. Dezember 1997

Moskau zum zweiten Mal: diesmal nicht in der offiziellen Begleitung eines Staatsbesuches, sondern »privat«: Ulla Berkéwicz' Roman »Engel sind schwarz und weiß« ist in russischer Sprache im Text Verlag erschienen. Unser Besuch diente der Präsentation des Buches und parallel dazu Gesprächen mit russischen Verlagsleitern, die das Goethe-Institut organisiert hat.
Moskau zum zweiten Mal, was war anders? Keine offiziellen Veranstaltungen, keine Fahrten im Konvoi mit schwarzen Limousinen, aber immer noch privilegiert, Abholung durch die deutsche Botschaft, Fahrten mit Wagen und Chauffeur.
Doch was war anders? Die Kälte. Wir erlebten mit den Moskauern die kältesten Tag- und Nachtzeiten in diesem Jahrhundert: 34° minus in der Nacht, 28° minus am Tag.
Wir kamen Sonntag abend an, Herr Kahn-Ackermann brachte uns mit dem ACT Publisher Andrej Gertsev zusammen; er führte uns in seinen Verlag und seine Galerie und lud uns zum Abendessen in das Luxusrestaurant Metropol ein.
Als Kahn-Ackermann uns ins Hotel brachte, fuhren wir an der einzigen noch in Moskau bestehenden Karl-Marx-Statue vorbei (später sollte man uns sagen: »Karl Marx is near by Metropol«).
Montag, 15. Dezember
Bei 28° minus zwei Stunden im Kreml gewandert. Die ursprüngliche Befestigung des Kremls war in Holz, doch die Tataren hatten diese niedergebrannt, und so wurde 1367 der Kreml aus Stein errichtet. Wir besichtigten den Borowitzkij-Torturm, gingen am großen Kreml-Palast vorbei (in dessen Georgs-Saal ich im September das Staatsessen im Kreml hatte), wir besichtigten die Mariä-Verkündigungs-Kathedrale, die Mariä-Gewands-Niederlegungs-Kathedrale, die Mariä-Entschlafens-Kathedrale, sahen die Zarenglocke, doch nach den zwei Stunden drang die Kälte in uns ein.
Am Nachmittag, 15 Uhr, das Gespräch mit 25 russischen Verlagsleu-

ten, um 17 Uhr Ullas Lesung im Goethe-Institut, abends um 20 Uhr das Abendessen bei dem Pressechef der Botschaft, Tatiana und Rainold Frickhinger.

Dienstag, 16. Dezember

Noch einmal Wanderung, diesmal am Roten Platz, neben dem Kreml. Es ist einfach der zentrale Platz von Gesamtrußland. Alle politischen Ereignisse seit Ivan III. fanden hier statt – Versammlungen, Demonstrationen, Festzüge. Der Name des Platzes »Krasnaja Ploschtschad« kam im 17. Jahrhundert auf; im Altslawischen bedeutet »Krasnaja« sowohl schön wie rot, da Rot als schöne Farbe galt. Die Bezeichnung Roter Platz hat sich dann im 20. Jahrhundert durchgesetzt. Hier fanden auch öffentliche Hinrichtungen statt, vom Roten Platz aus eroberten die russischen Heere den Kreml von den Tataren zurück. Am Ende des Zweiten Weltkriegs wurden die Flaggen der deutschen Wehrmacht vor dem Lenin-Mausoleum zusammengetragen und verbrannt. Jeweils am 7. November, dem Tag der Oktoberrevolution, fanden die großen volksfestartigen Militärparaden und Aufmärsche der Arbeiterschaft statt.

Bei meinem ersten Besuch war das Lenin-Mausoleum wegen irgendwelcher Reparaturen geschlossen. Seit neuerem sind die Schlangen vor dem Mausoleum kürzer geworden: Als wir an diesem kalten Vormittag da waren, waren es nur einzelne Leute, aber wir mußten alle in die Platzsperrungen für Schlangen eintreten, bevor wir die klimatisierte Gruft des Mausoleums besuchen konnten. Dann, zwei Stockwerke tiefer, vorbei an ernst, streng blickenden Soldaten, die nicht angesprochen werden durften. Ich mußte meine Mütze abnehmen, Ulla ihre Hände nach unten richten, an jeder Ecke ein Wachsoldat. Doch die mit viel Pomp zelebrierte Wachablösung als Ehrenwache gibt es nicht mehr. Lenin war am 27. Januar 1924 nach den offiziellen Trauerfeiern zunächst in einem provisorischen Holzmausoleum beigesetzt. Diesen jetzigen Bau gibt es sei 1930, mit riesigen Ehrentribünen rechts und links, errichtet an der höchsten Stelle des Roten Platzes. Der Bau ist in dunkelrotem Granit ausgeführt und erhebt sich stufenartig über einem Eisenbetonsockel. Ein Trauerfries aus schwarzem Labradorstein umzieht den ganzen Komplex.

Im Halbdunkel die klimatisierte Grabkammer. In einem gläsernen Sarg ist der in einen dunkelblauen Anzug gehüllte Leichnam Lenins einbalsamiert aufgebahrt. Früher durfte man nicht stehenbleiben beim Rundgang um den Sarg. Lenin wirkt, als würde er schlafen. Zwei weitere Etagen tiefer sind, über Jahrzehnte hinweg, vier Leute mit nichts anderem beschäftigt, als die Einbalsamierung mit enormem technischen Aufwand auf den letzten Stand zu bringen, und überhaupt damit, den Leichnam zu erhalten; angeblich sind ja nur noch Kopf und Hände »original«.
Wenn man das Mausoleum verläßt und auch nicht auf direktem Weg zurückgeht, muß man hier an den letzten Ruhestätten herausragender Persönlichkeiten vorbeigehen: Stalin, Breschnew etc.
Am Abend Ullas Lesung in der Residenz des deutschen Botschafters.
Mittwoch, 17. Dezember
Moskaubummel. Die Hauptstraße, Arbat, die neu geschaffene Straße, Neu-Arbat, und dann die Basilius-Kathedrale, und als wirkliches Erlebnis das Donskoj-Kloster. Es ist kastellartig, sieben Kirchen mit zwölf Türmen, und war lange Jahrzehnte, jahrhundertelang ein wichtiger Posten im Verteidigungsring, mit dem sich dieses Wehrkloster gegen die eindringenden Tataren wehrte. Einzigartig die Lage mit den vielen Kirchen und dem parkähnlichen Friedhof, auf dem berühmte Russen beigesetzt sind.
Abends Besuch mit russischen Freunden in einem erst vor vier Wochen errichteten ukrainischen Restaurant, wahrscheinlich einem der teuersten Plätze. Das Restaurant zieht sich über Stockwerke hinweg; man kann von den sich viele Stockwerke erhebenden Terrassen auf ein ukrainisches Dorf herunterblicken, in dem es Esel, Schafe, Hühner gibt, die von einer Bäuerin in ukrainischer Landeskleidung betreut werden.
Zur Lesung von Ulla Berkéwicz
Die erste Lesung vor Germanisten und deutsch sprechendem Publikum im Goethe-Institut, die zweite Lesung dann in der Residenz des deutschen Botschafters mit ausführlicher Lesung durch die russische Übersetzerin.

Bei einer dreistündigen Diskussion im Goethe-Institut und auch im Anschluß an die Lesung in der Residenz wurde in dem Gespräch vor allem den russischen Autoren klar, daß es drei Punkte gibt, die für das Publikum bzw. für die Autoren interessant, wichtig und nachahmenswert sind.

Erstens: in dem Roman »Engel sind schwarz und weiß«, der im russischen Tekst Verlag erschien, gibt es eine Konfrontation, eine Aufarbeitung der Vergangenheit – etwas, das in dieser Weise in Rußland kein Autor macht.

Das zweite: der Mut zu sagen, ich hatte eine jüdische Großmutter, die im KZ war – niemand würde so etwas in Rußland sagen. Herr Libkin vom Tekst Verlag hatte es ursprünglich abgelehnt. Man war überall erstaunt, wenn Ulla Berkéwicz sagte: »Meine Familie ist jüdisch.« So etwas sagt man nicht in Rußland.

Und das dritte: Irgendwie betreibt man in Rußland keine Aufarbeitung der Vergangenheit. Es findet eine riesengroße Verdrängung statt. Man will einfach keine Leiche im Keller des Sozialismus verspüren müssen.

Die Lesungen von Ulla Berkéwicz wurden mit großem Interesse und mit – allerdings nach Zögern – anschließendem Beifall bedacht. Vielleicht ist hier wirklich gelungen, etwas anzurühren, an das die Russen noch am wenigsten gedacht haben, nämlich: »Sollten wir nicht doch vielleicht einmal unsere eigene Vergangenheit aufarbeiten?«

Mittwoch vormittag waren wir zu Besuch im Tekst-Verlag. Etwas an den Rändern von Moskaus Norden, in einem sehr schönen Häuserblock das Haus mit enorm dicken Mauern, die wahrscheinich im Sommer eine angenehme Kühle, jetzt aber die Kälte der Nacht (–36°!) ebenfalls bewahren. Ich habe selten in meinem Leben so gefroren wie in dieser Stunde dort im Verlag. Der Verlagsleiter Olgert Libkin führte uns durch die paar Räume des Verlages, die Bücher waren gestapelt; unten waren die Bücher für eine Art Buchhandlung ausgelegt (»Lem« konnte ich sehen), die Bücher wahnsinnig billig, 3,– DM oder 4,– DM, darüber kann man kein Buch mehr verkaufen. Die Mitarbeiter des Verlages hatten ein Mittagessen gekocht – rührend, ein echtes russisches Mahl (mit einer Art Ravioli). Wir zogen unsere gefütterten Jacken an, nahmen Decken, Kissen; es blieb eisern kalt, fast hatte ich den Eindruck erfrorener Füße. Dann kam die erste Flasche Wodka ... und danach die zweite, und der Körper war erwärmt! Libkin erzählte mir, vielleicht auch etwas unter Wodka-Einfluß, immer wenn er 1 Million (DM oder Rubel) Umsatz mache, müsse er 1 Million Unkosten ausgeben, aber das Groteske: dann stünde schon der Steuereintreiber bereit. Zwar gäbe es in Rußland keine Mehrwertsteuer für Bücher, aber alle Russen müßten Steuern zahlen, so zur Erhaltung der Straßen, zur Beleuchtung Moskaus; jedes Ministerium erfände irgendeine Steuer, um sich erhalten zu können.

Ganz seltene Gespräche mit »normalen« Russen. So die Bodyguards unserer Bekannten, der eine nannte den wahnsinnig aktiven Bürgermeister Luschkow einen Zivilisationsgangster, der alles für die Zivilisation macht, ohne Rücksicht auf Verluste oder Legitimation. Das Ganze sei eben »russki-paradox«. Russki-paradox ist das Leben dort: Jelzin löste den Vorsitzenden seines Anti-Korruptionskomitees ab, weil dieser korrumpiert wurde, und er versetzte ihn, befördert zum Leiter des Diamant-Büros!

Russki-paradox: Vis-à-vis der deutschen Botschaft die schwedische Botschaft, ein Botschaftsangehöriger wurde von einem Kriminellen als Geisel genommen, die Geisel wurde von den Militärs der Anti-Terrorismus-Gruppe ausgetauscht mit einem Obersten, und dieser wurde von den eigenen Leuten erschossen ...

Russki-paradox: Ich hatte bei der Einreise angegeben, 1500,– DM zu haben; als ich ausreiste, hatte ich noch 200 DM, weil man ja nicht mehr als 500 DM ausführen darf. Ich sollte nachweisen, was ich in vier Tagen mit 1300 DM gemacht habe.

Russische Autoren

Andrej Bitow kam nicht in die Botschaft. Ich habe wohl versäumt, ihn persönlich einzuladen. Anwesend waren Pjotr Aleschkowski und Valeria Narbikova; beide sehr freundlich, Narbikova schreibt wieder an einem neuen Text, Aleschkowski sehr freundlich und erinnert sich gern an den Besuch in Frankfurt.

Gespräche mit Verlegern
Herr Kahn-Ackermann legte großen Wert darauf, mich mit Herrn Andrej Gertsev von ACT Publishers zusammenzubringen, er ist wahrscheinlich der einzige Verleger, der ein gewisses Vermögen besitzt und der mit seinen Büchern auch wirklich Geld machen kann, aber es ist ein merkwürdiger Mann. Er lud uns zum Abendessen ein, ins Luxushotel Metropol, und monologisierte fast den ganzen Abend. Es kamen dann immer wieder Sätze vor wie: In fünfzig Jahren würde sein Verlag so bedeutend sein wie Suhrkamp, aber es sei unglaublich, wie Suhrkamp mit diesen Büchern Geschäfte machen könnte. – Er macht seine Geschäfte in folgender Weise: Er leiht anderen Verlagen Geld, die Verlage produzieren dann eine Auflage von 2000 Exemplaren, sie verkaufen nur einen Teil davon, weil fast alle Verlage über kein Vertriebssystem verfügen, außer in den Hauptorten Moskau und Petersburg. Herr Gertsev übernimmt dann von diesen Verlagen die Restauflage und verkauft sie über ein Vertriebsnetz, das er aufgebaut hat, auch in anderen Orten Rußlands. Er hat jetzt in einer 1-a-Lage Moskaus eine Galerie eingerichtet, und er will nun mit moderner Kunst seine Geschäfte machen. Wie gesagt, ich habe nicht den Eindruck, daß Herr Gertsew irgendwelche inhaltlichen Vorstellungen hat, jedenfalls kam das einen Abend lang nicht zum Ausdruck.
Im Goethe-Haus trafen sich dann die Verlagsleute, Herr Kahn-Ackermann hat vierzig Verlage angeschrieben, etwa die Hälfte kamen: Denis Wesselow (Asbuka, St. Peterburg), Natalija Medwedewa (Progress), Grigorij Erizjan (Slovo), Alexander Iwanow (Ad Marginem), Jurij Sdorowow (Medium), (Ves Mir), Alexander Petrosjan (Enigma), Wassilij Danilenko (Forum) Alexander Poljakow (Respublika), Sergej Artjichow und Larissa Zakovorotnaja (Sabaschnikow), Arkadij Petrow (Chudoshestwennaja Literatura), Alexander Schatalow (Glagol), Alexander Michailow (Solo), Andrej llnizkij (Agraf), Pjotr Aljoschkin (Golos), Olgert Libkin (Tekst), Jurij Maissuradse (Expert).
Ich sprach eine Zeitlang über Geschichte und Entwicklung des Suhrkamp Verlages, dann berichtete ich von der Unübersichtlichkeit

deutsch-russischer Literaturbeziehungen, erörterte meinen Vorschlag, den ich bei meinem ersten Moskau-Besuch gemacht habe: Ein kleines Gremium, etwa drei Leute, Autoren, angesiedelt unter Leitung von György Konrád in der Berliner Akademie, sollte drei Jahre hintereinander je zehn wichtige zeitgenössische Bücher nennen, die ins Russische übersetzt werden sollten. Wir würden dann mit Inter Nationes für Übersetzungssubventionen sorgen und uns auch bemühen, weitere Subventionen bzw. Druckkostenzuschüsse aufzubringen. Wichtig wäre, daß auch die russische Seite ein solches Vorschlagsgremium aufbrächte.
Bei der nachfolgenden Diskussion wurde viel darüber gesprochen. Der Plan wurde gutgeheißen. Es wurde dann auch über den Zusammenfall des 250. Geburtstags Goethes und des 200. Geburtstags von Puschkin gesprochen. Ich hatte it 2000, die Auswahl der 100 Gedichte Goethes, vor mir und habe vorgeschlagen, ob es nicht einen Verleger gäbe, der interessiert wäre, diese Auswahl zu übernehmen und die russischen Übersetzungen dazuzubringen, also eine zweisprachige Ausgabe. Vielleicht könnte ein russischer Verleger eine Auswahl von 100 Gedichten Puschkins bringen, die wir dann ebenfalls zweisprachig bringen werden (ich finde übrigens die Idee gar nicht schlecht, daß wir versuchen sollten, zu Goethes Geburtstag möglichst einige zweisprachige Ausgaben anzuregen; freilich werden nicht alle Gedichte des Bandes in fremde Sprachen übersetzt sein).
Wir diskutierten zwei Stunden. Es meldete sich auch der Leiter des Verlags Slovo, Grigorij Erizjan, der bereit wäre, Goethe zu übernehmen und eine zweisprachige Ausgabe zu bringen. Anschließend meldete sich dann der Autor Juri L. Elperin bei mir. Elperin machte mich auf den sibirischen Autor Viktor Astafjew aufmerksam. Er habe ein bedeutendes Werk geschrieben, »Der Königsfisch«, 400 russische Buchseiten. Alle, mit denen ich sprach, Germanisten, Verleger, Autoren, schätzen Astafjew ganz hoch ein, freilich, ein großer Zweifel herrscht, ob dieser Roman, dessen Handlung in einem sibirischen Dorf spielt, heute noch lesbar sei. Herr Elperin hat mit der Übersetzung des Buches »Der Zarfisch« für den Verlag Parabel, München, begonnen. Dort ist 1978 Astafjews Roman »Ilja Werstakow« in

seiner Übersetzung erschienen. Der Parabel Verlag ging ein, und er hat seine Ubersetzung nicht weiter fortgeführt. Dies wäre also zu prüfen.
Astafjew ist im Mai dieses Jahres für sein Gesamtwerk mit dem Puschkin-Preis ausgezeichnet worden. Herr Elperin gab mir einen Auszug aus einem der ersten Kapitel der Sibirien-Saga.
Bei der Einladung in der Residenz habe ich mit folgenden Autoren gesprochen:
Pjotr Aleschkowski, Boris Chlebnikow, Andrej Dmitriew, Timur Kibirow, Valeria Narbikova, Ekaterina Sadur, Wladimir Sorokin.
Ekaterina Sadur war mit ihrer Tochter anwesend. Frau Sadur ist Lyrikerin und Dramatikerin, überall sehr geschätzt. Die Tochter habe, obwohl noch sehr jung, fünf Bücher geschrieben, die in Leipzig erschienen sind. Übersetzerin der Tochter ist Dr. Hannelore Umbreit, Institut für Übersetzungswissenschaft Universität Leipzig. Ich habe die Adresse von ihr mitgebracht. (Ich bitte Herrn Irlenkäuser, sich mit Frau Umbreit in Verbindung zu setzen, um zu erfahren, wo die Bücher erschienen sind, dann vielleicht die Bücher prüfen. Mir hat die junge Dame einen sehr guten Eindruck gemacht.)
Valeria Narbikova drückte mir einen neuen Text in die Hand. Es soll sich hier um einen Essay handeln.
Frau Kukulin vom Progress Verlag Moskau überreichte mir ihre Rezension von Adolf Muschg, »Leib und Leben«.
Ich brachte auch zwei Vorlagen mit, wie ein Informationsbulletin für Rußland aussehen könnte. Dieses »New Books in German« gab mir Katja Heyser (Bibliothek des Goethe-Instituts).
Die Kunsthistorikerin Maja Turowskaja drückte mir ihr Projekt »The Chekhovs« in die Hand.
Ich habe drei Bücher mitbekommen: eine illustrierte Ausgabe Puschkin, »Fischer und Fisch«, ein Buch Alexander Ebanoidse, »Verlorenes Vaterhaus«, und »Der Garten« von Nina Sadur (Herr Irlenkäuser möchte diese Bücher prüfen!).
dr. u./sb
22. Dezember 1997

Reisebericht München
18. Mai 1998

Vom Flughafen direkt zu Hans Magnus Enzensberger. Er war wie immer, interessiert, neugierig, intelligent, witzig.
Gruß an Herrn Marré – da ich ihm erzählte, Marré sei mit Problemen des Fallens des Ladenpreises beschäftigt –, er, Enzensberger nehme an, daß dann die Autorenhonorare von den Verlags-»Erlösen« getätigt werden. Wir müssen das bei unserer EDV-Aktivität natürlich beachten.
Dann sein 70. Geburtstag im November 1999.
Er hatte eine klare Vorstellung: ein neuer Gedichtband, seine Übersetzungen mit dem Titel »Geisterfahrten«, ca. 250 Seiten, und einen Materialienband. Diesen Band könnte Herr Rainer Wieland (Winterfeldstr. 145, 10781 Berlin, Telefon 030-215 42 02/FAX 216 50 81) bieten. Herr Wieland kann für die Bibliographie auf Unterlagen von Enzensberger zurückgreifen.
Ich bitte Herrn Ahrend, sich lektoratsmäßig damit zu befassen.
Lange Diskussion über meinen Wunsch, nämlich zum 70. Geburtstag seine Gedichte zu sammeln. Er wehrte sich und wehrte sich, und dies war keine Ziererei. Er wolle ja noch das eine oder andere Gedicht schreiben, und eine Ausgabe »Gesammelte Gedichte« wäre für ihn schon Abschluß.
Und dann schlug er überraschend vor: »Ich bin doch einverstanden, aber zu meinem 75. Geburtstag.« Wir müssen es wohl so belassen.
Nachdem alles in freundlichster Atmosphäre verlaufen war, druckste er dann heraus, daß er wieder für seine Tochter ein Kinderbuch geschrieben habe: »Wo warst du, Robert?« und daß das nun eben auch bei Hanser erschiene. Sein Mathematik-Büchlein habe bei Hanser 70 000 erreicht und dieselbe Anzahl in Spanien.
Gemeinsamer Besuch bei der Buchhandlung Lehmkuhl.
Um 14.00 h holte ich Frau Dr. Hanne Lenz in der Mannheimer Str. 5 ab. Als ich mit dem Taxi kam, stand sie vor der Tür. Gefaßt, bleich, mit einem Sträußchen Maiglöckchen. Sie dankte mir, daß ich sie ab-

hole, daß sie sich weiterhin auf den Verlag und mich verlassen könne, und sie dankte Frau Zeeh für ihre Vorarbeit zur Beerdigung.
Vor der Beerdigung im Raum der Angehörigen Peter Handke, Peter Hamm, Michael Krüger.
Die Zeremonie in der Aussegnungshalle des Nordfriedhofes war angenehm kurz, obschon sechs Redner angekündigt waren (Christian Uhde, Hans Maier, Wieland Schmied, Siegfried Unseld, Peter Handke und am Grab, Gedichte lesend, Michael Krüger). Von einer Kassette wurden drei Musikstücke von Haydn, Schubert und Mozart eingespielt.
Von den Reden ist zu bemerken, daß keine irgendwelche peinlichen Passagen enthielt. Man mußte ja auch nicht übertreiben, um diesen liebenswerten Menschen Hermann Lenz zu ehren.
Hagestedt sagte mir nachher, für ihn sei die Prozedur vorbildlich für eine Beerdigung gewesen.
Hans Maier lobte meinen Beitrag als einfühlsam und sehr persönlich.
Der Gang zum Grab. Wir waren kaum einige Minuten im Freien, als der Regen begann, und er wurde, als der Sarg ins Grab gesenkt wurde, heftig. Michael Krüger konnte wegen des Regens von den angekündigten drei Gedichten nur zwei lesen. Darunter jenes Gedicht, das wir für unsere Todesanzeige ausgesucht haben.
Octavio Paz, Hermann Lenz – warum sterben die besonders liebenswerten Autoren?
Burgel Zeeh, Fellinger und ich suchten dann das Grab von Wolfgang Koeppen und fanden es auch. Ein kleiner Stein für Marion und Dr. Wolfgang Koeppen.
Im Anschluß lud Hubert Burda in das Restaurant »Grüntal« im Englischen Garten. Ich konnte bis zu meinem Abflug 1½ Stunden bleiben, wurde auf die Hermann Lenz Stiftung hingewiesen, die uns Herr Dr. Woerner ja schon beschrieben hatte. Burda gab bekannt, von nun an kein Petrarca-Unternehmen und keinen Petrarca-Preis mehr vergeben zu wollen, dafür jedes Jahr einen Hermann-Lenz-Preis für einen jungen Autor. In der Jury Michael Krüger, Barbara und Peter Hamm.

Liebenswürdigerweise brachte mich Frau Barbara Pescoller, die von der Stadt aus Frau Lenz bei den Beerdigungsformalitäten unterstützt hatte, zum Flughafen.
Herr Fellinger machte die Bekanntschaft von Wolfgang Everling, der an einer Dissertation über Lenz sitzt und für uns evtl. etwas machen könnte.
dr. u./ze.
22. Mai 1998

Nachwort

für diejenige, welche

35 Reiseberichte dem Leser zu präsentieren, wenn Siegfried Unseld Schätzungen zufolge mehr als 1500 verfasst hat, bedeutet, den Anspruch auf repräsentative Auswahl gar nicht erst zu erheben. Dem Herausgeber kam es vielmehr darauf an, zu zeigen, wie ein junger Verleger – der 1924 Geborene war 35 Jahre alt, als er 1959 die Nachfolge von Peter Suhrkamp antrat – sich die Welt der Autoren, Kritiker, Agenten und Kulturinstitutionen über Deutschland hinaus aneignete, zu zeigen, wie jemand, der zu Beginn seiner Laufbahn meinte, »daß die Aufgabe, diese Verpflichtung zu wahren, einfach zu groß für mich sei«, nicht nur die Tradition des Hauses bewahrt hat, sondern den Verlag zu einer weltweit anerkannten und ganz eigenen Einrichtung geführt hat. 1967, zu einem Zeitpunkt, der für dieses Projekt von höchster Wichtigkeit war, reflektierte Unseld als anderer Wittgenstein über seine Form der Berichterstattung: »Worüber man sprechen kann, darüber soll man berichten. Ich beginne hier eine neue Form der Aufschreibung, der Aufsagung. Ich gebe Bericht von jener Welt- und Erfahrungsbreite, die mir zustößt. Ich berichte Dinge, die mir begegnen, Vorgänge, denen ich mich stellen muß.«

In Kontakt mit dem Genre des Reiseberichts kam Unseld zum ersten Mal während seiner Ausbildung zum Verlagsbuchhändler im Aegis Verlag, Ulm, 1946/47: Zuständig für die Schriftleitung der Zeitschrift *Pandora*, verfertigte er eine Art Rundbrief, in dem er die aktuelle Planung nach Gesprächen mit einem oder mehreren den nicht anwesenden Beteiligten mitteilte. In der Anfangszeit seiner Tätigkeit im Suhrkamp Verlag, Unseld begann sie am 1. Januar 1952, wurde ihm aufgrund der häufigen Abwesenheiten Peter Suhrkamps infolge Krankheit oder Kuren bewusst, dass für ein reibungsloses Funktionieren jeder Mitarbeiter auf dem gleichen Informationsstand sich zu bewegen habe. Wenn man stark expandierte wie Unseld ab 1959, erlangte der Informationsfluss zwischen Autoren, Herausgebern, Buch-

händlern, Theaterleuten, Kritikern, in- und ausländischen Verlagen auf der einen Seite, den Verlagsmitarbeitern auf der anderen zentrale Bedeutung. Diese Funktion erfüllten die Unseld'schen Reiseberichte: Nach Gesprächen außer Haus – die Welt betrat der Verleger bei Verlassen des Verlagsgebäudes – nehmen die Reiseberichte Form an, indem er zum Diktaphon griff (Grundig Stenorette SL), teilweise gestützt auf handschriftliche Notizen, und das der Mitteilung für wert Befundene diktierte, das dann von einer der Sekretärinnen abgetippt und an die Abteilungsleiter sowie das Lektorat verteilt wurde; diese hatten ihre Kenntnisnahme per Paraphe zu bestätigen und das Gelesene an den Verleger zurückzugeben. In späteren Jahren konnten sie eine Kopie anfordern, Weitergaben des Inhalts an Personen außer Haus waren streng verpönt. (Die gleich mehrfach auf Gesprochenem beruhende Entstehung – Unseld schreibt sich auf, was man ihm sagt, er diktiert, das Diktierte wird in Schrift übertragen – war häufig die Ursache für Verschreibungen, zumal bei Namen, die in der vorliegenden Edition stillschweigend korrigiert werden wie grammatikalische Fehler, fehlende Satzteile wurden ergänzt.)
Der heutige Leser kann, da das Betriebsgeheimnis mit der Publikation ausgeplaudert wird, nachvollziehen, welche Gewichte in der Perspektive Unselds einzelne Personen, Projekte und Institutionen zukamen: Nicht umsonst führt die erste Reise nach dem Tode Suhrkamps nach Berlin, im Osten steht der Antrittsbesuch bei der Brecht-Erbin Helene Weigel, im Westen die Abwicklung der Dependance des Verlags an, und der zweite Bericht erzählt Wissenswertes über eine neue Publikation von Max Frisch und die Begegnung mit den Kommanditisten Peter und Balthasar Reinhart. So kann er auch erfahren: In den siebziger und achtziger Jahren zählen Thomas Bernhard und Peter Handke zu den häufig Besuchten.
Mittelpunkt der Erzählung ist stets Unseld – nicht so sehr aus der sie bestimmenden Strategie »Wer ist der Beste?«, vielmehr aufgrund der Ineinssetzung von Verlag und eigener Person, woraus notwendig die subjektive Darstellung der objektiven Gegebenheiten folgt, will sagen: Nicht alles Berichtete kann Anspruch auf Wahrheit erheben.
Uwe Johnson, der als einziger Autor neben Max Frisch für kurze Zeit

Reiseberichte Unselds in Auszügen oder komplett lesen konnte, beurteilt sie für seine Verhältnisse äußerst milde: »ich möchte dir noch einmal versichern, dass ich keineswegs versuche, deine Reiseberichte gegen den Strich ihrer Funktion zu benutzen, also sie zu lesen als epische Prosa; wenngleich ich hinzufügen möchte, dass mir deine Ausdrucksweise bündig und anschaulich genug vorkommt, nämlich mit Eigenschaften versehen, die den Bereich der Kommunikation nicht verlassen, sondern ihn besser organisieren.«
Ab 1968 übernahmen die Reiseberichte eine weitere Funktion. Im Gefolge des »Aufstands der Lektoren« begriff Unseld, dass er seine Position nur behaupten konnte, indem er die Ereignisse minutiös festhielt und seine Interpretation einfließen ließ, da er so auf eine schriftlich fixierte, also durch eine Dokumentcharakter beanspruchende Darstellung verweisen und damit auf Deutungshoheit pochen konnte. Zu diesem Zweck führte er ab 1970 regelmäßig und systematisch eine »Chronik«, die Tag für Tag die den Verlag betreffenden Ereignisse protokollierte und bei der die Reiseberichte zu festen Bestandteilen wurden. In den späteren Jahrzehnten, ab den achtziger Jahren, erhielten sie einen semi-autonomen Charakter: Sie waren, wie die »Chronik« insgesamt, als Bausteine einer von Unseld selbst zu schreibenden Autobiographie gedacht.
Jene Leser, die nach weiteren Einblicken in die Reiseberichte Siegfried Unselds verlangen, seien auf die Publikation der Briefwechsel des Verlegers mit Thomas Bernhard, Peter Handke, Uwe Johnson und Peter Weiss verwiesen, in denen die Gespräche mit den jeweiligen Autoren fast vollständig gedruckt werden, sowie auf jene wissenschaftlichen Arbeiten, in denen der Suhrkamp Verlag eine mehr oder weniger große Rolle spielt.

Der Herausgeber

Inhalt

Bibliothek Suhrkamp

Verzeichnis der letzten Nummern

1306 Paul Valéry, Leonardo da Vinci
1308 Octavio Paz, Im Lichte Indiens
1309 Gertrud Kolmar, Welten
1310 Alberto Savinio, Tragödie der Kindheit
1311 Zbigniew Herbert, Opfer der Könige
1314 Augusto Roa Bastos, Die Nacht des Admirals
1315 Frank Wedekind, Lulu – Die Büchse der Pandora
1316 Jorge Ibargüengoitia, Abendstunden in der Provinz
1317 Marina Zwetajewa, Ein Abend nicht von dieser Welt
1318 Hans Henny Jahnn, Die Nacht aus Blei
1319 Julio Cortázar, Andrés Favas Tagebuch
1320 Thomas Bernhard, Das Kalkwerk
1321 Marcel Proust, Combray
1322 Ludwig Wittgenstein, Logisch-philosophische Abhandlung
1323 Hermann Lenz, Spiegelhütte
1325 Sigrid Undset, Das glückliche Alter
1326 Botho Strauß, Gedankenfluchten
1328 Paul Nizon, Untertauchen
1330 Sherwood Anderson, Winesburg, Ohio
1331 Derrida / Montaigne, Über die Freundschaft
1332 Günter Grass, Katz und Maus
1333 Gert Ledig, Die Stalinorgel
1335 Heiner Müller, Ende der Handschrift
1337 Konstantinos Kavafis, Gefärbtes Glas
1338 Wolfgang Koeppen, Die Jawang-Gesellschaft
1339 Jorge Semprun, Die Ohnmacht
1341 Hermann Hesse, Der Zauberer
1342 Hermann Broch, Hofmannsthal und seine Zeit
1343 Bertolt Brecht, Kalendergeschichten
1344 Odysseas Elytis, Oxópetra / Westlich der Trauer
1345 Hermann Hesse, Peter Camenzind
1346 Franz Kafka, Strafen
1347 Amos Oz, Sumchi
1348 Stefan Zweig, Schachnovelle
1349 Ivo Andrić, Der verdammte Hof
1350 Rudolf Borchardts Leben von ihm selbst erzählt
1351 André Breton, Nadja
1352 Ted Hughes, Etwas muß bleiben
1353 Arno Schmidt, Das steinerne Herz
1354 José María Arguedas, Diamanten und Feuersteine
1355 Thomas Brasch, Vor den Vätern sterben die Söhne
1356 Federico García Lorca, Zigeunerromanzen
1357 Imre Kertész, Der Spurensucher
1358 István Örkény, Minutennovellen
1360 Giorgio Agamben, Idee der Prosa
1361 Alfredo Bryce Echenique, Ein Frosch in der Wüste

1363 Ted Hughes, Birthday Letters
1364 Ralf Rothmann, Stier
1365 Arno Schmidt, Seelandschaft mit Pocahontas
1366 Bertolt Brecht, Geschichten vom Herrn Keuner
1367 M. Blecher, Aus der unmittelbaren Unwirklichkeit
1368 Joseph Conrad, Ein Lächeln des Glücks
1369 Christoph Hein, Der Ort. Das Jahrhundert
1370 Gertrud Kolmar, Die jüdische Mutter
1371 Hermann Lenz, Vielleicht lebst du weiter im Stein
1372 Ludwig Wittgenstein, Philosophische Untersuchungen
1373 Thomas Brasch, Der schöne 27. September
1374 Péter Esterházy, Die Hilfsverben des Herzens
1375 Stanislaus Joyce, Meines Bruders Hüter
1376 Yasunari Kawabata, Schneeland
1377 Heiner Müller, Germania
1378 Du kamst, Vogel, Herz, im Flug; Spanische Lyrik
1379 Giorgio Agamben, Kindheit und Geschichte
1380 Louis Begley, Lügen in Zeiten des Krieges
1381 Alejo Carpentier, Das Reich von dieser Welt
1382 Nagib Machfus, Das Hausboot am Nil
1383 Guillermo Rosales, Boarding Home
1384 Siegfried Unseld, Briefe an die Autoren
1385 Theodor W. Adorno, Traumprotokolle
1386 Rudolf Borchardt, Jamben
1387 Günter Grass, »Wir leben im Ei«
1388 Palinurus, Das ruhelose Grab
1389 Hans-Ulrich Treichel, Der Felsen, an dem ich hänge
1390 Edward Upward, Reise an die Grenze
1391 Adonis und Dimitri T. Analis, Unter dem Licht der Zeit
1392 Samuel Beckett, Trötentöne/Mirlitonnades
1393 Federico García Lorca, Dichter in New York
1394 Durs Grünbein, Der Misanthrop auf Capri
1395 Ko Un, Die Sterne über dem Land der Väter
1396 Wisława Szymborska, Der Augenblick/Chwila
1397 Brigitte Kronauer, Frau Melanie, Frau Martha und Frau Gertrud
1398 Idea Vilariño, An Liebe
1399 M. Blecher, Vernarbte Herzen
1401 Gert Jonke, Schule der Geläufigkeit
1402 Heiner Müller / Sophokles, Philoktet
1403 Giorgos Seferis, Ionische Reise
1404 Christa Wolf, Nachdenken über Christa T.
1405 Günther Anders, Tagesnotizen
1406 Roberto Arlt, Das böse Spielzeug
1407 Hermann Hesse / Stefan Zweig, Briefwechsel
1408 Franz Kafka, Die Zürauer Aphorismen
1409 Saadat Hassan Manto, Schwarze Notizen
1410 Arno Schmidt, Die Gelehrtenrepublik
1411 Bruno Bayen, Die Verärgerten
1412 Marcel Beyer, Flughunde
1413 Thomas Brasch, Was ich mir wünsche

1414 Reto Hänny, Flug
1415 Zygmunt Haupt, Vorhut
1416 Gerhard Meier, Toteninsel
1417 Gerhard Meier, Borodino
1418 Gerhard Meier, Die Ballade vom Schneien
1419 Raymond Queneau, Stilübungen
1420 Jürgen Becker, Dorfrand mit Tankstelle
1421 Peter Handke, Noch einmal für Thukydides
1422 Georges Hyvernaud, Der Viehwaggon
1423 Dezső Kosztolányi, Lerche
1424 Josep Pla, Das graue Heft
1425 Ernst Wiechert, Der Totenwald
1427 Leonora Carrington, Das Haus der Angst
1428 Rainald Goetz, Irre
1429 A. F. Th. van der Heijden, Treibsand urbar machen
1430 Helmut Heißenbüttel, Über Benjamin
1431 Henri Thomas, Das Vorgebirge
1432 Arno Schmidt, Traumflausn
1433 Walter Benjamin, Träume
1434 M. Blecher, Beleuchtete Höhle
1435 Edmundo Desnoes, Erinnerungen an die Unterentwicklung
1436 Nazim Hikmet, Die Romantiker
1437 Pierre Michon, Rimbaud der Sohn
1438 Franz Tumler, Der Mantel
1439 Munyol Yi, Der Dichter
1440 Ralf Rothmann, Milch und Kohle
1441 Djuna Barnes, Nachtgewächs
1442 Isaiah Berlin, Der Igel und der Fuchs
1443 Frisch, Skizze eines Unglücks / Johnson, Skizze eines Verunglückten
1444 Alfred Kubin, Die andere Seite
1445 Heiner Müller, Traumtexte
1446 Jannis Ritsos, Monovassiá
1447 Volker Braun, Der Stoff zum Leben 1-4
1448 Roland Barthes, Die helle Kammer
1449 Siegfried Kracauer, Straßen in Berlin und anderswo
1450 Hermann Lenz, Neue Zeit
1451 Siegfried Unseld, Reiseberichte
1452 Samuel Beckett, Disjecta
1453 Thomas Bernhard, An der Baumgrenze
1454 Hans Blumenberg, Löwen
1455 Gershom Scholem, Die Geheimnisse der Schöpfung
1456 Georges Hyvernaud, Haut und Knochen
1457 Gabriel Josipovici, Moo Pak
1458 Ernst Meister, Gedichte
1459 Meret Oppenheim, Träume Aufzeichnungen
1460 Alexander Kluge, Gerhard Richter, Dezember
1461 Paul Celan, Gedichte
1462 Felix Hartlaub, Kriegsaufzeichnungen aus Paris
1463 Pierre Michon, Die Grande Beune
1464 Marie NDiaye, Mein Herz in der Enge

1465 Nadeschda Mandelstam, Anna Achmatowa
1467 Robert Walser, Mikrogramme
1468 James Joyce, Geschichten von Shem und Shaun
1469 Hans Blumenberg, Quellen, Ströme, Eisberge
1470 Florjan Lipuš, Boštjans Flug
1471 Shahrnush Parsipur, Frauen ohne Männer
1472 John Cage, Empty Mind
1473 Felix Hartlaub, Italienische Reise
1474 Pierre Michon, Die Elf
1475 Pierre Michon, Leben der kleinen Toten
1476 Kito Lorenc, Gedichte
1477 Alexander Kluge/Gerhard Richter, Nachricht von ruhigen Momenten
1478 E.M. Cioran, Leidenschaftlicher Leitfaden II
1479 Christa Wolf, Kein Ort. Nirgends
1480 Renata Adler, Rennboot
1481 Julio Cortázar/Carol Dunlop, Die Autonauten auf der Kosmobahn
1482 Lidia Ginsburg, Aufzeichnungen eines Blockademenschen
1483 Ludwig Hohl, Die Notizen
1484 Ludwig Hohl, Bergfahrt
1485 Ludwig Hohl, Nuancen und Details
1486 Ludwig Hohl, Vom Erreichbaren und vom Unerreichbaren
1487 Ludwig Hohl, Nächtlicher Weg
1488 Fritz Sternberg, Der Dichter und die Ratio
1489 Felix Hartlaub, Aus Hitlers Berlin
1490 Renata Adler, Pechrabenschwarz
1491 Pierre Michon, Körper des Königs
1492 Joseph Beuys, Mysterien für alle
1493 T.S. Eliot, Vier Quartette / Four Quartets
1494 Walker Percy, Der Kinogeher
1495 Raymond Queneau, Stilübungen
1496 Charlotte Beradt, Das Dritte Reich des Traums
1497 Nescio, Werke
1498 Andrej Bitow, Georgisches Album
1499 Gerald Murnane, Die Ebenen
1500 Thomas Kling, Sondagen
1501 Georg Baselitz/Alexander Kluge, Weltverändernder Zorn
1502 Annie Ernaux, Die Jahre
1503 Roberto Calasso, Die Literatur und die Götter
1504 Friederike Mayröcker, Pathos und Schwalbe
1505 Cees Nooteboom, Mönchsauge
1506 Jorge Barón Biza, Die Wüste und ihr Samen
1507 Gerald Murnane, Grenzbezirke
1508 Miron Białoszewski, Erinnerungen aus dem Warschauer Aufstand
1509 Annie Ernaux, Der Platz
1510 Sophie Calle, Das Adressbuch
1511 Szilárd Borbély, Berlin-Hamlet, Gedichte
1512 Annie Ernaux, Eine Frau
1513 Fabjan Hafner, Erste und letzte Gedichte
1514 Gerald Murnane, Landschaft mit Landschaft
1515 Friederike Mayröcker, da ich morgens und moosgrün. Ans Fenster trete